中外管理传媒社长
总编、联合出品人

中国造隐形冠军
评选发起人、评委

杨光简介

在首都师范大学本科求学期间，被老师冠以怪才之誉。其后满怀激情任教两年。完成使命后加盟著名企业管理传媒品牌《中外管理》杂志。

杨光先生从基层做起，历任编辑部所有业务及管理工作。2010年，开始执笔《中外管理》卷首语。同年在北京师范大学管理哲学博士课程进修毕业。2013年起，担任《中外管理》杂志总编。2016年起，兼任社长、联合出品人。

期间，杨光先生对中国企业发展有独到观察与独立思考，如“反基因传承”“企业文化三字箴言”“德国人为什么不提互联网”“讲究与将就”等观点均获得了业界关注与认可。

在他领导下，中外管理传媒始终保持管理类媒体领先品质。同时其长期领衔策划主持的“中外管理官产学恳谈会”，始终是中国最具影响力的企业管理高端论坛品牌。

2016年8月，杨光先生开创中国优秀企业家众筹赋能传统媒体转型之先河。进而提出“扛与变”“恐龙变鸟”等转型创新思想，获得广泛赞誉。

2017年起，杨光先生联手十多位国内外权威专家，发起“中国造隐形冠军”评选，并从此致力于中国隐形冠军企业的赋能事业。

杨光先生临池书法20年，获国家文化部与人社部共同认证的书法家资质。

SINO FOREIGN MANAGEMENT 中外管理

30周年 1991-2021

10年 扛与变 谁将笑到最后

杨光 著

王忠明 陈春花 倾情作序

为什么作为思辩者，他会坚信　隐形冠军　将取代独角兽？
为什么作为观察者，他敢预言　乐视瑞幸　必成社会雾霾？
为什么作为传承者，他要首创　传媒转型　千万企业众筹？

链合古今中外　志在旁观自己

企业管理出版社
ENTERPRISE MANAGEMENT PUBLISHING HOUSE

图书在版编目（CIP）数据

10年扛与变，谁将笑到最后/杨光著．—北京：企业管理出版社，2021.3

ISBN 978-7-5164-2339-4

Ⅰ．①1… Ⅱ．①杨… Ⅲ．①管理学－随笔－文集 Ⅳ．①C93－53

中国版本图书馆CIP数据核字(2021)第046837号

书　　名：10年扛与变，谁将笑到最后

作　　者：杨　光

责任编辑：尚元经　郑小希

书　　号：ISBN 978-7-5164-2339-4

出版发行：企业管理出版社

地　　址：北京市海淀区紫竹院南路17号　邮编：100048

网　　址：htt:/www.emph.cn

电　　话：编辑部(010) 68414643　发行部(010) 68701816

电子信箱：qiguan1961@163.com

印　　刷：北京天宇万达印刷有限公司

经　　销：新华书店

规　　格：170毫米x240毫米 16开本 23印张 237千字

版　　次：2021年3月第1版 2021年3月第1次印刷

定　　价：148.00元

序

识天地自然鸣佩 见乾坤最上文章

王忠明
中国民营经济研究会常务副会长
全国工商联原副秘书长
中国造隐形冠军评委

一口应承杨光，为本书作序，似是瞬间之决，却原来与《中外管理》交谊30年之久。受益良多，岂可有托辞？哲人有言：瞬间，即久远。

30年来，《中外管理》每月出刊，我不仅期期收阅，还多有供稿，撰写专栏年余。杂志社不时到湖南、安徽、山西等地组织各类活动，比如学术交流、专题调研、管理培训等，也多次应邀参加。尤其是一年一度在京举办的官产学恳谈会，几无缺席，且常被“命题”发言。一切始自2001年9月，我创办“中外名家系列讲座”，每月两次，赓续十年，其间曾特邀杂志社作为唯一媒体支持。岁岁月月，相携绵长。而该刊创始人杨老（沛霆）撰写并馈赠的《卷首千字文》等书，更至今珍存……

杨光相约时饱有谦词，称“这是在下积蓄了15年后的完整书稿。虽然做杂志已20载余，却是自己的第一本集子。着实见笑了”。然而，在我看来，这恰恰是杨光的严谨所在，精进所在，“高质量发展”之自律所在。杨光的文字是经得起读的，其撰写的卷首语等文章，不仅行云流水，而且妙语连珠，可以说篇篇耐读、耐品，因为他篇篇用心、用功。不仅立意、立论要站得住，为世事之烛照、时代之洞察，即使遣词造句，也十分考究，从不敷衍马虎。有时，主题有了，思路有了，或者初稿也写了，他会利用致辞等场合先抛出来一试深浅，听听反应，然后再做调整优化，或字斟句酌，臻于完善。因此，每每读其长短不等的卷首语等美文，我都会自然而然地联想到大画家黄永玉当年给戏剧家曹禺写信所云："不饶自己、不饶点滴"。

按一般套路，卷首语多半是介绍性、推荐性的，或略有评点，即主要承担导读功能，其附着色彩很浓。但杨光所写，不乏"反常"，虽也顾及导读，却更在意卷首语本身的意象构成和审美价值。我感觉，他是绝不甘于让卷首语仅仅是整本刊物内容的附庸或附着物，而是极力追求其自身的独立生命的。常见很多刊物都沉溺于前者，而绝无后者之风采，故显得可有可无，亦鲜见其单独汇编成集。杨光则不！他另辟蹊径，在大体依循共性特征的同时，着意加强个性创作（个人特质）之力度，突出思想性、语言美及结构韵律感等，尽最大可能使之独立成篇。在体裁上，他似乎很享受有感而发的议论文、杂文（随笔、杂感）一类，或论人或议事，或辨史或识世，或针砭时弊或褒扬新进，或引经据典或鲜活例证……将云卷云舒、花开花落一揽笔下，侃侃而谈，津津乐道，大有尽兴之酣畅、尽情之自在，堪谓之"快意文章、快活人生"！

其实，读一读书中汇集的上百篇卷首语，其真其切、其精其美、其亲诚惠容、其一丝不苟……不仅能掂量出撰写卷首语在杨光心目中是一件多么郑重甚至隆重的事情，而且更可由此诠释或推断出在全国数百份管理类、财经类刊物中，《中外管理》何以能经久不衰、拥有忠诚度极高的粉丝级读者群。从精心写作每一篇卷首语，到精心采编、约写、刊发每期刊物中的每一篇稿件，杨光彻底贯彻了锐意进取精神、谦卑谨敬精神，以及"读者至上、质量至上"精神……他乐于追求真知，勇于反叛平庸，甘于埋头深耕，15年发奋不懈怠、不骄戾，神定气闲，心无旁骛，将刊物办得越来越有个性（灵性），越来越有活力，越来越有精气神，也越来越令人期待其大放光明，这是否正合了《道德经》高妙之思，即"

不自见，故明；不自是，故彰；不自伐，故有功；不自矜，故长”？

时下，人们好议“二代”，例如“官二代”“富二代”“红二代”“创二代”“贫二代”以及“艺二代”等等，或荣或辱，不一而足。那么，杨光亦子继父业，可冠何名？“媒二代”？“文二代”？30年前，杨老创办《中外管理》，筚路蓝缕，打桩立基15年，即放手交棒杨光。此后，刊物随杨光而青春焕发，青出于蓝而胜于蓝，“垂直攀登”，风生水起15年。“一刊、两代、三十年”——父子俩一脉相承，两相辉映，奇观美谈，当为媒体界绝无仅有！而杨光不负韶华，披坚执锐，“江山放眼量，风雨炼精神”，孜孜于此，又不止于此，亦当为杨老至欣至慰的！

明代洪应明《菜根谭》中，有一段妙语朗朗上口：“林间松韵，石上泉声，静里听来，识天地自然鸣佩；草际烟光，水心云影，闲中观去，见乾坤最上文章”。愿读者们都能喜欢杨光之文笔、文思与文采。读其书，就该是这样一种“识天地自然鸣佩”“见乾坤最上文章”的审美体验！

王忠明

写于2021年2月26日元宵节

序

十年的变与不变

陈春花
北京大学王宽诚讲席教授
国家发展研究院BiMBA院长
中国造隐形冠军评委

2010~2020年，一个跃迁激荡的十年，身处其中的我们，甚至有时会感到惶恐不安。今天，“百年未有之大变局”下，该如何思考，如何选择，如何行动？调整之际，回顾过去，整理思路，有助于我们从复杂多变的外部世界中抽离出来，仔细思考一下这十年所发生的一切对我们究竟意味着什么，才有助于我们开启下一个十年。在这个意义上，杨光这本书的出版恰逢其时。

这本书汇集了十年来杨光主持《中外管理》期间对企业管理的观察与思考。但是仔细读来，却又可以发现，这些思考与整个环境的变化高度相连，每一个问题的关注，每一个观点的陈述，与其说是作者与读者的对话，还不如说是作者自己内心的对话；更确切地说，是作者以这样的方式，促成一种新的视角——一种可以“由外而内”的、基于责任的理解世界的方式，十年来风起云涌，都在书中尽得体现，所以读来很受启发。

在这本书里，感受互联时代的狂飙

互联网带来的冲击，不仅仅是经营与管理上的挑战，更是对企业领导者及其文化的再造。快速崛起的新兴互联网企业，迎头赶上全面转型的传统企业，陷入困境甚至被淘汰的昔日巨头，首先要做到的，就是具有时代性，使自己的文化能经得起环境变化的考验。谁能真正具有时代的开放性：坦诚与包容，接纳与合作，多元与共生，谁才能驾驭互联网的大潮，成为弄潮儿。如果，仅仅是赶上浪潮，却依然固守自己传统的成功经验，不愿意自我革命，狂飙带来的泡沫与浮躁褪去之时，沉浮之间便见本色。

在这本书里，体会创新困境

以往，人们谈营销创新、技术创新、产品创新、服务创新、模式创新……似乎创新始终只是依附在各个企业管理与经营领域里的子课题。殊不知，创新就是企业与企业家本身。

我们走过很长一段延续性创新的路。在这条路上，我们取得了成就，也获得了成长。我们习惯于向标杆学习，用有效的成本结构赢得市场机会，并获得了相当规模而一跃而成为领先企业。但是，当企业处在领先位置，再无标杆可引领之时，如何在进入无人区中，依然保持领先，则必须走出一条新路。从这个意义上来讲，大企业如何抛开羁绊，愿意开启颠覆性创新就尤为重要。另一方面，看起来不起眼的"草根创新"也就具有了特别的意义。

在这本书里，体味速度与精品

杨光对企业发展的速度与质量给予了特别的关注。确实，互联网带来的迭代速度，绝对是超乎人们的想象。如果谁在线上做不到立竿见影，那市场一定是"零容忍"。可是，中国社会这么多年还缺速度吗？甚或说，一直以来我们就是因盲目求快而悲剧不断。正因为速度至上，迭代至上，于是呈现两种相反的趋势：一种是撕裂，一种是迎合……但是，一个不产、不慕精品的时代，一个不出、不求精品的民族，不是很可悲、很可怕吗？改革开放以来，从无到有尽快解决温饱问题是最大的任务，我们以前所未有的热情，前所未有的速度向前跨进。互联网的出现，提供了跨越发展的历史机遇。在这种情况下，急切与躁进的情绪似乎也无可非议，但是由此催生的诸多病象，不能不引起反思和重视。就如书中引入日德的事例，企业就应沉下心来，不慕快，不求急，踏实追求高品质和工匠精神，在关键领域和重要环节做出突破性建设，争做精品企业。

在这本书里，理解危机下的生存

十年中有各种危机发生，尤其是2020年，全球又猛然开启了疫情与政治相叠加的双重隔离时代，至今依然在持续中。经济“双循环”变成了必选项，“内循环”变成了必修课。我们不要以为中国拥有全球最大、最完整、最活跃的市场，“内循环”就“自得其乐”。真正的“大道理”是：企业夯实的基础、盈利能力将成为决定性的“硬道理”。

危机下的生存，最能考验企业的健康度。疫情既是巨大冲击，也是一次最真实的检验。企业要有“活下去”的韧性与坚持，抛弃投机讨巧的心态，真正夯实基础，抓好内功。聚焦核心业务创造，踏实做好自己的专业，专注于价值创造。

在这本书里，发现隐形冠军。

杨光在书中用了很多篇章来强调和提倡“隐形冠军”。所谓“隐形冠军”，就是指这样一类企业——他们营业规模不很大，但是在一个细分行业里凭借长期聚焦的主业专注，扎实领先的核心技术，而拥有极高的市场占有率，和足够的行业话语权。

中国制造长期的痛点是标准与价格，而这恰恰正是他们的优势。因此说，他们是冠军。但又因为他们只专注于一个或几个细分市场，注定他们经营规模较难做大，同时，这些细分市场又往往在工业产业链的中上游，且这些企业更关注长期价值，因而大多不慕上市和鲜有炒作，导致并不为普通大众所熟知。因此说，他们又隐形。一言蔽之，隐形冠军，就是那些“不为人知”却“无处不在”且“不可替代”的顶尖中小企业。杨光及《中外管理》大力推动建设中国“隐形冠军”，我一直是高度欣赏并尽力参与的，因为我们都确信，越来越多“隐形冠军”的出现是中国经济发展的持久动力之所在。

在这本书里，看懂敬畏与担当

十年，发生了太多的事情，也出现太多的诱惑与机遇。如果描述这十年，它不安定，打破了我们原有的叙事结构，让价值与意义的构建变得更加多元；它放大了影响力，人人皆媒介的现实，让原本没有关联的事物之间硬发生了关系；它无始无终，一切压缩在当下，驱使着我们在混乱状态之下，重塑秩序。

这样的情形下，守住自心，守住善，守住责任，回归本质，显得无比重要。不盲从，不轻信，不肤浅，不狂妄，更是极其根本的修炼。我们裹挟在巨变的洪流中，我们不需要去评价这洪流的冲力，所要做的是问自己，应该如何调整自己的步伐与期许，最重要的是，这意味着，当面对洪流荡涤时，我们都要接受对自己所存在的那个时刻，担负起自己应有的责任。

还记得2020年12月29日，那一天京城狂风凌冽却又明媚晌晴，杨光有感于2020年各行各业均福祸交织，撰写了一幅字发来给我，他的书法极好，而写下的两句话亦极好：“远望方觉风浪小，凌空乃知海波平”。我也借此句分享给阅读此书的读者，如果我们能够一起安静地思考，恰如其分地评价自己，并展开真正的行动，那么，下一个十年的价值创造就在这里开启。

写于2021年2月27日

目录

上篇
十年卷首观时代

下篇 千秋中外品人生

只言片语悟生活

100句碎片
100回旁观
100次自省

上篇

十年卷首观时代

2010—2020年
不是中国经济
增长最快的10年
却是中国国情
变化最剧烈的10年
看懂看通
过去10年
便可大体预判
未来10年

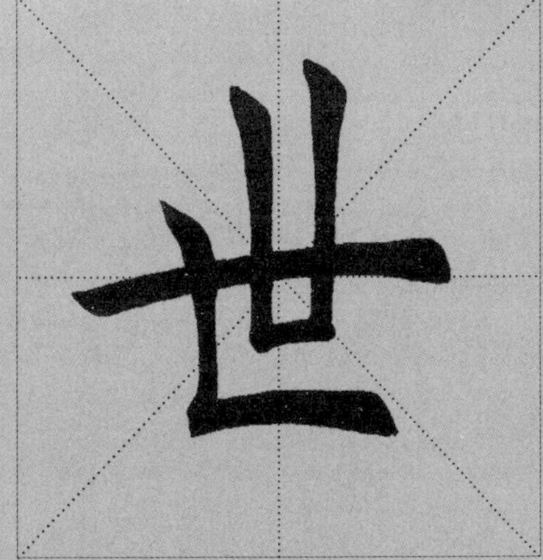

2010.09

在一个缺失安全感的时代

未来十年思考决策的不变前提

自注：它果然影响了我们十年。并还在加速发酵中……

金秋，本该是一个收获的季节，一个沉甸甸的季节，一个可以安然过冬的季节。可当前，又有谁可以拍着自己的胸脯说："我内心拥有坚实的安全感"？

当企业高层没有安全感

君不见，国美控制权之争刚刚在刀光剑影中落幕。其实，不管结果是谁胜谁负，"结果"都是一样的。那就是，中国企业内部秩序的安全感被深深动摇了。

不难想见，当身陷囹圄的"创业者"黄光裕，猝然发现：他所给予重托厚望的"经理人"陈晓，居然在他最困难时，背着他勾结外资要图谋自己的千秋基业；居然敢于对自己公开叫板"国美究竟属于谁"时，其内心该是何等愤怒，何等伤心！

问题还远不仅仅如此。在信息时代，任何事情的意义都已不限于它本身，而在于它的影响。据说，早在国美争端刚起，已有众多民企老板在震惊中开始猛醒，开始疑惧，开始用冷水泼头重新打量身边的经理人，开始重新甄别，重新归类，甚至索性重新收回权力，并打算就此死抱不放。我们不能指责这些老板胸无大志，因为胸怀和远见是以安全感为前提的。

当老板们缺少安全感时，博弈的另一方经理人群体就能有安全感吗？当然不。因为握有收放大权的注定是老板，当他们噤若寒蝉中，对经理人不再愿意信任和放权，都在忙于揪出身边的"陈晓"时，整个中国职业经理人阶层的生存环境，必然走向恶化。而老板们和经理人都没有安全感时，企业会有安全感吗？在中国企业正值规范化、职业化、多元化甚至国际化的当口，股东与经营层彼此信任关系的突然震荡乃至大倒退，显然对中国企业的未来发展是一大打击——这是"始作俑者”陈晓、黄光裕顾不上想，但中国企业界要集体承受的。

当财富阶层没有安全感

就在这时，忽然传来了比尔·盖茨和巴菲特要来华劝捐，但大批中国企业家选择回避的消息。

陈光标虽然站了出来，但例外的价值其实就是反衬公例。为什么大多数民营企业家态度消极？仅仅因为他们为富不仁、境界不高吗？这才更值得深思。

要知道，没有安全感，没有平衡感，慈悲之心是很难普及的。安全感，需要社会联手去树立；平衡感，需要自己跨代去打磨。而安全感和平衡感问题，甚至辐射到了所捐财富的使用——须知，巴菲特会选择盖茨，正因为他确定盖茨能善用他的巨额捐助——但我们身边呢？于是可以说，企业家们对拥有财富的自己，对属于自己的财富，和将不属于自己的财富，以及付出财富的自己，都同时没有安全感。

在这种情况下，我们怎么可能要求他们现在就倾己所有、“一心为公”呢？

当新新人类也没有安全感

作为中国经济脊梁的企业界如此，那么作为中国经济乃至社会未来脊梁的新一代又怎样呢？今年触目惊心的富士康连跳已置生命于不顾，更不用说安全感。但这只是极端，更有代表性的，是那些属于“天之骄子”的高端“85后”——日前北大杨壮教授告知：北大学子围绕就业取向，排在前面的是国企和公务员，其后是民企，外企居然排在榜尾。很显然，前者的最大吸引力，是稳定！而本应“初生牛犊不怕虎”的大学生都在追求稳定时，可见我们的安全感缺失已到何种程度！

这还不包括几乎令人崩溃的食品安全问题，令人瞠目的劣质钢筋问题，令人绝望的房价高涨问题……甚至在网络游戏这个虚拟世界里，平民反抗野蛮拆迁都受到热捧！而更令人沮丧的，是即便梦幻的游戏里，都“明白”：捍卫自己的住房，是无望获胜的……

如何找回我们的安全感？

人们缺失安全感的最严重后果，便是思维的偏激和行为的歇斯底里。当一个阶层甚至一个社会都缺少安全感时，发展、和谐乃至稳定，都将面临巨大威胁。那么，我们该如何找到安全感呢？在多重困局中，也许只有一条路可走，那就是：我们率先无条件地给予他人安全感！对家人，对员工，对伙伴，以及素昧平生的路人。

2010.10

我们真的尽力了吗？

震撼智利，反思自己

我们常听到身边人说："我们已经尽力了。"真的吗？看看人家。

智利，陌生的震撼

2010年10月13日，全世界都在聚焦南美智利，都在屏息注视，进而洒泪狂欢。不是因为冠军，不是因为大选，不是因为终战，而是因为33位受困矿工兄弟奇迹获救！

更重要的是，这次智利矿难把整个中国震动了！因为这次矿难的主旋律不是分析受困者生还几率的渺茫，不是进而历数罹难者的人数，不是"妥善"抚恤受难者的家属，而是扎实有效的营救。

还不仅仅如此，下面的，便是中国民众从未听说过的，中国企业从未想到能够发生的：

受困长达70天，受困地下700米，受困人员33名，但他们在井下居然有避难室，在避难室里居然有饼干，有牛奶，有纸条，还有电话，有视频，能获得心理援助，甚至还可以真情求婚！而且营救过程中，全世界的高科技力量像共产主义一样在同心联合……最终到了第68天，在高亢的智利国歌声中，阿瓦洛斯第一个出井，继而32个人也几乎毫发未损地获救！其间，智利总统皮涅拉全程守候，逐一拥抱每一名获救矿工……在场的还有玻利维亚总统，他专程前来，只为受困人员中唯一的一名玻利维亚人：马马尼。

至少近年来，全球没有谁比中国人更熟悉矿难了。但是这次智利矿难，却让我们那么陌生，那么震撼的陌生，那么感动的陌生……我们这才在目瞪口呆中明白：

矿难虽然总难避免，但矿难之后，其实还可以是这个样子！还可以有这样的结局！——而避难室及救生物资储备，绝不是偶然运气，而是人家早就有明确规定的！

“不一样”的根源

惊讶的不只是中国国民。赵卫星，这位曾在晴隆矿难中被困25天获救的三矿工之一，面对记者时惟有感慨：“避难所我只听说过，从没有见过。”而他受困时，没有电，只能吃树皮，然后胃剧痛……而他不断重复地就是：“国家不一样，国情不一样，条件不一样……”

是啊，真不一样。就在智利神奇大营救时，10月16日，我们禹州又发生矿难了。很快也传来37名受困矿工的消息，只不过，他们全部罹难。这时，全世界媒体都在拿这两起矿难做比较。我们的心在痛。

这时，肯定会有不少同胞会异常激动：人家不是惜命如金的欧美，不是富甲天下的日本，人家也是和我们“同病相怜”的亚非拉呀！为什么同是第三世界，怎么“情况”就会如此“不一样”呢？！以至有网民在微博里感慨：“来生要做智利矿工！”

当真是我们国家没钱没技术、企业没能力吗？

问题就在于心。我们太习惯于有意无意地闭着眼睛，然后想都不想，两手一摊地对别人说：“我们已经尽力了！”——“尽力”，一个本该是多么有分量甚至神圣的字眼，但是总是轻而易举地被我们随意使用。

尽力了吗？

别说生死关头。即便是歌舞升平的KTV，当取餐高峰期长达10分钟都没一个菜添上而没有一名服务生认为须有作为时，我们能说自己尽力了吗？当我们的民航，至今不认为在“民以食为天”这个问题上，自己有必要就“本航班是否有正餐”提前给予乘客提示时，我们能说自己尽力了吗？反过来，当到有国仇家恨的日本，而那里的商场服务生会主动打手势询问“要不要我帮您撕价签”时，反躬自省，我们能说自己尽力了吗？

关键是，我们是不是真的把“人”和“人的需求”，当作了我们工作至高无上的核心。进而，我们是不是积极跳出井口去看世界，虚怀若谷地去学习别人每一点“尽力”的经验。这时，传来山西五大煤矿即将推广矿下救生舱的消息。如能切实去做，则幸甚！

但“尽力了”，我们不要轻易说。

2010.11

不确定时代，我们需要哲学

大成者，必成于哲学

自注：让提炼成为我们的习惯，让精炼成为我们的风格。

如今，能依靠公式来预测的事情，越来越少了。如今，缺少安全感而闹心的事情，越来越多了。诚如我在第前文跟大家分享过的，在一个缺少安全感的时代，我们需要首先为别人营造安全感，自己才可能获得安全感。但真做起来，哪有那么容易？

宗教里的哲学

真做起来，我们会发现：在残酷的现实面前，在不确定的迷雾笼罩下，我们内心其实缺乏一个真正的心灵支撑。

于是在今年第19届恳谈会上，我们邀请了多位佛界高僧来与企业家们纵论人生，答疑解惑，开示智慧。对于众多无神论者而言，我们希望大家关注的其实不是宗教形式，更不是仅仅局限于佛教——而是宗教里蕴含着的深刻哲学。

正如去年起我们就持续关注的稻盛和夫，他也是一名虔诚的佛教徒，甚至几乎剃度出家。但指导他做企业、做人，指导他在困惑中坚定自我，指导他能将自身经验传播给大家的，并不是佛教的清规戒律，而正是佛教中非常伟大的哲学。也因此，他在传播他的管理思想时，一直明确称为“经营哲学”。

那么，我们作为企业家，为什么一定需要哲学？稻盛和夫有同名演讲。我在此，则只谈自己的点滴体会，供朋友们斧正。

哲学的独特功能

自从科技主宰世界以来，主流思维就大多认为哲学无用，好比《围城》里留美博士赵辛楣对方鸿渐的奚落。殊不知，无用则无不用。相反，有用往往意味着局限。不是吗？所有我们言之凿凿的数理化定理，都一定煞费苦心先表述它的前提。

自从工业席卷全球以来，主流思维就更加重视实在、可复制的技能，殊不知技能固然重要，但与哲学应成为我们人生彼此呼应配合的两条腿，缺一不可。技能是学的，哲学是悟的；技能是工具，哲学是境界；技能大多应时但也会过时，哲学不可急用却指导一生；技能适合用来培训部下，而哲学往往更适宜领导自己。

如果非要说哲学有什么功能，我觉得可以这样说：哲学能带给我们深刻、平和、快乐，一种从深刻的平和中获得的快乐。

不是吗？对于我们很多企业家来说，我们不缺少成功，但缺少快乐；我们不缺少激情，但缺少平和；我们不缺少经历，但往往还缺少深刻。而从经历到深刻，需要的就是哲学。

哲学的三个礼物

进一步说，哲学对于企业家有三方面价值，也算是三个礼物：

哲学让人思考。思考，使人不盲从、不极端，这其实很利于创新，以及在创新的艰难中保持坚定。这正是优秀企业家必备的品格。比如：履新CEO的邓亚萍能打球打遍天下，居然就因为自己矮！当高挑身材成为固定的选才标准时，她反而看到了矮的空间："看什么球都高，看什么球都敢打！"有哲学的辩证观，天下没有不可转化的优与劣。

哲学促人归纳。归纳催生深刻，也催生愉悦。一个善于归纳的企业家，才最容易获得领导实效的同时拥有领导魅力，进而让自己得以修养性情。张瑞敏无疑是这方面的翘楚。而学者易中天，曾这样精彩归纳孙权的以情驭人："将真实的情感精心表演出来，作为自己的政治手段"。事实上，易中天最大的魅力，就是他的归纳能力，甚至是对归纳的癖好。

哲学引人平和。心态是持续成功的第一基础。如果说思考与归纳能带给我们远见，那么远见能带给我们的，就是平和。为什么？举个生活小例子：您可曾注意过当站在高处时，径直望远与径直望上、望下的区别吗？后两者一定使人心慌，惟有望远，能令人心旷神怡，气平心定。平和的人，才最有安全感。甚至说，从最务实的角度说，平和还有利我们的健康，比如减少胃溃疡的发生。

企业家成功，可以只凭天赋与运气。但要持续成功，并成功得快乐，则惟有靠哲学。

2011.05

奥巴马对孩子们说了什么？

感悟领导力的坚实来源

全世界对美国总统奥巴马的狂热虽然在褪去，但这反而更有助于我们平和、平视这位全球第一政要。而我认为，更能体现奥巴马领导风范的，不是拍板击毙本·拉登，而是两年前他所做的一次演讲，面对的不是将军和政客，而是校园里的普通孩子。

我很愿意摘其部分内容，与朋友们分享——因为它对管理同样有益。

奥巴马都说了什么？

——今天是开学第一天，我想许多人都打心底里希望现在还在放暑假，以及今天不用那么早起床。我理解这份心情。小时候，我们家在印度尼西亚住过几年，而我妈妈没钱送我去读书，因此她决定自己给我上课——时间是每周一到周五的凌晨4点半。显然，我不喜欢那么早就爬起来，时常我就在餐桌前睡着了。每当我埋怨时，我妈总会用同一副表情看着我说："小鬼，你以为教你我就很轻松？"所以，我理解你们中的许多人对于开学还需要时间来调整和适应。

——但今天我站在这里，是为了和你们谈一谈你们每个人的教育，以及在新的学年里你们应当做些什么。哪怕我们有最尽职的教师、最好的家长和最优秀的学校，假如你们不去履行自己的责任，那么一切努力都会白费。

——你们每一个人都会有自己擅长的东西，每一个人都是有用之才。而发现自己的才能是什么，就是你们要对自己担起的责任。教育给你们提供了发现自己才能的机会。或许你能写出优美的文字，甚至有一天能让那些文字出现在书报上，但假如不在英语课上经常练习写作，你不会发现自己有这样的天赋；或许你能成为一个发明家，甚至设计出像iPhone一样流行的产品，或研制出新的药物与疫苗，但假如不在科学课程上做上几次实验，你不会知道自己有这样的天赋；或许你能成为一名议员或大法官，但假如你不去加入学生会或参加几次辩论赛，你也不会发现自己的才能。

——这不仅对你们个人的未来有重要意义，你们的教育如何也会对这个国家乃至世界的未来产生重要影响。今天你们在学校中学习的内容，将会决定我们整个国家在未来迎接重大挑战时的表现。你们需要在科学课上学习知识和技能，去治疗癌症、艾滋病那样的疾病，和解决我们面临的能源问题与环境问题；你们需要在历史社科课程上培养出观察力与判断力，来减轻和消除贫困、犯罪和各种歧视，让这个国家变得更加公平和自由；你们需要在各类课程中逐渐累积和发展出创新意识和思维，去创建新的公司，来制造就业机会和推动经济的增长。我们需要你们每一个人都培养和发展自己的天赋、技能和才智，来解决我们所面对的最困难的问题。假如你不这么做——假如你放弃学习——那么你不仅是放弃了自己，也是放弃了你的国家。

——当然，我明白，读好书并不是件容易的事。我知道你们许多人在生活中面临着各种各样的问题，很难把精力集中在读书上。我知道你们的感受。我父亲在我两岁时就离开了家庭，是母亲一人将我们拉扯大。有时她付不起账单，有时我们得不到其他孩子们都有的东西，有时我会想，假如父亲在该多好，有时我会感到孤独无助，与周围的环境格格不入。因此我也并不总是能专心学习，我做过许多自己都觉得丢脸的事情，我的生活岌岌可危，随时可能急转直下。但我很幸运，我在许多事上都得到了重来的机会，我得到了实现自己梦想的机会。或许你的生活中没有能为你提供帮助的长辈，或许你的某个家长经济拮据，或许你住的社区不那么安全，或许你认识一些会对你有不良影响的朋友等等。但归根结底，你的生活状况——你的长相、出身、经济条件、家庭氛围——都不是你不好好读书的借口。你的未来，并不取决于你现在的生活有多好或多坏。没有人为你编排好你的命运。

——成功是件难事。你不可能对每门课程都兴趣盎然，你不可能和每名教师都相处顺利，你也不可能每次都遇上看起来和现实生活有关的作业。而且，并不是每件事你都能在头一次尝试时获得成功。但那没关系。因为在这个世界上，最成功的人们往往也经历过最多的失败。J.K.罗琳的第一本《哈利·波特》被出版商拒绝了十二次才最终出版；迈克尔·乔丹上高中时被学校篮球队刷了下来，在他的职业生涯里，他输了几百场比赛、投失过几千次射篮，知道他怎么说？“我一生不停地失败、失败再失败，这就是我现在成功的原因。”他们的成功，源于他们明白人不能让失败左右自己——而是要从中吸取经验。从失败中，你可以明白下一次自己可以做出怎样的改变。

——任何人都不是在第一次接触一项体育运动时就能进入校队，任何人都不是在第一次唱一首歌时就找准每一个音，一切都需要熟能生巧。你或许要反复运算才能解出一道数学题，你或许需要读一段文字好几遍才能理解它的意思，你或许得把论文改上好几次才能符合提交标准。这都是很正常的。

——不要害怕提问。不要不敢向他人求助。我每天都在这么做。求助并不是软弱的表现，恰恰相反，它说明你有勇气承认自己的不足，并愿意去学习新的知识。

——250年前，有一群和你们一样的学生，他们之后奋起努力，用一场革命最终造就了这个国家；75年前，有一群和你们一样的学生，他们之后战胜了大萧条、赢得了二战；就在20年前，和你们一样的学生们，他们后来创立了Google、Twitter和Facebook，改变了我们人与人之间沟通的方式。因此，今天我想要问你们：你们会做出什么样的贡献？你们将解决什么样的难题？你们能发现什么样的事物？二十、五十或百年之后，假如那时的美国总统也来做一次开学演讲的话，他会怎样描述你们对这个国家所做的一切？

管理者能悟到什么？

读罢全文，我感慨良久，受益颇多。

我悟到了负起责任绝不等于牺牲自我。奥巴马、西点军校和我们一样强调责任感，但值得我们反思的是：我们在“为了别人”和“要求别人”之前，是不是应该先对自己负起责任？而负起对自己的责任，其前提是尊重个体价值。如果我们不能首先学会尊重个体价值，或过于强调牺牲个体价值以换取团队价值，那么我们收获的所谓团队价值，将注定是自欺欺人，或不可持续的。成就自我和驱动自我，恰恰是成就组织和驱动组织的基础。

我悟到了铿锵的使命来自鲜活的现实。诚如奥巴马所说：“发现自己的才能是什么，就是你们要对自己担起的责任。”奥巴马也谈国家，也谈未来，也谈贡献，但他所谈的“伟大”永远来自我们每个人都能理解的现实，都在体验的生活，都在追求的成功，甚至都很纠结的时弊，并把历史的不朽与未来的期待，和现实的平凡相联系。任何理想和使命，如果不能基于很现实且很具体的生活，都将是一厢情愿的空中楼阁。

我悟到了领导者的影响力来自同理心。领导注定是不断发出号召的人。但是我们拿什么去驱动我们的团队？绝不是高高在上的权威，也不是空洞抽象的说教——这是个解构权威、蔑视说教的时代——而首先是放平姿态去包容，推己及人去理解。为什么奥巴马在开学典礼却先大谈对假期的留恋？其实我们每个人都是如此，而我们都愿意倾听“自己”的声音。因此，他不断说“我理解”“我知道”“没关系”“很正常”，并不断回顾自己并不崇高的过去，让自己和受众始终站在一起。只有能平心看待自己，真心理解别人，并诚心分享自己，和决心成就别人的人，才能实现对别人的影响和领导，才会拥有坚实的领导力。

朋友们，你们从中悟到了什么？

人生最难得的，就是始终拥有并坚守两样——善良，和独立判断力。两样兼备与齐缺的人都不多，多的是只具有一样。但因为缺少一样支撑，另一样迟早会变味。

杨光

2011.10

“千字文”里读真诚

家父《卷首千字文》序

《中外管理》杂志总编、创办者，也是我敬爱父亲的20年卷首语合辑，在我们杂志创刊整20年之际，终于面世了。

这本合辑，究竟意味着什么，我们杂志的很多老读者都各有答案。只是，我们有些“衣食父母”（请允许我真诚地这样称呼）给出的答案，着实让杨总和我们大家震惊和感动不已！

比如，浙江温州的东日股份有限公司管家东总经理，他不仅早在1993年就开始持续阅读本刊、持续参加我们的恳谈会至今，而且还将我们杨总从1994年起到2009年（因为结集时是2009年）所写的每一期卷首语都逐一收集齐，并精心装订成册！

当杨总收到管总寄来的这个带着20年炽热温度的册子时，他双手反复抚摸着它，长久没有说话……我作为他的部下，又是他的儿子，深知他那一刻的激动和感动……有时候，没有表达出来，是因为那已经不是语言所能承载。

管总是很多杨总卷首语的忠实读者里的突出代表。这些年，我们记者外出采访，回来经常说采访的企业家很熟悉我们的杂志，并发现，这些企业家接着总是“话锋一转”地众口一词：“你们杨总的卷首语非常好，我每期都看！”甚至杭州神力助燃剂有限公司俞正良董事长曾说，他退休后的人生梦想，就是买房和我们杨总一起做邻居，每天对坐漫谈。

真诚到永远！

杨总为什么在企业家里拥有如此高的威望？他的卷首语为什么如此受到欢迎？

除了杨总连续20年笔耕卷首不辍，在业内绝无仅有之外，对于其卷首语的内涵，我想我还是有一点发言权的。“知子莫如父”，当然，反过来我也很懂我的父亲。而且，我还是他近12年来卷首语的责任编辑，每月逐字逐句校订，深知每个月他是抱着怎样的想法，又是如何写出这210篇卷首语的。

12年，一个生肖轮回。而编辑杨总卷首语的过程，就是我领悟杨总人生的过程，也是学习他境界的过程。

说实话，杨总的文章不长于文辞的渲染雕饰，比起很多同行而言，他的卷首语远没有那份华丽，没有那种刺激，更没有语不惊人死不休的较劲。

我12年来从杨总卷首语里所读到和学到的最深刻一点，就是“真诚”。

这也是他一生的本色。他在花甲之年创办杂志，绝不是为了养家糊口，也不是为了扬名立万，而就是诚心诚意希望为我们的企业和企业家实实在在做些事。因此，他一开始就提出了一句今天看似很不酷，但实则很掏心的使命定位：“做企业的贴心人，做同事的知心人”。这真的不是说说，他由衷这样想，也是由衷这样做，并且20年矢志不渝。

为此，当看到一部分人甚至媒体并没有把我们企业的发展和企业家的成长当作目标，而是借着企业来达到自己的炒作目的时，他在卷首语里愤懑地劝诫企业家们：你要想到他们把你们炒红了，他们捞一把；接着炒紫了，又捞一把；直到炒黑了、炒臭了，他们还是又捞一把。企业成为了玩物，却只肥了炒家。

当企业家面对政府的强大，面对自身的误区而相继跌倒出事时，他又感同身受，而且奔走疾呼“保护我们的企业家”，并在卷首语里一口气写下了多篇“企业家如何保护自己”的系列，最终他总结为“想大事，做实事，不出事”，引起企业界广泛轰动。

交心与汇报

从他210篇卷首语中，我们能看到杨总丰富人生积淀下的智慧，但更看到了一颗始终火热的心。

年逾古稀，他却每月都要和一位企业家对话。因为他由衷相信：管理来自实践。能向每位成功企业家请教和学习，是他工作中无比的快乐！而他的快乐，又一定是通过近期的卷首语，把他们的智慧记录下来，并分享给每一位读者朋友来实现的。也许朋友们还记得，他在卷首语里总是用“汇报”这个看似有些重的词，殊不知他就是这样想的。很简单，也很深沉。

为此，他每一篇卷首语都是认认真真，每天早上5点就起床写作，经常反复推翻已经完成的卷首语原稿，一再重写。三易其稿始成，是常有的事。因为他把每期卷首语都看得很重，那是他和企业家们交心的地方。

于是，每月不断呈现在读者朋友面前的卷首语，虽然词句都很平实，很朴素，但是因为其内在那份我们当前已经罕有的一腔真诚，而拥有了一种因而更加强烈的感染力！我作为每期卷首语的第一读者，因近水楼台感受更多，也在耳濡目染中学到了更多……

对于杨总这20年里的210篇“千字文”，究竟是什么，意味着什么，我还是想引用管家东总经理在集子开篇里的话，并作为我这篇小序的结尾：

“这些隽永小幅的短文，在我经理人职业生涯中，有如一盏盏指路明灯。它短小精悍，紧扣时代发展脉搏——或悟理，或启迪；或呼吁，或引领；或漫谈，或思考；或睿智，或谋略；或警示，或鼓励；或絮语，或大局；或事例，或经典……徐徐道来，娓娓动听。每每阅之，爱不释手。”

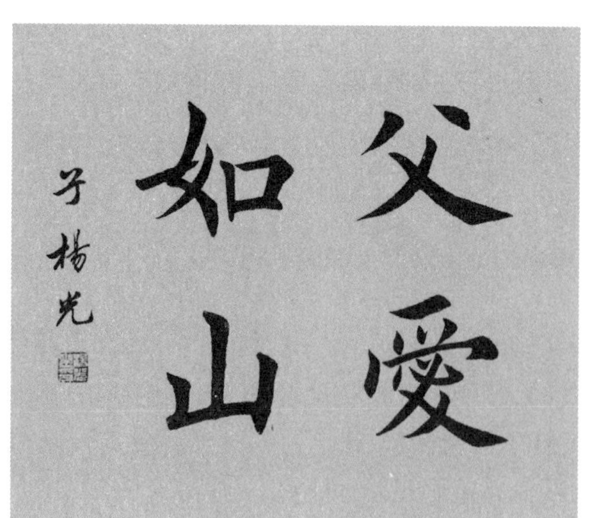

规律最大的要点，有两样：一是本质；二是边界。围绕事物的这两样判断，尤其是加以联系，才能真正地驾驭和敬畏规律。

杨光

乔布斯易被忽略的一句话 2012.02

龙年需要反思的经营之理

当三亚在对远客举起屠刀时，很多人选择了在家读书过年。一年之计在于春，这时静心阅读名家传记，正是为自己的未来事业打开门窗或划定禁区的好方法。很多事实已证明，对于管理实践而言，读名家传记往往比读圣贤经典更有用。

如果说全球化以来，哪两位企业家在全球影响最大，恐怕非乔布斯和韦尔奇莫属——一位改天换地的经营天才，一位基业长青的管理大师。我们很幸运的是，他们都已经给我们留下了丰富的传记宝藏，告诉我们如何经营企业，和如何管理自己。

乔布斯的蛮不讲理

2011年乔布斯凭借恰到好处的去世，没有给自己留下犯大错的机会，却给世人留下了名垂青史的创新丰碑。而在他被神化与热炒数月后，在其传记已不再热销时，正是品评其价值贡献的好时机。好东西，是需要沉淀的。

乔布斯传记洋洋洒洒，但对我触动最大的，却并不是他的高瞻远瞩和开天辟地，而是他歇斯底里时的一句话，出现在传记中文版第460页。

当时，已经一再创造奇迹的苹果正在为新奇迹iPad策划广告宣传片。在不是天才就是垃圾的乔布斯眼中，不幸的是起初的广告被他定义为垃圾。已经抓狂的负责人文森特直截了当地打电话质问乔布斯究竟想要什么，回复竟是“不知道”！当争吵迅速升级后，乔布斯在盛怒下给文森特扔下这样一句：

“等我看到我想要的东西就知道是什么了！”

文森特几乎崩溃了，想必很多读者都崩溃了：这叫人话吗？这让谁也没法干啊！可是等冷静下来品味分析之后，我们也许就会发现：正是这句蛮不讲理的话，指明了我们这个时代的普世特征。

真的，其实不只是乔布斯，我们的客户难道不是如此吗？我们自己难道不是如此吗？你，我，没有人能说清自己真正想要什么，甚至根本不知道自己想要什么。或者说，有时我们能说出来的需要，当真的被摆在眼前时，我们也常像乔布斯那样惊呼：这都是些什么小屁玩意儿！但是和文森特一样，我们没有选择，我们必须做出连客户都说不清的东西；和乔布斯一样，我们理直气壮，我们要求别人提供连我们都不知道的东西。

为什么？

服务时代的竞争之理

因为我们处在一个服务时代！

与工业时代依靠产品与性能不同，服务时代竞争的是创意和体验。产品是有形的，性能是有限的，因而成长是有顶的——哪怕是千呼万唤的iPhone5；但体验是无形的，创意是无边的，因而服务是无限的——这才是真正的苹果。而体验之争，其潜台词是“未来”体验之争，因为等体验成为现实时，胜负已定。但要命的是，体验未成真之前，也就是大家都有机会时，却没人有把握确信它会是怎样的，即便是乔布斯也一样忐忑。但我们惟有如此。因为这种来自服务的挑战对我们大家，不论是供应方还是需求方，都是一样的。而能勇于接受挑战，在濒于崩溃时还能继续前行、智慧摸索者，如文森特广告团队，就会成为最终的胜利者，而且成为光芒四射的“天才”。

如果您还是心怀纠结，不妨反过来思考：您认同“你得告诉我你想要什么”吧？而这种我们每个人都曾理直气壮质问过的话，本质上是什么？其实是“你给我图纸，我给你做出来”——这不就是连不少中国企业都开始不屑的OEM吗？不错，这是工业产品时代的特征！但在发达市场而言，工业时代已经过去了！在后进市场而言，服务时代也即将到来！如果我们还是下意识地死守工业时代的理念去参与服务时代的竞争，我们还有胜算吗？这时脊背出冷汗，是自然的生理反应，但我们更需要主动的心智反应。

那我们的企业具体该怎么做？“我不知道”，因为这依然是那个逝去时代的命题。

网络时代，就是品牌时代（上）

2012.09

互联网正在怎样颠覆企业思维？

社会的变化，一定会投射到企业的经营上。

诚如我在上期所展望的，在互联网的时代，中国社会的特质将会出现一个大的变化，进而深刻影响中国人的性格。

而只要影响到人，就必然会对营销产生影响。

那个没有选择的年月

在互联网时代之前，我们几乎没有选择题可做。

绵延两千年的威权礼教统治，使得中国社会必然出现一个现象，便是人云亦云随大流。因为这是长期被践踏的个体获取安全最保险的做法。反之，谁有主见，则往往被视为要倒霉的前兆。这是精神层面。

而在物质层面，中国人又长期深陷于贫困泥沼中。要知道，古时候官员的别称是“食肉者”，可见普通百姓生活之窘迫。作家王蒙曾提醒世人：“我们中国人能吃饱饭，也就是这30年的事儿！”

于是，我们便在丧失选择的权利后，逐渐也丧失了选择的能力，进而丧失了选择的意愿。最终，是对选择产生了恐惧，甚至敌意。不是吗？即便前一段我们还在为“中国人是不是必须得被人管着，否则就不会惶惶不知所措”而争论。

但是，互联网改变了这一切。中国人开始面对一个必须做选择的时代。

自我意识觉醒的时代

首先是信息多元。一件事，不再仅仅有一个声音，更再不会没有声音。而信息多元，必然带来信息所包含的价值也多元。而它们不仅相互冲突，而且彼此杂糅。就比如最近关于所谓“暴力与爱国”的惨烈事实和激烈争论。

于是，腕上突然戴上了好几块表的国人，不得不开始开启脑筋思考和学习辨别了。

而对外界事务开始用心辨别的结果，便是反过来对于自身价值的探寻。这意味着我们自我意识的觉醒。这是我们千年文明史上从没有的东西。于是，受到启蒙的我们开始追问：我是谁？我为什么不能是我自己？我想要的究竟是什么？凭什么我只得到了这些？我想要，为什么不去大声说出来？等等。

这就必然导致个性化需求的大量酝酿，进而大量涌现。而真正的个性化需求大量出现，就意味着品牌时代的真正来临！品牌，就意味着个性化。

比如：我们以前想买海尔冰箱，可能仅仅因为街坊买的是海尔，而街坊的逻辑往往也是如此，其实与海尔无关。而我们以前要买海尔，可能就是找最近的店铺，而不在意它是国美、苏宁还是家乐福。但今天，我们买海尔，可能就是因为其品牌的某一个特质深深打动了自己，与他人无关。而同样买海尔，我们可能就是钟情到海尔体验店去买服务，于是海尔品牌的内涵将随着变化；我们也可能就是习惯到京东或淘宝上去买便利，于是电商品牌也会井喷发展。

90后在用品牌衡量企业

以上并不是抽象的逻辑推导，而是真实的现实。这一点，就集中表现在90后的群体特征上。

他们是实实在在成长于互联网环境下的一代，他们在全新的环境熏陶与选择锻炼下成为了“早熟”的一代。因而，他们以长辈们眼中不可思议的低龄开始了大笔消费，他们以长辈看来不可理喻的奢侈在追求品质。因为，他们真正需要在品牌的选择中享受人生，并愿意为此付出足够的代价，同时也对品牌提出了更高的要求。

于是，那些依然依靠规模、垄断、稀缺来维系的企业，必将走向衰落；而那些安下心来关注消费者个性、打造自身品牌个性的企业，必将拥有未来。

这就是90后时代，这就是品牌时代，这就是互联网带来的巨大颠覆。而互联网对企业管理带来的颠覆，还不止这些，我们下个月再接着切磋。

网络时代，将打破所有文化围墙（下）

2012.10

互联网正在怎样颠覆企业思维？

互联网2.0正在极大地改变企业的营销环境和营销模式。与此同时，随着互联网无处不在，我们的企业文化不管如何永恒，如何个性，如何“老板”，也都不可避免地受到这个时代的冲击，并不可避免地将呈现一些时代的共性。

这个共性，就是开放。

我们已无处躲藏

互联网时代的特点，决定了现在除了国家机密，很多原来封闭的事务都已经开始被打开。即便是国家机密，网上还有一个维基解密，令各国首脑痛心疾首。政府事务如此，那我们的企业围墙更注定要被打开，甚至逐渐消亡。

在以前，老板只要下一个红头文件或“家规”，很多家务事就可以保密。但在互联网2.0时代，能对员工开放的，基本就等于对社会开放。比如2012年夏天，微博盛传一个实习生描述一家乳企代工厂环境脏乱差、管理敷衍阴暗的帖子，有照片有文字，不由得不信。很快这家企业就不得不站出来承认基本属实，并立即处理相关责任人。而这条微博究竟是谁发的？至今不知道。在以前，出现负面新闻时企业只需要以上百万人生计为由找有关部门，就可以搞定了。但现在，企业和政府都只有直面现实，没有逃避的空间和时间。721北京雨灾后所谓“三个到位”沦为举国箭靶，已证明了这一点。

那么，我们的企业文化对这种防不胜防的开放性，是否已经做好了准备及应对呢？

如履薄冰的不只是名牌

特别要强调的是，这种开放性所挑战的，绝不仅仅是那些耳熟能详的明星企业或消费品企业。那些看似与百姓生活没什么关系的B2B企业，同样在经受考验。为什么？在互联网时代，一切的价值不在于主角本身的知名程度，而在于这件事本身对人们的刺激程度。只要刺激程度够了，知名度瞬间就能蹿升。

比如2011年“723”事故发生后，除了铁道部必然处在风口浪尖，面对互联网时代已经开始追根问底的民众，诸如做道路信号灯这样一个看似可能永远不为大众所知的企业，也会迅速成为众矢之的。结果在社会高压下，那个企业的老板只有自杀。

如果没有互联网2.0，这是不可想象的。比如说著名的泰坦尼克号事件，当时虽然举世震惊，但是不会有人有条件将可能导致巨轮沉没的问题供应商昭示天下。反过来，泰坦尼克号事件若发生在今天，人们一定会打破砂锅问到底。

因此，企业要意识到，开放已经无时无刻，无所不在。那么，我们的文化建设，就首先要做到具有一定开放性，使得自己的文化能经得起外界的考验。而这种开放性，首先表现为对于内部多元性思维的包容；其次表现为对于外界保持良好的互动。因此在这个时代里要想获得竞争力，包容、坦诚的文化基因是必备的。

时代的企业，必先铭记历史

当然，做到这一点很不容易。我们的传统等级文化，使我们更习惯接受一元化，对于多元往往斥为杂音，甚至犯上征兆；而我们的传统农耕文化，又使我们更愿意关起门来过自己的小日子，对于主动与外界沟通互动，也是天然排斥。

比如我们总说1840年是近代史的开端。其实决定近代史的不是1840年，也和倒霉的道光皇帝关系不大，而是他爷爷乾隆皇帝惹的祸。当年英国使者马葛尔尼来华请求通商。结果中国“首席大地主”乾隆说：我们什么都有，不需要和你们弹丸小国通商，你们回去吧！英国人通商无望，便改卖鸦片。所以说，是闭关锁国的文化思维，决定了中国近代史的耻辱，而不是鸦片。

这是历史。但对于当今和可展望的未来，历史依然需要参照。事实上，当前中国正处于一个空前需要直面历史，同时洞察未来的时代节点。企业的文化转型，也必然要规避历史的不幸，顺应时代的要求。

张近东与张瑞敏

2012.12

请善待我们的企业家精神

自注：如今张近东又陷入一段艰难。
和当初落笔一样，请给他们试错的机会。

企业家精神，你还好吗？

2012终于走了。也许全地球都松了一口气，因为传说中的天崩地裂没有真的发生；也许我们每个人都应感到庆幸，因为没谱的2012让我们经历了太多的错愕和焦虑，而我们没有被击倒。

我们的企业家在2012又何尝没有尝到酸甜苦辣？问问施正荣，问问向文波。即便是在地面肉搏中将国美远远抛在后面，又在线上争夺中淡定地将京东笑称为“孩子”的苏宁老板张近东，在南京郊区气派的苏宁总部面对《中外管理》杂志，一上来的开场白，主题竟然是“委屈”。自嘲一句“张总，你还好吧”，折射出了张近东及很多一线中国企业家在2012的复杂处境，一如张近东模仿时的复杂表情。

可在2012年历尽坎坷与质疑的中国企业家，他们退缩了吗，怕了吗？

在我看来，张近东的委屈，不是基于孩子式的天真，不是因为打击后的脆弱，而恰恰是源自他胸有成竹的自信。他看清了未来，他认准了道路，他在做前所未有，他深知其中艰难，他愿意为此而试错。他始终相信自己。同时，他在2012年发现他所做的和外界所想的，差距竟如此之大。所以，才会委屈。

那一瞬间，我不禁想起一年前的另一个场景。那是在青岛郊区，海尔总部。同样面对《中外管理》，疏远中国媒体已久的张瑞敏，用他一贯的淡淡语气说：“我们可能成功，也可能失败，我们还在探索。”但这种不确定丝毫不意味着他的犹疑，恰恰是一种清醒的坚定，一种理性的勇敢。

虽然他们各有所创，言有所别，但他们都认准了自己前行的方向。虽然这条道路上雾气弥漫，坎坷崎岖，但他愿意用生命探索到底。

这就是企业家精神。

举国创新，何时到来？

当全球经济对企业的成长在帮倒忙时；当中国社会对企业的扶持杯水车薪时；当中国富人近半动心于移民时，我们身边，还有像张近东、张瑞敏这样的一批中国企业家，在虚心尾随西方企业二十年后，在空前复杂甚至恶劣的经营环境中，结束了亦步亦趋，摒弃了自我复制，在慢慢酝酿、勾画并决心披荆斩棘蹚出一条西方企业从没走过的道路，心无旁骛去实践中外商学院闻所未闻的创新。

创新，是企业家精神的精髓。而真正的创新，又往往就是在艰难的环境中甚至是在找死的方向上实现的。自然史上，鱼类爬出水塘，恐龙飞上天空，莫不如此。但正是它们创造了地球的丰富多彩，创造了生命的立体空间。人类史上，谁又是在顺理成章中实现创新的？秦始皇的郡县制没有先例，哥白尼的日心说更属歪理邪说，即便乔布斯回归，苹果营业额也曾蛰伏多年。但正是他们，开创了人类自我管理、认知自然、体验生命的新范式。

那么，我们为什么要苛责创新中的企业家？他们在拿自己的身家与荣誉试图开创一种全新的商业可能，而我们却送给他们信手拈来的迎头板砖，随心所欲的冷嘲热讽，这对创新精神本就严重缺乏的中国社会，有丝毫益处吗？米卢实现了中国足球的世界杯之梦，而他提供给中国球员的核动力，就是鼓励和信心。当张瑞敏已丧失和国内传媒交流的意愿，只淡淡送上一句“自以为非”时；当张近东皱着眉头近乎恳求“就算我们失败了，对于中国企业的发展总会有所借鉴”，我们真应该反思：既然我们千呼万唤“中国创造”，又为何那么吝啬于对中国创造的祝福？是的，他们可能成功，他们可能失败，但他们的企业家精神却是最可贵的财富，即便无需我们的鲜花和掌声，也至少无愧我们的宽容和耐心。

当张近东将我们一行从举目望远的18层办公室一直相送到楼下，当我们隔着车窗看着这位江苏汉子摇手相送时，我心中回想：我有一个梦，梦想中国能有一个宽容而且鼓励创新的举国氛围，梦想中国能有更多的张近东和张瑞敏……

2013终于来了。希望创新真正来到你我身边，让我们善待创新。

反思冯小刚之败

2013.01

永远敬畏市场的原点

自注：2021春节电影又大火。但却与长青、震撼、经典均无关。
21世纪不再出经典，这是最深层次的人类危机。

《1942》之囧

2012，全球都很特殊；而龙年，中国常逢大变。因此，终于告别2012，又将告别龙年时，仔细盘点一下我们的世界、我们的周边，就尤其有必要。

当《中外管理》的编辑们惜墨如金地精心盘点过去一年中外商业领域的诸多红榜好事和黑榜坏事时，还是忍不住将一件演艺娱乐界的事件提了一笔，那就是国产电影《泰囧》以接近12亿人民币的票房，一跃成为中国电影史上的票房冠军。

《泰囧》是一个奇迹。它只是一部低成本的搞笑喜剧，谈不上创新和大制作，也谈不上深刻的"中心思想"，但它竟毫无迹象地超过了当年火遍全球的《阿凡达》，成为令包括主创徐峥在内举国大跌眼镜的超级黑马。

《泰囧》还轻松超越了另一部曾被寄予厚望的大片，《1942》。

《1942》可谓是大制作，领衔者又是金牌票房冯小刚，演员更囊括了众多票房红星。但它却败了。据报道，其最终票房仅3.7亿，远低于制片方和外界预期，再加上高昂的制作成本和院线分成，投资方华谊兄弟亏损将达上亿。

当2012年末我踏进电影院，看到《1942》上映不足一个月就已下线，而《泰囧》依然上座率极高时，吃惊之余便预感这两部电影不同寻常的成败，一定会成为外界分析的热点。

"虐心"之败

好奇心，诱得营销界热衷分析《泰囧》为何如此成功。但职业感，却使得我更愿意思考：《1942》缘何如此惨败？

其实《1942》并非沉重主题的首败。陆川的《南京南京》已令人啼笑皆非，而张艺谋在《金陵十三钗》中，更是惨败到不得不和心头流血的投资方割袍断义的地步。

但冯小刚不同。他不是靠所谓“艺术”和“觉悟”，而是靠票房起家并大获成功的。

当1990年代初张艺谋已靠《红高粱》蜚声全球时，冯小刚还没机会执导。但是仅仅几年后，冯小刚就凭借低成本喜剧《甲方乙方》三部曲在票房上赚得盆满钵盈。那时，艺术人士对冯的商业味儿颇为不屑。而当张艺谋、陈凯歌也投身诸如《黄金甲》《无极》等世俗电影却令人汗颜时，冯小刚又凭借《天下无贼》《集结号》不仅赢得了更高的票房，而且引起了全社会的共鸣与思考。

可以说，十年间中国没人比冯小刚更懂市场，更清楚中国观众想要看什么。

但这次，冯小刚却大败。为什么？

2012年12月4日，他在微博里说：“观众普遍反映《一九四二》是部虐心的电影……越琢磨越觉得‘虐心’这词精准……这是对《一九四二》极高的评价。若反过来，观众看完《一九四二》给出两字‘赏心’，那我就得哭去了……以后看《一九四二》就简称：今天你‘虐’了吗？”

哦，原来冯小刚之败，不是败于才，而是败于心。

我在微博中评论道：当一个靠票房起家的导演，开始热衷揣摩这个词时，就说明他已在走向自己的价值反面而浑然不觉。

随后，冯小刚又对“新科状元”徐峥一句“我也是打那儿过来的”，更值得品味。

是的，“那儿”很关键。由此，“市场的原点”一词出现在我脑海里。多数人为什么看电影？为了放松，为了圆梦，为了真善美。所以《007》长青，所以《阿凡达》震撼，所以《辛德勒名单》经典。而在纠结的2012年为什么看电影？为了缓解焦虑，为了寻找希望，哪怕简单，即便粗俗。所以……顺应市场的《泰囧》疯狂，而虐待市场的《1942》落寞。

作为成功者，都有成功的起点。作为企业家，必然不满足于起点，要不断创新和超越。但是，当我们在自以为超越成功的起点时，也要时刻警惕：自己是否正在背离市场的原点？抑或我们已不屑于厘清它们的关系？我们是否正将自己的主观逻辑凌驾于市场需求之上？

其实这很普遍。诚如我在微博评论中所说：很多成功人士都曾走过这条充满讽刺的人生曲线。拿破仑曾大大推进了资产阶级民主，但随后却热衷于称帝和战争，到死没有觉察。牛顿曾大大推进了人类自然科学，但随后却埋头于神学，晚年一事无成。

离开起点，而遗忘原点的黯然，太多了。

新春到来，蛇年伊始，在《泰囧》的笑声和《1942》的哀号一起淡去时，在下寄语：为了持续成功，在超越成功的起点时，绝不能践踏市场的原点。

人生最大的学问，有两样：一是分寸；二是时机。围绕行止的这两样拿捏，都比行止本身更能决定它的性质，和它的结果。

杨光

光环褪去的唐骏终于说："我就是普通人。"这是我们每个人不管算不算成功时，都应该默默谨记的。我们之所以经常会犯错，往往与时不时就觉得自己不普通有关。

杨光

2013.04

盖茨与拉加德的微笑

我们强大了吗，自信了吗？

欧美在没落，中国在强大，这看似已无悬疑。但刚从博鳌归来的我，依然要问：至少在精神层面，欧美真的没落吗了？中国真的强大了吗？

博鳌亚洲论坛是一个全球视角的舞台。而这个舞台远不止在话筒后，远不止在簇拥中，而是在每一个人，每一个角落，每一个瞬间。

赵小兰的“普通”

甚至，这远远超越了博鳌的地理范畴。

登机，一件普通到不值得说的事。4月5日，首都机场，当我们站在廊桥排队时，一切仍那么普通。直到前方一位女子偶然回头交谈时，我才意识到不寻常——眼熟……这不是美国前劳工部长赵小兰吗？是她。一位部级干部——没有随护，没有特殊，素颜平和，如同一位普通的中年女性，淹没在人流中，继而很自然地随人流坐进了经济舱，和你我一样，平淡无奇。平淡到几乎没人认出她，准确说是没想到会是她。

赵小兰并非私访，毫无刻意，但那一份真实、自然、泰然的普通，却是实实在在具有震撼力的。她不仅真正做到了，而且不是做给别人看的。

微笑中的“自信”

2013年博鳌亚洲论坛，还迎来了改变世界的比尔·盖茨、举足轻重的国际货币基金组织（IMF）主席拉加德。

此番，盖茨已转型为慈善家。他在“为穷人投资”的演讲中，对能接近消灭脊髓灰质炎的自豪溢于言表。他最后一句看似不经意的话，更深深触动了我："我呼吁大家伸出援助之手，使一切成为可能——不仅仅为了中国。"盖茨能脱口而出，是因为他能让所有听众相信：他的作为不只是为了美国，不只是惠泽乡里，更不是首富炫耀。

盖茨的魅力还表现在他什么都不说时，比如微笑。这次博鳌论坛，盖茨反复穿梭于各个场合，我有机会多次与他相遇。我注意到，每次迎来闪光灯一片时，他从无厌烦、躲避，而总是报以他那招牌式的微笑——友好的微笑，自信的微笑。

我印象更深的，是邂逅IMF主席拉加德。当看到我抢在身前举起相机时，这位世界瞩目的法国女子明显放慢了脚步，并有意将脸朝向我，报以一个职业的微笑。快门只在一瞬间，这一瞬间也彰显了她的友好、优雅，和善解人意。而骨子里，还是自信。

中国离"自信"还有多远？

博鳌论坛，当然更是我们中国人的舞台。只是以下几个被我这个旁观者偶然看到的瞬间，值得我们反思。

当比尔·盖茨在为有效消灭非洲的疾病和饥饿而兴奋时，我们呢？

民营企业如何获取平等待遇是当然的热点，可即便是那些行业领军者的发言，也依然是一味抱怨政府。甚至当台下按捺不住问大企业能为改善中小企业生存环境做些什么时，在座大佬们依然是充耳不闻地抱怨政府。而另一位知名企业家在另一场合干脆提出就应该让那些不够强大的中小企业死掉！没有人提及作为领军者该为产业链提升做些什么。而他们中，有机会出现盖茨吗？

当拉加德为一个素昧平生的人主动放慢脚步、报以微笑时，我们呢？

我看到，一位小有名气的老板拒绝和一位记者交换名片，且满脸不屑（自注：这家企业多年后果然狼狈不堪，老板更是威风不再）；我看到，一位大有名气的老板在涉及到也许他不喜欢的企业时，居然宁肯当众失礼、失态；我还看到，当有一位同胞只是想向正在等电梯的索罗斯提问时，却立即遭到中方随护的暴力对待。

而当"粮食安全"论坛结束后的媒体自助餐区，我又看到了个别同行剩下的大半盘子饭菜……不知刚散会的袁隆平见状，该做何感想。

差距，关于微笑的差距——素质的差距，格局的差距；做人的差距，做事的差距；利他的差距，自信的差距。虽然GDP第二，但我们要虚心向西方学的，还有很多。不只是一个人，一个职业，一个阶层。

2013.05

马云留下了什么？

立足"信任"，构建"格局"

自注：只可惜，马云从未真正退休。所以后来……

马云成为了5月中国企业界的风云焦点，因为这位企业领袖决定在48岁急流勇退。据说交班现场坐满了4万观众，其中不乏身披雨衣的企业界大佬，而通过手机、电脑观看直播的网友们，更是天文数字。一个企业的典礼如此广受瞩目，是空前的。

因为大家很想倾听改变了中国商业生态环境、百姓生活习惯的马云，在转身时刻最想说些什么。

"信"和"变"

广受传播的那句"明天开始，生活将是我的工作"，其实只是一个精巧的噱头。在我看来，这篇演讲的核心应是两个字："信"和"变"。

信——马云能有今天，是因为他和创业团队信任自己，信任彼此，信任中国，信任未来，信任年轻人，信任整个商业链，同时也幸运地被各界所信任。更值得自豪的，是他和阿里为中国创造了更多的信任，而这恰是我们所极端稀缺的。

10年前，正值"非典"肆虐，惶恐的人们闭门宅居，传统的商业冷清凋敝，这是中国社会全面失去安全感的时刻。这时忽然来了支付宝和淘宝，人们可以规避见面的致命风险，却可以放心和陌生人交易，收获比去商场更丰富的商品。"因为信任，所以简单"。从此，马云走向了成功。

10年后，马云并没有沉迷于淘宝数千万人、数千亿元的庞大日交易规模，而是单膝跪求湛蓝的天空和安全的粮食。10年一个轮回，马云在营造公众安全感中崛起，又在同一个原点转身而去。这是一种执着，也是一种升华。

变——是的，环境变化太快，标杆更替太快，预测未来太难，改变自己更难。因此，海尔CEO张瑞敏说：没有成功的企业，只有时代的企业。而时代的企业，首先是自以为非的企业。基于阿里的创业足迹，马云也给出了一个驾驭变化、创业成功的普适性规律：改变自己+点滴做起+坚持10年。

“信”，才能驾驭“变”

那么，“信”和“变”仅仅是各自半场的独唱主角吗？彼此之间是否存在关联？

对此，马云没有明说。但我认为两者有着重要的逻辑联系。看似“信”源自主观，“变”着眼客观，层面不同，但如果我们要想真正做到拥抱、驾驭那些不可捉摸、难以预测的“变”，基础必须是我们心中有“信”！自信、利他，才能果敢、坚忍。对自己无信心、对事业无信念、对伙伴无信任的人，不可能去真心改变自我、拥抱变化，更无法驾驭变化。

在马云看来，“信任”引爆的正能量远不止这些，还包括：“开放”“透明”和“责任”。他指出了一个以往很少有人想到的重大关联：“解决”社会的问题，既是我们的“责任”，也是我们的“机会”。没有机会的责任，是说教空谈；没有责任的机会，将不择手段。而阿里致力于将给中小企业一个机会作为自己的责任，同时也就给了自己一个天大的机会。

格局大小论成败

此时，我又想起马云说过的另一句话：“成在细节，败在格局”。

也许，这句话如同诗句“秦时明月汉时关”一样，是说成败既要抓格局又要抓细节，但我认为这句话更重要的隐含价值是：格局是事业基础，失败必因格局不够，拥有格局则能立于不败。但要想成功，仅有格局还不够，还要做到精于细节。细节，只有基于格局，才有意义。否则就是狭隘的琐碎，肤浅的较真，甚至丑陋的钻研。

马云能成功，正因为他始终拥有一个大格局。他在着眼于建构社会信任的机制，着眼于创造中小企业的机会，着眼于成就员工的微笑。这一点，马云与稻盛和夫可谓异曲同工。相比之下，那些在博鳌论坛上声称宁愿中小企业去死的行业老大，谈得上格局吗？他们的狭隘与冷漠，不可能持续成就自己。

那么最后一个问题，在一个矛盾丛生的社会里，我们凭什么建立信任？凭什么践行格局？答案是：勇气的召唤！——就像1995年“路人”马云单骑对盗运井盖的团伙说“不”一样。

2013.06

“企业即人”

张瑞敏30年的管理精华

在当今中国企业界，注定影响深远的，一是晚辈马云，一是前辈张瑞敏。张瑞敏的使命与扎实，和马云的梦想与飞扬，两代人的实践智慧，共同构成了中国企业家创新思维的两座高峰。

当48岁的马云留给我们的，是对“信”的执着和对“变”的拥抱；那么64岁的张瑞敏在他创业30年时，留给我们的思想财富，又会是什么呢？

就在日前，张瑞敏给出了答案，九个字：“企业即人，管理即借力”。

做企业的本质是什么？

我曾经让我的同事们猜，如果你们是张瑞敏，你们认为他在耕耘30年后，会关注哪两个关键领域？结果，五花八门，从“责任”到“创新”，不一而足。当我告诉大家，张瑞敏的终极视野，一个是“企业”，一个是“管理”时，答案朴素得令所有人意外。可回过头来看，又在情理之中。

诚如优秀企业都想做张瑞敏所说的“时代的企业”，优秀媒体也都想做“时代的媒体”，而不仅仅是“20世纪”或“21世纪”。但要想不断与时代同步甚至引领时代，就必须要悟透：超越时代的，是什么？——恰恰是那些朴素而永恒的元素，在决定纷繁而变化的世界。对管理者而言，无外乎“企业”这个平台，无外乎“管理”这个工具。企业的组织形式不断在变，但企业要为客户创造价值的本质不会变；管理的潮流模式不断在变，但管理要支撑企业创造价值的本质不会变。

显然，管理是围绕企业转的，因此企业是根本。但企业的本质又是什么呢？

从不同的层面看，这个答案难免天差地别。为此我又让我的同事们在剩余的字数范围内做填空。结果,"家""价值""服务""风险""做人"等等不一而足。当我告诉大家,张瑞敏说"企业即人"时,大家沉默了很长一段时间。显然,都在思考揣摩。

"做人"与"人",差别何在?

我注意到了"做人"这个答案。它与"人"看上去相似,源自我们老祖宗的"修身齐家治国",诸如"做事先做人"或"做企业就是做人"也是我们经常会听到的。因为我们是人情社会,如何处理人际关系,始终是我们关注的焦点,甚至是至关重要的一点。因为"不会做人",基本不可能在一个中国式组织里被提拔。

但对于企业,"做人"和"人"又差别何其大。"做人"还是从管理者自身出发的,而非从组织;聚焦的更多是个体人伦,而非组织效能。如此看,"做人"可能成就一个和谐的组织,但不可能成就一个卓越的组织。

对"企业即人",张瑞敏做了如此解释:"所有的资产要增值,都要靠人。人,是企业的关键。如果把人抛到一边,资产负债表就没有多大用途。青岛有一句话:死店活人开。同样一个店,两个不同的人开效果就不一样。"

盘活人,是一切的原点!

这段话,我深以为然,感触颇深。

2013年我们在采访泰国海尔时,总裁吴勇之所以能做到面对文化迥异的泰国人、自以为是的日本人,依然能沉住气并最终征服这支桀骜不驯的"多国部队",并创造了出色的业绩,就是因为他始终铭记:我来这里的使命,不是利润,不是市场,而是盘活这里的人。正在开拓国际市场的万达集团老板王健林,也在6月的成都《财富》论坛上异曲同工地指出:"一家企业究竟经营得好不好,不是看产品,而是看人。"

事实上,比起战略、执行;技术、产品;品牌、渠道;融资、并购;库存、回款等等,只有人,人的认同,人的激情,人的智慧,人的协同,人的坚守,人的创造,人的自律,人的格局,人的欲望,人的梦想……总之,人的力量,才是一切的根本。同事们的答案其实都对,只不过支撑它们的,都是"人"。

但是,看似浅显的道理,我们真能领悟、真能做到吗?有多少管理者骨子里看重的不是盘活人,不是成就人,而是他自己,是权力,是财富,是光环,以控制为目的,以业绩为幌子,在本质上忽略人,甚至把人作为操控的玩偶,并感到其乐无穷?

"做企业,就是盘活人",真的应该成为我们管理者思考一切的出发点。因为在这个出发点的后面,是一个组织的基业长青。

2013.08

当身前没有标杆的时候

真正的“中国创造”将呼之欲出

中国企业的处境，真的历史性改变了！

这是我前一段接连出差，有幸与多家国内优秀企业高层接触后，由衷的感触。

海尔、苏宁、美凯龙的身前还有谁？

当我站在“海尔论坛”的鸡尾酒会现场，与海尔集团两位新任轮值总裁梁海山和周云杰交流中，能强烈感受到海尔环顾四望时的茫然。是的，当海尔一直是众多中国企业学习的标杆时，海尔心中一直有着自己的偶像。海尔从来不是技术崇拜者，他们相信管理的力量。因此，丰田的精益生产和戴尔的直销模式，曾是五六年前张瑞敏的标杆。但如今，这两家企业的光环已然不再。苹果吗？没有乔布斯的苹果，我和梁周二位，以及很多业界人士都不看好其未来；而力压苹果的三星呢？估计很少有人认为三星会引领全球商业模式。这时台上张瑞敏的演讲声传来：“所谓成功，也只是你幸运把准了一次时代的脉搏，而不代表你能永远成为时代的企业。”在海尔身前，已经没有标杆。

与海尔行业“毗邻”的苏宁，曾经只是南京街头一个小门脸，没有人知道张近东这个年轻人能做成什么。但即便是后来在被媒体爆炒的“美苏争霸”时代，沃尔玛、亚马逊、苹果……这些响当当的国际级企业，都曾是苏宁等众多企业难望项背的高峰。那时候，做“中国的沃尔玛”“中国的亚马逊”“中国的苹果”都曾是众多有志中国企业咬咬牙的梦想，甚至是不靠谱的豪言。但是，当如今张近东掷地有声地提出“苏宁，既不是沃尔玛，也不是亚马逊，而是沃尔玛+亚马逊”时，我们知道，在苏宁身前，已经没有标杆。

与苏宁行业“毗邻”的红星美凯龙，创始人车建新更只是一个小木匠出身。当十几年前我采访他时，他的卖场虽已颇具规模，但是在他心目中，偶像有趣地在通过“斗争”的形式历历在目：那时，车建新“很有魄力”地要求红星的卖场选址就杵在麦德龙的对面。因为只有与最强大的对手不断面对面地过招，自己才会真正迅速成为高手。言犹在耳。而最近当我再次坐在车建新面前，半开玩笑地问他：“您现在还会选择追着麦德龙开店吗？”此时的车建新只是憨憨地摇头一笑，淡然到无需解释。我知道，麦德龙在红星美凯龙身前，也已经“消失”了。

而与卖场行业“毗邻”的物流业，近年在中国的发展速度惊人，以至于马云“退休”后立即一头扎了进去。目前有一家近年扩张非常迅速的物流企业的高管急切地找到我，倾诉企业文化与内报内刊帮助企业强化员工管理时的诸多苦恼。他和老板，此刻都很希望《中外管理》能帮助他们一起将企业的内报内刊更有效地办起来。但是，他们也有纠结，因为当他们急于突破时，忽然发现将内报内刊“外包”给媒体，也似乎是没有标杆典范可循的。

踽踽身影，我们还需等多久？

是的，中国各行业的领头企业在纷纷走过20～30年后，不约而同地发现在自己的身前，已经没有了标杆。这是进入市场经济以来，中国企业从来没有过的感受。不论我们学谁，还没等学明白，那个标杆自己就倒下了；不论我们做什么，都再没一个能令自己信服的高人告诉你，是对了还是错了。于是，中国企业只有自己“踽踽独行”。海尔在埋头亘古未有的“人单合一”，苏宁在高调首开先河的“云商战略”，美凯龙也于无人指点中在茫茫历史中寻找着“中国创造”的鼻祖，那家物流企业则在七上八下中坚持联姻《中外管理》。

“中国创造”或“中国式管理”，曾那样响亮，又那样引发嘲笑。因为它不是喊出来的，也不是研究出来的，更不是扶持出来的。它是靠真枪实弹的竞争，基于慢慢积累的自信，勇敢地“闯”出来的！

当然，“闯”远不像它读起来那样一蹴而就，而是靠反复摔打和挫折，慢慢“长”出来的，“磨”出来的。因而我们对他们，还需要报以耐心。但也许不需要太大的耐心，因为我们需要等待的时间不会太久了，我相信。

2013.10

老板，您“真”的相信吗？

真：百年企业文化的第一重门

走访的中国企业越多，我发现听到的一个词就越多：“百年××”。中国企业经过风雨交加的20年成长后，纷纷开始挺起腰杆，瞭望远方。同时，他们也都意识到：百年企业，靠的不可能是百年机遇、百年领袖，而是百年机制。而百年机制，又靠的是百年文化。

文化，是长出来的！

多年思考后，我把优秀企业文化的构建比喻成三重门，是次序不能颠倒的三个字。第一个字，就是“真”。

优秀的企业文化从哪里来？很多企业管理者说文化是“做”出来的。我不敢苟同。我说：企业文化是“长”出来的！做出来的，一般都是假的；只有长出来的，才是真的。

而“真”又包括三层含义，同样次序不能颠倒。

真的相信

企业文化，首先是老板文化。一个组织文化的起点，一定是个体文化，也就是老板自己。因此老板在对员工和媒体强调企业文化之前，自己应该在夜里独自一个人，摸着心口对自己追问：“我相信什么？我确实真的相信吗？”这才是企业文化的起点。

就像日本的稻盛和夫。他的经营奇迹广为传颂，但稻盛奇迹的起点在哪里？在于他内心真的相信：在股东、员工、客户当中，员工是第一位的。而这个信念，又是创业初期与员工们连续3天的争吵中顿悟出来的。而后，稻盛奇迹的长青，又是基于经济泡沫期间他坚持不投机，而免疫力就在于他真的相信：“面对一些看起来很复杂的事物时，只需要用最简单的道理去衡量就够了。”而稻盛的定力之源，又来于他早年无以复加的倒霉！于是他由此真的相信：天上的馅饼，绝不会掉在自己头上！我只能靠勤奋。

而我们，真的相信什么？真的相信员工吗？真的相信正能量吗？并用在了文化建设上吗？一个组织，必须相信承载组织文化的员工。诚如《中外管理》曾报道的案例，如果一个美国餐馆全部雇佣刑事犯都能实现正常运营，我们有什么理由责怪员工素质低？

真的土壤

这是企业文化能从个人传到组织的基础。从相信到实现，需要土壤。

我记得，丰田的精益专家曾对好学的中国企业家说：你们应该少问“HOW”，也就是不应在你们遇到一个管理问题时就问：丰田是怎么解决的？我们的办法照搬到你们那里肯定会失败！因为我们的情况差别太大了。你们该多问“WHY”，也就是丰田的做法是在什么情况下出现的？丰田为什么会选择这样一种做法？这对你们更有帮助。

如果我们深刻了解了一个管理方法的文化土壤，无师自通，你就会知道哪些我们可以借鉴，哪些只能用来欣赏，甚至哪些我们是要规避的。

真的个性

什么叫个性？一位法国人的看法很值得分享：“真正的个性，就是更深刻地了解自己。”法国女人公认是世界上最有气质的，也就是说，她们未必很漂亮，但却很懂得展示自己最独特的一面，因而依然得体，有味道。

同样，企业文化也必须要有个性。现在的问题之一，就是我们企业文化普遍缺少个性，各个企业文化手册里的关键词几乎雷同。雷同到几乎记不住，甚至也记不错。

而个性的价值，还不仅在于是否与众不同，更取决于它是不是真的。

比如耳熟能详的“北京精神”：爱国、创新、包容、厚德。其中“创新”就很可疑。因为北京文化的本质，是千年帝都文化。而帝都文化，能熏陶出创新吗？帝都是天子脚下，讲求的首先是“规范”，其次是“稳定”。这里绝不是一个可以试错甚至折腾的地方。这些基因都和创新相抵触。事实上，就是在美国，创新之都也在硅谷，而不会在华盛顿。

所以，优秀文化的个性，来自对自己更客观、更深入的了解。

文化是长出来的。文化惟有真，才会有生命。老板的信念，是企业文化的种子；种子只有在匹配的土壤里，才会萌芽；而基于此最终长成的大树，必是独具风骨的——因为天下本就没有两片完全相同的叶子。

悲观的人最快乐！
因为他从不把自己真实的现在托付给虚无的未来，因而懂得珍惜当下，享受当下，不会被未来所重伤。

杨光

杜拉克（也译德鲁克）认为信仰需要经历绝望。也许，是因为不经历绝望，人就不会真正看清自己的渺小，不会真正明白算计的局限，不会真正怀有敬畏之心。

杨光

高级手纸的纠结

2013.12

实：百年企业文化的第二重门

自从最近和朋友们交流了我对企业文化建设的思考后，从各种渠道都收获了不少反馈和共鸣。很多朋友们追问："既然建设百年企业文化的第一重门是'真'，第二重门又是什么？"本期，我就和大家继续聊这个话题。

依然是一个字："实"！

因为真，只是我们内心想构建什么样的文化，但和大家感受到我们究竟是什么文化，是两回事。然而文化的落实，又始终是一个大难点。难在除了说，必须去做，而且持续、全方位去做。

那么我们要做好哪些方面呢？

实的表率

这里指的当然就是我们老板和管理层。如果我们承认：企业文化首先是老板文化，那么文化的落地，首先就需要老板和高管去实践。而且，还一定要在那些不起眼的小事上表现。因为但凡大事，都可以去"秀"，都免不了"装"。而小事，一则不抓眼球，犯不上表演；二则又常出现，装起来太累。而我们内心最真的一面，往往很容易在细节上流露。

在2009年稻盛和夫参加我们恳谈会时，在一个很寻常的场景，我注意到一个不一般的细节。试想茶歇时，您第一件事做什么？无非是如厕、休息、抽烟。更何况，那一年稻盛已77岁了。但是，稻盛没有。他径直走到会场外的京瓷公司展台，和现场每一位员工握手，而且逐一鞠躬致谢！要知道，这些京瓷员工一辈子都影响不了稻盛；而稻盛一辈子也无需结识这些员工。但是在稻盛心里，和这些素不相识的员工握手，是比解决内急更重要的事！这时，您说员工会不会深信稻盛说的“员工第一”文化？当然信！而这样对待员工的企业家，是不是能赢得社会各界的尊敬？当然能！

实的末梢

当然，企业文化的实，特别是要实现百年的实，不能只停留在老板层面，而必须渗透到基层，末梢。一个企业最真实的文化，就是基层在日常不断重复甚至下意识的言行举止与思维方式。

比如机场接送。这个平凡岗位的面貌就很能体现一个公司的文化。因为客人在进入企业之前，最先接触的就是他们。

我曾在“卷首语”里赞赏过深圳金蝶的司机。而东莞一家企业，则让我感受到了另一种文化。同是到达深圳，我下了飞机接到司机电话，说他在外面，然后就挂了。这时我才意识到他并没说他在哪里，而我们又互不认识。出口又没发现牌子，只好又打电话，告知我在哪里。司机却非要我出来，也没说理由。我只好不情愿地到处找，反复好几个电话才算碰头。路上我得知：原来深圳机场不方便就近停车，而他又只有一个人，于是只好辛苦客人走很远去找他。于是我想：明知如此，企业为何不多派一人？又为何不能在一次电话里说清，而宁愿折腾客人？由此客人对这家企业又会有怎样的第一印象？这都是一种粗放文化在末梢里的表现。

实的机制

那么，在高层与基层之间，又靠什么来打通呢？要靠扎实有效的机制。有效的文化落地，一定不是仅靠文化本身实现的，而必须表现在具体的管理机制上。

比如海尔文化三句话：自以为非，创业创新，人单合一。第一条是心态，第二条是状态，关键是第三条：人单合一是一套非常复杂的制度系统，毫无浪漫之处。但也正是人单合一，才能保持海尔不断自我颠覆，持续创业创新，否则都是空谈。

机制，不仅是系统，还包括一些很具体的管理制度。比如著名的“惠普之道”非常重要的一条，就是要相信员工。这句话说起来容易，做起来就难了。比如说惠普80年代进入中国时，市面上的手纸基本都是“金刚砂牌”的，于是就遇到一个小麻烦：公司厕所里的高级手纸总是丢！

怎么办？惠普高层专门为此开会。以后厕所里也摆“金刚砂牌”的？但这就摆明了告诉员工：公司其实不信任你们。最后惠普怎么做的？坚持企业文化第一！提供高级手纸的制度不能改！但为避免公司再受损失，补充规定：一旦发现谁拿了，哪怕一张，立即开除！

这就是文化和制度的关系。企业必须在制度层面捍卫核心价值观，同时为了捍卫文化，制度又必须与时俱进，不断调节。应变，才是持久的捍卫。

做企业，很像过日子的地方，因为有始无终，绵绵不绝；又像打仗的地方，在于很多节点只能赢不能败。而终于打赢了必须打赢的一仗，只意味着将迎来后面更多必须打赢的仗。于是创业，便是把打仗当作过日子。

杨光

開拓視野 理念領先

中外管理卅年 不忘初心 楊光

2014.01

日本人为什么守规矩？

信：百年企业文化的第三重门

做老板永远的“债务”，就是当员工过年阖家欢乐时，自己仍要默默居安思危。

过年是一种文化，它使中国人相信爆竹能驱邪，头香助好运。可是，我的企业文化能让我的员工相信什么？这就是企业文化第三重门，也是最高追求：信。

信任：能取信多少人？又取信多久？

老祖宗说：人无信不立。因为离开信，人是没法活的。但可要命的是，我们现在恰恰面临各种“信”危机。1950年代欣欣向荣，是“信念”之差：我们都信共产主义，但你是雷锋，我是群众；1980年代打开国门后，是“信仰”之差：你还信共产主义，他已信拜金主义了；等到本世纪，则已是“信任”危机了：一个彭宇案，几乎摧垮了社会大众最基本的道德堤坝。

我们正在猛批的日本，其实正是一面镜子。3年前春天的那场大海啸与核泄漏，几乎是“2012”的预演。因为有了微博，中国人第一次同步感同身受了这场天灾。最令国人震撼的，就是日本大众撤离险境时的秩序井然。

仅仅因为他们国民素质高？生活总是现实的。只有有了现实的保障，人的素质才能有保障。其实，日本人有秩序还是基于信任。

首先，他们相信政府，相信政府不会隐瞒。这样政府怎样疏导，他们就会怎样遵守，不会有小道消息。之所以信谣传谣，本质是公权力自身信用下降造成的。

其次，他们相信基建，相信企业坚守品质。他们能在地动山摇中徐徐撤离，是相信在这一刻，这片房子是不会倒的！这是一种长期对品质、对责任的信任。在关键时刻，这种信任变现为一种秩序，诞生奇迹。

再次，他们相信彼此。他们知道周围每个人都会遵守秩序，而这样对大家都最有利。

日本人的秩序是靠信任积累出来的。而我们之所以“争先恐后”（自注：我将在后文另作文详细反思），就是我们不相信组织，不相信彼此，不相信秩序的体现，是信任长期被践踏的结果。比如红会，当其官方微博收到的评论只有漫漫“滚”字时，那可不是因为一个郭美美，而是对他们长期践踏公益事业所积累的愤怒。

2013年雅安地震时，新辣道曾短信告知会员要做赈灾义卖。但当我把这事拿到微博上讨论，却争议极大。因为一再受伤的中国百姓，已拿不准我们的企业是真心赈灾，还是借赈灾促销。

因此，我们必须意识到：企业文化的价值，很大程度上取决于你能取信多少人？并能取信多久？而基石，就是我们此前说的：真，实。

信仰：真的远离中国而去了吗？

信任，只是“信”范畴里的基础。对“信”的最高追求，是信仰。

中国企业在“走出去”过程中，发现自己在世界上的朋友越来越少。一个原因，就是我们“有实力，无信仰”，别人不知道你什么时候会做出什么事来。而反过来，一个有信仰的人或组织，其力量是无可限量的。

比如日本每年举行的盛和塾大会，我曾在现场见证过什么叫信仰的力量。当稻盛和夫出场时，全场几千人的热烈很容易让我们想起文革。但我们是宣传出来的个人崇拜，而稻盛是实干出来的人格魅力。当那些获奖日本企业家从稻盛手中接过证书时，那种绝对100度而且持续很久的鞠躬，以及所表达出的虔诚与感恩，是在中国各种颁奖典礼上绝对看不到的。

中国也不是没有。在起源台湾、遍及大陆的慈济大爱精舍中，我就能充分感知到“信”的温度。在闹中取静的慈济活动站里，人际氛围和大门之外就完全不一样，其中不乏企业家志工。他们信善，信爱，信行动。他们每个月都会起早贪黑、艰苦跋涉、心甘情愿去各个贫苦地区做调查和赈济，同时因此过得快乐，活得充实。

虽然中国还有诸多不尽人意之处，但有这一片真的天地，这一粒实的种子，这一群信的行者，中国和中国企业的文化复兴就有希望！

可以说，信是文化的起点，也是终点。建设企业文化，就是从企业家自己“信”，到让企业内外的所有人都“信”。

2014.02

创业，你撑得住吗？

百年锤炼创业者的八道关

当朋友们拿到这期《中外管理》杂志时，正值惊蛰前后。在一个万象趋动的时节，职场中不少变化都刚发生——尤其创业者们，无不跃跃欲试。

在当今，似乎没创过业就和白活了差不多。但创业真如我们畅想的那样豪情万丈吗？日前，和多年好友景素奇先生一起喝茶。他十年前创业，如今颇有心得。又因为是做猎头，因此伴随他创业全程的，就是见证更多的创业全程，可谓：沉舟侧畔千帆过，病树前头万木春。

于是，一边吃猪肉一边看猪跑的景兄，用十年总结归纳出了创业的全过程，让我印象极为深刻，故在此与所有创业者一起分享。他发现：真正的创业成功，创业者必须要在八年里闯过八道关。

第一关：遭遇不赚钱

但凡创业者，总是自认为有不少创业资源的，特别是经理人创业。当你在老东家平台上风云江湖时，不论“能力”、财力还是人脉，确实有了相当的积累。真到独立创业时，凭借既有的积累，你一开始是能拿到一些单的。但很快你也会发现，面对高昂的创业成本（特别是在中国），那些“人情单”绝不足以让你有利可图。你得撑住。

第二关：承受赔钱

离开了大平台，人情单是不会“长”有的，但创业成本却无情可言。于是第二年比头年更艰难，因为你开始哗哗赔钱。创业与执业最大的不同，就是后者挣钱是天理，而前者花钱是天命。你得撑住。

第三关：被骂“不是人”

很快，原以为丰厚的资金储备，却消耗得不可思议地快。骑虎难下的你只有继续投钱。而银行大门从来不是向创业者开的，于是向各种人情关系，包括好友亲戚借钱，是你唯一的选择。但持续赔钱的生意，拿什么按期还钱？于是你几乎注定要被借钱给你的亲戚朋友大骂“不是人”。你得撑住。

第四关：自骂“不是人！”

又一年，还是有生意但没利润。众叛亲离的你，唯有向家人求援。当老婆丈人把压箱子底儿的嫁妆老屋都变卖支持你，而你依然盈利无望时，不用家人骂，你都会顿足捶胸骂自己不是人！你会很后悔为什么没良心地把全家推向了无底深渊！但为创业魂牵梦系的你，深夜又会本能地为自己发现了新机遇兴奋不已，而再度向家人伸手，罪恶感则挥之脑后。但不久，梦碎，再度陷入深深自责。如是循环中，你还是得撑住。

第五关：终于赚钱！

也很难说是从哪刻开始，月底算账时，你突然发现公司收入比支出多了！公司有利润了！就像学骑自行车，找到平衡那一刻起，就标志着一个良性循环的开始。春天开始加速度地到来，找到感觉的你，很快就还清了旧账，终于可以扬眉吐气了。这也是一关，因为它是一连串新问题的开始，你也要撑住。

第六关：自己会赚钱

盈利是结果，但结果不等于能力。有了能力，你才可能持续盈利。因此，能不能从几单扭转乾坤的成功体验中提炼出自己的成功经验，并内化为自己的赚钱能力，便是昙花一现还是有资格继续创业下去的关键。你要撑住。

第七关：队伍会赚钱

生意越来越火了，自己逐渐忙不过来了。原先只是给自己打杂、让你想不通为什么值得你发工资的员工，你终于开始手把手向他们传授经验，呕心沥血地培养他们。但是，等翅膀硬了，他们就飞了！面对如同当年的你一样拂袖而去的背影，脸色铁青的你，还要撑住。

第八关：组织会赚钱

痛定思痛，你终于醒悟：人，永远是靠不住的。你开始捂着心头的伤口，用心思索如何将公司经营能力化为一种组织机制，用机制来保证组织赚钱，而不再是几个骨干。等你的公司，历经八年历练，终于不再靠骨干，甚至不靠你，就能自我运转挣钱时，你这条遍体鳞伤的创业扁舟，才算真正撑到了圆满的岸头。

创业也是一种消费

但假如，很遗憾，你创业没能闯过这八道关……我的建议是这样看：创业成功，是投资人生；若败了，则是人生消费，自有其体验的意义。当然，从商未必一定体验创业。但是，创新却是必需的。

当你投入了，却输了，就不要从投资层面去想，而要由衷把它当作一次消费。消费心态比投资心态重要得多。创业尤其如此。

楊光

在扑克牌里，“大猫”的功能是使自己的局面无条件、无阻碍地被简化。
现实生活中，人们或多或少都需要用“大猫”来简化自己已经复杂到难以应对的局面。比如老师，便是请家长；比如家长，便是抬手去打；比如孩子，便是全力以赴哇哇大哭。

楊光

创新者的窘境 2014.03

面对颠覆时的理性灾难

前面，我们谈到了我们做企业可以一生不创业，但绝不可一时不创新。

创新，大有学问，甚至比创业更难，因为创业有成，而创新无终。诚如我们采访海尔时，其轮值总裁周云杰所说的：那是一条没有尽头的射线……

以往，我们谈营销创新、技术创新、服务创新……似乎创新始终只是依附在各个企业管理领域里的子课题。殊不知，创新本身，如今已独立成为一门管理学科了！

克里斯坦森：是管理扼杀了创新

开创者，是哈佛商学院教授克莱顿·克里斯坦森，他被称为“颠覆性创新之父”。而这一切的起因，来自于他写的一本书《创新者的窘境》。

最震撼人的在于，这本书其实是属于上个世纪、距今已有近20年的作品，但是，该书已预言了近十年几乎所有众所周知的颠覆性创新发展路径，包括正在迅速走俏的电动汽车。其分析征服人的程度令人不寒而栗，因此这本书在创新层出不穷的互联网行业被广泛传播——其实，也在颠覆着其他各个行业，包括我们媒体自身。

这本书的轰动，在于克里斯坦森第一次令人信服地揭示了，为什么那些在各个行业领先的巨无霸企业，总是无法甚至注定无法在颠覆性机遇面前有所作为，而无可避免地被淘汰？！

此前，不论学界还是咨询界，对于重大创新无力症，一直都在不厌其烦地围绕官僚主义、大企业病做文章；而对解决之道，绝大多数CEO又都在声嘶力竭地告诚：要倾听客户的声音！

而克里斯坦森的研究证明：前者完全是药不对症，而后者更压根儿就是病源！甚至，“正是良好的管理”，导致了企业在面临颠覆性创新时的失败。

创新，说说容易，做起来其实很复杂。克里斯坦森的重大贡献，就是第一次对创新进行了细分，比对“延续性创新”提出了“颠覆性创新”（也作“破坏性创新”）。进而他告诉我们：那些大企业的迟钝，并不是我们所批判的“大企业病”那么一无是处，其实他们做出的判断和选择，都是非常合理的！事实上，当企业所处的环境并不面临颠覆性创新时，这些巨无霸们所拥有的良好管理体系，可以使他们在延续性创新方面几乎不可战胜！试想，当我们没有iPhone对手机定位加以颠覆时，谁能打败不断推出更耐用机型、功能也更丰富的诺基亚呢？当我们没有见证手机芯片的汹涌之势时，面对英特尔前仆后继的PC奔腾系列，谁又能奈何得了它呢？当500强CEO们不断自豪地宣称自己的时间有至少1/3用来走访全球大客户并洗耳恭听时，谁又能说出半个“不”字来呢？

但要命的是，我们众多行业正在面临颠覆性创新时期。原有的创新模式，完全失灵了。

是的，那些大佬们绝不是不创新，其实他们都在不停地创新。只不过，那些推土机般的延续性创新机制，在面对从天而降的颠覆性创新时，“只能”很负责任地说“不”！

因为，对颠覆性创新说“爱你”，真的不容易。

谁能孵化下一个“特斯拉”？

这些500强企业的管理者真的不傻，他们都是人精。而那些后来的颠覆性产品，在一开始时又是怎样的呢？它们拥有一个原有主流市场毫不在意的价值特征，也因而不知道市场在哪儿，不知道客户在哪儿，更因而也就没有量化数据，不知道市场前景如何评估！这让MBA出身的经理人如何能接受？更要命的是，这些经理人拿着这些怪玩意儿总会去“倾听客户”，而那些正在给公司创造丰厚利润的客户们，几乎总是告诉他们：我不需要这个东西。我要的是你们把原有的产品做得更好！——“上帝”的声音谁敢不听？这还不算完，这些怪玩意儿通常在起初性能都不理想，完全无法与有延续性创新主宰的主流产品相比。比如第一代U盘相对传统硬盘的存储量和信息传输速度，再比如电动车比起传统汽车的续航里程和起步速度。为了公司的利润，为了自己的前程，但凡不是神经病，谁会选择这些“破烂儿”一掷千金呢？——是的，公司的利润，大佬们的成本结构和股东压力，注定了他们有责任去追逐那些客户看得懂、利润率更高的延续性创新产品，去追逐那些所谓的高端市场。

但是，恰恰就是那些“丑小鸭”，变成了如今名利双收的“白天鹅”——比如特斯拉。

是的，很多灾难都始于我们貌似理性的抉择。而理性的，总是看似难以冲破的。但是，真是这样吗？那些颠覆性创新又是怎样化蛹为蝶的？那些大佬们又能否打破魔咒，老树开新花呢？

当创新往往被视作聪明的产物时，殊不知，其实创新的智慧恰恰与自作聪明的机灵无关。

杨光

指望不受限制的创造，是懒惰的表现，是推脱的借口。创造的魅力，往往就在限制之中。这很辩证。

杨光

2014.05

为什么总是湖南卫视？

可持续创新，应有怎样的基因？

解读“芒果”的理由

2011年，年近不惑的我，开始收看一档显然为少男少女群体定制的综艺选秀节目，湖南卫视的《快乐女声》——一种我早有耳闻却从未动念关注的节目类型。是啊，青春期的宣言与喧嚣，与我、与管理何干？但这一年，我确实被它深深吸引住了。

吸引我的，并不是女生的可人，不是女声的惊艳，甚至也不是淘汰与复活的紧张，而是这档节目每一个环节的设计中所强烈散发出的创新气息！那一刻，我直观地感受到了与湖南卫视在圈内长达十年的领军地位所相称的魅力。

与此同时，我却又陆续耳闻因为这档节目的创新与火爆，所遭受的种种待遇。当那一年的《快女》总决赛，不得不安排在子夜时分直播，却依然受到秒表的“关照”，而在欢快却又明显仓促中落幕，并迅速得知湖南卫视因“此”没能获得次年的选秀“执照”时；甚至当随后听闻同为湖南卫视的当家节目《天天向上》，主持人团队中的欧弟仅仅因为来自宝岛台湾而一度无法在国内上岗时，我深深感慨：在中国，创新者总难免在执着中背负悲情与孤独，在前行中常伴嘘声与恫吓的境遇——即便所创新的，只不过是想让百姓多一些更纯粹的快乐。

也正因如此，我对这个被戏称为“芒果台”的传媒给予了更多关注。因为，我关注创新，我们也应该支持创新。

转到2012年，形势突然起了变化。受可持续管束的湖南卫视，其领军地位的可持续，遭到了严峻的市场挑战，收视排名一度滑落到两位数。当《非诚勿扰》《中国好声音》等同行节目风起云涌时，这个“一直被模仿”的“芒果”在短暂暗淡后，还能自我证明“从未被超越”吗？

2013年伊始，当曾引领草根狂潮的湖南卫视，在每周五晚推出了跳离草根、挑战明星的《我是歌手》，一个众望所归的回马枪引发了业界一片寂静；接着在惊讶的同行们没缓过神儿时，立即推出受众面更广的亲子真人秀《爸爸去哪儿》，一举打遍全国；又旋即在2014年大年初一，凭借只拍摄了5天而被质疑“根本不是电影”的《爸爸去哪儿》同名电影，席卷7亿票房——人们惊呼：“终究还是芒果台，才是真正的老大！”

入夏，新节目《花儿与少年》继续独占鳌头，而《爸爸去哪儿2》已经蓄势待发。

是的，当“创新”不再拘泥于一时或一事，而是能用时间轴来证明“可持续”，用反弹力来证明“不断颠覆”时，湖南卫视也就应该成为《中外管理》杂志关注的焦点。因为，我们需要可持续创新，我们需要发现和解读那些可持续创新的基因——特别是在中国。

可持续创新的果敢

谈创新时，不要看轻《我是歌手》和《爸爸去哪儿》并非原创。真正的创新，并不是开天辟地、亘古未有，而是能敏锐地意识到一个含苞待放的萌芽的未来价值，进而果敢率先将其移植到一片蔚蓝的土壤中，并能在移植与整合中高效加以改进，从而焕发出青出于蓝的巨大能量。

这很抽象吗？曾孕育了《超级女声》的湖南卫视第一副台长张华立告诉我：《爸爸去哪儿》的韩版原片，他只看了5分钟，就拍板决定了。而这一拍板，非同小可，一个多达45个摄像机位、120人的跨部门庞大团队及其相关资源，就全力投入开始无间断拍摄。而当电影《爸爸去哪儿》高奏凯歌被认为只是搭顺风车时，又有谁能想到，制作方天娱传媒和其“母体”湖南卫视，是在节目仅仅播到第二集时，就早已做出了这一大胆的决策？这些是一个没有创新精神、没有理想抱负的山寨复制者，所能想到和做到的吗？

实现可持续创新，仅靠领导人的英明，是靠不住的。否则，创新与赌博也难以彻底区分。依靠沉淀下来的团队、机制与文化，才是可持续创新的根本。

可持续创新的团队

湖南卫视在产品创新上能有今天的朝气与实力，源于其团队自身的朝气与实力。我走访过这么多企业，还很少有像采访《快乐大本营》制片人团队时能这样由衷地快乐。正如制片人罗昕对我自信言道："湖南（卫视）的团队都是培养了十几年的老团队，所以执行力很强。"

而这十几年，从上世纪的魏文彬到接棒人欧阳常林，再到现在的吕焕斌、张华立，三代芒果掌舵人分别扛起了属于自己这代人需要肩负的创新使命，并连续缔造出了《快乐大本营》《超级女声》和《爸爸去哪儿》等创新高峰，为行业乃至社会做出了历史性贡献。是的，传承三代才能出一个贵族。同样，三代传承，也才能沉淀出一批精干的团队和创新的基因。

这一点在湖南卫视的"十几年团队"中确实非常突出。比如履新广告部主任的宋点，就是17年前《快乐大本营》的创业人，随后又是《我是歌手》最早也最执着的推动者，和《爸爸去哪儿》的执行资源整合者。在"研发与生产"领域功成名就之后，却在张华立区区三句话的感召下，就跨业做了职业生涯大转型。同样人称"快女教母"的龙丹妮，也是在卫视战略需要下转换战场迅速撑起了天娱传媒的大旗，肩负着芒果资源商业化运作的战略创新之责；而资深新闻节目主持人张丹丹，则在全面转型中推出了将话剧与银屏相结合的《星剧社》……在湖南卫视，这样的例子太多了。

于是，湖南卫视有这样一种"奇怪"的现象：据说台里有不少闲置团队，但他们宁愿蛰伏几年而不愿高薪跳槽！因为他们知道：这很值！在湖南卫视的创新平台上，只要自己用心勤奋，迟早会有一炮走红的机会。执行《爸爸去哪儿》的谢涤葵团队，就是一个颇具说服力的例证。

当然，这就需要一个能不断给创新者出头机会的创新机制，以及机制创新。

可持续创新的机制

实现可持续创新，就意味着拥有再优秀的机制，也需要在看似不必要时，勇于不断自我颠覆，才能保证基业长青。比起挖掘人才，这更是难上加难。

1994年湖南经视成立，引入了完全市场化的用人机制，于是才有至今经典的《还珠格格》以及至今长青的《快乐大本营》；2007年湖南卫视率先在业内推行集责权利于一身并以个人命名的独立制片人制，于是催生了《快男》《快女》和《变形记》的脱颖而出，并培养出了龙梅团队、洪涛团队等如今的芒果中生代核心；而就在同行也开始践行独立制片人时，湖南卫视又开始主动打破这种"小作坊"对资源的垄断，实施跨团队重组整合，以实现大兵团集中作战，于是才可能率先制作出《我是歌手》和《爸爸去哪儿》这些现象级季播大手笔。

湖南卫视的机制创新，还不仅仅局限于电视台内。2004年成立的天娱传媒，通过演艺经纪运营，使得湖南卫视创新出的选秀资源，能够源源不断走出直播厅延伸为一个商业链，从此选秀节目才有了循环生命力，随后通过进军影视剧又强化了芒果人深为自豪的自制剧实力。

这些在组织结构上的不断创新求变，和海尔等优秀企业正尝试的"砸组织"，难道不是异曲同工吗？做节目的和做冰箱的，即便素不相识却真的毫无关联吗？

创新者，无惧时髦

最终，一个令人振奋的现象出现了：当传统媒体普遍弥漫着焦虑忐忑乃至自暴自弃的气氛时，我们发现惟有湖南卫视，不仅没有受到新媒体的明显冲击，反而还能让新媒体成为自己的眼球追随者，甚至有底气最近对新媒体直接说"不"——这就仿佛2008年金融危机之后，人们发现全球唯有德国屹立不倒，从而让我们得以重新评估制造业的生命力。文化传媒业也是一样，只要有持续创新的精神在，就不怕没有源源不断的好内容，就不惧任何新技术、新形式的更迭。

这时有人会问："你已经是芒果粉了吧？"我会坦白说："我是。我们《中外管理》是所有可持续创新践行者的忠实粉丝！"

中国有全世界最多的创新空间，同时也有全世界最多的身不由己。

定立目标很容易；而在执行过程中偏离甚至忘记目标，更加容易。因此，管理者的责任，就是在热血沸腾地制定目标之后，要花更多的精力，在执行中如同神父祈祷一样，带领团队反反复复强化原定目标，并不断确认当前的运行轨迹是指向原定目标的。

2014.08

施拉普纳对中国的忠告

为什么我们总那么急？

德国时间2014年6月20日夕阳西下，在斯图加特的一间酒吧里，因中国前驻德大使卢秋田先生的故交机缘，我有幸与22年前的中国首任外籍主教练施拉普纳零距离推杯侃谈。他的背后，正直播着巴西世界杯。屏幕中的喧嚣与酒吧里的热闹交融叠加，但依然盖不住“施大爷”特有的洪钟嗓音，和激动时的拍案重锤。

这是由本刊主办的“深度体验德国制造DNA考察团”在第5天的华彩瞬间。这位对中国走向世界产生了深远影响的老朋友，兴致盎然地回答着我天南海北的疑问。话题已不只是世界杯，不只是中国足球，还有中国。

“您认为中国最大的问题是什么？”

“你们太着急了。”

这是施大爷在那晚给我印象最深的一句话。虽然简短，却令我回味良久，思绪连绵。是的，我们太着急了，而且举国都太着急了。从当年大手一挥的“超英赶美大跃进”，到十多年前成为笑柄的“中国足球发展规划”，再到我们眼前，但凡民航落地时中国乘客总像着了火一般忙不迭起身取行李，逼得空姐每每失去风度大声阻止，然后只换来长久呆立在过道上——他们不是不知道开舱门需要时间，他们离开飞机也未必都有急事，但为什么还那么急呢？

中国人急，相信不会有人反对。但中国人为什么那么急？未必大家都思考过。在世界杯的热度褪去时，我把自己的思考与大家分享一下。

急，因为缺少规则

诚如我的一个判断，中国传统文化里存在一种对于规则的蔑视。准确说，我们骨子里并不相信规则。我们讲“规矩”，是因为我们只相信权力。当权者制定的规矩，是严厉执行用来约束下面，随时打破用以满足自己的。规矩，与规则不同，永远因人而异、因时而异，是充满不透明、不确定的。

试想在权力文化下，被一堆永远“规定得严，而解释得宽”的规矩所笼罩的芸芸众生，其生存选择能怎样？他们只能靠自己。要么靠仅有的权力和信息，在规矩有缝可钻或有利自己时，抓紧图利，比如炒房炒号；要么连丁点权力都没有，只靠自己的蛮力，冲破与当权者无关的纸面规矩，比如夹塞儿挤车。而不论是哪一种，因为没有大家可以共同遵守而可以信任和预期的规则，都注定我们无一不“急”。因为你不急，不可预知的规矩随时会卷走不可忽视的利益；因为你不急，别人会急，你就可能连最起码的生存尊严乃至空间都无从保证。进而，“急”成为了举国的下意识。

急，因为弱者思维

仅仅因为规则不确定、不透明吗？好像士大夫时代，我们在宽袍大袖下也不那么急。那我们当下为什么那么急呢？这和我们百年来的教育宣传，和基于此形成的弱者思维有关。只要上过学，都知道1840年以来中国饱受屈辱；即便文盲，也知道八国联军欺人太甚。于是，洋鬼子永远包藏祸心，永远亡我之心不死，永远憋着欺负中国人的意识，可谓根深蒂固。包括我们的国歌歌词，都在不断强调再被奴役的焦虑与悲壮。进而，“落后就要挨打”“弱国无外交”等等成了举国的生存共识。

于是，在亡国奴与不做亡国奴的双重刺激下，我们必然要“急”。

然而，举国悲愤难泯、群情激昂且念念不忘所包裹的本质，是地道的弱者思维。那晚施拉普纳还曾中肯说过一句：“其实你们没有自认为的那样弱。”我由此引申想说：我们的弱者思维，其实都是自我熏陶出来的。

比如，八国联军烧北京，辛丑条约赔尊严，纵然罪恶昭彰，但我们总是掐头去尾——既不强调为什么人家要联手打我们一个？我们怎样烧毁教堂？怎样虐杀传教士，怎样枪杀德国公使，如别国这样对我们，我们能忍吗；也不强调这些条约客观上如何推动了中国进入现代文明，包括庚子赔款最终对中国教育起了怎样巨大的作用，如果能把满是血泪的中国近代看完整，能理解为中国重新融入世界的必然学费，并敢于反求诸己，我们还用那么悲愤、那么较劲、那么急迫吗？

其实弱不弱都是相对的，但一旦形成了弱者心态，一切的愤怒都源于自卑，那就是绝对的伤害。因为没有比心态不好，更不利于我们的可持续发展与和谐幸福的了。

中国不能再急了，代价太大，急不起了。企业亦然。

2014.09

抗战为何爆发在1937

职业教育是“制造强国”之本

这一段，反思甲午战争的文章很多。其实国人更没齿难忘的，还是甲午43年后的全面抗日战争。围绕抗日战争的研究已比较充分，而且评价日益客观。但是有一个这场战争之外的关键问题，却一直没有得到重视，更缺少思考。

那就是：为什么日本要在1937年发动侵华战争？

是什么让日本非打不可？

我们中学教科书里会说：第一，日本政府早就对中国领土垂涎三尺并有战略规划；第二，日本政府希望用战争来转嫁1920年代末严重经济危机所带来的尖锐社会矛盾。但细推敲，其实都不全面。“日本野心论”只能证明侵华之早晚必然，却不能解释为什么在1930年代，而不是之前或之后；而“转嫁危机论”貌似对战争的爆发时间有了解释，但依然存疑：众所周知，那次经济危机集中爆发在1929~1933年，而日本为什么要在危机过后4年才去“转嫁矛盾”呢？显然，这些分析的偏颇在于只剖析了日本，却忽略了另一方：中国。

因为日本再不打，就来不及了。

为什么说“来不及”？在于日本自1894年甲午战争、1905年日俄战争、1910年日韩合并后，确立了东亚霸主地位，而中国一直处于腐败、贫困、割据和动荡中，弱态毕显。但是，我们多年一直忽视的是：从北洋时期到抗战爆发前的20年，中国经济特别是民族工商业，其实取得了非常迅速的发展。1927–1937年，在列强一片凋敝中，中国工业成长率却达到7.7%以上，并陆续收回大量租界及权益，而有“黄金十年”之誉。

我经常问那些熟读中学教科书的朋友：“东方的巴黎”上海，是从天上掉下来的吗？——结果哑然。因为课本里没说，抑或不愿说。其实“大上海”的崛起，就是20世纪前30年民国经济迅猛发展，进而国力迅速提升的一个亮丽名片，和坚实写照。

是的，1930年的中国虽然仍不强大，但已不是1900年八国联军铁蹄下的中国了。一千年都跟在中国屁股后面的日本，好不容易压倒中国站到了亚洲老大的位置上，它怎么可能坐视这个沉睡的“手下败将”迅速国力恢复，重新威胁乃至抢回龙头位置呢？而到1936年，又正是民国以来经济最好的一年。于是，1937年，日本发动了全面侵华战争。中国现代化戛然而止。

是什么在决定战争胜负？

我想和大家探讨的，并不是战争，而是追问：中国在貌似兵荒马乱（至少在我们印象里）的年月里，为什么会有让日本人“寝食难安”的经济成长？经济快速成长，当然来自工商业的快速发展。我们的中学教科书虽不肯正面论述，却从侧面佐证了——占去书本大量篇幅的工人运动，恰恰说明了中国民族工商业在20世纪前30年的快速发展。

那么，又有一个问题了：一直处于半殖民地半封建夹缝中的中国，盛产的应该是鲁迅笔下的愚昧阿Q和木讷闰土，从哪儿来那么多干练的产业工人？

这就不能不提三位大人物。

一位是著名教育家陶行知。陶先生之所以名垂青史，并不在于他在培养出了多少“状元”和“博士”，而在于他使得多少两手空空的赤贫百姓，拥有了生存的技能。1917年从美国留学归来的陶行知很快就发现，从传统教育体系培养出的学生，往往到社会上因身无实技而无法立足。一毕业即失业的现状，让四处奔走苦苦说服那些穷困家庭让孩子上学的陶行知充满了负罪感。痛定思痛，他意识到真正的教育不是子曰诗云，更不是标准答案，教育应该切实解决民生，切实推动经济，即“生利”。“好教育应当给学生一种技能，使他可以贡献社会。换言之，好教育是养成学生技能的教育。”基于此，陶行知在上海创办了“山海工学团”，“工”即是生产。他认识到：发展职业教育是中华民族复兴过程中的重要基础。而职业教育，必须以职业岗位为切入点，以职业活动为导向，实现职业教育与实际工作的无缝对接。

另一位，是一位大企业家、大管理学家穆藕初。《中外管理》2010年第5期曾做过封面介绍，他是中国最早将泰罗制科学思想引入中国并加以实践的大人物。他的“大”，不仅在于他在自己的棉纱企业里率先实践科学管理，而且还与陶行知等民国精英有殊途同归的认识与行动——1917年捐出巨款，与1907年首开中国职业教育先河的张謇，以及黄炎培、蔡元培、梁启超、陶行知等48人共同发起了影响深远的“中华职业教育社”，其中穆先生将为祖母祝寿的礼金用于了建造该社大楼。他指出：要说到财富应该如何使用，才是对国家社会最有意义的，我所认同的就是教育。可为呼应的是，之前日本人将甲午战争所获得的2亿两白银赔偿，绝大多数也用在了教育上。

穆藕初所践行的道路，得到了另一位更大的人物，“现代管理学之父”彼得•杜拉克（也译作德鲁克）的佐证。杜拉克曾在评价泰罗制时指出：科学管理最大的价值，并不是改善工厂现场的运营效率，而是用在职业教育培训上——使得具有同等技能的工人可以大批量产生。进而同样围绕战争，杜拉克更有惊人结论：“二战”纳粹的失败，不是失败于气候、石油或巴顿，而是败于美国先进的培训体系。因为泰罗制使美国可以迅速培养出大批技工去熟练操作机器进行大批量军需生产，从而源源不断地供应前线。而这，是纳粹德国当时不具备、之前更从没预见到的。

是什么成就了“德国品质”？

德国人虽然在职业培训上一度失算，但最终他们正是靠着随后建立起来的坚实职业教育体系，使“德国制造”最终笑傲全球。可以说，陶行知一生所“知”的，正是德国人半世纪所“行”的。

在2014年6月考察德国精密制造业时，我们了解到：与中国截然相反，在德国，熟练技师的社会地位与经济收入非常高。而培养熟练技师的职业教育培训，则非常看重课堂与车间的对接。学生在校的一半时间，其实都在工厂实习。因此，德国职业学校的毕业生，就已是可以直接上手的熟练工人了。这也与中国应届生“眼高手低就业难”对比强烈。于是，很多中国企业家都感慨：“同样的设备，同样的流程，我们工人做出来的产品，和人家德国工人做出来的，就是不一样！”

而优秀的“职业教育”，不仅仅意味着技能，更包括素养。

讲一个故事。就在考察德国时，我们荣幸受到了我驻法兰克福总领事馆的热情接待。在造访结束时，梁建全总领事和邢伟平副总领事一起站立在大门前，坚持目送我们一行离开。深受感动之余，我们不忍继续占用他们宝贵的时间，于是就通过翻译告诉德籍司机赶快开车。谁想，这位“方脑袋”就是不理睬，而是坚持埋头做当天驾驶数据和未来行车路线的录入。直到他做完了，才从容发动了马达。那一刻，我想了很多……

我们可以基于中国文化的“灵活”，去埋怨德式思维的“呆板”。但是我们更应该反思：开车直接事关安全，面对“人命”，难道“礼仪”是更重要的吗？推而广之，面对“有条不紊”做完一件再做下一件，难道“随意多变”是更能实现运行效率和品质保障的吗？

就在回国途中，我在飞机上看到《华尔街日报》在敏锐地报道习近平、李克强两位中央领导“前所未有”地强调要改善中国落后的职业教育，并由衷地高兴。因为我坚信，职业教育将决定未来“中国制造”能不能像一个世纪前“德国制造”一样摘下“伪劣次品”代名词的帽子，而成为顶级产品的象征；同样，也将决定假如再与日本沙场相逢，中国能不能一雪甲午前耻，成为21世纪无可争议的强者。

斯皮尔伯格的电影《战马》在强调和热爱两个元素：“生命”和“生命力”。独裁者和战争贩子只强调后者（并引申为竞争力），而无视和牺牲前者。而本片告诉我们：两者必须紧密结合不可分开。不是基于生命和为了生命的所谓生命力（竞争力），终究都是毁灭力。

楊光

2014.09

德国人为什么不提互联网？

中国企业还需回归本分

自注：这篇文章刊发才两天就迅速成为了10万+，可见对国人视角冲击之大。只是从百姓热议到举国共识，我们又用了五年时间。

2014年，当中国企业家们为是否应向互联网“全面投降”而争论不休时，还有谁敢不把互联网和互联网思维挂在嘴上？

有，德国人。

对，居然就是这个世界第四、金融危机以来唯一生机勃勃的经济大国。2014年《中外管理》探寻德国精密制造DNA过程中，我们走访了宝马、赢创、海瑞克、汉斯格雅等各类型的德国行业领军企业，也聆听了德国商科第一的曼海姆商学院教授对中小企业与创新管理的深入解析。但令我无比惊讶的是，接触的所有德国人，不论管理者还是学者，抑或官员，竟没有一个主动提到过“internet”这个单词！

是德国人老土吗？是德国经济落后吗？是德国不懂时代和创新吗？恐怕没人敢这么说——反而我们在那里体验到了国内难以想象的至爽WIFI——那么，德国人又为何如此“冷淡”互联网呢？

其实，这就如同我此前讨论企业文化“三重门”时提到过的，我们要弄明白自己心里的信仰是什么，自己脚下的土壤是什么，进而自己最终的个性是什么，自己最终的作为是什么。

创新，美国造！

那不妨先谈谈最推崇互联网思维的，为什么是美国人。

因为美国人是真正信仰创新的，他们的土壤是催生创新的，他们的个性也是擅长创新的。我在与海尔CEO张瑞敏交流中曾有过共识：美国就是一个举国支持创新的生态系统。不论是幼儿教育，还是资本市场，核心都是为了创新而展开的。

比如，美国幼儿园阿姨在剪纸课上，在示范剪出一条鱼之后对孩子们唯一的要求，就是不能剪鱼！她示范的只是工具和方法，但她要你学会的却是创造，而不是模仿。资本市场也是如此，他们可以不断追捧微软、苹果、谷歌、脸谱，也会热购京东和阿里巴巴——哪怕它还在亏损，哪怕它来自海外——只要持续创新，就会获得资本市场的掌声。因此，虽然“微软”是美国的，但美国却是最不怕“微软”走向衰落的国家。

美国人很清楚，自己的“个性”本分，应展现在“创意”和“营销”，而非“制造”上。因为有的是比他们的土壤和个性更适合去“制造”的国家。于是，他们在将“制造”不断外包给全世界的同时，成为全世界“最应该”去创造和拥抱互联网及其思维的国家。显然，通过个性、交互、体验、大数据，进而持续引领创新和营销的制高点，对于无需为品质而操心的美国人来说，至关重要。

品质，德国造！

而德国人，则选择了美国人让出来的“制造”。

一方面，他们比美国人更严谨，他们坚信人类无论如何创新，都颠覆不了对产品的需求，颠覆不了对优秀而稳定的品质的需求。想想看，要将一个几乎每台机器都需要的普通轴承做到使用寿命至少半个世纪，一台不管是否智能化的冰箱至少10年内不会有故障，一个很普通的房子至少在100年里不会倒塌，真的需要借助互联网来“交互”实现吗？

另一方面，美国式为创新而生的体系，注定只会催生少数塔尖上的明星公司。但是，德国式为品质而生的扎实体制，却使其绝大多数中小企业都拥有强大而持久的生命力。提到“隐形冠军”，谁能不想到令人望而生畏而动辄百年基业的德国军团？这也是德国人在绝口不提互联网时，却“明目张胆”深感自豪的原因。

如果以为德国人自绝于互联网时代，就大错特错了。事实上，德国人近年提出的“工业4.0”，恰恰是德国人基于对信息化时代的来临，和对自身优势深刻的理解后综合出来的个性化战略。他们知道自己的本分是制造，他们知道人类永远需要制造，他们也知道人类已进入信息化时代，他们只是把信息化融入自己本来的优势上，以创造出自己符合时代与个性的进一步优势！

中国……

那么，中国呢？

当我们的教育永远以考试为己任，我们的食品至今与有毒相关，我们的机器始终与维修如影随行，当我们连基本的人性包容和品质需求都满足不了时，我们却突然像美国人一样高谈个性化定制、云计算服务，是不是太“奢侈”了呢？在“创新”与“品质”两方面，中国企业会不会最终像中国足球一样不伦不类呢？

我无意否定任何潮流，而只想提及潮流的另一面。

手写的意义不在于书法的价值，而在于提笔的温度

楊光

我们距离价值观有多远? 2014.10

融入“颠覆”，勿忘“做久”

2014年，“颠覆”无疑是中国企业界的焦点热词。这没错，因为我们就处在这样一个时代里，要不颠覆别人，要不被别人颠覆。这就像我们这年恳谈会的主题：“谁颠覆谁”，我们要不去做主语，要不沦为宾语。

但在必须“破”的同时，我们也到了必须“立”的时候。否则，“颠覆别人”就只是眼前快感，而难逃昙花一现之叹。

我们已顾不上的“做久”

事实上，本世纪以来，中国企业大多在循序渐进地按照一个必要的线性思考前进。15年前，美国《财富》杂志的一个榜单，激活了自古就深入国人骨髓的扩张基因：“哦，要做大！”于是从央企到民企，虽动机迥异，却都在为凑规模而疯狂，“航母”一时成了口头禅。

10年前，一些清醒的企业家开始意识到“做大”不等于“做强”，“大而不强”的繁荣都是脆弱的假象。但可惜“500强”之名始终没能修正为“500大”，“大”与“强”在我们惯性思维里仍是纠缠不清的。5年前，不管大不大、强不强，中国民营企业都到了交接班的时候，于是“做久”第一次成为企业家们内心隐隐纠结的命题。

但是，2013年开始，基于移动互联网大潮的“颠覆风潮”从天而降，戛然斩断了中国企业对“做久”的延续性思考。在朝不保夕、魂不守舍下，谁还顾得上“长久”呢?

可是，在颠来覆去中，我们真的可以“顾不上”如何“做久”的问题吗?

他们坚守：诚信、公平、大爱

越是在变的时候，找出那些不变的东西，就越发重要。而不变的，往往就是我们内心的价值观。不是“我们做成了什么”，而是“我们为什么而去做”。

什么是价值观？我举三个西方企业的例子。

2013年博鳌亚洲论坛上，一家美国百年老店给我留下深刻印象。这家企业，已传承到了第五代！接班的年轻人至今自豪的是，140年前的芝加哥大火，不仅烧毁了整座城市，也等于烧毁了所有的契约，当“不可抗力”可以赦免一切时，惟有该公司的创始人，坚持还清了自己已付之一炬的债务！从此，“信用”成为这家公司受益一百多年的最大“红利”。当我们还在闹心财产或事业如何传承时，那位第五代继承人掷地有声地说：“企业能够传承的，只有自己的价值观。”

2014年，又一家欧洲百年老店出现在我眼前——西班牙皇家社会足球俱乐部。当他们因为来自中国钱宝网（自注：可叹后来出事了）的战略投资而走上南京的舞台时，其主席却将大量时间“挥霍”在一个距今很久远的故事上：一次西甲联赛上，皇家社会队在我们今天看来很常见地获得了一个不应吹罚的点球。但“很不常见”的是，那名主罚的皇家社会队球员Miguel Sena，故意将球射向了球门外——并反而成为了俱乐部的百年楷模。如此“迂腐”的价值观故事，我们真能听得进去吗？

“价值观”绝不是“老了”的标志。

日前，我有幸参加了一家才成立5年的美国生物技术企业在澳门举行的全球年会。令我吃惊的是，这家新锐的高科技企业，短短几年已催生出了几十位年收入在百万美元以上的富翁，并且吸引了来自全球的上万人赶来参加大会，各国与会者入场时简直就像奥运会开幕式一样。但更令我深思的是，这样一个本基于造富奇迹的鸡血大会，却在开场没多久，就花费相当“冗长”的时间，来介绍他们正在全力参与的一项慈善事业：一项由两名当年只有12岁的美国孩子发起，并已坚持了20多年的贫苦青少年全球救助计划！因为，他们的价值观是“改变所有人的命运”。作为火箭级企业，也许他们深知：财富必须与意义相伴，利益必须根植于爱心。

这是两个为什么“能做久”，以及一个未来“将做久”的故事。难道在颠覆时代，这些貌似并不时尚的故事，不值得我们驻足思考、仰天自问吗？

王石：吃吃喝喝背后的玄机 2014.11

严控自己，通达人性

“是喝，还是不喝？”

发出这句哈姆雷特式自问的人，并不是一位酒鬼，而是拥有诸多荣耀与传奇的地产领袖王石。这也并非亲朋之间的窃窃私语，而是在金蝶“2014中国管理全球论坛”上的公开演讲。演讲主题之一，就是关于吃吃喝喝。

民以食为天，吃喝之事是私事，但更是管理者实现“自我管理”与“领导力”的大事。为此，我们有理由仔细琢磨王石如何吃喝这件“大私事”。

无声的啤酒战争

起因，是王石宣布戒酒了。

王石本不是好酒之徒，但盛夏痛饮冰啤之爽和举杯神侃之“嗨”，确实是常人难以拒绝的，何况只是啤酒。一天，从酷暑中回到家中的王石，进屋便习惯性地打开了冰箱……但就在手即将打开冰啤时，头顶三尺回响起一个声音：“王石，你不是公开宣布戒酒了吗？”是啊，是戒了，可现在真渴啊……王石的第一个念头和我等无异：“这有什么关系？现在喝一瓶没有人知道啊！”但是，王石的不同在于他又一转念：“话虽如此，可如果我喝了，那以后我再对外宣称说我王石已经戒酒了，我自己都心虚啊！”就这样，他又把啤酒放回到桌子上。在正反纠结中，王石与桌子上的区区一瓶啤酒足足对峙了至少5分钟。

最终，饥渴的王石没有喝这瓶啤酒。他战胜了自己。

但包括我在内的众多朋友，随后一定都会有一个光明的念头：既然戒酒了，又何必让冰箱里有酒呢？要彻底改善环境！事实上，王石也这样想过：“干脆把这一箱都送人吧，以后再不买酒了。”但最后，他居然没有这样做！而是继续留下了这些诱人的冰啤酒，继续选择每天回家和冰啤酒默默对峙。

“你要想真正战胜魔鬼，就要敢于把魔鬼留在身边。”这是一位在中国功成名就又在中国能以自律操守著称的企业家，为吃喝私节所做的注脚。

这也是我深以为然之处。小时候，我也热衷挑战自己的欲望。比如，专门在体育课后跑去小卖部，但不为买汽水，而是口干舌燥地直盯着正仰头痛饮的同学看！然后，每每为自己能有此定力而心生一丝得意。精神上的自控，有时比物质上的满足更有意义。

吃当地餐的奇效

众所周知，王石近年的足迹都留在了欧美大学的校园里。而其间，王石的收获，除了语言和眼界，另外就是饮食。王石现在坚持到全球任何一个地方，都只吃当地餐。

这不是偏执，更不是自虐，而有意想不到的价值。刚刚到英国剑桥留学才几个月，在这里无人认识、英语磕磕巴巴的王石，居然就和校园里诸多教授学友们都混熟了！这让很多已在这里生活十多年的同胞们惊讶不已：“怎么你认识的人比我还多？”原来英国大学里都有食堂，王石只不过是每天午饭、晚饭，都坚持到食堂去吃。而英国人餐前餐后都喜欢聊天，一来二去，王石自然和学校里的人都熟了。而我们其他同胞呢？只要可能，都赶回家去享受家乡美味了。隔绝多了，融入自然就少了；舒坦多了，收获自然就少了。

我们企业在国际化过程中，都饱尝了文化融合之痛。其实文化最感性的体现，未必是语言，而是吃。能不能先在饮食上融入，是能不能实现文化融入的前提。否则，谈不上诚意，更谈不上成果。事实上，CBA里的“政委”马布里，也就是靠主动吃中餐、听相声、看国安来融入北京文化的，哪怕他的汉语至今不灵光。

跨过边界的尴尬

但只吃当地餐，也吃出了问题。

在海外心得颇深的王石，经常招呼圈里朋友四海游走。而他作为团长，便立下规矩：全程只吃当地餐。无人反对。结果一次餐后不久，王石临时找团友们有事要说。因为都很熟悉，自然推门就进。结果所见令王石愕然：这些团友们正聚在一起埋头大吃中餐呢！因为他们的肠胃真的受不了了。可他们又不想驳王石的面子，陪着团长只象征性扒两口，而餐后又不便招摇去中餐馆，于是，只好偷偷摸摸叫外卖来过瘾。不想……现场异常尴尬。

您说，是谁错了？自我管理和组织管理的区别，就在于前者自以为是、严于律己即可；而后者，则必须以人为本、兼顾四方才行。常言“己所不欲，勿施于人”。而带队伍时，有时己所欲，也勿施于人。否则，“瞒”和“骗”就会充斥在整个组织里，徒留您自欺欺人。

双节将至，年终总结又来。在工作之外，管理者总结总结自己的吃喝，对于工作也是很重要的。不是吗？

中国世俗文化里，人们往往是把本应衡量自己的东西，却用来要求别人；往往把本应用来做的，却用来去说。于是，道德成了棍棒，情感成了作秀。

杨光

侥幸心理，是人生中比贪婪更大的敌人。因为贪婪之欲还需要资格，而侥幸之心赤贫者皆怀。

杨光

2014.12

格力小米，你们吵什么？

只有品质才是硬道理

总说新年新气象，但我们耳边，依然回响着这两年中国企业界的赌注声和争吵声。

而这种打嘴仗在2014年年底，又由于董明珠不加掩饰地讥讽雷军而达到了新高度。三年来，中国一流企业家们由暗中较劲、分歧下注，终于演变成了攻讦谩骂，以至于人们不得不搬出一个本来在这一阶层无需赘言的基本底线：风度。

其实，不论是互联网，还是大工厂，不论这个思维，还是那个系统，决定未来中国企业的本质关键是什么？当真是这些赌注里的噱头吗？企业家们乃至官员们，都应该好好考虑一下我们的整体价值取向了。

饥饿的烙印

从60多年前建国迎新，一直延续到30多年前改革开放，中国都是物质极度匮乏到近乎崩溃。因此，近30年来举国的核心价值取向，就是数量，就是规模。于是，新闻上充斥着的总是“创汇”“产值”“利税”等等基于数量且多多益善的名词概念和兴高采烈。

应该说，根据中国当时的现状，这一价值取向是正确且必然的。真的，中国人太缺了，而且缺得太久了。都说我们文明辉煌璀璨，可文化部原部长王蒙曾中肯道：“上千年来，中国人能吃饱饭，也就是近30年的事”。甚至，有历史学家考证说：如果土豆能早50年引进中国，中国历史都会改写。因为但凡有口吃的，明末农民就不会跟着李自成造反，杀人如麻后的湖广填四川也不会发生，而满清入关很可能始终是八旗人的黄粱一梦。

到如今，哪怕是“60后”企业家，基本上都有过儿时寒酸挨饿的记忆；哪怕是“70后”企业家，如果忽然听说有一个东西限量，恐怕下意识里还会有“甭管是什么，先抢到手再说”的冲动。物质上的贫乏，分配上的悬殊，保障上的不确定，给举国带来了根深蒂固的烙印。

悲催的富余

但如今，这种烙印正在不合时宜地严重阻碍国家进步和人民幸福。那就是，我们只重视数量的积累，而不重视品质的提升。

不是吗？即便是IPO以及首富这样很炫的话题，本质上还是物质堆砌。至于动辄上亿的赌注，和贪官家里起获的赃款一样，从没有对中国社会的品质提升有丝毫帮助，而依然能引起各界亢奋热议的，不仍旧是数量吗？哪怕是钱。但我们举国不应更加关注品质了吗？中国积累的物质已足够多了，甚至包括依然寸土寸金的房子。但我们至今拿不出哪怕一样是世界上品质最好、能让举国骄傲的产品。

我们总量是超越了德国和日本，但又怎么样？

德国企业家即便公司破产，依然坐在厂房里钻研工艺。谁会嘲笑他们迂腐？在日本，中国人购买任何一个自己不熟悉的当地品牌，完全不用担心假冒伪劣，反而只会品质更好。因为，日本人自私地把最好的品质只留给了同胞。是的，他们宁肯自己商业运作不成功，也不会让产品品质不成功，进而不会让自己的国民不幸福。而我们，是不是恰恰完全相反？究竟哪一种才是做企业的“正道”？

互联网“独独”在中国热火朝天，但又怎么样？

这里的要害在于“独独”。为何日本、德国，哪怕泰国的电子商务都不很发达？可别天真地以为他们的宽带比中国还差。因为不需要。从产品到服务，他们的线下品质体验，不需要线上。而我们貌似先进，实则只是躲进互联网来规避线下那些顿足捶胸的高价格和恶服务。说到品质，冲量为本的电商平台，何曾致力于改善“中国制造”的品质？不能改善产品及服务核心品质的大数据和个性化，不是自欺欺人吗？

如今，接班的二代企业家们纷纷痴迷投资而无心实业，更遑论钻研品质，请问中国制造的未来在哪里？中国人的幸福从何谈起？

米饭的尴尬

当2015年中国公民出国，依然如获至宝地从境外往回带电饭煲、尿不湿，甚至全家的衬衫、丝袜，且大肆口耳相传时；当2015年中国境内礼尚往来，依然首选绿色大米，而国内新闻依然充斥各种污染时，所谓“制造业大国”“GDP全球第二”不更像是一种虐心的讽刺吗？这时候，中国企业家们如仍忙于赌注和谩骂，真的值得尊敬吗？——而那些无助于推动企业追求品质（甚至相反）的产业及税费政策，不更加需要反思吗？

“到最后”，都是小人物。

当我们陷入疯狂与焦虑 2015.05

拼的就是心态

知名财经作家吴晓波在关注马桶引发跨国风潮后，5月19日又在微信写下一篇文章，标题很惊悚：《疯了！》

他在自己提炼的导言中写道："中国目前的资本市场正处于一个非理性繁荣的抛物线通道中，这应该是近十年来最大的一次资本泡沫运动，所有试图置身事外的人，都不出意外地将成为受伤者。"

这段话显然颇具震撼性。要知道，"置身事外"在浮躁的中国社会，一直被当作淡定乃至境界进而能"全身而退"的代名词，如今却"不出意外"地将成为"受伤者"——这绝对是空前的。而说这句话的人，并非一个贼眉鼠眼的股市投机家，而是一个埋头剖析新中国改革30年并上溯中国上千年商业史的负责任的财经作家。

于是，几分钟后，一位著名财经报纸总编辑在朋友圈转发时批注道："好吧，抓住机会赌一把吧！"

看来，大家都要在股市中赌一把，疯一把。而他们都见过世面，都不傻。

赚并痛苦着？

我同意吴晓波这次的判断，因为这轮资本泡沫有着坚实的力量支撑。但我并不是股民，也不打算是。这很拧巴吗？

多年来我一直在观察：天下有没有什么事，是让我们挣到了大钱，却还不舒服的？

如果我们是老板，盈利了就高兴，亏损了就着急；如果我们是经理人，涨薪了就满意，减薪了就辞职；即便如果我们是赌徒，也是赢钱了就开心，输钱了就窝心，而且一切盈亏都会随着离开赌场戛然而止。

唯独炒股不是。虽然吴敬琏当年把中国股市比喻成赌场，已引起轩然大波，但股市和赌场依旧不一样。因为炒股，是人世间唯一一件能让我们在赚大钱时依然不开心的事。

道理并不复杂。假如你选了一只股，1块钱买入的，蛰伏多时而终于股市暴涨，你能够在5块钱卖出——500%的利润，这比马克思所说注定无恶不作的利润诱惑还高！狂喜吗？未必。因为你卖出第二天，那支股票又涨到8块钱了——闻讯，你肯定痛心于自己被“洗劫”了！此刻，绝大多数人头脑中萦绕的，都不是到手的500%利润，而是那300%的所谓“损失”。我们都是普通人，又生活在信息时代，对股市涨跌，真是躲不开，也做不到无所谓。

好，那只有恰好在股票峰值时出手。而这是炒股最难实现，也是最危险而愚蠢的企图。

其实，玩的不是内部消息，不是K线图，不是巴菲特理论，甚至不是钱本身——而是心态。因为，我们虽然都是衣食无忧的体面人，但终究还是有血有肉的普通人。而最好的心态，就是始终知道自己只是一个“普通人”，自己有弱点，没道理多得，没理由通吃，更没必要不甘。但很遗憾，多数普通人都不认为自己很“普通”，不论开车，还是炒股。

终究，心态（而非学识与能力）在决定行为，并最终决定结果。

转并自卑着？

而当下，心态所影响的绝不只是炒股，还包括企业的转型。

在移动互联无孔不入的背景，与李克强总理“互联网+”的号召下，企业围绕互联网的转型已然势在必行。这对我们的企业家们，已形成多层面的心态影响。

第一是，我们传统行业的企业家对于现阶段中国商业环境的诸多不满，比如行政垄断、官僚不作为等等，心理上就有颠覆至少是规避的强烈愿望，而互联网是最佳途径。第二是，我们传统行业出身的企业家们，真是不知道具体怎么向互联网转型，因而“互联网焦虑症”非常强烈，甚至令人抓狂。第三是，我们的传统行业面对互联网企业时，由衷地自卑。

这三条结合在一起，就会是：我完全看不清互联网化的路在哪里。但我们必须马上要向互联网甚至移动互联网走，一刻都等不得。哪怕我只是一个供应链的上游企业。

向互联网果断转型是正确的，但在心态失衡中的恐慌转型，就未必了。事实上，在心态失衡下，做任何事都可能适得其反。为此，我们能做的，不是去找心理医生，而是真正与互联网企业走到一起，打破自负，但也要抛弃自卑，逐步建立平常心与自信心。其实，互联网企业“棒槌”的地方也很多。所谓“互联网+”，是互联网企业和传统企业共同奔跑的方向，谁先撞线还真不一定。

历史证明，能在积极果断中保持平和与自信者，会是最后的胜利者。当我们能平视这个世界，我们才能时刻思考与明确：我是谁？要去哪里？在做什么？又为什么去做？进而，才会知进退，明取舍。

互联网在为都市人带来生活便利时，也在给都市人带来巨大的工作压力。而工作压力又进一步刺激了对生活便利的需求。

杨光

尊重对方，是一切有益交流的前提。
学会了“尊重”之道，“沟通”之术必然无师自通。比如：学会了尊重，你就不会在沟通中，笑容可掬却对他人职责说三道四，坚韧不拔却对他人理据充耳不闻……最终，你反而获得了最大化的效率与效能。

杨光

2015.06

“跨界”的恐龙

看不见的联系，正颠覆一切看得见的隔膜

自注：六年后，当国家发现对互联网企业需要加强监管而又难以监管时，本质就在于这些进化为“平台”的企业，打破了传统行业的分界。

当“跨界”成为中国企业界和商学院课堂上的口头禅时，其实我们一定会面临一个现实问题：“跨界”和“多元化”，究竟是什么关系？有什么区别？

2014年，我们《中外管理》杂志曾做封面文章加以解读剖析。但近一段我在和不少企业家们交流当中，发现这一问题远没有被大家广泛厘清。而这一问题，对于重压下急于脱困的中国企业家们，真的太重要了。我学识肤浅，只能借此阐释我自己的管窥之见。

有些当下的时髦问题，如果视野足够宽广的话，会发现其实它并不时髦。它早已有过，抑或在另一个看似不相关的领域早已呈现。

霸王龙是由谁变来的？

比如在古生物学。

随着《侏罗纪世界》的热播，恐龙再次成为社会娱乐的热点。而我对恐龙的浓厚兴趣与研究，则可以追溯到我刚上小学时。那时斯皮尔伯格的兴趣还在外星人身上，而非复活的恐龙。是啊，那时的恐龙，绝对是无人问津的超级冷门，绝无今天的商业化普及，以至于幼小的我只能去新华书店买枯燥艰涩的恐龙学术专著。面对如此违和的场面，以至那位书店店员坚持不肯卖给我！

到了1990年代，当社会大众疯狂沉迷于恐龙在电影里招摇过市时，古生物学界正在发生重大的颠覆性变化。

以往，古生物学是一直秉承林奈创造的分类法的。其实很直观，比如：这种恐龙头上长着角，那么就和其他头上长角的分在一起；那种恐龙脖子很长，就把它

和其他长脖子划成一类；另一种恐龙长得粗壮凶猛，就可以断定它和其他同样粗壮凶猛的恐龙有亲密血缘。不是吗？连孩子们都很熟悉的角龙、剑龙、梁龙、霸王龙（也译作暴龙），都是这么一望而知地命名而分类的。

但是，这一切都已被颠覆。比如说生存于白垩纪晚期的霸王龙，传统的看法是它由侏罗纪的大型肉食性恐龙（比如跃龙，也译作异特龙）一脉相承演变而来，只是身材长相越来越威猛，到了霸王龙时达到了酷毙的顶峰，然后突然灭绝。在自然科学博物馆里的恐龙演化图上，这种基于渐变而线性的传统逻辑随处可见。

然而，今天的年轻恐龙学家们却告诉你：不，不是这样！霸王龙并不是由跃龙变来的！它并不是跃龙的放大版！更错愕的是，他们告诉你：霸王龙，是由一种身材很小，也很苗条的原始食肉恐龙，在进入白垩纪后，突然变大、变粗壮后出现的！

难以置信吗？可是新一代恐龙学家言之凿凿。他们的疯狂，是因为他们超越了传统的分类，他们发现真正决定恐龙血脉关系的，并不是那些外在可见的显性特征，而是内在看不见的微观特征乃至基因！他们不再单靠肉眼来研究庞大的恐龙，反而在用显微镜！他们在用新锐的分子生物学视角，来看待那些沉睡了上亿年的石头。于是，有“龙王”之称的著名恐龙研究前辈董枝明老师（附带一句，我那本学术专著就是他写的），曾在20年前对我说：“现在年轻一代们所做的恐龙分类，我已经看不懂了。”

是的，看待事物的标准变了，事物本身和事物之间的关系就会变。而随着看待事物不断透过表象，我们才更能参透事物的本质，和事物之间的内在联系。这就是跨界。

让行业见鬼去吧！

时空穿越20年，不仅恐龙，21世纪的企业或者说各行各业，也正在如此。这就是跨界。

如今企业界初次寒暄，仍习惯问：“您的企业是做什么行业的？”不久的未来，这将是一个伪命题。因为企业的竞争力或说核心特征，已不再由我们一望而知的外在“行业”来决定。

比如说，富士公司是做什么的？如按传统分类思维，我们会说是做胶片的。但当柯达倒下时，富士反而焕发了新生，却并不是因为富士胶片可以PK数字技术。今天，富士以“艾诗缇”的新品牌已经变成做高端化妆品公司了，并一举超越了著名的SKⅡ！这绝不是多元化，而是一次标准的跨界！因为胶片与化妆品，在貌似天壤之别时，其实内在有着两个共同的关联，那就是胶原蛋白技术和抗氧化技术。当这些核心技术在夕阳下的胶片市场无所作为时，却可以从“水面”下转移到几乎永远朝阳的化妆品市场，并大显神威。

所以说，多元化是在用另一种能力或资源做另一件事，而跨界是用同一种能力或资源加以转移，做看似完全不同的事。当然，跨界的前提，是你要先拥有这种独到的能力和资源。

不然，依然难逃恐龙的命运。

人们拥有激情时，往往欠缺理性；而当积累足够理性时，往往激情又已沉沦。因而人们往往重复着从躁动到消沉的平庸旅程。其实不论组织还是个人，那些成功奇迹的发生，一定是始终秉持基于激情的理性，进而最终，是为了激情的理性。

一切首先取决于你自己怎么想。由于传统，我们习惯于逃避太多，推脱太多。我们从不知道自己是谁，所以也不知道自己要去哪儿。“随波逐流”和“争先恐后”两个貌似一静一动的成语，本质是都是一样的，都是非常丑陋的文化现象。

从辞职体风行谈起 2015.07

中国距离“万众创新”还有多远?

当创新与创业热潮席卷华夏时,我一方面很是期待,一方面又颇为担忧。

一件看起来的好事,在中国要真的成为好事,是需要一些前提的。人生其实有两大学问:一个是分寸,一个是时机。而就时机来说,中国显然到了必须万众创新的临界点,不然中国在吃尽人口红利之后,就会从此掉队沉沦。

但是,中国确实到了能够万众创新的临爆点吗?至少不像看起来那么乐观。我仅从三点来窥豹一斑。

当我们依然以复制为乐

日前,某位教师仅仅一句“世界这么大,我想去看看”的辞职信,通过网络轰动了全国。轰动的原因,一则是现在各行各业皆不景气,前景渺茫、辞职转行已是涌动在万众心中的现实大潮,因此大家对辞职话题都会共鸣得厉害。二则这封辞职信确实很有创意和情怀。而这两点,也都是国人现在所缺乏的。

因此,问题不在于这封辞职信,而在于万众对这封信的反应。几乎在几个小时后,一直到最近,举国都像留声机一样在各种场合照搬复制这句话,或略加改动以“体”的方式疯狂复制。甚至,连最应不甘人后的广告创意公司,都相继加入到了“复制”大军中。

无独有偶。没几天,一对万众瞩目的艺人,在被万众八卦很久后,忽然在微博上主动而含蓄地说了一句“我们”。于是一切昭然若揭。应该说,在合影下加这么一句图说,很有东方式的创意美,精炼,含蓄,又有明白无误的想象空间。因此,这条微博是有创意,是没有问题的。问题也在于万众对这条微博的反应。

“我们”，就这么一个普通到极致的人称代词，居然也以迅雷不及掩耳之势，席卷了全中国的电子屏——举国都在晒“我们”。仿佛，直到这对艺人发话，万众国人才忽然想起了这个世界上不止我自己。

虽然以上都只为闲暇一乐，但我仍想较真而败兴地问：一个全民以复制为乐趣，并席卷了精英阶层且浑然不觉的国度，真到了万众创新的临爆点吗？

创新，是一种意识，一种追求。众所周知，犹太人善于创新。如果他们看到身边谁创新开了个铺子，很火，一定想到的是：“这个人了不起！但我如何能与这个先行者不一样，从而让我自己、这个先行者都能共享创新的乐趣与成果，让全村子更加繁荣？”可我们呢？大概举国都知道这个段子：“那有什么了不起！”于是全村都会义无反顾地跟着开一模一样的铺子，直到创新那家被万众淹没，痛苦而无声无息地死掉！

如今，我们的万众思维真的改变了吗？

当我们依然不以山寨为耻

“山寨”这个因中国制造而风行的概念，早已经在全球乃至中国国内声名狼藉，貌似大家都避犹不及，“我们也革命了，可以姓赵了”。但正如鲁迅先生对阿Q精神的尖刻追问：真的断子绝孙了吗？

我所居住的社区，虽谈不上高大上，但也都是具有小康能力的中产阶级。而我刚有了宝宝，因此终于开始留心与妇婴有关的琐事了。

我注意到，当这些中产家庭喜添宝宝时，他们有意愿也有能力，经常带着孩子一起远途飞行。为此，一个能进入机舱而无需托运的可折叠婴儿车，便成了家庭的必需。这时他们面临一个抉择：是“只花”上千元买一个原汁原味的进口品牌车，还是“只花”几百元买一个看起来完全一模一样的中国山寨车？所谓都是“只花”，是因为对于他们的消费能力而言，其实价格并非天壤之别。

但是，我惊讶地发现，我身边这些中产家庭，几乎无一例外地都选择了买山寨车。如果你问他们，得到的答复是：“反正目前用起来真没什么差别，那为什么要买贵的呢？就算过一段坏了，大不了再换一个呗！”

这时，我才意识到其实我们谈及以上的创新话题，真的有些奢侈了。

因为创新的基础，是对产品品质的追求，是对知识产权的尊重。

我们知道，中国人苦得太久了，饿得太久了，穷得太久了。因此如果说改革开放前30年我们发展经济主要是满足我们对物质数量的渴望，是理所当然的。但该阶段如果在我们的内心依然挥之不去，我们可能万众创新吗？如果连具备经济实力、貌似应该转入品质追求的中产阶级，依然热衷于价格而不是品质时，我们可能万众创新吗？如果我们的市场依然是劣币驱逐良币，我们的企业谁愿意“忤逆”市场而“徒然”做创新呢？而没有品质追求的万众创新……1958年，我们都已经领教过了。

我们也知道，近代西方文明的起飞来自工业革命。而工业革命的内在起点，并不是瓦特“发明”蒸汽机，而是英国率先通过了保护知识产权的法律。也就是说，当创新者的利益，得到了最切实的保障时，万众创新才可能真正出现。可是在我们已经颁布知识产权保护法多年之后，我们的“上帝们”至今仍对创新者的知识产权不屑一顾。如果退一步说，在不到10块钱的Photoshop软件盗版盘和动辄数千元的正版盘之间，即便是位博士也难免会纠结的话，那么明显在承受范围之内却依然义无反顾地践踏知识产权，则只能说明一点：没觉悟，远比没能力可怕。一个国度或组织的整体素质，并不是看舍生取义那一刻，而是看举手之劳那一时。

如今，我们的万众素质真的改变了吗？

当我们依然奴性不改……

如果我们再深一层思考，我们的国民性改变了吗？

鲁迅先生曾一针见血地刺痛过我们，因为他让我们不得不面对惨淡的现实，面对我们国民心中源远流长的奴性。

一个组织或行业要创新，远不像我们决定去看《速度与激情》那么令所有人都亢奋。

尽管我们组织里或行业里的大部分成员，都早已领教了原有机制对我们的束缚，都早已受够了保守势力对我们的压榨，我们也有诸多不满和牢骚，我们也不断畅想彻底改变。但是，如果真的出现了一股改革与创新的力量，真的即将动摇原有那个万恶的根基时，“奇迹”就会一再发生：正是那些被保守、错误机制所虐待的人，反而会跟随守旧势力一起反对变革，反对创新！因为，再痛苦，再悲催，他们都“习惯了”——“只要是能坐稳奴隶的时代”。而创新，虽然带来了希望，但也带来了巨大的不确定性，甚至带来短期的利益受损——而这，恰恰是“万众”所绝不愿意的。于是，他们反而会和守旧者“同仇敌忾”，成为道貌岸然的卫道士，去绞杀创新。

很显然，最近关于出租车领域里的创新，就正在发生这样的事。聆听出租车司机咒骂这个行业，几乎成了我们每天打车出行的必修课。但当滴滴、优步、神州等创新大潮终于汹涌而来强烈冲击这个体制时，这些旧体制的受害者，却并不乐见，更不愿一起参与迫使那个旧有体制做出改变，以适应时代。他们反而去向政府示威，罢运，去抗议甚至恐吓、殴打那些参与创新的力量。就像某些被家暴的妇女，反而会指责义愤者多事，甚至敲诈义愤者。

其实，又何止是出租车行业，我们各自的行业，乃至我们各自的组织里，难道不是多多少少都在上演同样的闹剧吗？

如今，我们的万众奴性真的改变了吗？

我绝不是反对万众创新，而只是希望让大家共同面对那些不经意却很残酷的现实——当前，万众依然对个性创新意兴阑珊，对消费创新缺乏动力，对参与创新更是叶公好龙。我们只有看准了病灶，找对了病根，才能继而做出切实的改变。假以时日，万众创新才会真的来到中国，来到我们身边，进入我们的血液。

我们之所以喜欢高谈阔论天下大事，是因为我们决定不了自己社区的琐碎小事。

杨光

为什么近年的媒体端，那么热衷于刷屏诸如“定了”、“突然宣布”、“一夜之间”、“最担心的事还是发生了”、“别再”这样一惊一乍的词句？这是一种集体缺乏安全感的表现。一种集体转而制造不安感的表现。一种以集体制造不安感为乐趣的表现。一种集体将大众不安转化为个人乐趣的表现。

杨光

万科争夺战颠覆了谁？

中国究竟处于什么时代？

2015.12

历史随时准备重复。但历史中的人们总以为自己在创新。

比如：颠覆，成了近三年企业管理界持续热门的词汇。15年前开始流传的那句“唯一不变的就是变”，已由绕口令式的哗众取宠，变成了如今血淋淋的惨烈现实，让人着实喘不上气来。

公平的游戏，惨烈的战争

而眼下，最令全国人民心扉荡漾的颠覆，不再是马云又说了什么，也不是张瑞敏苦心修炼的砸组织，而是全球第一大住宅开发商——万科的“王石王朝”，会不会眼睁睁地被“野蛮人”公开“颠覆”掉！

万科与王石，在过去十年里都被赋予了太多的标签和光环，因此对他们的颠覆，无疑是多重的，也是震撼的——特别还是通过国人熟悉的阴谋诡计之外的方式。

这就好比，本刊创始人杨沛霆教授在半世纪之前发现：日本人居然不是使用007的方式，而是通过我们公开发行的党报党刊，就彻底摸透了我们当时的核心国家机密：大庆油田！这显然比用007的方式，更震撼国人。这次亦然，我们习惯了暗箱内幕，习惯了政府插手，习惯了个人恩怨，但我们确实还没习惯有人“大大方方”来公开拿走自认为“属于自己”的东西。这让国人深受刺激，哪怕是山高人为峰的王石及其团队。因此，我将此次争端概括为：“这是一场公平的游戏，同时，这也是一场惨烈的战争。”

事实上，我们在各自的微信群和朋友圈里，都已看到了剑拔弩张的撕裂和对立。但再仔细看，会发现有一点微妙。

只属于王石的输与赢

我们会发现，撕裂和对立，都表现在一个人身上，那就是王石。一反过去对王石一边倒的夸奖，这次有很多朋友都在批评王石，从各种角度，甚至包括他的私生活，更甚至包括他的情怀。当然，有同样多的朋友心疼王石，他们像自己的东西要被抢了一样，殚精竭虑地为王石拍案呐喊，进而又像做奥数题一样，帮王石想出了N种逆袭套路，总之他们像武林小说里一样，力挺“正派”，抵抗“邪派”。

但一个容易被忽略的事实是，即便是狠批王石的人，不管是痛惜，还是嘲讽，其实都是“站在王石的角度”来批王石。

那么，我想问：另一位主角呢？有人真正站在姚振华老板的角度，来思考这场争端吗？如果有，有多少？而站在姚老板这边的朋友，是不是大多也只是认为他“没有错”，而不像支持王石的朋友们那样由衷希望王石打赢呢？

不管这场争夺战最终结果如何，姚振华比起王石，都是孤独而落寞的。比起指责和奚落，无视才是最大的否定。

资本时代：走出与走入

那么被否定的，又是什么？

我想不只是姚老板，不只是宝能系，不只是油条蔬菜，不只是险资入市，不只是杠杆投资，而是大家对一个更基本概念的理解：我们究竟处于一个怎样的时代？

王石的坚定战友郁亮，在这次争端中已掷地有声地表明了：“当今的世界，已经从资本的时代过渡到知识的时代，无论是国内还是国外。”——我想这才是本次争端的根本！中国真的已经走过资本的时代了吗？换句话说，中国何曾真正走入过资本的时代？

别说从清末官督商办下的红顶商人，到民国权贵资本下的四大家族，更别说新中国的彻底割掉资本主义尾巴——即便到了改革开放后的30年里，我们的社会现实也一直是权力高于资本。不是吗？我们周边的社会上不是吗？我们自己的企业里不是吗？甚至可以说，即便是资本家，最喜欢的怕也不是资本，而是权力。

中国积淀了数千年的轻商思维，其实就像阿Q的后代一样绵绵不绝，隐藏在我们的潜意识里。即便是“首富”受到狂热追捧的今天，我们茶余饭后也都不失轻佻地闲聊“杀猪榜”；即便在二级市场的公开争夺中，我们也都信誓旦旦地相信有所谓上面的“赵家人”。

在中国资本市场开启20多年后，我们骨子里其实依然相信权力，而不是资本，更遑论规则。从方向上，我们都期待郁亮所言的是事实，但试问：一个尚未真正走入资本时代的社会，又能否以及如何走出资本时代，走入知识时代？这不是这场“热争端”中，最值得我们所有人“冷思考”的核心命题吗？

爱，应该是基于理性认识的感性表达。但我怀疑我们已超级感性表达的人，有多少拥有最起码的理性认识。于是，这三者成为常见的主流状态：看戏，起哄，和被绑架。

杨光

欲望，往往使得我们选择性地陶醉在绚丽的局部，从而在事实上陷入幻觉。

杨光

2016.01

“天猫”和“海尔”，谁是中国的希望？

创不出精品的互联网，不值得喝彩

自注：21世纪最大危机，是做不出经典。
直到2020年，网上销售依然等同于低价。

又过年了。迎接猴年。忽然想起毛泽东曾剖析自我：一半虎气，一半猴气。如今放眼中国，最具有猴气的，恐非马云莫属。如今，微信里依然盛传着马云最近又预言了什么，或又棒喝了某些行业。马云其实是一个符号，一个关于互联网的符号。2015年，中国的互联网加速蜕变，从草根走入了厅堂，乃至进入了国策。现在不提互联网，不提O2O，都不好意思说创业。

但钱钟书先生曾断言：“凡显学，必是俗学。”

当人们言必称“互联网+”“O2O”时，我们也就到了需要从擂鼓转向小心的时候。

就靠低价和速度？

毋庸置疑，互联网非常重要。可是，它真有那么重要吗？究竟互联网能解决什么中国社会痛心疾首的现实问题？换言之，究竟互联网创造了什么？

首先，互联网创造了低价。只要是网上卖的东西，目不识丁者也知道一定是便宜的。如果谁在线上卖比线下还贵的东西，一定是疯了！不诘其余。可是，中国社会这么多年还缺低价吗？甚或说，一直以来中国不就因盛产低价而备受诟病吗？

其次，互联网创造了速度。确实，互联网迭代的速度，绝对是历史空前的。如果谁在线上做不到立竿见影，那市场一定是“零容忍”！格杀勿论。可是，中国社会这么多年还缺速度吗？甚或说，一直以来中国不就因盲目求快而悲剧不断吗？

那么，互联网再来延续、重复甚至进一步强化这两点，又有什么意思呢？

当然，互联网创造了交互。讷言不敏行的中国文化，使得芸芸同胞都是内向不善表达。而有了互联网，大家就可以躲在屏幕后面过瘾了。这确实亘古未有。所以三年多前，我曾说过互联网将会改变中国人的性格，进而改变中国社会。这确实催生中国社会新的希望。

可是，互联网很难出精品。

迭代与迎合，能出精品吗？

正因为速度至上，迭代至上，于是当前呈现两种相反的趋势：一种是撕裂，一种是迎合。

因为人们没有时间沉淀，没有时间思考，没有时间消化，没有时间求精，进而发展成为不必沉淀，不必思考，不必消化，不必求精。于是出现一个吊诡的现象：一方面互联网在极度张扬着人们的个性，一方面也在急速摧毁着人们的个性——特别是精英阶层的个性。

“罗辑思维”虽然风生水起，但我想罗振宇自己也不相信他的视频，能像85版《红楼》那样传世，甚至如《还珠》那般重播。更典型的对比，来在同火自《百家讲坛》的袁腾飞和易中天。两人都因犀利而名世。但随后分道扬镳：袁腾飞积极拥抱了自媒体，于是今天的他已棱角不在，思绪杂乱，只剩下一具空壳。而易中天，至今依然观点犀利，依然富有情怀，仍旧振聋发聩。就因为他没有触网，依然埋头著书《中华文明史》。他只需要对自己的使命和未来的经典负责——用不着迭代，用不着迎合。

这不能责怪罗和袁，因为互联网不需要他们创造可传世的精品，而只需要他们每天源源不断地“生产”浅阅读快消品。如今读网络快文，如果通篇找不出错别字，就是奇迹了！

但是，一个不产、不慕精品的时代，一个不出、不求精品的民族，不是很可悲、很可怕吗？最近，很欣慰基于日德两国的“工匠精神”开始在国内精英阶层流传，终于，有识之士意识到了中国进一步发展的症结！但是，比起O2O的喧嚣，比起双11的叫卖，这些理性的声音依然微弱。

说破天，实业兴邦！

能让我由衷地对互联网五体投地的，就是它终于能帮助中国企业和中国社会催生精品时。我相信，未来可以做到——但绝不是如今的假货和双11，绝不是粗糙的自媒体。当街上到处看到众多家电大佬们列队贴脸给天猫背书，并无可选择地说“就够了”时；当同时听闻卖吧赚钱的百度遭遇猛烈的道德拷问时，我在心中默念：真正能够让中国制造升级，让中国企业强大，让中国百姓幸福的那个互联网，还没有到来。

与之相反，就在小文完稿时，海尔并购通用家电、万达并购传奇影业的振奋消息传来。中国赢得尊重，终究靠的还是过硬的实业。而实业，终究靠的还是过硬的精品。

猴年来了。猴子是混不吝的，这时说些不着调的混话，算是应景吧。

要多关注过程，而不急于看清结果。最美的，其实都是过程。要多体味经历，而不急于定性命运。命运，我们只能见证，无法更改。这样，我们就不会太急，也不会太躁。

杨光

如果我们非要用当代人最落俗套的句式“除了××是真的，其他都是假的……”概括人生时，那么，我建议在中间千万不要填上“金钱”，而不妨填上“快乐”……
其实很简单，只要回答：“如果你有一屋子钱，却不快乐，你愿意吗？”或反过来：“如果你没有多少钱，但很快乐，你愿意吗？”
答案应该不言自明。
但越简单的问题，很多人越是想不清楚。
因为，在物质与纷乱中，很多人已经丧失了思悟的能力

杨光

福字之殇与个体激活 2016.02

互联网没有改变vs正在改变的

阿里"福"之非福

猴年春节，因为春晚而使微信红包空前火爆。而另一个热点，则是腾讯的对手阿里，花费2亿现金发起的支付宝集福字活动。

对此挥金豪举，外界却褒贬不一。而我，只为阿里难过。

从2003年到2016年，阿里物是人非。13年前，非典袭来，使得人们惶恐不敢出门。而更可怕的，是历史原因与现实冲击，使得人们惶恐互不信任。这时，阿里推出了支付宝。它使得素昧平生的陌生人之间，可以相对放心地进行商业往来了。虽然淘宝假货问题始终挥之不去，但支付宝通过互联网创新，对于中国人际信任度的保障和修复，无疑是有重要贡献的。因为，彼此信任，是一个国家民众获得幸福的起点。

之后阿里的余额宝，虽然风光时间不长，但终究为在传统金融压制下"只知有汉，无论魏晋"的中国民众打开了一扇窗，输送进了一缕清新的空气。这些，都为整个社会的进步，贡献了力量。

然而阿里"双11"的崛起，使得一切开始含混不清，并使得阿里距离推动社会进步，越来越远。因为"双11"火爆，不仅使国人更加深陷爱贪便宜的顽疾无法自拔，进而使得不论商家还是厂家，更加无心也无力去提升甚至维系其产品与服务的品质；同时，进一步导致了高成交额背后的高退货量，制造了大量资源浪费。在"中国制造"的困顿无解面前，"双11"节节攀升的交易额，成了一个很无聊的数字。

而当面临更加激烈的市场竞争时，阿里就更顾不上原先安身立命的商业创新与改善社会，遑论杜绝假货。而挥金如土的集福字运动，在我看来，只说明阿里已沦为一个市场竞争、你撕我抢的机器乃至奴隶。而这，恐怕才是阿里这次虽然花大钱却并不讨彩的深层次原因。

可与此类比的，是微软。比尔·盖茨之所以蝉联世界首富，却从不遭人仇视，反而名利双收，就在于微软通过将个人电脑普及到千家万户的使命，及其卓有成效的实现，推动了全人类的进步。但当随着微软壮大，让其CEO魂牵梦系的，不再是创新，不再是改善社会，而是四处垒墙树敌，忙于白热化竞争时，这家公司的竞争力反而在褪色，口碑也光环不再了。

当一家企业在商业上生机勃勃时，一定是它的社会使命高扬且真诚时。而当一家企业只想着围追堵截、市场绞杀，而淡化自己的社会使命时，也往往就是它走向下坡路的开始。

如果这条规律成立，显然互联网并没有颠覆它。

组织“分”而未分

但互联网，又确实在改变着我们的社会，我们的组织，我们个人。

2015年底，陈春花教授的新著《激活个体——互联时代的组织管理新范式》，摆在我的桌前，让我共鸣强烈。该书在导论里，就触目惊心地提出“雇员社会将会消失”！

是的，这一变化正在悄然发生。在30年前，所有人关心的都是“工作分配”“提干定级”。20年前，“机关下海”成了热门，“自主择业”成了常识。10年前，“创业”替代了“下海”。到了2015年，“辞职信”又成了话题。诚如书中所说：“人们不会再轻易地把自己固化在一个组织里，或一种角色里；会有越来越多的人，期待自由、自主和非雇佣关系……成员与组织之间的关系，也不再是层级关系，而是合作关系，甚至是平等的网络关系”。

对这种变化，基于互联网技术及其思维的共享经济，确实起到了加速器作用，并很快将从互联网新锐，向社会各行业蔓延，变得与互联网毫无关联。事实上，《中外管理》作为外界眼中的“传统媒体”，已在体验这一变化。这几年，我们编辑部人员流动也在加速，但与之前大不同的就是：不但“分开”不等于“分裂”，甚至“离职”也不等于“离开”。李靖、周颖、马小琳、赵嘉怡四位同仁，如今分别在不同行业，甚至不同国家，但他们依然是我们杂志的业务伙伴，依然是我们的特约编辑。换句话说，“共享思维”真正实现了组织的集约和个人的勃发，是另一种形式的"在一起"。

这一变化，显然会比红包乃至创业，更加深刻和深远地改变我们的各类组织的基本逻辑，以及个人命运。我们既兴奋，又陌生。诸多问题也将接踵而来。因此，"共享员工"也就成为了我们这一期杂志的封面文章主题，献给我们这个变与不变交融纷繁的时代。

互联网世界的一大功能，是逃避。用自以为是的世界，来逃避自以为非的现实。

杨光

老子云：无为而治。无为是不做那些本来可以通过自然法则和时间穿梭就可以消解的事。在管理中，确实大量存在看起来很紧急，其实并不需要马上处理，或说即便紧急处理了反而添乱的事。一个聪明的管理者，不是疲于事必躬亲判断是非，而是懂得审时度势判断轻重。棋理云：很多棋，留着不走比急着走要好。

杨光

2016.03

被倾覆的围棋盘

人工智能时代真的来了！

人类这么快就输了！

本文落笔时，前世界冠军李世石与谷歌“阿尔法围棋”（AlphaGo）的“围棋人机大战”，正在鏖战最后一盘。在我看来，比1：4这个悬殊的比分更重要的是：人工智能时代真的来了！而且来得如此之快！

其实人类的大脑老早就输给过机器。1997年，IBM打造的“深蓝”机器人，以两胜一负三和的成绩，击败了当时的国际象棋世界冠军卡斯帕罗夫。那一次没有引起我的震撼。但一晃19年后的这一次，本质完全不同。

当机器以人的方式战胜了人

在我还是青少年时，父亲开始教我下围棋。当时，前辈们无不告诉我：围棋，是最容易学会，但最难下好的一种棋。

在过后近十年的手谈岁月中，我的水平虽然一直很低，却对围棋的博大精深有了很强烈的体会。相对于象棋，围棋的规则异常简单。但也因此，围棋棋盘上的开阔格局，棋盘中的变幻无穷，棋盘外的醇厚哲理，才更令象棋难望项背。甚至，两种棋所对应的受众人群，素质都明显不同。

如果说：象棋是科学，围棋就是艺术；象棋像战役，围棋更似人生；象棋比聪明，围棋则拼智慧；象棋凭计算，围棋要靠直觉。换言之，象棋尽显形而下，围棋包含很多形而上；象棋类机器，而围棋更像人。“围棋一直是完全信息博弈游戏的圣杯。”“阿尔法”的缔造者之一Hassabis一言蔽之。

因此，当机器战胜了更像机器的人，并不是大不了的事；但当机器以人的方式战胜了人，则是历史性的！

当“工具”开始成为“伙伴”

那么，我们该如何解读这一历史性变化呢？

当看到一些主流媒体只是卖力报道“阿尔法”的计算能力超过“深蓝”3万倍时，就再一次印证了我此前的论断：中国还不是一个真正的强国，因为依然沉迷于数量的堆砌而不亦乐乎。计算能力的飞跃只是表面，而远不是本质。

“阿尔法”从本质上超越“深蓝”的，主要在于它已不再是“执行”既定的程序，而是具有了自我“学习”的能力。诚如Hassabis所言：“‘深蓝’是一个人工打造的程序，程序员们从国际象棋大师那里获得信息，提炼出特定的规则和领悟。而我们为‘阿尔法’注入的是学习能力，随后它通过练习和研究来学会围棋。这种做法更像人类。”

而这种深度学习能力，又主要表现在“神经网络”这种类似直觉层面的突破。于是我们看到，“阿尔法”可以用和李世石一样有创造性的棋路与之抗衡，并大胆得让设计者自己都难以置信，更令李世石不仅当场色变，复盘时甚至怀疑：我以前的围棋理念是不是都错了！

当机器学会了学习，又掌握了直觉，那么它就已不再是传统意义上的机器，并颠覆了其与人类的关系。在我看来，如果说“阿尔法”之前的计算机，都属于人类的“工具”，那么“阿尔法”之后的计算机，将开始成为人类的“伙伴”——比如，帮助人类发现一种新的粒子，或者帮人类切脉诊病。

当平台能孕育，而非吞噬

接下来是一个很有趣的根本问题，那就是：“阿尔法”是如何长出来的？要知道，孕育出它的DeepMind公司2010年才成立，又在2014年才被谷歌收购。但是，在谷歌的羽翼下，转眼间它就孵化出了“阿尔法”这样震惊和改变世界的卓越成果！

这并不简单。事实上，很多大型科技公司每天都在到处收购各种新锐火种。但是，这些本来生龙活虎的火种，大多数都在庞大的帝国迷雾中化作了一缕青烟。事实上，正在火爆的AR/VR技术，惠普在3年前就收购了一个独立引擎，随后却泥牛入海；而类似的技术，也一直躺在微软幽暗的实验室里。

“‘阿尔法’本身并不需要很多硬件，但需要大量的硬件来训练，做各种版本，并互相比赛。这需要相当多的硬件资源，否则根本无法完成……同时我们有很强的主导权，这是我们的使命，所以我们加入了谷歌。”Hassabis道出了谜底。比较之下，我们才会深深感叹谷歌作为一个创新平台的巨大生命力。当所有企业都恨不能做“平台”时，请自问：“我的文化，能孵化出什么？我如何才能创造，而不是吞噬？”

而我们……

颇为巧合的是，这个他们人机比赛结束、人类进入新时代的当晚，我们举国却还在或紧张或猎奇地关注一台晚会，一台曝光坑蒙拐骗黑作坊的晚会。这就是差距。关于创新，关于体制，关于文化，关于一切。

> 投入，便是一种快乐。那干嘛不呢？
>
> 杨光

> 科学，只有同时辅之以科学精神，才是真正的科学——否则，科学会在自大中走向自己的反面；科学，只有同时滋之以人文精神，才是有益的科学——否则，科学会在疯狂中走向人类的反面。
>
> 杨光

中国企业"时代化"的三个命题

2016.04

变革的意义，只在于还来得及

当张近东、向文波、关锡友、张亚勤、蒋达华、赵晓等企学名家都一致认为下面这些命题值得深思并且共鸣强烈时，就建议您不仅仅来好奇旁观，而需要严肃地去思考和应对。

我在2015年探讨北京古城墙时，曾提到过：一个领导者是不是自信，对一个组织的决策和命运都至关重要。而我们的自信以及信心，则来自于我们对于转瞬即至的未来，也就是跟上时代的节拍，是否有深入的思考。

在今天，怎么看明天？对于广大决策者而言，我们是拆古都，还是建新城？抑或者，如何让新都与旧城之间交相辉映、互通有无，而不是割裂违和，各成孤岛？这些对于我们，依然是个问题。我一直相信：联系产生价值。而这也是作为媒体人的责任。基于此，我这一段思考后有三个命题，或说是猜想，这里与大家分享。

命题一：供给侧+互联网思维=？

供给侧改革，成为当下举国热点。据统计，习近平主席已经至少7次公开提到了供给侧，可见中央对于通过供给侧改变中国当前经济困境的决心。不管各界对于供给侧的理解是否一致，供给侧改革都是箭在弦上了。而"互联网+"，则是2015年李克强总理提出而点燃的举国热点。

问题不在于它们本身。而在于，这两个要素虽然都很现实、很重要，但如果它们都是各自割裂独立的，可能都无法有效解决我们当前的棘手问题。诚如在供给侧概念火爆之前，我就提出的："互联网思维"如果始终只在消费端和销售端发酵，而不能尽快延伸渗透到中国实业的制造、研发，也就是我们工业企业生态圈里，形成供给侧的整体变革，那么我敢说：互联网对中国和中国企业，不仅无益，反而是有害的。

另一方面，我同意任正非的观点：供给侧改革，就是为了提升供给的品质。事实上，如今中国经济如此低迷，消费者依然在海外疯狂采购，就很说明问题。但如果我们仍只是采用过去的行政手段简单去产能、去冗员，也不可能真正改善和提升中国制造的品质。减很容易，增更容易。一减一增，举国双重倒霉。

那么，如果在我们企业的微观层面，能够把两者结合起来，会对我们企业的转型意味着什么呢？

命题二：工匠精神+品牌意识=？

这个命题，或许更微观，但更具根本性。这一段，我接触了不少知名企业家，他们也大多对这一条共鸣强烈。“工匠精神”2015年开始在企业界悄悄流传，2016年就第一次进入了我们总理的政府工作报告，可见其重要，也可见其稀缺。工匠精神，是一种孜孜不倦、执着追求的精神，是日本和德国之所以成为全球制造强国的根本。这也是我们之所以只能说是制造大国，但不是制造强国的原因之一。我们骨子里缺少工匠精神，或说诞生工匠精神的土壤。

而我们的另外一个痛点，就是品牌。而做品牌，是美国人最擅长的。其实很多行业，最精致的产品都不一定是美国人做的，但最强势的品牌，往往都是美国人做的。

那么，我们中国企业有没有可能，利用中国在互联网时代下独一无二的市场优势，将日德精益求精的工匠精神和美国人大胆创新的品牌意识结合过来呢？特别是在我们更为广阔的工业B2B领域？其实本刊上一期封面文章，已经在尝试思考：在互联网时代，工业品如何将品质与品牌统一起来？

命题三：阿尔法围棋+马桶盖=？

这带有一点展望味道，但其实已经走到眼前。

阿尔法围棋目前很时髦。“他”在人类最复杂、最具有人文气息的围棋领域打败了人类的世界冠军，就意味着真正的人工智能，已活生生地出现！人工智能时代已不再是科幻小说。

而吴晓波更早的博文，更揭开了一个属于中国的新时代！因为中华子民此前的海外扫货，主要是奢侈品。它多半是虚荣的，甚至是灰色的。因而它既不说明问题，也不解决问题。但是当中国百姓都排着队去国外去买大块头的马桶盖和电饭煲时，就说明中国社会开始真正进入了关注自身生活品质的阶段！

而这，与我们的供给侧改革又息息相关。没有对高品质产品的刚性需求市场，怎么可能出现和支撑一个真正而可持续的高品质供给呢？而高品质的供给，在看得见的未来必然和智能化，又特别是人工智能紧密结合。但具体在何时？又以什么形式如何结合？结合出来的，又会是什么东西呢？

这三个命题，只有未来能给出答案。但我们现在就应该思考和行动。张瑞敏说：没有成功的企业，只有时代的企业。因此，变革的意义，从不在于它本身，而都在于还来得及。

我们还不够完美。我们不能说我们不善良，但往往善良中总裹挟着一丝冷漠。我们不能说我们不勤奋，但往往勤奋里总映透着几分自私。

杨光

有信仰的人，是幸福的。
有信仰而不执着的人，则是洒脱的。
有信仰而执着的人，则是“伤痛并快乐着”……
我是后者。虽然代价大，伤痛多，但收获也大，快乐也多

杨光

2016.05

当不必坚持时，选择坚持！

悠悠麦香里的“工匠精神”

如今，除了算命的，哪个行业敢说自己很景气？老舍《茶馆》里小唐铁嘴对“活在这个时代真是如鱼得水”的自鸣得意，映衬出的只是社会大众的集体焦虑与难堪重压。

于是，很多我们习惯甚至追求的东西，包括文化，甚至使命，可能都会面临弃守。但艰难时刻，恰恰也正是最好的检验，和最真实的呈现。在行市好时，任何“高大尚”的梦想与追求，都是容易涌现甚至花团锦簇的。但当行市不好时，面对惨淡的现实，一切就都不好说了。当年那篇著名的悲情博文《原来联想不是家》，就是明证。

现在，又到了这样的时刻。而且貌似可以更加理直气壮。

藏在麦芽里的品质

2016年5月，当我率领《中外管理》企业家考察团走访位于河北邢台的金沙河面业，偶然见证了一场很现实也很真实的争论。一场关于采购的争论，一场关于品质的争论，一场关于价值观的争论。

在食品安全丑闻迭出而成为举国头疼的痛点时，金沙河董事长魏海金20年来最得意的，就是他的金沙河挂面里，只有面、水和盐，没有任何其它添加剂。

这位河北人上世纪创办金沙河时，就抱有一个很简单和朴素的逻辑：最好的挂面，其实就来自最好的面粉。而最好的面粉，其实就来自最好的小麦。那么问题就来了：最好的小麦从哪里来？如何鉴别？如何操作？

人世间很多事，不是不能做，就看你想不想做。收小麦亦如此。魏海金很快找到了一个行业内独一无二却很简单易行的标准：看小麦的发芽率。如果小麦难以发芽，那肯定不新鲜，品质肯定不行。而没有最好的小麦，就做不出喷着麦香的挂面。因此，金沙河占据全国10% 的市场，真正成为中国“挂面大王”。

可以原谅的放弃

但任何品质追求，都意味着成本。当经济寒冬笼罩在中国各个行业时，食品加工业也不例外。金沙河内部的争论，从正月破五的爆竹声，一直绵延到了5月当我坐在魏海金的座驾里时。一路上，同车的金沙河采购主管苦口婆心地规劝魏海金：为了降成本，同行现在都降采购标准了。咱也降一降吧！只要发芽率从必须90%以上，下调到80%，企业的成本压力就减轻了很多！况且这并不意味着挂面品质有硬伤，潜台词是：况且老百姓根本吃不出来！

魏海金不是不懂这个道理。凡是做老板的，哪怕别的什么都不会，也一定会算成本账。而挂面业的利润率微薄到都是以分来计算的，一不留神企业就会陷入亏损。目前行业内的企业数量，每年以13%在递减。因此，魏海金很清楚采购主管的压力和苦衷。而且，诚如我以前所言，当国内的大众消费端，依然对产品品质和生活品质缺少清晰的认识和刚性的需求时，我们的企业供给端，其实是很难有动力与压力在生存困境下再去提升品质的。

不！

但企业家精神之可贵，就在于洞悉大环境之下，能够营造和坚守自己的小环境。

因此，魏海金不为所动。他宁肯亏损。

他知道成本的压力是当前的，但他要的是长远与持久。他知道企业的天职是获利，但他要的是品质与品牌。他知道顾客吃不出所以然，但他要的是良知与责任。他知道与同行随波逐流无可厚非，但他要的是独立的判断力与价值观。

做事的长线布局，做人的慎独意识，和人生的个性坚守，是国人普遍缺乏的——但优秀的中国企业家需要具备。凡是万事俱备再扬帆起航，顺风顺水才一往无前的，都没有可能成为真正优秀的领导者和企业家。

如今，“供给侧改革”众说纷纭。其第一推动力，往往来自于供给侧一小部分人的自我觉醒。同时，“工匠精神”一夜间充斥街巷。而真正的工匠精神，往往就蕴含在这些看似不必坚持时的自我坚持之中。

放下笔，下一包金沙河挂面，升起一缕麦香。

2016.06

当可以坚持时，不妨放下！

请提早规划交班问题

当不必坚持时，能否选择坚持，往往会决定一个人的高度。

那么，当可以坚持时，会否选择放下，又将决定什么呢？

或许是一个组织的长度。

这仍是一个问题

还从前文主人公、金沙河老板魏海金说起。在我们参访时，始终萦绕其心头，甚至比是否坚持小麦不降标更让他辗转反侧的，正是第二个问题：在我还能干时，我还要不要继续干到底？

魏海金认为自己已经想清楚了：我要逐渐退下来，5年后，全面交班给自己的儿子！交班给自己已经开始着重培养，并独当一面打理公司电商业务和国际业务的儿子！甚至为此，他也想好了一系列配套举措。

但是，别人不这么想。在《中外管理》标杆游学考察团的深度交流中，“我最大的收获，就是发现大家都认为我退不下来！”魏海金颇为意外。而更令人意外的是，原因竟在于游学团的企业家们非常认可魏海金一手打造的金沙河文化！因此他们笃定：金沙河及其文化要走下去，就离不开魏本人。

当然，魏海金并未动摇。但与坚持小麦品质略微不同的是，我能感受到魏海金对退休与接班问题尚缺少绝对的把握。毕竟，这不仅仅取决于自己，还有儿子，还有各方面的因素，特别是时间轴上的变数。人的问题，永远比物的问题，要复杂百倍千倍。

但真正重要的，是中国民营企业家们，需要像魏海金这样，在还不必交班，甚至被认为不能交班时，就开始认真考虑和明确规划交班问题。

因为这是一个困扰了中国领导人和儒生们数千年的难题。而这个难题，即便是伟大如秦始皇、汉武帝、唐太宗、武则天、康熙帝，也都深受其苦，甚至终生没有很好地解决（自注：详见本书"下篇"相关小文详解）。

为什么没有很好的解决？——要知道他们的智商与胸怀，雄心与气魄，已然无出其右。我想是基于两个原因。

他们从未主动交班

当《康熙大帝》电视剧读心术般地响起高亢的“我真的还想再活五百年”时，就已注定康熙们是永远无法解决好交接班问题的。他们各个伟大，甚至伟大到前无古人，因此他们认定：对天下（组织）负责的唯一方式，就是自己坐稳皇位继续伟大下去。殊不知，所有的伟大，都是阶段性的。在绝对的权力下，只要沿着时间轴拉下去，伟人一定会在有生之年走向伟大的反面！即便是我眼中最杰出的皇帝唐太宗，也会在早年战无不胜后的晚年，兵败高丽；也会在早年虚心纳谏后的晚年，打倒魏征。这还是唐太宗天命之年就去世了，如果活到汉武、康熙的古稀之年，不定还会做出多少荒唐事。不是吗，耄耋康熙对皇储废立无常，而长寿汉武更直接逼死了太子和妻子。

只有我们相信任何伟人都不可能一直伟大下去，我们才可能真诚并提早地主动做好交接班。否则，接班人越是有为，就越难以顺利接班，组织基业长青更无从谈起。

他们无从主动交班

这些伟人，都毫不怀疑地将自己的事业心，看作自己最理直气壮的美德。因此，掌控事业，就是他们的天职；掌控事业的权力，就是他们的生命。因而，一旦权力交出去了，就等于交出了自己的生命，亵渎了自己的天职！故此，对这些领导人苦劝说不要恋权，孱弱得如同叫一个惜命的人不要怕死！这真怪不得他们，因为他们的生命里，除了事业，真的一无所有。除非，伟人能做到在事业之外，在精神世界另辟一片属于自己的后院花园。这个典范，在中国的伟人美德逻辑下，是找不到的。因此，只有外国有，比如乔治·华盛顿。这位美利坚开国者，之所有能两次裸辞卸任，拒绝名正言顺地当皇帝，也拒绝天降大任的干终身，在不失事业心的情况下，仍能淡漠权力，说走就走不带走一片云，就因为他的世界里真的有一片自留地：弗农庄园（自注：详见本书“下篇”相关小文详解）。

只有我们能在事业大厦之外为自己营造一片值得长期耕耘的“自留地”，我们才可能在还走得开时，让自己真正抽身而出，顺利完成交接班。否则，自己孜孜不倦的事业心，就将成为自己所创事业斑驳破败的墓志铭。

放下，才能积累

盛夏的欧洲杯激战正酣，面对很多千钧一发的绝杀，很多人都在感叹豪门球队的底蕴。而底蕴，从不是某个人“创”（虽然这个字眼很时髦）出来的，而是几代人“积累”（虽然这个概念很平淡）出来的。

民营企业家们，请及时给你所创建的组织基业，一个传代积累、持续酝酿的机会。为此，不妨就在你还能坚持时，就认真着手放下。

> 一个真正的成功者，应该是在人们已经不再需要他，但却无比感念他的时候离开舞台。如果两者只居其一，就都是贻害无穷。
>
> 杨光

> 后道歉叫识大体，先道歉则是领导力。
>
> 杨光

变革的价值，只在还来得及！

2016.07

当我们共同面对从未经历过的残酷挑战

如今遇上坎儿的中国企业家，可绝不只是王石。换言之，即便成功与潇洒如王石，都在面临企业人生如此大的艰难挑战，遑论我们其他人呢？

我们都走在坎儿上

如今，市场化运营的中国企业，几乎都在面临疾走狂奔20年中最大的成长拐点与发展瓶颈。在2015年我们《中外管理》主办的第25届官产学恳谈会上，一位和我们杂志伴行了多年的民企老板，私下愁容满面地对我讲：过去20年来虽然也历经坎坷，但他从来都能自信应对。但唯独这次的坎儿，他强烈意识到，自己以前的那些经验完全派不上用场了。如今他愁苦，未来他茫然，在无助的眼神里，已完全看不出一位民企老板惯常的那股意气风发。

我相信，我们大家都可以轻而易举地说出很多身边企业深陷纠结的例子。因为这本就不是哪个企业、哪个地区、哪个行业个性化的困难，而是全面性的，全国性的。而当我们站在更高处，则会看到：整个中国市场化企业，已经走完了他们的第一个成长周期。说成长周期，是含蓄的。因为，当这已远不是产品周期、市场周期，甚至涵盖了微观文化周期、宏观经济周期的多重叠加时，那么往往意味着成批量的企业生命周期……我们企业所有的逻辑，所有的资源，所有的手段，所有的文化，都是基于我们的市场在扩张、我们的企业在扩张而建立起来的。而速度引擎一旦不在了，生存模式也就失效了，一切麻烦都将暴露，甚至失控。这时，我们才发现自己全无经验。于是，当高速成长已成明日黄花，接下来怎么办？当屡试不爽的镇企法宝突然不再好使，接下来怎么办？这成了我们大家共同的难题。冲过去了，你可能就是下一个稻盛和夫；冲不过去，一切风光都将烟消云散。

让企业家发现企业家！

这时，对深陷迷茫的企业家最有用的，不是EMBA课程，不是权威论述，不是完美模型。因为那些书本里及课堂上的教授们，自己并没有做过一家企业，更没有经历过一个完整的宏观经济周期下的企业生命周期。企业家，特别是中国企业家，面临着独特而复杂的生存环境，急需接地气的实实在在的本土化一线实操经验。一旦找到了，中国企业就又有了第二春。

于是，企业家发现了企业家，发现了彼此，走向了彼此。

在如此大环境下，如今各种企业家俱乐部和私董会，可谓风起云涌。但是，如何将企业家们各自的实操经验，真正务实高效地分享给急需点拨的对方，同时自己从中也有所汲取？私董会如何不仅仅是推杯换盏的社交空间，而真正成为一个解决企业家现实问题的交互平台？这都是当下对于市场化的中国企业之间能否实现集约资源、共享智慧、抱团取暖的关键问题。

2015年3月，《中外管理》杂志发起了独具特色的“中外管理私董会”，矢志要解决的，就是这些现实问题。我们共同的价值观，就是要将我们的激情始终沉浸于优秀一线企业的实践中，并孜孜不倦于钻研如何实现高效能的智慧分享，在不断创新中不断成就私董伙伴。为此，我们共同创造打磨出了一种全新的私董会2.0模式，在如今各行其是、纷纷攘攘的私董会实践中，可谓独树一帜。

一年摸索下来，当我们的私董伙伴，从素昧平生到亲密无间，从犀利诘问到自我觉醒，并已纷纷果敢地在自己的企业里实践着各种转型与变革且卓有成效，看着他们的凝眉逐渐舒展时，我站在一旁，可以很欣慰地对自己及所有朋友说：我们在做的，是值得更多企业家们去关注、去体验、去共赢的一种有益尝试！

没有哪块基石永远坚固

当中国的市场化企业活了，中国企业家的人生才活了。试想，如果王石当年在身边有几位经历各异、肝胆相照的私董伙伴，或许他那时就会深切明白：有些错误，我们的职涯是犯不得的；有些代价，我们的人生是承受不起的……当你决意傲然登山时，就必须做好准备，随时应对脚下山石突然松动乃至坍塌的那一刻。

因此在最后，我还是那句多年来的感悟：一切变革的价值，都不在其本身，而在于还来得及。

中国要的是讲究，还是将就？

2016.08

慎思：工匠精神真能兼容互联网思维吗？

自注：当四年后，举国开始共议工业互联网，
“讲究”才有了可能。

真的相融相通？

互联网思维与工匠精神，能兼容吗？

这怕是很多前卫的朋友没有思考过的问题。但这，真的是一个问题。

在前一段由《中外管理》杂志主办的“第十届人力资本发展论坛”会场，当我与近年频繁对话管理大家的管理咨询专家彭剑锋耳语交流时，他的第一反应无异常人，脱口道：“当然兼容！”但未及我深问，他自己就在沉吟片刻后，凝神改口：“呃，其实这两者之间还是有问题的。它们追求的逻辑是不一样的。”

这就是了。不要以为两个概念，就因为同在一个地方、由同一群人引燃而火爆时尚，就天然相融相通。特别是当这个地方正陷于此起彼伏的泡沫亢奋时。

细细品来，互联网思维与工匠精神的逻辑方向确实是不一致的。比如说，互联网思维强调的是客户导向，强调的是靠高速免费的迭代来满足用户，强调的是当下惊呼，而不被强调却大肆践行的，是复制抄袭。但工匠精神，本质上是指向自我驱动的，强调的是靠精益求精的品质来满足用户，强调的是长线经典，同样无需强调而一贯践行的，是独树一帜。如此看来，又怎能说这两者天然就是情投意合、无缝对接的一家人呢？

事实上，工匠精神最发达的德国与日本，恰恰并不是互联网思维最热闹的地方。而互联网思维被热炒的中国，究竟有没有工匠精神崛起的苗头？大家心知肚明。

不仅如此，甚至说，移动互联热潮的教父乔布斯，反而是工匠精神的践行者。乔布斯一手缔造出的苹果平台化商业模式，不仅绝杀了诺基亚，更直接催生出了

风光无限的互联网思维。但是这一切的基础，也就是横空出世的iPhone手机，研发上却不是与用户交互出来的，其成为爆品也不是基于用户的痛点，甚至其产品更新的速度也谈不上快。其对待用户的态度更绝不迎合，反而是基于自我判断与执着的强势引导。不信，您个性化定制一部苹果手机试试？甚至您连换块电池都做不到。恰恰相反，乔布斯对于趋势的前瞻洞察，对于品质的精益求精，对于细节的偏执追求，甚至对于高质必然高价的理直气壮，都是工匠精神的核心特征：我知道什么是最好的，我务必要做到最好的，然后我让你明白什么才是最好的，而且是持续如此，从此你被我彻底征服。

当互联网思维亢奋地意欲颠覆一切时，我其实无意去颠覆互联网思维。我只是想在引发大家的冷静思考后，形成这样一个平和的共识：其实一切并不尽然。

怎么选？怎么合？

好了，那么我们接着就要讨论一个问题：既然两者貌合神离，中国社会究竟该做何选择？进而，两者究竟能不能做到相得益彰？

第一个问题，就是我这篇小文的标题：是讲究，还是将就？这两个词，完全要靠汉语独特的四声才能听出分别。但它们在汉语中的含义，却是天壤之别！诚如有时成功更暴露失败，有时近似也反而让差别更加刺眼。更讲究，还是更将就？真的是一个大问题。

没有多少人愿意承认互联网思维并没让人们变得更讲究，反而滑向更将就。但事实惨烈得由不得我们不承认。当我们将速度与廉价的必要夸张到极致，将数据而非性能的意义夸张到极致，将模式而非功夫的价值夸张到极致时，其实我们真的找不出理由相信它会催生出“讲究”。更可怕的是，它催生出的“将就”，还不是一端自甘堕落的“将就”，而是全生态圈的“将就”。比如，微信等移动交互工具，别说比起悠久的手书信札，即便是对比传统的PC键盘，她们使我们使用汉语的态度与能力更讲究了？还是更将就了？这毋庸置疑。如今在手机上，很多标点都被空格取代了。网络原创文章比比皆是的错别字，有多少人会撤回修正？不仅撰写者丝毫不觉得脸红，连阅读者也都满不在乎。如今的事实不是如此吗？

我并不希望复古到鸿雁飞书的年代，也不可能。但我们至少应该平和地意识到：技术和经济的发展，不一定必然且马上带来消费端对品质的追求，以及供给端对品质的提升。效率，不等于效能。

那么，互联网思维与工匠精神能不能真正走到一起呢？我相信能。但前提是：各界真正意识到工匠精神，才是我们社会品质真正走向“讲究”的基石；同时，我们对于互联网思维的理解，能够不断深化提升。听说最近不少互联网大咖都已冷静下来，开始自我反思。

我相信，当淘宝趋于荒芜，当洪荒之力不懈再被泛滥时，互联网思维的翅膀，才能靠在工匠精神的坚实肩膀上，持续为中国的幸福崛起而展翼飞翔。

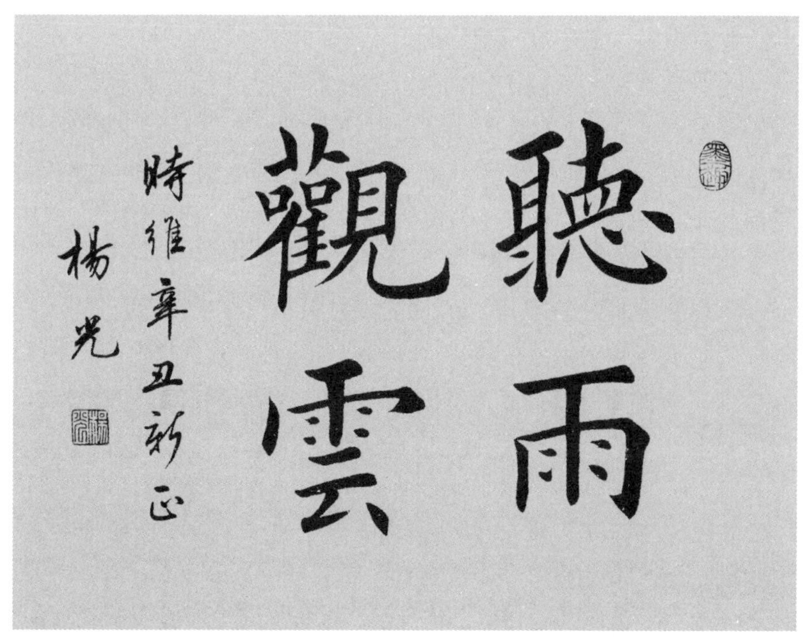

2016.09

这是一个“扛”的时代！

一切，才刚刚开始

扛，是2016年最令我动容心颤的一个动词。

因为，这正是这年我们各行各业很多企业家最真实的内心写照。又因为，这区区一个单音节词里的层层内涵，又着实太多，太多。

扛，是残酷的现实

诚如我之前在卷首语中提及的，现如今除了算命的，有多少从业者敢说自己的行业很景气、很滋润？恐怕寥寥。

随着宏观经济数据连年下行，很多行业已是承受连年寒冬。比如很多整体亏损的传统制造业，比如貌似刚需无限的高端服务业。而2017年的经济数据，依然很难乐观地期待出现V型反弹。而更主流的L型预期，则意味着转暖带动脱困或将遥遥无期。如果说，以往经历过的行业周期波动，我们可以用“熬”来形容，那么如今，或许我们真需要“扛”了，咬着冷冷的牙。

而即便是时代的宠儿、新兴的互联网行业，在过去两年的风口狂灌之后，2016年也明显感受到了资本的寒冬。再不会有什么几页PPT、漫谈个O2O畅想，就能轻松拿到风投的好事了。而大量出现在我们耳边的新闻，是诸多知名或不知名的风口型企业在不负众望地烧钱完毕之后，2016年大批量死去，甚至死得连点声儿都没有。因为，投资人兜里也没有“余粮”，一切弃若敝屣。

而当以烧钱为己任的新贵们都风光不再，又遑论其他本就利润微薄、受资本冷眼的传统行业呢？

这时，熬，很可能会被冻死；而扛，或还有生路。转年后的2017，我们需要继续扛，扛下去。

扛，是进取的态度

而扛下去，并不是必然的。扛，本质上更是一种态度，一种勇敢！

求生的意志力，往往比自身的实力、体力与运气，更能决定自己的生死命运。因此，扛，对于我们各行各业的企业家，绝不是一种消极的等待，或无谓的坚持，而是一种对自身所创事业的坚守责任，一种对于未来光明的坚强信念！好莱坞电影里，从动作片到卡通片，为什么总能完成“不可能的任务”？因为无论阿汤哥还是熊猫阿宝，都无一例外地扛起了“绝对的责任”，因而才产生了“绝对的英雄”，最后创造了“绝对的奇迹”！

而体育界的人也都懂一个常识：积极出战术。我们先要有不服输、不放弃的精神，再谈关于转型的一切。女排姑娘如此，国足斗士如此，企业家们也如此。

因此，能够“扛下去”，首先在于我们下决心“扛起来”！这是一种责任，一种精神，一种信仰！并必能迸发出一股巨大的力量！

不管外界环境如何冰冷，我们内心的热火都要始终自燃，只为我们心中那片美丽的草原。这种自我驱动、自我坚守的乐观精神，正是企业家区别于社会各阶层（包括经理人阶层）的重要特质与丰厚财富！

扛，不只对事业

扛的对象，除了事业，还包括价值观。

诚如我前几期提到的金沙河，在现实压力与现实诱惑面前，依然选择了对高品质绝不打折扣地扛，对树品牌绝不含糊地扛。这是一种更高的境界。但我们必须承认，并不是每一家企业在扛起事业的同时，还能够坚持扛起做企业的初心。人中龙凤的BAT中，B已在飘飘然中失去了肩扛价值观的定力，走向了迷茫；而中秋前夜被A闪电辞退的四名员工，不在业内一片惋惜声中又闪电上岗了吗？如今，有多少企业能说：我们不是依据眼前利益，而是依据价值初心在做决策？特别是在这寒冬时节。

因此，企业家们要扛起来的，其实真的很多。虽然很累，但绝对值！

扛，是为了变！

扛，是起点，是过程，但不是终点，更不是目的。

坚决地扛，是为了坚决地变。没有“变”支撑的“扛”，是不可持续的“扛”，是没有出路的“扛”。我一位挚友，整整扛起了两年的亏损，为的正是两年的彻底变革。就在2016年8月，他的公司在扛与变后实现了利润，重上高速正轨！

变革与转型，是我们各行业至少近五年来的共识。只不过在如今，变革与转型早已从缥缈的时髦变成了切实的痛点，甚至胜负手。反之，也只有基于庄严神圣的扛，我们的变，才会更加坚定、切实和深远，才不再是隔靴搔痒，不再是坐而论道，更不再是自乱阵脚。当扛得很坚实时，变才意味着更扎实。

为此，在《中外管理》杂志走向创刊第25年的收官时，我们12月3~5号在北京召开的“第25届中外管理官产学恳谈会”，选择了将“2017·扛与变”作为大会主题。因为，我们与广大企业家们，风雨同舟，一直同在。

一起扛！共同变！

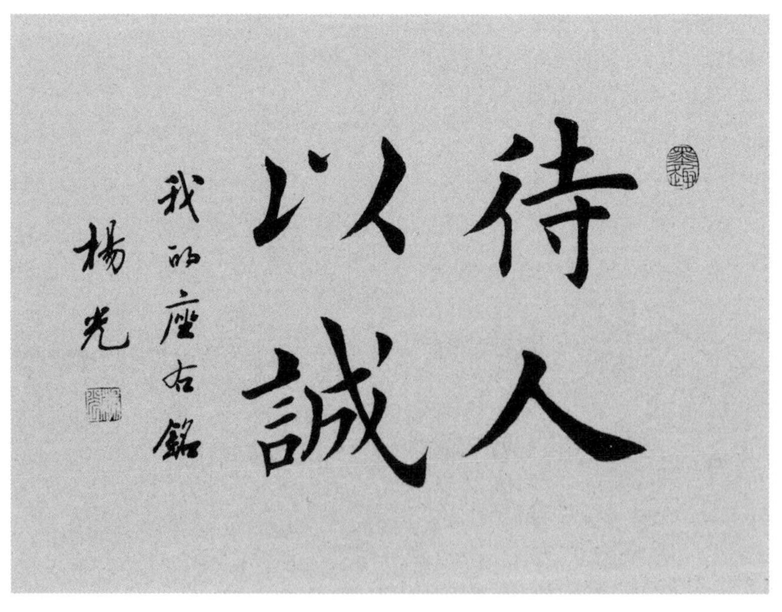

远大的底气，究竟是什么？

2016.10

动荡期，实业家更要有自信

10月22日，当我们在远大科技集团结束2016年“《中外管理》标杆游学团”的第六站时，“自信”是老板张跃及其团队给我留下的最为深刻印象。正因为自信，张跃的原创情结才会这么浓烈，远大的技术创新才会这么霸蛮。

难得的老板自信

很多朋友肯定会说：自信重要，这还用说？不自信的人，也当不成领导啊！

殊不知，真正的自信，对于国人来说，是相当稀缺而可贵的。近代百年来的持续挫败，严重打击了中国人的自信。即便是我们新中国铿锵有力的国歌歌词，都充满了悲情。因此说，万不可小看树立自信心对我们（包括对我们老板）的重要。

重要到什么程度？即便是一代伟人，即便是在他人生的最高峰，都可能仍然是缺乏自信的。我在《为什么北京城墙一定会被拆掉？》已经说明了这一点。

老板自信来自“义”

这与才干没有多大关系，而与价值观很有关系。一个事实，是我的好友腾驹达猎头董事长景素奇，连续数年遭遇经济下滑，业绩亏损，行业唱空，骨干离散，孤掌难鸣，举步维艰。但景兄却从未放弃，而是反复诵读自己的创业美文，坚信行业价值，用初心自我激励，在困境中坚守自信，理性地分析走势，大胆地开展变革。最终2016年一举扭亏，在严冬中赢得了明媚阳春。

远大同样如此。张跃的自信，与其说是对技术能力的自信，不如说是对自身价值观的自信！抑或说，是价值观的高度，成就与支撑了他们自信的深度与长度。景素奇坚信猎头行业“成人之美”的社会美学，张跃则坚信环保领域“保护生命”的文明制高点。是的，当我们能由衷为自己的事业“理直气壮”时，我们即便面临困难，也往往不会失去自信，也能够用自信来鼓舞、凝聚更多的人心、力量和资源！

老板“必须这么去想”

当然，有朋友会问：自信，总不是天上掉下来的，我做的事业也不一定都能感天动地，那么面对挑战时我的自信从哪里来呢？

如果你是老板，下面的故事值得深思。

有一次，已经功成名就的松下幸之助，给年轻企业家们讲课，结果台下的听众却大失所望：“您说了半天，都是些大道理。我们当然不反对，但我们更想知道如何才能做到。您能多讲这些吗？”松下先生近乎自言自语道：“我也不知如何做到……但你们必须这么去想……”结果台下就更炸锅了，大家议论纷纷，不以为然。但台下有一个年轻人却听进去了，并在沉思中铭记了，开悟了，后来他成功了。他就是后来的日本“经营之圣”：稻盛和夫。

是的，老板就是这样一种人。你必须是一切前进动能的原点，一切前进逻辑的起点，一切前进压力的承受点，并要为此付出不亚于任何人的努力。因此，干部们可以经常问“为什么”，甚至可以很自然地以此困惑为由拒绝前进，但老板不行。你必须用自信来支撑你自己，你无人可问，无人可依，只有从自己内心去找力量，去从无到有地创造一切，去征服一切不确定！也就是说，真正能够战胜苦难的老板，都是能够无条件自信的人。

用自信去“扛与变”

自信，绝不等于自负和狂妄。正相反，只有真正自信的人，才会理性看待世界，才能敏锐洞察趋势，才能包容异己歧见，才能从容承受挫折，才能勇于否定自我。他们早已无需证明自己，他们只想改善世界。

也因此，我们2016年12月3~5日第25届恳谈会的主题“扛与变”中，“变”是必须依靠自信来支撑的，是在淡定与沉着中，持续有方向、有预见地去变。否则，所谓变革，只会自乱阵脚乃至自毁长城。

互联网思维这两年不是很火、很牛吗？黄太吉、青年菜君不是名噪一时吗？传统商业不是人心惶惶吗？别着急，这不，转过年，不用打，他们自己就快死了，或已经死了。传统产业，只要能像稻盛和夫一样，懂得用最基本的商业规律去衡量自己面临的“扛与变”，就不会轻易失去自信，事实也将很快支撑你们的自信。

最后，借用传统而创新的湖南卫视内部对自身湘军文化的一句精辟总结，送给所有实业家以共勉，叫：“搞不死！”

坚信真挚的理想，保持现实的理性。无理性，真挚便缺失保障。不真挚，其他都没有意义；

杨光

后浪不过是一朵浪，没有任何可鄙，也无任何可敬。年轻，客观上只意味着当前已然的享受，和未来可能的创造——而不是已经创造。年轻本身，只意味着旺盛的荷尔蒙，并不必然代表文明，也不必然代表进步。不可否认的事实是：过去一百年，人类灾难的行为主体，大都是年轻人。所以对后浪，不能打压，也无需谄媚，平视即可。

杨光

2016.11

特朗普当选后的两大失语

全人类都面临“扛与变”的挑战

一次是偶然，但凡接连出现两次，就一定不寻常。

2016年，在英国公投之后的美国大选，正是这样。接连两次的结果，全世界都震惊得目瞪口呆，而且结果与性质一次比一次离谱。

中国人的美国大选

这是老英、老美的破事，与我们何干？非也。

第一，他们都反全球化，而中国是全球化的最大受益者。而且这两次结果，性质一次比一次严重。首先英国脱欧派是险胜，而美国特朗普是大胜，力量对比已然变化。其次英国早已日薄西山，但美国依然引领全球，影响力大不一样。再次英国脱欧只是一股民间力量，而美国大选已出现强烈的人格化：惊世骇俗的特朗普！而人格化，无疑更具煽动性。最后，英国脱欧到此为止，而特朗普未来四年能干出什么，谁都不知道。那么，意欲征服美国市场的中国企业家该怎么办？

第二，他们都强烈排外，而中国不论是移民还是贸易，都将受此潮流的严重冲击。和海外采购一样，中国海外移民是全世界新移民的主力军，而美国更是第一目的地。但今后，美国人不再欢迎中国人去了。那么，决心换种人生活法的中国企业家该怎么办？

第三，中国人第一次深度卷进了这次美国大选。一贯远离政治的华裔移民，第一次空前积极地投票，并且多数亢奋地将票投给了特朗普，拉票也相当激进——他们自以为是在捍卫自己的利益。国内袖手旁观的芸芸同胞，包括某些亲西方价值的人士，这一次也有相当比例乐见特朗普咸鱼翻身。他们自以为这是所谓美国式民主的胜利，抑或者是新兴互联网社交媒体的胜利，甚至他们乐见美国就此垮掉。

由此，我们希望大家冷静思考，这次大选中围绕“扛与变”的两大失语。

扛：价值观失语

在特朗普逆袭后，各界都在热烈讨论奥巴马过去八年政策如何大失民心，以及这次传统媒体与民调如何被新兴的互联网社交媒体彻底打败。也就是说，大家都在关注“术”的得失，但是，很少有人在意其中“道”的对错。比如：中产阶级吃亏，人们就可以投民粹主义一票吗？本土蓝领受损，人们就可以在边境砌一堵墙吗？恐怖阴影徘徊，人们就可以对所有穆斯林说不吗？非法移民影响治安，人们就可以颠覆二百多年开放、多元、包容的人类文明价值成果吗？

如果我们认为以上对于“术”的探讨就是意义的核心乃至全部，那么我想提醒大家的是，1930年代纳粹上台之前，德国选民也是这么想的。当时德国人选择纳粹的理由，甚至比现在美国人选择特朗普的理由要充分得多！但是，那就是人类一场一场空前的灾难。任何忽略人类道德价值观的唯利是图，最后都会让所有人成为自身利益的输家。事实上，近日美国的种族歧视言行已在抬头。

这也就是我在10月卷首语中提到的，作为国家，作为企业，作为民众，作为老板，越是在利益困境下，越是考验你能不能扛起自己的价值观，坚守自己创业价值初心的时候！没有这种对道的“扛”，一切对术的“变”，都可能是慌不择路，甚至引发更大的灾难。

古今中外的历史证明：当一种文化开始砌墙的时候，就是一种文化走向衰败的起点。当一个组织为了眼前利益宁愿抛弃价值初心的时候，就是一个组织失去自信的标志。美国正面临真正的衰退——“美国梦”的衰退。2001年“9.11”拉登都没做到，2008年金融风暴没做到，2016年的民选却做到了。任何强大的组织，最终永远是自己打败了自己。

变：大数据失语

这次美国大选结果之所以震惊全球，还不在于特朗普如何不着调，甚至也不在于特朗普赢本身，而在于当投票开启时，全世界都不知道特朗普有机会赢！和英国脱欧前夕如出一辙甚至变本加厉，几乎所有的主流媒体都说错了，几乎所有的民调都算错了。在投票前一天，希拉里90%会赢的论断，赢得了全世界的认同。但是第二天，完全不是这样。

有很多人很鄙夷地说，西方民调太落伍了，早已跟不上互联网时代的发展。看起来有道理，否则这次的难堪也无法解释。但是，我们发现更重要的是，其实互联网在这两次选举前也没有发出什么独到的、准确的甚至像样的声音！在大数据思想的发祥地，至今似乎没有一家机构根据大数据技术，提前预测到了这次特朗普的大胜！预测大选，好像不比预测地震更靠谱了。

而这比地震更恐怖。

如果在作为全球政治经济文化科技枢纽的英美，又是公投、大选这样至关重要的事务，都存在巨大的信息黑洞，只有到唱票那一刻，才能展现出什么才是民意，那整个人类的社会风险岂不是空前之大？而大数据作为朝阳产业，在如此关键时刻的一再尴尬失语，不是比传统媒体的误判，更值得我们反思吗？

特朗普会不会成为希特勒，我不知道。但我们应该永远警惕成就希特勒的土壤。试图长治久安的企业，也是如此。

在信息泛滥时代，看似是最彰显个性的时代，实则是最泯灭个性的时代。因为信息化，本就是为了呈现公约数。所以一个看似可以我行我素的时代，诞生最多的恰恰是随波逐流。因为过量信息，本就是妨碍思考的，它催生的只有情绪——一种自以为是却无自知之明的情绪，以及基于这种情绪的绑架。

乐视排放的雾霾

2016.12

中国企业需要在沉静中创新，在务实中改变

自注：如果FF重成国人宠儿，那么我们更应扪心自问：
我们距离价值观，究竟有多远？

如果说特朗普撕裂了美国社会，那么也许乐视撕裂了中国商界。

他们都拥有众多的粉丝，也遭受着更加众多的非议。但至少目前，候任的特朗普依然沉浸于蜜月，而乐视的未来，却如同雾霾下的京城，已亮起了红灯。

而我，完全看不出乐视还会有蓝天。乐视汽车的“尾气”，不过是其浓稠雾霾下的一个引子罢了。快速发展难免催生雾霾，因而宽容论不绝于耳。但雾霾就是雾霾，其事实及源头，我们有必要先说清楚。至于应否宽容，一则那是另一回事，二则还要看其祸害有多大。

哪一点像乔布斯？

先说说对标。

乐视掌门人贾跃亭，被一些朋友赞誉为“贾布斯”。我至今困惑这个外号的来由。因为我真找不出中国的贾跃亭以及“贾跃亭们”，和美国的乔布斯哪里有相像之处。缔造了互联网思维的乔布斯，才真正是工匠精神的代表。

他一生都专注于产品创新的独一无二，并且专注于产品品质的精益求精，他所有的梦想，都会通过产品对用户扎实落地。而线上平台价值，只是其产品导向的衍生结果。事实上，苹果的巨额利润大多来自于硬件，平台收入只占小头。据此，我真不知道张口闭口做生态、一门心思圈融资的贾跃亭及乐视们，哪一点可以对应。

面对用户，还是面对资本；进而基于产品落地，还是基于模式梦游，真的是两回事。

铺摊子也算创新？

再说说本质。

乐视的商业生态梦，无疑是前无古人的大手笔。一些朋友总期待，如果做成了，那就是巨大的创新。我的话有些败兴：别说做不成，就是做成了，也未必是创新。所谓乐视生态模式，在我看来，不过就是一次登峰造极的铺摊子，一点不新鲜。要知道，中国五千年传统文化，最擅长或说最喜好的并不是精益求精，恰恰就是铺摊子，进而大一统。我们热衷数量，不在意质量；我们醉心宏伟，而不关心精致；我们追求广度，而不屑于高度；我们梦想一统天下，而往往忽视百姓造福。所以，中东有精密的金字塔，西方有高耸的哥特教堂，而我们，只有顺山堆砌的脆弱长城，和号称9999间房子的平面故宫，结果多快好省悲剧不断，而工匠精神荡然无存。如今的乐视，不过就是把千年皇帝梦包裹了一层互联网。

于光远先生早在15年前就曾于我们“中外管理官产学恳谈会”上警示中国企业家：在创新中，一定要警惕“创旧”！

随意开关灯不仅仅费电

最后说说代价。

比任何一件事都重要的，是一件事的影响。我们初中的物理常识告诉我们，一盏灯真正耗电的并不是它持续照明的过程，而是频繁一开一关的时候。乐视以及所谓互联网创业模式的社会代价，正在于此。

不说别的，仅前一段乐视蔚为壮观的大规模裁员，就足以让乐视模式受到社会的谴责。当企业靠资本撑腰，肆无忌惮地用莫名高薪四处招人、挖人时，本就是对整个社会商业生态乃至社会心态平衡的破坏。而没多久，忽然发现画饼难以充饥，又更肆无忌惮地排队裁员时，那就是对这些员工、家庭及全社会的又一次伤害。往轻了说，至少也是一次社会资源的巨大浪费。同样以创新的名义，1958年大跃进的荒谬与惨剧，在21世纪换个形式依然在我们身边大言不惭地发生着。

押赌自己的梦想，不应践踏大众的人生。

一位日本小伙引发的反思

就在本文落笔前，我有幸受好友韩化冰之邀在上海闹市区一个不起眼的角落品尝了一餐非常精致而美味的日本料理。最后，我惊讶发现，站在我面前的主厨，竟是一位才二十几岁的日本小伙子。而多次前来品尝的韩总切身感到了他一年来厨艺的明显进步。回味无穷之余，我想问问大家：是什么力量，让一个小伙子不远千里在异国他乡，闷在一间厨房里孜孜不倦地精研提升自己的厨艺，进而震撼和征服我们这些并不精通也无苛求的本地客人？

而我们身边的创业大军里，除了不在乎自己煎饼难吃的黄太吉，又有多少这样的中国小伙子？为了我们国家的强大与人生的幸福，恨不能梦贯宇宙的乐视们，与这样默默无语的小伙子，我们究竟更需要哪一个？

扛过了2016，2017来了。扛，是为了变。但我们应该开始在沉静中创新，在务实中改变。

不同于人类自以为是的冷酷与悲悯，自然界真正运行的竞争法则是：为了生存，而不是屠杀。所谓赢者通吃，只是基于欲望，而毫无天理。

楊光

人常一言以蔽之："屁股决定脑袋"。其实这里很复杂。聪明人懂得用别人的屁股充实自己的脑袋，而蠢人却总是妄图用自己的屁股去指挥别人的脑袋。殊不知，当你脑袋里有别人的屁股时，别人的脑袋就乐于跟着自己的屁股转了。而反过来，其实你得到的恰恰只是一个个自欺欺人的屁股而已。

楊光

2017.01

公务喝酒的管理智慧

撸袖子干事，先确保不误事

闻所未闻的诸多第一次

“明年，接着扛。”2016年年底，原国际货币基金组织副总裁朱民，面对我们第25届恳谈会“扛与变”的主题与我耳语道。

转过年来，我们发现2017年的“扛”，与其笼统说要面对更多的“不确定性”，倒不如进一步说我们将面临更多“第一次”所带来的不确定性。无可回避，我们要第一次面对一个出言无状却说到做到的美国总统；我们要第一次面对一个开始看白宫脸色行事的美联储；我们或将在欧洲选举年后第一次面对一个行将溃散的欧盟；我们也或将第一次面对被美俄联手遏制的巨大压力……而《中外管理》杂志，也25年来第一次面对因为雾霾导致的政令不可抗力而推迟出刊。

痛心疾首的虎口第二次

但我想，对于中国社会来说，恐怕更多的问题还是出在那些早已不是“第一次”的事情上。

比如说，2016年北方群众在动物园愤而下车以身喂虎后，2017年南方群众再一次在动物园翻栏越障以身喂虎。记得更早在20年前，北京电视台就曾偶然拍摄并播出行人私破拦网横穿高速公路被车瞬间撞飞的惨烈画面，但这丝毫不妨碍群众第二天在事发地继续穿行。

汤姆·汉克斯在电影《间谍之桥》中有句掷地有声的台词：“你祖上是德裔，我来自爱尔兰，但我们为什么都是美国人？因为我们遵守共同的规则。”是的，遵守共同的规则。但令我们痛心疾首的规则问题，依然痛心疾首地层出不穷。

而规则难题，根源真仅仅在于屡教不改的吃瓜群众吗？我们管理者是不是也应该反思，我们自身是不是尊重规则？包括自己制定的规则？

基层现象频仍的背后，其实都是高层管理的缺失。

再比如，喝酒。

不可思议的喝酒风波

如果说，《虎口遐想》居然在春节从作品成为现实只是偶然，那么过年喝酒，几乎就是必然。再进一步，如果说过年在家放任豪饮，还只是伤身，那么年后开工再过量饮酒，就意味着误事。中央八项规定效果显著，但无法杜绝饮酒误事。而这，既涉及个人管理，也涉及组织管理。

酒，确曾经引发出过重大外交事件。

相信不少城市70后都记得小时候几乎所有家庭墙上，都会悬挂一张照片，就是毛泽东、朱德和周恩来的一张欢快合影。总理手捧心爱的百合花与马蹄莲，背景是一架中国民航。而它，就是因这起外交事件而生。

1964年中国成功试爆原子弹，同年赫鲁晓夫下台，可谓此消彼长，论战多年的中苏关系终于有了缓和的契机。于是，中央决定由周恩来率团赴莫斯科参加十月革命47年纪念活动。万万没想到，在国庆招待酒会上，苏联国防部长马利诺夫斯基元帅伏特加喝高了，竟然当着周恩来和整个中国代表团的面，打着嘟噜说："不要让赫鲁晓夫和毛泽东妨碍我们的兄弟感情"，"你看，我们已把赫鲁晓夫搞下台，现在该你们把毛泽东搞下去了"。面对这一突发事件，周恩来机敏迅捷地做出了反应：立即率全团愤然离场，以示最强烈的抗议，并马上回国。

于是，就有了前述那张著名的照片。那是毛泽东平生少有的亲赴机场接人。

见微知著的管酒智慧

如今推想，享受超高礼遇的周恩来，内心与其说欣欣不已，不如说惴惴不安。我们很难想象一个部长在公务场合会说这样不着调的话，纵然是他的真话。唯一的罪魁，就是酒。外交无小事。更何况是这样的大事，又更何况是这样自己亲历的大事。如果我们的外交人员也在公务场合喝多了怎么办？！管理，就是要防微杜渐。

那么，怎么管？

下令禁酒？不行。饮酒是外交不可或缺的环节。作为管理，就是要在局限中完成任务，不可因噎废食。虽然这最简单，看起来最坚决，但也最没水平。事实上，最极端的往往都是最没用的。戈尔巴乔夫后来也禁酒，结果苏联酒鬼们不惜偷喝花露水。

那对饮酒量做个一刀切规定？可人和人的酒量差别极大。同样半斤，有人毫无感觉，有人已烂醉如泥。管理，就是针对人的，因此就要承认并尊重个体的差别。同样，酒和酒的差别也极大。同样半斤，香槟和茅台绝对是两回事。作为管理，忽略人性、对象差别的一刀切，和因噎废食一样都是管理低能的表现。诚如我以前所言，这和不作为同样属于“怠政”。

那就穷尽不同的情况都做明确规定？那不难想象，光饮酒一项，外交部的制度规定得要多么繁复冗长！而且在现实中，外交官们还能把宴会酒桌先变成化学实验室再举杯不成吗？作为管理，繁复本身就是在制造问题，而不是解决问题。同时，繁复便意味着难以操作，最后要不是一纸空文，要不成为选择性管理的工具。

由此，我们不难归纳出公务场合饮酒管理的四大追求：第一，要严格万无一失；第二，要简单便于操作；第三，要尊重人性及其差异；第四，要将他律内化为自律。四者缺一，都注定将失败，或得不偿失，或不可持续。

那么，我们的周总理究竟是如何要求的呢？

非常简单，就一句话：你自己酒量的三分之一，就是你公务场合饮酒的上限。

这就是一位管理实践大师的超人智慧！无需解释。

年过完了，如今都流行说“撸起袖子大干”。那么，我们的管理在面对或创造诸多“第一次”的同时，至少要保证不要出现“第二次”的错误。不管能不能成事，首先都不要误事。

很多大人物的事迹，在后生晚辈看来都是常识。其实一个人对人类最大的贡献，莫过于将从无到有的离经叛道，最终推动成为家喻户晓的理所当然。

杨光

未来5年我们该关注谁？

2017.03

"隐形冠军"将支撑中国的明天

自注：果然。我们说对了。不到五年。为国家而欣喜，为隐冠而欣喜，为"专精特新"而欣喜。

现在还有谁在乎你是不是500强？

如今你的天价估值还有谁当回事？

一切都在复归本来应有的逻辑。但这些复归，并非复古，而是螺旋提升。诚如海尔CEO张瑞敏2017年时常提及的"套圈"。

过去四个5年，我们在为谁心跳？

在20年前的上世纪末，以一场在上海举办的《财富》论坛为标志，在GE韦尔奇为反对官僚主义而手舞足蹈之余，我们举国上下见识了"规模"的巨大诱惑。进军500强，成了当时不论国有企业还是民营企业的共同目标。目标不剑指全球500强，好意思出来混吗？尽管那时也有声音，认为基于营业收入的所谓"500强"应叫"500大"，但瞬间销声匿迹。因为，那时国人眼中的"大"，就等于"强"；不"大"，也无以"强"。于是，"航母"先于辽宁舰15年成为时尚热词，而"集团"在消失15年后重新进入视野。事实上，现在时常受到争议的超大型国企，都是在那一段迅速膨胀的。而管理界，则激烈争论着专业化与多元化的得与失。

5年后，人们发现不对劲儿。特别是在安然事件后。企业仅有规模还远远不够，规模常常是致命的幻觉。如果同时登上规模榜和亏损榜乃至丑闻榜，反而更寒碜。事实上那几年陆续黯淡乃至轰然倒下的知名公司，从柯达、诺基亚到索尼、夏普，无一不是全球500强榜单上的常客。如果登上某一光荣榜，别说成长，连死都避免不了，这不亚于临刑示众。于是500强之梦逐渐被人们冷落，谁谁登上500强也不再引人轰动，而"大企业病"开始广受重视。管理界和企业界，围绕多元化和产融结合的讨论也不再山响，更多的声音可归纳为："先做强，再做大。"而实践层面，海尔"把公司做小"的管理变革，和格力"把公司做专"的经营定力，逐渐成为代表。

又5年，随着中国企业自身在中国特色市场经济环境下不断成长，它们纷纷有了自己的10年、15年，甚至走到了20年。岁月不饶人，成绩虽喜人，但企业家真有些干不动了。于是"长治久安"成了新的企业课题，因为不管大还是强，都是要附着在生的基础上。那一段，如何"做久"便成了众多市场化企业创始人的隐隐心病：创富之后，拿什么传承？"百年"开始覆盖在"五百"之上，成为中国企业发展宣言中的主角。那一段，南方的茅理翔与北方的孙大午，分别殊途同归地潜心推演着自己的企业传承宝典。我在那一段，写出了一篇自己也印象深刻的《反基因传承》。

但可惜，这些进化都随着2008年金融海啸的从天而降，又特别是最近5年互联网思维的强力冲击，而戛然而止。自然界，本就存在着很多突变。如果说，我们的环境变得空前恶化，我们的对手变得陌生野蛮，我们的未来不可捉摸，进而我们的生死就在朝夕之间，传承问题便不再是头等大事。头等大事，是当下如何"活下去"。而新兴企业在大资本与新技术双轮助推下，大有红小鬼横扫一切牛鬼蛇神之势。于是，"颠覆"之下，不论传统企业还是网络新贵，其现有的"窝"和窝里的"蛋"，都变得异常脆弱。茫然与焦虑之下，"转型""变革""跨界"成为了企业界和管理界的口头禅。这一阶段，如果谁敢不谈转型、不论估值，也就别出来混了。即便优秀如万科，面对雷军提出降价一半的"挑衅"，也惶惶然底气不再；而手握刚打败微博的微信，马化腾依然惶恐失眠。这是一段没有哪家企业有安全感的岁月。

5年后的今天，世道又变了。雷军不再有心情谈论人家万科的房价，打劫出身的周鸿祎也开始反思硬件免费，马云则把更多精力用在了四处补缺并购上，并开始重新尊重线下实体价值。而更多曾被天价估值的互联网公司，则如苏宁孙为民所言，"死得连尸首都没剩下"。人们重归常识，发现并追逐以研发为根基、以聚焦为战略、以狼性为基因的华为，同时我们一抬头，也才发现日本的稻盛和夫以他走过的80年精彩人生，正在昭示着那些似乎不变的朴素真理。

新5年，我们将为他们鼓掌！

不变的，还有另外一群始终在"海平面"以下的细分行业领先企业。

德国学者赫尔曼·西蒙将他们称作"隐形冠军"。因为它们的大量存在，德国经济不仅没有被金融风暴摧垮，反而显得愈加强大。在“大”“强”“久”之后，他们更多的是“小”而“美”。他们没有多大营收规模，但拥有恐怖的市场份额；它们不曾令大众如雷贯耳，但能在行业内一言九鼎；它们目前尚未拥有乔布斯，却用专利支撑着时尚。更关键的是，它们不仅在德国，也在我们中国！只不过，它们隐藏在我们看不到的地方，用他们最专业的方式，保障着我们所拥有的一切。是的，它们中很多可能只有几个亿的年营收，但已然默默耕耘了20年，拿下了中国乃至世界细分市场垄断性的份额与影响力，成为无可替代的那一个。你能想象吗，一根小小的吸管，义乌的双童公司可以占到90%以上的市场份额，同时成为当地最赚钱的企业之一！与之并行的，却并不是低廉的价格，而是持久的专注心，和傲人的利润率。

只不过，在外界视角里，它们被视而不见；但在我们看来，它们完全可以更加自信，登堂入室！它们在过去的20年，已经在行业内证明了自己无出其右的独特实力。而未来5年，未来10年，它们可以更自信地绽放自己内敛的光彩，也可以更自信地随着成长的需要而做出属于自己的改变。

如果5年果真是一个节点，那么未来5年里，我们《中外管理》愿意为中国更多小而美的“隐形冠军”企业获得国人更多的认知与赞赏，占据国际更多的市场与顶峰，而竭尽全力。这是我们的责任，我们为此而自豪。我们深知，时间才能衡量价值；而“隐形冠军”们所能创造的“美”，将绵延在未来N个5年中。

> 不论什么事，只有持续，才会有效果；也只有可持续，才会有意义。
>
> 杨光

2017.05

巴菲特2017年的五个真相

《中外管理》见证巴菲特股东大会现场

比刷屏即过的出位新闻更重要的是什么？是时间验证过的成功传奇，和传奇背后的真相。无疑，沃伦·巴菲特正是这样的传奇。

2017年5月的第一周末，美国中部“小镇”奥马哈，照例因为巴菲特的伯克希尔·哈撒韦公司股东大会，而喧嚣起来。因为出了个巴菲特，奥马哈才为人所知、为人所往，并瞬间涌入占本地人口10%的全球商界精英，包括比尔·盖茨，包括王石，包括《中外管理》和结伴而行的36位中国企业家。

与现场满满当当4万名股东和巴菲特粉丝挤在一起，举目远方长桌后的两位传奇老人，要想内心不起小涟漪是很难的。当巴菲特和一生搭档芒格不时引起4万人量级的哄堂大笑之后，我开始冷静思考：究竟巴菲特背后的真相是什么？

真相一：健康，才是最大的成功

如果你仅仅读过关于巴菲特的书或报道，或许你会艳羡他的睿智与收获的财富。但如果你像我这样有机会亲临现场看到这场真人秀，印象最深的一定不是该公司2016年的利润，也不是巴菲特大幅减持IBM股票而增持苹果——而是他和他身边的芒格，不可思议地健康！

2017年，沃伦·巴菲特87岁，查理·芒格93岁。除了短暂的午餐时间，这“180岁”一坐就是六个小时。不仅是坐，两人还能在可乐的浇灌下从不上厕所。又不仅坐功了得，六小时里巴菲特面对来自看台不同角落18个五花八门的问题，始终毫不迟疑、滔滔不绝，声音虽然苍老但语速却快得惊人，由此可以想象巴菲特大脑内四通八达的思维高速公路。而他身边比自己更年长6岁的芒格，话虽不多，表情也不多，但如同和巴菲特表演三句半一般，句句点睛，动辄令全场爆笑。他行为艺术般的嚼薯片，亦活脱脱一位顽皮的智者。而二老落座起身，皆无需搀扶。是的，巴菲特第二天还能和盖茨打乒乓球呢。

比起如此精彩的生命长青，一切财富其实都已不再重要。

真相二：为天赋专注一生

那么，又是什么成就了两位老人如此神奇的矍铄健康呢？

要说巴菲特的生活方式如何“健康”，可真谈不上。直到这次大会，他依然得意于自己每天饮下不少于5罐的可乐，而油炸食品和油腻牛排更是标配。他甚至曾嘲笑那些不断规劝他“科学养生”的大夫都先后闭了嘴，因为他们都死了。可见，巴菲特的长寿另有门道。

从两位老人在现场对经典“接班人”话题照例的不屑一顾，以及至今巴菲特坚持事必躬亲自己所有琐细事务，我不由得出如下猜测：毕生所爱，永不言退！

很多人认为退休等于休息，可以颐养天年，实则不然。其实不管是工薪还是巨富，实质的工作退休往往意味着真正的生命衰退。事实上，很多人从退休到追悼，用不了多久。只有不停歇的忙碌节奏，才会更高品质地延续生命。但能延年益寿的忙碌，绝不是被动劳苦，而应是为了与生俱来的天赋，而乐此不疲。

是的，天赋。巴菲特之所以是“股神”，首要一点在于天赋，对于数字的天赋。就其家庭背景，我们无法解释刚懂事的巴菲特，就已对数字有了异乎寻常的敏感。《巴菲特传》作者罗杰·洛温斯坦说：“他对数字的信任超过一切。”但他没有成为数学家而是投资家在于，他在意的不是数字本身，而是数字所代表的财富含义。是的，那年他5岁，并绵延一生。7岁时，他一边发着烧一边用铅笔书写自己未来的财富数字。到11岁，巴菲特就已开始买进股票。13岁时，他就开始缴税。而到他15岁时，已经在投资农场了！

天赋，是最无奈的事。但关键是，我们要知道自己的天赋在哪儿！不幸的是，我们大多数人可能终其一生都不知道老天爷在自己身上哪一块埋下了金子。又特别是中国，仅一句“学海无涯苦作舟”便几乎泯灭了一切自我发现的可能。中国传统文化对天赋的关注集中在一篇《伤仲永》里。但真正“伤”仲永的，并不是笼统的不勤奋，而是他在天赋露头后，他和他的家庭却没能专注它，没能钻研它，而只是利用它，消费它，于是很快让他“泯然”。

专注，正是巴菲特对其一生成就的核心归纳。但我以为专注仍只是表现，而非本原。关键在于对天赋背后意义的设定与理解。巴菲特从学龄前就想富有。但他赚钱并不是为了宾利，事实上他一生简朴得出格，据说他的车牌单词就是“抠门”。成年后，他在还没钱却笃定自己未来将“过于”有钱时就陷入了“如何花钱”的忧虑。众所周知，他后来全数裸捐了。“我只是觉得赚钱的同时还能看着财富慢慢累积起来，是件很有意思的事。”是的，只为财富所能证明的价值，而不为财富本身，更不为物欲，才是巴菲特一生不为财所“伤”的真谛。也只有如此，巴菲特才能做到“专注一生”。

真相三：练就独立的判断力

没有一个人的成功，仅仅来自娘胎。至少还有家庭。巴菲特当然不例外。

巴菲特的父亲是一位议员，可巴菲特对政治从无兴趣。但我认为老巴菲特对“股神”诞生的影响，却是可以比肩天赋的。这种影响，第一是对孩子始终抱有信心，他对巴菲特的任何决定都坚决支持。更重要的是第二点，也是让第一点成为“缔造”而不是“纵容”的一点：重视从小养成独立思考的习惯。老爷子对孩子这一点的坚持，超过他所有的政治信仰。每当孩子在身旁时，他便经常诵念爱默生的名言：“伟大的人，是那些大隐于世且能保持独立人格的人。”在家里的餐桌上，巴菲特每晚都从父亲那里学习如何更好地固执己见。于是，巴菲特从小便“喜欢与众不同”。进而，在13岁时第一次报税，巴菲特坚持不让父亲代缴。

记得我在20年前任教时，就曾基于自身领悟，对孩子们寄语：“人生最重要的，就是守住两样：一个是内心的善良；一个是独立的判断。在中国，两者兼备与两者皆无者一样少，更普遍的是两者居其一。”而保持独立判断力这一点，对于普通人能否在世俗唇舌下活出自己，不被利用；对于投资者能否在市场沉浮中保持定力，不被忽悠，都至关重要。

基于此，才有了巴菲特那句名言：“别人贪婪时，我要恐惧；别人恐惧时，我会贪婪。”

真相四：互相成就的黄金搭档

当人们将巴菲特视为“股神”而顶礼膜拜时，大多数人都忽略其实坐在股东大会台上的一直是两个人，另一个叫查理·芒格。事实上，芒格与巴菲特自而立之年相识，便成为巴菲特口中的“西海岸哲人”和一生最离不开的人。这而一联袂，便是一个甲子——一场在中国绝无可能的金婚合作。他俩有着连他们自己都觉得不可思议的诸多相似，比如一样机智幽默，一样崇尚和尊重独立，一样信奉价值投资，以及一样的财富人生观。

但他俩在战略方向上的一致近乎恒温般持续存在时，我们同样不能忽视他们在性格上的互补。巴菲特作为娘胎里的投资家，有着非同寻常的乐观精神；而哈佛法学院出身的芒格，却有着更为理性的避险意识。芒格最喜欢引用的名言是：“反过来想一想，一定要反过来想一想。”两人确是天作之合。

这不是个案，而是规律。我们总会记住一位又一位被光环笼罩的明星企业家，但是只要他持续成功的时间足够久，我们就多半会在他身旁发现一位与之反差颇大的关键人物在成就他。是的，重要的不是一位天才领袖，而是一个黄金组合。比如：海尔的张瑞敏与杨绵绵，华为的任正非与孙亚芳，长城汽车的魏建军与王凤英，苹果的乔布斯与库克，谷歌的佩奇与布林，当然还有巴菲特与芒格。

成功，只需要出一位英雄；但持续成功，则需要出一对英雄搭档。那些孤胆英雄，很难走更远。而巴菲特穷其一生要实现的价值投资，其本质也就是“可持续性”。

最后的真相：投资中国

我们行前已获知现场会有3000名华人。但令我吃惊的是，这次18个现场提问中将近1/3都出自同胞。而我注意到，摆放在芒格身前的红罐可乐，分明印着那著名的四个花体汉字！这绝不是随意的偶然。是的，巴菲特和芒格在暗示，中国市场将是老哥俩余生下一处可以用大盆来接金子的地方。

每个人都会关注自己能参与的事。抑或相反，关注与自己完全无关的事。

楊光

2017.06

群众吃瓜与改革开放

30年的细节，30年的巨变

到了吃瓜的季节了。

不知何时，“群众”前面多了一个定语：“吃瓜”。貌似这一调侃使得吃瓜不值一提，实则不然。西瓜其实承载了中国改革开放30年的巨大变迁。

挑瓜的时代

话说在我儿时的1970年代，尚未改革开放，我就记得吃瓜与一件高大尚的事务紧密相连——共产主义。幼儿园里的画册里，描绘未来共产主义的图景之一，便是一个西瓜可以长到很大很大，大到切开后每人只吃一勺，便已经撑得如同一个小西瓜，仰躺在地动弹不得。但那时的画册里并没有说那个超大西瓜是不是很甜——在“没有”的时代，我们也只能憧憬“有”。

八十年代初，吃瓜终于从画册开始走进了生活。那时吃瓜的一个重要工作，便是挑瓜！我用叹号，是因为它真的很重要。挑瓜基本是男人的活儿，你必须有力气把西瓜举到耳边。于是我那时常常仰望着家父举起西瓜又是拍又是听，神情严肃而专注，略有迟疑便再放下抱起另一个，如是反复好几个，才会决定买哪一个。尽管如此，结局依然难料。那时买瓜，真和现在买股票一样，风险自担，盈亏自负。如果红瓤黑子那就是运气好，如果切开哗啦流汤或粉瓤白子那就自认倒霉。因此切开瓜那一瞬间，大家屏息而视，或欢笑或叹息，和赌场揭开扣在骰子上的碗没有区别。瓜虽然有了，但谈不上任何品质。

切瓜的时代

到了九十年代初期，西瓜越来越多，吃瓜也终于开始有了点尊严。那时的瓜摊，开始在西瓜堆里戳上一个牛皮纸牌，上面歪歪扭扭写着两个毛笔字“保熟”（如今我在电脑里输入这个词已无法直接显示，可见它已多OUT），后来又多了两个字“保甜”。这大概是吃瓜史上第一次朴素的品质承诺。未几，和绝大多数中国食品一样，瓜摊牌子上开始出现了产地烙印，比如“庞各庄西瓜”。又未几，牌子上又开始多了关于西瓜的品种名号，比如“京欣一号”——品牌开始出现，并从老祖宗的地域品牌开始走向市场化的商品品牌。

与此同时，买卖西瓜的行为也开始发生变化。挑瓜不再为男人所垄断，甚至也不再成为家庭必备的劳动密集兼技术密集型技能。而卖瓜的却要为自己纸牌子上的承诺负责了：在称瓜前往往自己拍一拍，然后拿刀给瓜切出一个三角，举着让买瓜群众看看是不是红瓤黑子。如果是，买者放心拿走；如不是，则卖者自认倒霉——物质丰富到一定程度，卖方市场必然开始向买方市场逆转。

只管吃瓜的时代

而最近十年，有一些重大变化正在不为人所觉地发生。我们已经见不到抱着西瓜细心拍打的群众了。甚至卖瓜的也无需劳神拍打为自己负责，规避风险。买瓜与卖瓜，同时告别了股市与赌场，成了一件毫无技术含量的简单琐事。因为，如今的西瓜，几乎都是好瓜。这里的“好”，包含了当年我们梦幻中的“大”“甜”“脆”“水”。以至于我的一位同事这样概括挑瓜秘诀：越大越好吃。但同时也有了相反的供给：小巧玲珑却价格不菲的麒麟瓜。而且吃瓜也不再是夏季的独享，而成了水果摊四季的标配——买方经济充分发育时，品质已基本失去了差异，品牌的彰显开始基于满足多元需求。

而这时悄然消失的事物，除了牛皮纸牌，还另有两个。一是买瓜时无需再去切三角，一方面是买瓜的不再担心，另一方面卖瓜的也无需多此一举：只买半个瓜甚至1/4瓜成为买方主流。因为西瓜越来越大，而家庭越来越小。另一个，是我再也见不到家父回家切瓜时将切下来的瓜蒂放在鼻前长久地闭目嗅闻——他曾说那是比吃瓜更大的享受。如今的西瓜虽然更大更甜，却也失去了当年浓郁的清幽瓜香——发展，总要付出代价。

如今，我们的企业，我们的行业，我们的社会，还有诸多这样那样令人叹息的不如意。但是不经意回过头看，其实我们真的已经进步了很多，幸福了很多。当然，吃瓜群众还是吃瓜群众。走，吃瓜去！

2017.07

别了，贾跃亭！

乐视不该倒，那谁该倒？

自注：为什么有了孙宏斌之后，
还有许家印？以及后面还有……？

2017年之夏，如果不对贾跃亭和乐视公开表个态，都不好意思在财经朋友圈露面。

其实，2016年底乐视危机刚爆发时，我就已有明确判断并刊发在《中外管理》卷首语上，名曰《乐视排放的雾霾》（下称“卷首”）。顾名思义，我一直认为乐视是投射在中国企业乃至整个中国社会心头的一团雾霾。乐视自身以及它能带给我们的成果，只有浑浊与癌症。

不幸，让我说中了。

年初，还只是一辆乐视汽车公开瘫痪。半年后，整个乐视生态已公然瘫痪。而贾跃亭卸去了所有光环，也卸去了所有责任，夜黑风高中一溜烟去了美国。据他说是研发汽车去了。这不禁让我想起一百多年前慈禧太后被八国联军打得魂飞魄散一路逃到西安时，官方亦称之为“西狩”。一样很好听，一样很难看。

中国社会浮躁之风飞沙已久，且如今仍有不少有识之士为乐视的倒掉而扼腕，甚至鸣不平。因此，在下依然有话要说。

乐视除了造梦，有过硬的产品吗？

挺贾派至今理直气壮的一个理据是，不论成败如何，贾跃亭都是具有企业家精神的。

不错，确实不应仅以成败论英雄，又特别是在“追亘古未有之梦”时。但要害，在于其价值观是否经得起逻辑和时间的考验。所谓企业家精神，其核心一个是冒险，一个是创新。我们先说冒险。

毋庸置疑，做企业，在中国做企业，在中国企业做创新，必须具有冒险精神。但单单冒险，绝不是企业家精神的核心。否则，我们该如何评说吴长江在赌场大肆挥霍？如何评说希特勒让欧洲血雨腥风？他们绝对冒险了，但绝不会有人说这些行为属于企业家精神。差别在于，冒险是不是给社会创造了价值。

贾跃亭麾下的乐视，也绝对在冒险，但给社会创造了什么价值？别说传统行业，仅就那些新潮领域，坊间就有调侃：如果今天苹果倒闭了，会有很多人不舒服——那么好的产品没有了；如果今天阿里歇业了，会有很多人不舒服——那么多的生意不好做了；如果今天微信封号了，会有很多人不舒服——那么多的人脉没法维系了；如果今天滴滴或摩拜取缔了，会有很多人不舒服——那么便利的出行就此消失了。但是，如果乐视今天倒闭了，试问老百姓有谁会不舒服吗？没有！

这就是要害。乐视利用所谓生态模式，忽悠了那么多资金，那么多人才，在过去四年里，洋洋700亿资金融进去，除“生产”出一大堆债务和腐败，居然没有生产出任何一个获得社会广泛认可的产品或服务！如今，有多少务实创新的中小企业正嗷嗷待哺，这700亿的一个零头或许就能扶持这些企业变成日后的伟大公司！但是，这些资金却都给了乐视，随风而去……

于是在卷首里，我提出：“缔造了互联网思维的乔布斯，才真正是工匠精神的代表。他一生都专注于产品创新的独一无二，并且专注于产品品质的精益求精，他所有的梦想，都会通过产品对用户扎实落地。”而醉心于生态梦的贾跃亭，又给我们留下了什么呢？

如此说，乐视的倒掉，又有什么可惜呢？如果说乐视不该倒，那谁又该倒？

乐视除了垄断，有像样的创新吗？

我们再来说创新。

和冒险一样，重要的也不是创新本身，而是能够给社会带来价值的创新。而乐视的所谓商业模式创新，别说已做不成，就算做成了，又能给社会带来什么呢？

在我看来，贾跃亭创造的“生态化反”，不过是把本应由全社会的企业协同完成的，都由他的乐视一家通过关联交易包圆来做；本应通过市场竞争实现的社会资源配置，都由他的乐视一家四处蒙眼狂奔闭门挥霍。这是哪门子创新？不过就是21世纪的商业垄断与资源垄断！不过就是互联网时代的土皇帝梦！

这样刻薄的话冤枉乐视了吗？我们就拿一个已发生事件作为依据。

2017年初一个在体育圈引起反响的事件，就是乐视体育挥金如土一举买断

2017年亚冠和中超等诸多重大赛事的独播权。于是，让全中国球迷惊愕的一幕出现了：当亚冠第一轮哨声响起时，中国球迷发现自己再也不能从自家的电视（乐视有电视，但有多少家买了？天知道）屏幕上舒心地看直播了！于是，我和我的同事居然被迫挤在一个小小手机屏幕上痛苦不堪地看完了乐视独播！如果说“用户体验”是21世纪互联网时代最无可争议的商业要素，那么乐视体育却将数亿球迷的用户体验置于何地呢？乐视生态背后的潜在逻辑，仅仅是借由资源垄断获取利益垄断罢了。

但乐视真的借此获得垄断利益了吗？没有。旋即，亚足联和中超因乐视付款违约而剥夺了其所有买断。于是，全国球迷又可以为看电视直播而欢呼雀跃了。试问，这样的自误误人能叫生态创新吗？而且有哪个公司能有无限的资金用来垄断所有的市场资源，并进而持续获得垄断收益呢？事实上，乐视体育在一掷千金企图一家独大后获得的经济收益，却相对少得可怜！以至接手的孙宏斌都懒得去打理，“该卖的卖”。

损人不利己，这一令人啼笑皆非又痛心疾首的事，自古已有，绝非创新。于是我在卷首中引用了于光远先生早在15年前于我们“中外管理官产学恳谈会”上警示中国企业家的话：在创新中，一定要警惕“创旧”！

如此说，乐视的倒掉，又有什么可惜呢？如果说乐视不该倒，那谁又该倒？

乐视除了毁人，有起码的责任吗？

说到底，一个企业，不论冒险还是创新，都应基于创造社会价值和履行社会责任。但是，乐视两样都谈不上，甚至相反。

社会责任，首先体现在“人”上。乐视这几年可谓“毁”人不倦。第一是进人：在梦想的召唤下盲目扩张。我一位职场朋友曾气愤地诉说他去应聘时，发现乐视的招聘居然比家政中心找保姆还随便！只在楼道里支一个小桌，前面一把小凳子。招聘如此浮皮潦草毫无章法，其整体心态和后续结果可想而知。第二便是裁人：在现实的骨感下又毫不犹豫大规模裁员，甚至有媒体曝光其在海外甚至采取了涉嫌欺骗的做法以降低裁员成本。试想，当初饥不择食地盲目引进来，随即又秋风扫叶般匆忙赶出去，这样的企业有起码的社会责任吗？第三便是毁人：在被乐视裁掉之后，很多员工忽然发现自己再就业已然困难！一家著名企业人力主管亲口告诉我，目前业内已对乐视出来的人给予了封杀！因为乐视内部管路混乱，贪腐盛行，导致前乐视员工的市场口碑与品行标签已然很差。

造企业，不是造梦，而要造产品，更要造人。如果一家公司的员工离开时总被市场一抢而空，那既是这家公司的综合实力，更是它的社会贡献。反之，我在卷首中曾提醒乐视：“押赌自己的梦想，不应践踏大众的人生。”

如此说，乐视的倒掉，又有什么可惜呢？如果说乐视不该倒，那谁又该倒？

站在乐视废墟旁的中国企业、中国投资界，乃至中国社会，如果燥热的头脑能就此冷静下来，恍然明白我们未来究竟应抱什么心态，究竟该怎样走、怎样投，回归商业常识，走向理性务实，那么乐视作为“牺牲”，就是“有用”的。

世上有多少人因为善良而丧失了独立的判断力，又有多少人因为具有了判断力而不再相信善良？
游弋于互联网，更需要判断力，也更需要善良。

杨光

精于算计、自作聪明的人，只要拿时间轴一量，就会非常可笑。作茧自缚，是这类人“远远望去”必然的结果。

杨光

2017.08

成为飞上蓝天的恐龙！

共同参与见证《中外管理》再创传奇

科学界一个百余年的误解，让企业界上了一个跨世纪大当。

自1990年代初，斯皮尔伯格的《侏罗纪公园》公映之后，恐龙便在被地球遗忘了数千万年后，忽然成了全人类眼中的明星宠儿。人们——不仅仅是科学家，甚至也不仅仅是孩子，开始对这些身躯庞大、光怪陆离、极富统治力的古老动物，产生了强烈的兴趣。

恐龙为什么灭绝？

有些不厚道的是，关于恐龙的话题中，最热门的正是它们的灭绝。6500万年前，统治地球达一亿多年的它们突然从地球上消失了，只留下了残破冰冷的化石，与人们无尽的遐想。上百年来，科学家们乃至科幻作家们对恐龙为什么灭绝，做出了五花八门的解释。而这些解释，不仅吸引了众多天真的孩子，还惊动了另外一群人——如履薄冰的企业家。他们从科学界获知，恐龙因为身躯过于庞大，机能过于特化，看起来虽然强大，但对于气候环境的明显变化缺少迅速适应的能力，终于在白垩纪末的一次从天而降的行星撞击下，集体万劫不复。这让本就对未来充满危机感的企业家们深受刺激，于是“恐龙”在管理学界成了那些臃肿僵化、行动迟缓、自我封闭、怠于变革、行将灭亡组织的标签，而用来自我警示。

谁想，这其实是天大的误解。

谁说恐龙已经灭绝？

近十几年，全球古生物学界在反复争论中，已经得出了划时代的重大共识：恐龙并没有绝灭！恐龙仍旧生活在我们身边，它们只是换了一副模样，那就是灵巧自如的鸟类。事实上，上世纪末科学界基于中国辽西大量新化石已发现：羽毛绝非鸟类独有的专利，其实在很多晚期食肉恐龙身上，都存在羽毛！甚至包括如雷贯耳的霸王龙——即便它不会飞。而且，这些披羽恐龙，一方面身体下半段已经演变出和哺乳动物一样的恒温机能，同时上半身还举起了远超过当时哺乳动物的脑容量！于是，有一类叫做驰龙的食肉恐龙——对，就是《侏罗纪公园》里与霸王龙搏斗的那种身躯苗条而机敏凌厉的家伙——扇动披羽前肢，最终飞上了蓝天！

科学最终给恐龙“平了反”：恐龙不仅没有因为僵化而灭绝，其实它们更积极地适应了环境的变化，并彻底实现了自我改造，在剧变之下成功自我救赎，反而以鸟类之身展翅获得了远比原先的自己乃至哺乳动物更广阔的生存空间！不是吗？鸟（或者说恐龙）是唯一能够同时征服且游刃于海、陆、空地球全环境的脊椎动物！

我们都有机会展翅高飞！

这足以让企业界，让我们自己，重新认识自己的未来。当风口论在中国大行其道时，其对应的后果，便是外界对那些传统行业不由分说地一概唱衰，以及这些行业内人士气短三分的妄自菲薄，甚至竞相逃离。总之，他们被认定和自认定就是那只曾被人们严重误解而行将灭亡的“恐龙”。但如今，面对科学戏剧性颠覆，既然恐龙远没有灭绝，我们传统行业也就没有理由一定没戏！

恐龙能变成鸟，是因为它们已有上亿年的进化底蕴，它们经历过多次地球变化，它们在沧海桑田面前是淡定的，是自信的。它们的羽毛是舒展出来的，而不是吓出来的。但我们同样承认，并不是所有的恐龙，都长出了羽毛；也不是所有长出羽毛的恐龙，都变成了鸟；甚至也不是所有的鸟，都活到了今天。能够展翅翱翔的恐龙，一定是在底蕴下不失敏锐、淡定里不失果决、振翅中不失执着的那一群！

从中生代至今的两亿多年岁月里，恐龙用它们五花八门的变异、与时俱进的演化，最终征服重力飞上蓝天、自创未来，生动诠释了自然界的“扛与变”。世间还能找出比“恐龙变成鸟”更真实、更惊人、更震撼的励志案例吗？

我在此立言：《中外管理》虽在一个传统行业，但我们在底蕴下绝不失自信，在变革前绝不失果敢，未来，《中外管理》将会是传统媒体行业中坚定未来勇气，执着自我变革，而率先飞上蓝天的惊艳“恐龙”！

不用很久，五年，《中外管理》的新老朋友们将有机会见证这一切，《中外管理》的联合出品人将有机会参与这一切！同时，我们大家，也都一样有机会飞上蓝天！

2017.09

海底捞用失败，证明了它的成功

企业文化务必“真”字当头

钱钟书的《围城》里曾有一句经典总结：成功，只证明了失败。而海底捞前一段的老鼠危机，则证明了相反的道理：有时某一层面的失败，反而证明了另一层面的成功，甚至是更本质的成功。

从乐视到海底捞

值得注意的是，比起乐视被曝出现资金危机时的迅速崩盘，当海底捞被曝出食品安全危机时，业界及大众的态度居然截然不同。须知民以食为天，面对比缺钱严重得多的问题，又面对理应同行倾轧的旧习，此番业界对海底捞却是众口一词地力挺，而大众对海底捞也是前所未有地宽容。

同是公众危机，贾跃亭的乐视实则已经倒了，但张勇的海底捞却没人相信会倒。神奇之事，天壤之别。这究竟是为什么呢？

海底捞这次无疑是错了。盛名之下，出现餐饮业最忌讳的食品安全问题，管理上无疑出了大问题。这当然是海底捞的失败。只是海底捞的失败，反而证明了海底捞的成功。而且绝不仅是危机公关上的成功。

当我们谈论对与错时，不妨换一个维度去看，那就是真与假。因为对于中国社会而言，真假是比对错更重要的问题。海底捞的老鼠危机，暴露了其管理落地之错，但同时也验证了其文化落地之真。

下过真功夫，怎会惧挤兑

凡是乐视拥趸一定想不通，凭什么乐视一时手头紧张，各界就落井下石，怎么海底捞明明后厨闹了老鼠，却没有成为过街的老鼠？这就是文化驱动下的管理成功，和品牌底蕴。

中国企业要相信，天底下没有白下的功夫，也没有白来的品牌。海底捞不管这次在管理机制及其落地上有多大的纰漏，但我相信此时没有一个人会说：海底捞以前的管理和服务都是骗人的！没有一个人会说：《海底捞你学不会》只是一部品宣炒作。因为海底捞做得怎么样，大家都已反复感受到了。企业只要平时下功夫真心善待自己的员工，从而员工平时下功夫真心善待自己的产品或服务，善待自己的客户，那么这些努力以及积累出来的品牌口碑，就一定会像充裕的现金储备一样，成为企业难免出问题时的护身符，至少是免死牌。

市场经济下，没有无缘无故的宽容。宽容是一种对付出的回报。凡是平时下过真功夫的企业，关键时刻便不会害怕人为挤兑。品牌的价值，就在于此。

“问题属实”：真的公众担当

但过往的积累，终究抵不过当下的冲击。

在老鼠事件刚刚爆发4小时，海底捞就迅速做出了反应。当然可以说这是危机公关的成功，但这其实更是企业文化的成功。

凡做大众产品的企业，公众危机都难免。而知名公司委托优秀公关公司打理或背后有高手指点操盘，也很正常。但我们很少见到一家大众型公司能如此迅速、坦诚地做出反应。如果海底捞上层骨子里没有对公众负责的价值观，所有人性本能的反应：呆滞、逃避、辩解、推诿乃至封堵，即我们最为耳熟能详的套路，便必然会重演。但海底捞没有，在公开信第一段即坦率承认“问题属实”。这只能是由衷的价值观使然。因为，如果不是企业家和决策团队真心相信的东西，甚至是骨子里排斥的东西，在危急时刻没有哪个公关高手能有本事替自己的东家或逼他们做出来。

如果仅仅是反应迅捷，态度认账，还不能全面展示一个企业的文化价值观。

“无需恐慌”：真的员工第一

我们很少见到一家面向社会大众的企业，在爆发危机伊始，董事会便在第一时间将一切责任揽在自己身上、第一时间对全社会做出诸多整改承诺的同时，第一时间又对全社会公开说：“涉事停业两家门店的干部与职工无需恐慌。”

这简单一句话，其实相当不简单。要知道，我们中国文化里的价值观“成语”

都是怎么说来着：壮士断腕，丢卒保车，大局为重，领导先走，挥泪斩谡，两害相权取其轻……云云。如果海底捞此番选择怒斥基层，手起刀落，同时对外打压收买，几乎可以肯定不会激起众怒。因为无可厚非，因为都已习惯，“理应如此”。

然而海底捞没有，他们“公然”由董事会担起本可以推卸的管理责任，甚至“高调”地选择面对全社会时安抚自己的涉事员工。如此，我们如果今后再说海底捞拥有“员工第一”的人本文化，谁会不信？信，是因为真。

逆境才是文化试金石

企业文化在执行中，重要的有两个层面：第一，真实的企业文化，不在于你在手册上怎样说，在标语上如何写，对领导汇报时怎样铺陈，对媒体宣传时如何渲染，而在于公司每天如何具体去做，切实去做，并如何让公司里的自己人都信。第二，真实的企业文化，不在于公司顺境时怎样说，在扩张中怎样去做，而在于在逆境中怎样去想，在危机中怎样去做！经历过企业危机而不变形的企业文化，才是真实的企业文化。

十年前一篇石破天惊又催人泪下的《联想不是家》，近乎用刀刀见血之痛告诉我们：一个“家文化”自居的企业，在顺境中即便真做到了待员工如家人，但当陷入逆境却将员工弃若鄙履，两小时终结一切时，即便该公司因此而存续，但其灵魂已就此而破产。且看后来至今，联想还敢再提“家”这个字吗？

不止联想，很多中国民营企业在儒家血亲文化感召下，都很容易举起“家文化”大旗。但这往往是做企业的起步期、成长期、扩张期，这时怎么不分彼此，怎么血浓于水，都是容易的。但残酷的是，天下没有一家企业能永远高歌猛进，永远顺风顺水。

当你的财务不再有当初的丰厚利润，当你的业务不再有当初的芸芸新职，当你的业绩不再有当初的节节攀升，甚至当你终于且果然也遭遇到经营或管理上的滑铁卢时，那一刻必须果断做出取舍。而一切，就取决于企业家骨子里的价值信仰！

这次海底捞，在老鼠危机中，他们没有为了让公司止血而让员工流泪，甚至背负心理阴影，反而让员工和外界更加真切地相信了海底捞爱护员工的人本文化。这就是大失败下的大成功。而这一点，其他企业学得会吗？换句话说，这是学出来的吗？是信出来的！是做出来的，是抉择出来的，是验证出来的！

海底捞，还需做更多，想更多

以前，我们编辑部每每创新聚会，常会去附近的海底捞。今后，海底捞依然还会是我们聚会庆功的选择。但海底捞在文化成功后，也依然需要回归管理成功。同时，海底捞在管理成功中，需要检视发展方向：对于一个弥足珍贵的文化品牌，上市真的就那么美好吗？

很显然，文化真诚驱动管理扎实，管理成功也会强化品牌底蕴。反过来，管理失足将受护于文化支撑，而最终，文化势能也需要转化为持续不断的管理动能。毕竟，服务员再温馨感人的微笑服务，也抵不过老鼠悠悠豆眼的反复发光。

相信海底捞。监督海底捞。就因为它是海底捞。

> 决策往往并不完全依据外在的事实，而来自潜伏在我们内心的逻辑。但值得决策者警惕的是，万不可以为自己行之有效的逻辑，就等于大家都必然会遵循的惟一逻辑。
>
> 杨光

> 气头上喷涌出来的话，往往不如那些强咽下没说出来的话重要。关键是我们要能洞察那些已然翻涌却没有说出来的话。
>
> 杨光

2017.12

海尔“生物论”

改革开放40年之际的新视角

中国改革开放已整整40年。用什么来纪念这一伟大历程？对改革最好的纪念，我以为，是见证+佐证。那么，什么又是最好的见证+佐证呢？我以为：不是文物，而是生物。

海尔作为我们《中外管理》追踪时间最长、报道次数最多的中国企业，恰在2018年第一期这样一个特殊节点，再一次登上了《中外管理》封面。为什么？

因为海尔正是这样一个“生物”，一个代表了中国企业乃至整个中国过去40年来的动态缩影，那就是：与时俱进，生生不息。

生物，意味着持续成长

以海尔为代表的中国企业在过去40年来的快速成长，如果仅仅用数字去描述，恰恰是不准确且不直观的。倒是有一个基于时间轴及其对标物的故事，更能说明问题。

1980年代，创业期的海尔自砸了76台依然奇货可居的次品冰箱。那时，海尔没资格惦记强手，也没资格被强手惦记。1990年代，成长期的海尔有资格被强手惦记了，那就是百年GE，当然收购未遂。

2000年代，走向国际的海尔已有资格学习强手GE的核心竞争力，并有了资格惦记强手。

而到2010年代，全球第一的海尔已有资格不仅惦记而且拥有了强敌，成功“反购”了GE家电。最说明问题的，还不是交易位置对调，而是学习位置对调。如今GE家电正为学习海尔创客管理而不亦乐乎。这就是成长。

生物，意味着持续进化

成长，不仅意味着长大，也必然带来进化。

海尔自己归纳，其从1984年创业至今经历了五个战略：名牌化战略、多元化战略、国际化战略、全球化品牌战略、网络化战略。而每个战略阶段又都有对应明确的管理理念，比如：名牌化战略是“高品质的产品是高品质的人干出来的”，多元化战略是“盘活资产，先盘活人”，国际化战略是“出口创新倒逼人才国际化”，全球化品牌战略是“世界是我的人力资源部”，网络化战略是“从出产品的企业到出创客的平台”。这是一条很清晰而令人振奋的进化路径。

我作为旁观者——诚如“现代管理学之父”彼得·杜拉克对自己的人生定位——尝试着做了另一个角度的浓缩。海尔的发展历程，不妨更简单地以世纪之交为界（尽管存在重叠。自然界的进化一向是前一阶段还在发展，新一阶段已然萌芽），分为两部分。

1984年~1999年这15年，海尔就是心无旁骛地做一件事：造产品，让企业走向全球创造市场，全力打造名牌。与此无关的事，一概不做。进入本世纪至今这18年，海尔则又是心无旁骛地做另一件取向貌似相反的事：造老板，把市场从全球引入企业，全力打造平台。与此无关的事，同样一概不做。第一阶段，从海尔品质到海尔服务再到海尔全球化，都是矢志追赶；第二阶段，从海尔市场链到海尔人单合一再到海尔创客平台，则志在引领。这就是进化。

生物，意味着持续繁衍

那么重大进化的关键点，又在哪儿？

生物学上有一个著名命题：鸟类是从恐龙变来的吗？逻辑学上有一个著名难题：是先有鸡，还是先有（鸡）蛋？第一个命题我之前已和各位分享过：鸟类就是从恐龙进化来的。于是，一个纠结的逻辑学难题便成了一个简单的科学命题：是有一只恐龙先进化成第一只鸟，再产出了第一只鸟蛋，还是一只恐龙先产下了第一只鸟蛋，再孵化出了第一只鸟？很显然，答案是第二个。因为真正的基因变异——而不仅仅是基因复制，都是发生在生殖繁衍中的。

而在我看来，海尔“人单合一”下的小微创客平台，则正是通过生态“繁衍”来创造物种“变异”。这一创造，无需上帝的鞭子和女娲的纤手，而是如同生物进化一样，都是适应环境而自我发生的。

又特别是，海尔的“人单合一”碰上了“智能制造”。于是，我一年来关注的一个管理命题，便在如今海尔车间里的员工笑脸贴图上，找到了答案的踪迹：“当‘无人化’成为趋势时，‘人本管理’反而变得更为重要。”因为，企业终于不再为本想使用一双手而被迫雇佣一个人。在人工智能时代，企业真正要雇佣甚至创造的，将是一个完整的人，抑或说是真正的人，本质的人。

诚如张瑞敏近日所总结，他作为领导人的角色重点，已从关注如何有效做事，变成了如何有效造人。

智能化的海尔，是我们观察海尔的全新视角，也是改革开放40年之际，展望中国企业的全新视角。

心存不甘的彷徨、举目四顾的孤独、执着理想的幻灭，都是理想主义者绕不开的人生主题。

杨光

人生的平静是美妙的，但是世人基本都是不安于“美妙”的。不信，大家“出家”试试看？那可不是吃不吃肉的问题。不平静的时候，我们都会在即将崩溃时向往一下平静；但真到了平静，很多人又会发疯。凡是“叶公好龙”式的问题，都说明了一点：这并非人生的终极追求。

杨光

优衣库全球化三命题与中国式爽约三段论

2018.04

只有走出去，才知原来自己在井底

坐井观天，从来不是一个好词儿，但它却是我们的常态。问题并不是青蛙之所见是错的，而在于它总以为自己所见就是天下的全部。

必须要从井里跳出来。这就是中国企业家需要不断走出去的理由。

这也是《中外管理》12年前率先创办“管理全球行”，带领中国企业家走进全球顶级管理现场的原因。也是我们选择在2018年樱花季，走入日本感受完全不一样的“新零售”的原因。

企业家为什么要出去，出去看什么？学什么？我认为最重要的是实现视野上的开阔，理念上的提升，思维上的碰撞，从而反思天经地义，打破理所当然，最终通过看懂别人来看清自己。

最有效率的提升，其实都来自比较，特别是和高人比较。

2006年的丰田，是举世无双的高人。当时它一家经过“打折”的纯利，超过美国三大汽车商加在一起的毛利总和。就在那一年，丰田人斩钉截铁地对《中外管理》参团企业家指出：“管理的责任是创造利润，经营的责任是使用利润。”这是被美国人洗脑多年的中国企业家闻所未闻，但细思后又自惭形秽的。是的，如果中国企业的管理能够创造利润，我们何至于如此依赖于甚至受虐于银行？

那么12年后，我们又从日本零售业这副高人镜像里，看清了自己什么呢？

一个理念，一个视角，一个“细节”后面的价值观。

柳井正：共赢，还是通吃？

这次《中外管理》与唯度智华公司合作组织考察日本零售业，并参加了在知名学府早稻田大学举办的“中日零售及供应链峰会”，有幸现场聆听了日本优衣库创始人柳井正的主旨演讲。柳井正是当今仅次于稻盛和夫，最具有企业家精神和全球化思维的日本企业家。

那么，柳井正如何看待“企业全球化”这个中国企业非常关心的问题呢？

柳井正一反日本人的暧昧迂回，直截了当提出了三个他认为将决定全球化成败的设问命题：

第一，我究竟是谁？

第二，我的公司相比当地同行有什么差别？

第三，我的公司能为当地社会做出什么贡献？

我相信很多中国企业在走出去、走进去时，从没有认真思考过这三个问题，特别是第三个问题。甚至说，我们考虑的也许正好相反：“我的公司能够从当地社会获得什么？”——去美国，我们会想获得当地的税收优惠；去欧洲，我们会想获得当地的技术专利；去东南亚，我们想获得当地的廉价劳力；去一带一路，我们会想获得当地的原料资源。为此，我们可以分析得头头是道，双目放光，但我们从没认真思考过：我的到来，对于当地，究竟意味着什么？

柳井正很明确地提出了自己这三个命题后面的理念：“做企业，不能光想着自己的利润，而必须追求大家共同更好。我在中国发展的最大收获，就是我们与中国伙伴共同走向了繁荣。很多大公司在第三世界都是为了实现成本最低，而我关注的是未来共同的发展。关键是对未来，我们是否有远见。”柳井正承认，一开始他的看法在中国应者寥寥，但后来逐渐在改变，因为他的伙伴们在优衣库的帮助下竞争力大大提升，老板纷纷成了当地的首富，这让柳井正备感骄傲。在柳井正看来：“全球化就是本土化，本土化就是全球化。”因为世界永远彼此关联，没有人能独善其身。“比营收更重要的是，这件衣服让世界更美好。”我们的企业家，应该通过自己的企业，让世界更美好。

比较之下，尽管所有中国企业家（包括与会的中国演讲者）都不会反对柳井正的观点，但事实上我们内心从不信奉。我们骨子里相信的，正好相反，而且理直气壮。“你不改变，我就颠覆你”“赢者通吃”“要么做盟主，要么做马仔”，我们以互联网的名义，以平台化的名义，以生态圈的名义，把两千年前秦始皇的霸权思维换妆成了时代最强音，继续大行其道。于是恐吓声浪阵阵，焦虑人心惶惶。没有人真正成为赢家。

这进而导致了中日企业的发展视角不同。

着眼点：人是目的，还是手段？

在这次中日零售业峰会和整个游学期间，虽然接触到双方企业都是从事流通服务业，双方也都表态“以人为本”，但我仍能感到双方经营关注点的巨大差别。

第一，日本企业家关注“恒”，而中国企业家关注“变”。

日本企业更关注：是什么东西在决定公司的持续成长？我们如何找到它？进而如何实现复制？而中国企业更关注：是什么东西在改变行业的短期格局？我们如何利用它？进而如何实现颠覆？为此，日本家居领军企业宜得利负责B2B业务的执行董事富井伸行，对《中外管理》游学团观察道：日本企业的成长曲线是连续而向上的，而中国企业的成长曲线是多次中断且起伏不定的。

日本人并非刻舟求剑，他们也同样在密切关注着变化。只是他们关注的变化维度，与中国企业明显不同。

第二，日本企业家关注“人文”，而中国企业家关注“技术”。

日本的官产学三界精英，都在反复强调日本社会的变化，比如老龄化、少子化，这些带来了人口结构、消费特征和消费能力等诸多变化。其本质都是关注人，和人的变化。但中国企业则不同，以与会演讲的京东副总裁王笑松为代表的中国企业新生代，除了开场得意于中国最后一公里的物流成本只有3块钱外，通篇关注的都是新技术、新模式，而“人”，只意味着“大数据”。也就是说，在我们骨子里，“人”不是目的，而是手段。

既然“人”不是目的，那么我们心目中的目的又是什么呢？

放鸽子：马化腾更重要？

可窥豹一斑的是，这次零售业峰会上，发生了一些国内司空见惯的“细节”——嘉宾爽约。

本次会议一共有两位爽约。遗憾的是，他们都来自中国。当日方的早稻田大学校长、通产省官员、柳井正等企业家悉数到会时，一位中国零售企业董事长作为主旨演讲嘉宾，却在会前突然说不来了，由副手替身。其三段论是：马化腾要找他开会。他必须去。不好意思。于是，会前日方主持人以及同传翻译，很客观也很认真地将这一变动反复播放了不下五次，令我们同胞汗颜发烧。而另一位，是我们的驻日外交官，据说是另有公干，且没有替代人选，空留日本通产省官员自说自话。

我们的官员，我们的老板，变卦的理由都自认为很充分，且态度决绝，不留余地。即便之前他已然向大会承诺出席发言，即便这不是自家后院而是国际舞台。

这时，我想四问中国精英们：

第一，究竟是区块链更重要，还是诚信更重要？

第二，当我们骨子里总认为有某种东西高于诚信时，技术又是否能够代替文明推动我们诚信？

第三，面对笃行诚信与共赢的日本企业，泰然失约的我们却调侃日本已然衰落，是否有些夜郎自大自欺欺人？

第四，仅靠投机过山车式的商业风口，中国式独角兽又能否真正赢得和持续赢得全球尊敬？

沉重吗？但中国企业家只有果断跳出井来，并且持续跳出来，学会走入和平视这个世界，我们才会真正实现仰望星空，脚踏实地，才会真正知道自己是谁，并让自己真正持续长进。

就在截稿时，先后传来贾跃亭夫妇同时登上老赖黑名单，和中兴通讯因多年国际贸易及接受调查中不守诚信而被美国全面封杀的消息。一语成谶。戒之。

在绝对的权力面前，不会有真正的诚信。因为诚信源于平等，而权力天生是为了不平等。

杨光

什么才算是朋友？是那些超越功利，能给你带来默契、愉悦和安全感的人。他未必需要分享你的喜悦，却一定愿意分担你的痛苦。

杨光

比“同仇敌忾”更重要的是什么？

2018.05

荷尔蒙时期，企业更需理性反思

中美贸易战不用打了，进而中兴通讯死里逃生，联想投票接近昭雪。2018年春夏之交的诸多过山车，最终都有惊无险。但是，越是虎口脱险的好事，越值得我们劫后反思——诚如对骤失挡风玻璃的川航3U8633成功返航，我们要做的远不止是为伟大的刘传健机长和机组点赞。

特别是我们做企业的人。

传奇、得救、蒙冤的背后

基于理性，看问题，看本质，看长远，才是企业家的职责。诚如刘机长在事发瞬间且同事上半身已被吸出窗外时，只有一个念头：我要把乘客安全带回去！飞机不能掉下去！

对于川航传奇，我们看问题，要问：为什么机组和地勤之前都没有发现异常？谁又该有责任去发现隐患及异常？当一线担当了一切并力挽狂澜时，作为公司应该总结什么？思考什么？改善什么？坏事可以逆转成好事，但它终究还是坏事。因为传奇的发生往往来自诸多个体偶然，而组织要解决的，是应该塑造或杜绝与个体无关的各种系统必然。

对于中兴得救，我们看本质，要问：为什么同行都没有核心技术，遭遇濒死的只是中兴通讯？商业文明与核心技术，哪个才是导致这次危机的内在真因？中兴选择绑架“13亿人”悲情应对，究竟是缓解了危机还是正相反？中兴最终得救，是依靠自己还是仰仗国家？又同时，为什么国内民众对于诚信缺失反应冷淡，而独对技术缺失情绪激动？遥想1900年的中国，虽然国情环境别如天壤，但民间思维是否仍一脉相承？

对于联想“蒙冤”，我们看长远，要问：为什么联想业绩与形象会持续下滑？为什么中兴危机被贴上技术标签后，联想会马上躺枪？为什么历史悠久的贸工技之争重燃战火，这次却没有争议？面对民间质疑，为什么联想不选择就事论事，而拔高到“正气”和“窝囊废”的高度？又为什么联想的“同仇敌忾”，能获知名老板圈力挺，却未得知识精英层信服？乃至为什么拍案而起的是退休老人，而不是正印统帅？满腹怨气的联想，未来还有多少元气？情绪化乱扣帽纵然堪忧，情绪化斥阴谋就可喜吗？

唯独这个，我们不抄袭

中国正在崛起，体内“荷尔蒙”决定了我们绝不缺悲情与激情。但我们这时真正需要的，是理性，是智慧，是反思，是文明。又特别是我们企业界。冷静，才可以看到本质和长远；理性，才可以通过诸多细节看到本质和长远。极大的事，往往能从极小的事去看。

就说一个国人凡去过日本一定见过，但至今没有习惯性拷贝过来的小事。在日本，不论哪种料理风格，门前橱窗都经常会摆上精美诱人、惟妙惟肖至几近乱真的菜肴仿品。但我们却至今没有像对其他事物那样“拿来”，包括国内的日本料理店。这一明显“反常”，究竟是为什么？

没人相信打遍全球的“中国制造”即便造不出芯片，竟会造不出仿真品。如不是供给端的问题，显然就是需求端的原因。因为中国的餐馆不需要，而他们不需要更源自中国消费者不需要。是的，中国人选择陌生餐馆，要么是凭口碑，要么就是撞大运，没人关心抑或相信餐馆的宣传。而这背后的原因，又回转到餐馆，因为我们没有底气和意愿，保证后厨做出来的与前台摆出来的一个样——于是国内餐馆菜品照片下总有一排小字：仅供参考，以实物为准。

但是，日本餐馆可以，而且必须。日本餐饮业凭借精细化与标准化，赢得了稳定的品质，以及顾客的信任，进而有效的导流。反过来顾客又要求餐馆提供更多、更好的仿真品，进而催生和支撑了一个仿真行业。结果，是我最近注意到，日本中华料理店橱窗里的仿真小笼包子，居然都能冒出仿真的热气了！

不要咆哮，静下心来

如果我们中国企业（乃至社会环境）做不出指引未来的远见战略，因而做不出高大尚的高科产品，如果再做不到匠人化的细节雕琢和人文情怀，光靠“13亿人”的“同仇敌忾”，即便可解眼前一时之困，也难逃企业一世之危。

如果我们连一道菜都做不到（抑或不需要）精细化，并取信于人，又怎么可能做出比之精细得多得多得多的高端芯片，而赢得全球尊重呢？治大国如烹小鲜，烹小鲜亦可昭示治大国。

公然的宣泄，有时只是一种悄然的回避。

杨光

当一个人或组织以“敌我”作为判断事物的主要标准时，便意味着这个人或组织全无“是非”。

杨光

过于强势，衬托的是苍白，掩盖的是自卑，预示的是坠落。

杨光

2018.05

中国造隐形冠军，高光亮出来！

未来它们的粉丝，将决定我们的未来

这个月，属于球迷。而这个时代，属于粉丝。

在粉丝经济时代，粉丝是最现实的非理性存在，也是商业利益的超理性基础。诚如正在如火如荼的世界杯，他们的欢呼，他们的心碎，可以瞬间刷爆手机、弥漫全球，也瞬间表现在真金白银的经济流转上——但是有一些粉丝，就像股票的价值一样，属于未来。他们就是“中国造隐形冠军”的粉丝。

为什么？

真的值得拥有，只是尚未到来

因为我们中国的隐形冠军企业，配得上拥有更多的粉丝。说到粉丝，就不能不说那些独角兽企业。他们是当今中国社会的明星，他们可以凭借一个风口一夜之间翻云覆雨，他们可以在资本估值涌动下上下翻飞。但是，然后又不知道哪天，就会偃旗息鼓，甚至烟消云散。不是吗，独角兽企业的代表特斯拉，至今还徘徊在濒临破产的市井非议之下；而乐视，已经成为失信黑名单上的笑柄；即便是即将上市的小米，人们忽然发现只要会计算法不同，他们可以同时巨盈和巨亏。资本泡沫掩映下的所谓独角兽们，谁能说得清呢？

但我们的隐形冠军企业，在他们10年、20年甚至更久的时间轴上，用默默耕耘，获取了在细分市场上牢不可破的遥遥领先。他们拥有过硬的技术，他们制定坚实的标准，他们创造真实的利润，他们拥抱可持续的长青，是他们而不是独角兽，在坚实支撑中国经济的可持续腾飞！他们，应该拥有大量的粉丝，和来自粉丝的掌声！

但是，长期以来直到此刻，他们又极其缺乏应有的粉丝。他们的产品其实无处不在，但他们的名字我们闻所未闻。他们的技术支撑着行业的发展，同时守护着我们的品质，但我们可能对他们这个行业都非常陌生。他们太低调了，他们太不酷了，他们也无法满足资本一本万利的胃口，无法满足媒体制造热点的本能。于是，他们生生就在我们眼前，消失了！是的，被我们视而不见。因此，他们本应拥有的粉丝，他们本应有的掌声，他们本应获得的理解、尊重与支持，还没有大批量到来。

这是社会公益，也是专业良知

他们的粉丝在未来。但这个未来不再遥远。2018年，中兴通讯遭遇到美国政府的一纸生死罚单，让我们骤然明白："我的企"，还不够厉害！虽经"我的国"据理力争，千亿规模的中兴通讯至今仍命悬一线生死不明。而随后联想在5G投票门中的扑朔迷离，又让人们回想起了23年前那场关于"贸工技"还是"技工贸"的激烈争端。只不过，23年后，这个问题的答案在惨痛的现实面前，已毫无争议。没有中国企业的自主技术储备以及持续创新土壤，民族复兴的中国梦就依然是水中之月。

而中国企业的自主技术创新，缺不了华为，但绝不能只靠华为，甚至说作为整体而言，主要不是靠华为。日本与德国这两个名副其实的制造强国的经验告诉我们，一个国家制造业的强大，表面上是一批龙头企业的强大，比如德国的西门子、巴斯夫，日本的松下、丰田，但实际上，他们依靠的都是他们整个产业集群，也就是中小企业的强大，简言之，就是他们隐形冠军企业的强大！

这就是我们《中外管理》杂志联手大家一起，在中国改革开放40年之际的今天，举办这样一个评选，并将矢志坚决办下去的原因。这是我们由衷的社会公益，更是我们必备的专业良知。我们就是要矢志于让这些中国企业乃至中国经济的根基与脊梁，在2018年中国改革开放40年之际，"闪亮新时代"！

2018年，中国的隐形冠军企业正在越来越多地涌现，在一个信息的时代，一个资本的时代，一个品牌的时代，一个剧烈变革的时代，他们需要从隐形走向显形，需要从低调走向聚光灯，闪亮发光。而我们这次评选的目的，并不是为了炫耀，不是为了虚荣，这对已经耕耘了十几年甚至更久的隐形冠军们，都是无意义的浮云。而是为了通过我们这个平台，让我们官产学媒各界一起，更好地认识他们，并进而为我们的隐形冠军如何走好下一步，共同建言献策，提供扎扎实实的支持与帮助！为此，我们这次承载首届"中国造隐形冠军"颁奖典礼的论坛，名叫"长青论坛”，就是一切为了着眼未来，一切为了着眼可持续。因此说，支持和帮助我们中国的隐形冠军，就是为了避免中兴式危机，避免联想式尴尬，就是帮助我们各行各业的可持续发展，就是为了企业基业长青！

我们是“1921”的种子！

基于这样一个朴素而坚实的愿景，我们在2018年，在首届，非常有幸邀请到了来自国内外的6名知名权威专家和我一起，带着一颗火热而严谨，热情而专业的心，组成了本次评选的专家评审委员会。他们包括：北京大学国发院BiMBA商学院陈春花院长；松下中国前总裁木元哲；复旦大学管理学院刘杰教授；赫尔曼·西蒙《隐形冠军》中文版译者邓地；泰山管理学院马方院长；《开讲啦》创始人、中国电视制播分离第一人杨晖女士等14位。在此，我再次对他们的大义担当和辛勤付出，报以深深的敬意！

虽然，我们首届评选的场面规模，还比不是那些独角兽们的万众瞩目，一方面说明了当下中国的现实，一方面也促使我们产生了更大的动力。回想一下，1921年，我们中国共产党在刚起步时，只需区区一张桌子、一条小船就全部装下了。但是他们都是种子，在仅仅28年后就生根发芽开花结果，缔造了新中国！因此，参与本次首届评选工作和莅临大会的每一家企业、每一个人，都是催生中国隐形冠军企业争相闪亮新时代、未来绽放全世界时的宝贵种子！

《中外管理》会与所有中国隐形冠军企业一起，为了心中的价值，坚持到底！

天才多是天真得深刻，痛苦得精彩。

杨光

在中国，很诚信，很赚钱，还长青，可能吗？

2018.07

不妨到黄骅信誉楼去买买东西

当《中外管理》在2018年开始首倡关注和支持“中国造隐形冠军”时，其本质当然不是“隐形”。比隐形更重要的，是我们倡导做企业的价值观导向。它区别于一味的规模导向，更迥异于纯粹的资本导向。

而这些将决定的，便是一家企业，是不是在价值观的支撑下，能活得很有个性，进而活得很自在，还很长远。

信只一个字，却为何这样难？

早在我1999年夏刚成为《中外管理》杂志一员时，就从杂志老一辈编辑那里知道，在河北黄骅，有一家直接以“信誉”命名的百货公司：信誉楼。虽然此前18年我一直没有机会去信誉楼实地走一走，但“信誉楼”这个从1984年开始就矗立的名字，却始终深深地刻在我的心里。

因为，诚信对我们应该意味着什么，而诚信其实对我们又只意味着什么，我们都心知肚明。

如今高举新零售的阿里巴巴，本世纪初得以起家，就是基于网络技术和商业模式，一定程度上解决了当时互不信任下的陌生人交易问题，“让天下没有难做的生意”。但是，单靠技术和模式，真能解决我们“信”严重缺失的问题吗？事实上，阿里旗下的淘宝至今都没有完全杜绝假货问题。既然自身都没有解决“信”字的问题，那么靠它又怎么可能推动中国社会解决“信”字的问题呢？

我之前在卷首语中曾经借助同样来自零售业中日论坛的真实案例，提出过围绕诚信的四个拷问：1、究竟是区块链更重要，还是诚信更重要？2、当我们骨子里总认为有某种东西高于诚信时，技术又是否能够代替文明推动我们诚信？3、面对笃行诚信与共赢的日本企业，可以泰然失约的我们却调侃日本已然衰落，是否有些夜郎自大而自欺欺人？4、仅靠投机过山车式的商业风口，中国式独角兽又能否真正赢得和持续赢得全球尊敬？

而也就在我提出这些问题话音未落，中兴通讯危机就骤然爆发。一个千亿规模的全球化巨轮，怎会和泰坦尼克一样近乎一夜倾覆呢？当然，我们可以为芯片技术顿足捶胸，但我们又是不是更应为我们早已习惯到理所当然的商业失信行为，而扪心反思呢？又究竟为什么我们其实并不感到羞愧，甚至鲜有人提呢？

一个信字托得起一个商字吗？

这时，我们再看看这座以信誉命名，并已经矗立并兴旺了34年的百货大楼，是不是会由衷感到一种力量，和一种震撼呢？

这是我们《中外管理》组织标杆企业游学来信誉楼的一个重要理由。但我们并不想做任何道德说教。我们现实的两难是：企业一方面在实践在商言商，一方面又都主张以德治企；一方面在实践绩效第一，一方面又都在宣称以人为本。两者究竟如何真正实现统一？又如何真正推动企业可持续发展？

当大家还在摸索，还在摇摆，还在纠结时，信誉楼已经义无反顾地做到了34年！——要知道中国企业平均寿命才3年——并且用年超百亿的经营业绩，证明以价值观经营企业，不是天方夜谭，而是真真切切。“日本经营之圣”稻盛和夫近年之所以风靡华夏，不也正是因为他在用60年的持续盈利来佐证“作为人，何谓正确”的经营哲学吗？当我们2018年国庆将再陪伴大家去聆听87岁的稻盛先生说些什么之前，不妨先去走访一下我们自己的信誉楼，看看我们同样笃信价值观导向的中国企业，究竟是怎么做的！

但这，还并不是我们去信誉楼的全部原因。

信是价值基石，文化个性是生态根本

一提到百货大楼，有多少人认为它是属于即将进入博物馆的历史学词汇？是的，当我们感慨时代变化太快时，准确说是我们中国的变化太快。西方干了上百年才积累的变化，我们短短40年全都压缩而叠加经历了。也因此，中国社会远比西方社会更加迷信所谓“时代的脚步”，并为自我虚拟出来的“打不打招呼”问题而焦虑失眠。

与时俱进当然必要，但如果因此而推到极端化，以为快就意味着一切，变就意味着一切，独角兽市值乃至估值就意味着一切，从而忽略人性与人心，忽略基本的商业规律，那么我们一定会在不久的将来自食其果。

上市发展当然有益，资本助推当然需要，但如果我们因此就以资本的意志为马首，那么最直接的后果，便是所有企业都将成为任意切割组合的面包片，而完全失去个性，失去除了赚钱之外的全部社会意义！特别是道德意义，和审美意义！这如同衣服，再漂亮的款式，如果全社会都不诘其余、整齐划一地穿上，并且以“赢者通吃”来自我粉饰、四处恐吓，那都一定是人类文明的悲剧。如果我们真的信仰时代发展，就请一定相信：只有充分的价值多元、只有丰富的文化个性，才是人类商业文明发展的价值需要，也是所谓商业生态的活力所在。

基于此，我们看到在华北大地上，有这样一家企业，矢志从事着实在不时尚的传统行业及商业模式，却实现着诸多明星企业都望尘莫及的商业绩效与社会口碑，更主要的是，它在34年可持续的发展中，始终保持着自己独一无二而充满魅力的企业个性！

我们试问，比起控制着多少家上市公司，是否进入了全球500强，是否创造了多少亿万富翁，打造出一家很道义，同时又很赚钱，并且还充满着快乐与趣味、修为与文化的个性企业，不同样是我们企业家们足以傲然后世，甚至更加会名垂青史的重大价值贡献吗？

当我们一行走入信誉楼，感受那一抹纯粹的标志性绿色时，黄骅正在天降大雨。喜雨兆财运。在我看来，它昭示着：信誉楼，绝不是一座孑然孤芳自赏的道德乌托邦，而是一件满载商业价值的人文艺术品。

它不用很大，但很善，很美。这比大，比快，重要得多！

一切都是注定的。人太渺小，只能接受经历，无法选择命运；只能珍惜现在，无法掌控未来。

杨光

2018.08

华为距离苹果有多远？

心态归零，多听实话

这次土耳其汇率危机来得很突然。

可是把它放在过去10年、20年以来的大背景下，其实就不突然了。遭遇全球10年一危机的魔咒阴霾，遭遇特朗普四处翻脸的寻衅滋事，这正是我们适逢改革开放40年大庆时，举国所必须面对的。反过来讲，40年前，我们真的不会关心什么全球经济危机，不会关心什么汇率崩盘，不会关心什么贸易战——因为那时我们压根儿没资格关心。但与40年前近似的是，我们自身的发展都在面临着巨大的挑战和转折点。同时我们会发现，围绕我们经济发展和社会进步，之前惯性运行了30年的逻辑，乃至10年前还得心应手的工具，此刻基本上都不管用了，也不能再继续用了。1978年时如此，2018年时也如此。

因此，当我们即将筹备举办"第27届中外管理官产学恳谈会"时，我由衷认为：当前中国各界，包括我们的企业界，在纷乱复杂的关键节点上，应当保持"归零心态"。有了理性、平和的心态，我们才能看清局势，才能抽丝剥茧；更主要是才能看清自己，才能自知之明——从而才能做出务实有益的战略决断。

急速生锈的四大发明

过去两年，最令举国沸腾的商业成就是什么？是所谓"新四大发明"。

那时，中国企业界最具代表性的亢奋调侃是："颜色快不够用了！"当时我们以为趟出了共享经济2.0，以为在商业创新上超越了美国，以为找到了解困中国制造的钥匙，以为找到了更具竞争力的双创模式，以为可以共享一切而举国狂欢。

然而仅仅才两年，所有当初明艳的颜色，几乎都蒙上了锈斑。这些颜色，要不死了，要不卖了，要不卖不出去等死。而以为被拯救的单车制造业，仿佛做了一场黄粱梦，潮起潮落间充满了荒诞。资本貌似是这场盛宴的饱食者，但他们真的创造了社会财富吗？他们真的赢得了社会尊重吗？事实是，本以为充分利用闲置社会资源的共享经济，在中国却反而是浪费了大量的社会资源。面对中国各城市里堆积如山的废弃共享单车，我们真的需要冷静下来，思考什么才是不会被“颠覆”的亘古常识。

貌似繁荣的与时俱进

过去两年，最令举国骄傲的商业企业是哪家？是华为，是被中兴连累、被联想“出卖”而令国人大鸣不平的华为。我本人，也是华为手机的用户。然而先不说闻听一向研发激进的任正非从美国归来脸色难看地意识到，美国人就算送给我们芯片图纸我们都做不出来这一严酷高深事实，单说我自己最近的一次亲身浅薄经历。

那天偶然发现路边有一家华为荣耀手机体验店。荣耀一直是华为线上销售品牌，所以这一线下发现颇令我好奇。于是专程探访。一进门，当看到和苹果店服务生一样装扮的小鲜肉，便理所当然拿出手机请教问题时，结果“服务生”随手向里一指——原来他只是“导购”，技术问题要问后台。瞬间我就被打回到了诺基亚时代。而阴暗角落里的后台人员，面对我对手机屏局部模糊的探因求教，其“专业服务”居然是拿出一块布帮我擦了擦！又瞬间让我想起了马三立绝世相声《秘方》里那句“挠挠”。仍不死心的我，又转换前台询问手机软件疑惑，而得到的淡淡一句答案当场令我晕倒：“你上百度搜一下。”

这还是中国公认最棒的一家市场化企业。日前，听朋友谈起在北京马连道逛茶店的经历。进店选茶，想先品一品茶叶成色，得到的答复居然是不能品。朋友疑惑：“你们柜台上不是有全套的品茶器具吗？”从容答曰：“那是我们自己喝茶用的。”朋友当场断喝：“你们肯定是国企！”“啊？您怎么知道？”

——是年公元2018，而非1978。

心态归零，多听实话

我们是厉害了很多，但那是和自己40年前相比。而距离当今世界级水准，我们其实还远远不够厉害。为此，我们要看清自己，做到心中有数。为此，我们必须敢于说实话，勤于听实话。于是，第27届中外管理官产学恳谈会以“归零心态，听实话”为诉求，虚位以待。首届恳谈会的1992，正值改革减速，靠小平南巡打开了一个全新时代。如今面向经济减速的2019，我们打开的又会是什么？

2018.09

诚信，不是手段，而是目的

你“信不信”这个“信”字？

诚信，是当前中国企业和中国社会的老大难问题。甚至可以说，当代中国的所有问题，往深层次挖都是教育问题，而往本质上看则都是诚信问题。

但诚信，却并不是中国传统文化的老大难问题。甚至也不是中国传统企业的老大难问题。回头望一望，从两千年前到两百年前，从军政到商贸，我们老祖宗都做到了很多令今天的我们颇为汗颜的事情。

谁敢动辄用牺牲一切去盟誓？

当我们在上世纪的动荡岁月中，从地下将春秋晋国时期的数千片书丹盟书，从作为晋国古都的山西侯马挖掘出来使其重见天日时，我们看到了两千年前的中国人通过对天盟誓，并将其深埋地下，来表现彼此对于诚信的那份坚守，和对天道的由衷敬畏。那时的中国人相信，所有人的守信或背信行为，天上的神和地下的鬼都在看，并都将分别降福或加以严惩。所谓对天地发毒誓，便是告诫自己和天下，我们将以自己绝对无法承受的巨大代价来抵押，进而约束自己务必遵盟守信。

所以侯马盟书，不仅标志着中国毛笔书法的最早记录，更同时是中国诚信文化的重要起源。在商言商。不论当年以货易货，还是今天的移动金融，本质上依托的也都是一个信字。也因此，我们《中外管理》将试图挖掘同处于时代焦点与文化冲突中的近代中国商帮，通过他们的发展轨迹，来领略中国商业的诚信文化，进而引领当代企业重塑诚信精神。而近代商帮，我们首选了古有侯马盟书在天映照、在地依托的山西晋商。

围绕晋商，不能不想到票号。而山西票号能有百年辉煌，就在于他们将诚信当作了经营的根本，甚至是超越经营的根本——也就是做企业的核心价值观。事实上，在20世纪初，票号的彻底消亡，虽有多方面原因，包括票号未能与时俱进成为银行，但也有不可忽略的一个直接原因：山西票号在国难、民难、商难之际，为了捍卫自己的诚信价值观，主动“选择”了宁肯去死！没有人逼着他们在兵荒马乱中还要去兑银——诚所谓今日之“不可抗力”。但他们在外界认为不必要时，依然选择了自己内心坚守的必要：你拿银票，我兑白银。然后慨然关张。

诚信，值得用多少钱和命去换？

一百年后，王潮歌与樊跃主创的一部实景历史大戏《又见平遥》，重新让后人感受到了山西票号的悲情信义和所激发出的巨大力量。我已看过两遍。第一遍是震撼，第二遍还是震撼，并有了更多领悟，两遍又都伴随着深深的感动。并且期待第三遍。

清朝末年，平遥232位镖师和一位票号少东家赵易硕一同远赴俄罗斯，历时七年。最终，无一生还。而镖队中唯一幸存下来的，恰恰就是那个“镖”：一个才十四岁的孩子。他是谁？他是票号王掌柜唯一的血脉。那么，之前发生了什么，以至于如此惨烈？原来，王掌柜为了票号的“国际化”拓展，亲赴俄罗斯破冰，最后竟全家命丧他乡！只留下了一个七岁的孩子……赵易硕有感于王掌柜为了票号的舍生忘死，决定花费高达30万两白银雇请同兴发镖局镖师，而且毅然决定自己亲自出马——只为了保回王掌柜那唯一的血脉！

为此，少东家决定当年结婚——以此为自己来年的九死一生，留下赵家血脉。于是，有感于赵家的信义之举，全城大户人家竞相携待嫁之女登门提亲——这绝不是攀龙附凤，也不是一般意义上的门当户对。能集体上赶着将心肝女儿送去高概率当寡妇的，恐怕世间绝无仅有！世间恐怕，也只有信义二字可以有此感召。

一年后，一位漂亮的姑娘，在产下一名男婴时，难产而亡。死前，这位赵家少夫人只释然留下了一句：“生都生了，死就死了吧～”这位为信义而婚，为信义而生，又最终为信义而逝的女子，破天荒得入赵家宗祠配享祭祀荣光。

而赵家票号，却因群龙无首，很快各分号陆续关张，家业迅速凋零。最后连赵家豪华气派的大宅门，也在凄凉中典于他人。

这时，我们这些后人会“穿越”回前清，对着眼看家园败落而痛心不已的赵易硕灵魂，理直气壮地抱怨：“你当初不应该亲自去啊，不该亲自去！”这时，赵易硕在天之灵眼前浮现的，居然是赵家祠堂里的列祖列宗，还有为她生下遗腹子的爱妻。场内的我，这时猛然领悟到赵易硕内心想说的是：信义，才是我们赵家真正传下来，并且需要用我的抉择来真正传下去的最珍贵的“家产”！因此，要孝，要对得起祖宗，我宁可败落家业，也要传承“家产”！否则，即便家业兴盛，而如果“家产”不再，一切繁华徒然只是一具空壳，又有什么意义呢？我虽然痛苦，但我必须这样做！因为这样做，值得！

而那些豁出命的232位镖师，他们真的是为了那30万两白银而“人为财死”吗？不，他们行前的悲壮洗浴，以及当地姑娘们临行前用在这些壮士身上狠狠一咬所表达的悲情祝福，都表明了山西文化中至高无上的信义！是的，至高无上，赵易硕牺牲了家业，乃至生命；女人们牺牲了青春，乃至生命；232位镖师更牺牲了爱情，乃至生命。

诚信，你们还记得吗？

这绝不是剧作家的凭空杜撰，据说史有其事。而且这样的大义凛然是获得跨国共鸣的！我想起前几年在博鳌亚洲论坛上，一位美国家族企业第五代英年传人，在会上斩钉截铁的一段发言：“一个家族，能够持续传承的，当然不是财富。但，也不是事业。真正能够传承下去的，只有价值观！”

一个企业辛苦创业，“最终”要创造的，绝不是小目标，亦不是大富豪，也不是独角兽或者500强，甚至也不是百年老店，而是一个足可以在上百年里让散布在全球各个角落、各个行业的子孙和后人们，始终足以骄傲、谨遵乃至弘扬的核心价值观！这时候，戏剧转回到平遥古城，那些已然命丧戈壁的年轻镖师们的灵魂，聚在幽暗的角落里看着现代人在平遥古城里熙熙攘攘，小声探问着：“他们，会记得我们吗？”

这就是中国两千年诚信文化、信义文化对21世纪中国的拷问，却也是略欠底气的疑问：信义为天，你们还记得吗？

如果说，信义内涵复杂深奥，甚至各有理解，那么对于当代中国最无歧义、最应落地却难被践行的，就是“诚信”二字，就是“说话算数”！

那么，中国的诚信社会，到底会不会到来？站在票号古迹、晋商大宅前，我想：究竟能否实现，其实真的不在于我们能不能，而关键在于我们信不信！“能不能”都是手段，包括互联网与区块链；但“信不信”，则真的完全来自我们的发心，我们的目的。

所以，诚信不是手段，而应是目的。

我们拿什么应对“百年大变局”？

2018.10

站在改革40年，立足兴业100年

改革开放40周年纪念，和之前的十年纪有什么区别？

不同于前30年的第40年

很显然，不论40年前、30年前、20年前、10年前，中国都不像现在这样在全球具有“一人之下、万人之上”的重要地位。

40年前，我们举国还在叮嘱孩子们“不要围观外宾”；30年前，我们举国还在讨论“球籍”这个如今电脑里不存在的词汇；20年前，我们举国还在为加入WTO成为全球游戏的一员会否元气大伤而纠结；而到10年前，我们举国已经可以为应否抛出4万亿拯救全球而争执不休；随后2010年起，中国超过日本成为全球第二大经济体。

但异常拧巴甚至逆转的是，在改革开放40年之际，我们举国焦虑的已不是我们自身究竟该如何，而太平洋对面的老大究竟会如何。是的，我们正在争论的是：美国会否甚至何时，会单边退出WTO乃至联合国，而甩开中国另起炉灶！

虽然前三次十年纪也都是中国崛起过程中的重大节点，但是这一次截然不同，我们第四个节点将可能是一次环境拐点，也是一次战略拐点。

不同于前100年的第40年

一位资深全球政治专家甚至这样对我感慨：“现在是百年未遇的大变局”！

“百年未遇”，如果说的只是洪水，只是地震，都是阵痛之后便可恢复的。但是当“百年未遇”说的是中国的全球战略环境，那么一切就很可能变得不可逆。而过去百年里，我们经历过对日血战，经历过抗美援朝，经历过中苏交恶，经历过文革饥荒，经历过拨乱反正，经历过东欧剧变，经历过金融海啸。而一句“百年未遇”，意味着我们正在面临的变局之大，居然会超过前述任何一个！

处变不惊，临危不乱。这些老祖宗的千古智慧，可以指引我们此刻该怎样做：把心境放平，把心态放空，把视角放远。当我们以归零心态，拥有孔明空城之上安然抚琴的境界时，“百年未遇的大变局”，便不会让我们伤筋动骨。

但孔明鞠躬尽瘁都无法指引后人的，是如何实现基业长青。六出祁山，只换来身死国灭。也因此，孔明在鲁迅看来已然近“妖”，却并不能成为深谙三国精髓的东邻日本人心中的至尊。

150年塚喜商社：每1/4世纪的生死跨栏

比起中国人喜欢把事情“做神”，日本人更喜欢把事情“做久”。

2018年国庆，《中外管理》组织中国企业家团参访了5家日本的“百年老店”企业。在横滨街头，我们会不经意间看到一家不起眼的居酒屋小店，门前没有绚丽的装修，没有缭乱的菜单，牌子上只有简单几句话，核心就是：我们已经开业65年了。这是一种成就宣示，更是一种价值取向。

如果你以为日本人只是喜欢平平淡淡而胸无大志地喝酒数日子，那就大错而特错了。当我们在京都参访著名的“近江商人”代表塚喜商事时，已然鹤发童颜的第六代传承人塚本喜左卫门告诉我们：他们虽然传承了150年，但曾经三次濒临倒闭。他们的第三代（专注经商的第一代）就赶上了日本“千年未遇”的明治维新，他们的第四代就赶上了“百年未遇”的关东大地震和1929年全球大萧条，他们的第五代更赶上了“史无前例”的第二次世界大战；而到他这一代，则已先后经历了“惊天动地”的阪神大地震、全球金融海啸和福岛大地震！25年一次的大危机，就如同田径跨栏一样，考验着每一代塚喜当家人！而也就在他这一代，塚喜商事从一家专注针织贸易的商社企业，拓展成为了涉及零售、地产、制造，涉及和服、珠宝、皮草等领域的大型企业集团，“年纯利”居然高达25%！

惊涛骇浪下的惊世骇俗，凭什么？

你能相信吗？他们依靠的就是一句亘古不变的中国式家训：“积善之家必有馀庆”，和“买方好、卖方好、社会好”三方好原则！而令我们全团惊讶不已的，是第五代留下了装满了几十瓶的“铅笔头”，和第六代至今每天凌晨3点半起床工作的“习惯”！善念，节约，勤奋。大道至简。

国人更容易关注“自家”的事。而塚喜对于“卖方好”，内涵中除了“利润”外，另两条都颇值得我们深思：“自立”——尽量少贷款；“自律”——不受外界左右。

于是，我发现自己20年前对初中生们的告诫：“无论如何，请坚守善良，请坚守独立判断力”——其实与基业长青之道不谋而合。

350年龟甲万：只关注10年后的意义

150年尚且如此，超过350年又如何？

作为日本最大也是全球最优的酱油酿造企业，龟甲万呈现了另一种风采。380年前，当龟甲万创业时，中国的大清骑兵尚未入关。而近似清廷背后的八旗共举，在101年前成为真正意义上企业的龟甲万，起点也是八家共和。

但之所以龟甲万的寿命能超过大清王朝长青至今，并且走向世界，恰恰在于它们的治理理念差异。与我们的家天下思维不同，在龟甲万的祖制里，八家创始人家族每一代人只能有一人进入企业，而至于这八人究竟谁来接掌公司却未强行规定，就看谁更有领导力。如今的堀（音同窟）切社长，承载的都是对企业的责任和对传承的压力。

与当下中国企业可相提并论却天壤之别的是，同样已然上市的龟甲万并不“买资本的账”。在他们看来，做企业就是“以我为主”，至于股东，可以随意进出。企业上下从来不担心社长会被外部资本裹挟甚至被替换。也唯有如此，龟甲万传承百年的基石：“关注十年后的意义，而不是当下的利益”，才能切实被践行。

而我们中国呢？双创时代，看似激情万丈，但一纸“对赌协议”，就足以把企业从创立起点，就彻底牢牢地被趋利所绑架，创业经营者从来就没有独立自主的权力。所以摩拜被强行合并很奇怪吗？滴滴连续出命案很奇怪吗？因为机构资本，除了关心跑马圈地和退出收割，不可能在对赌协议里关心经营价值观、基业长青。从这点上看，中国当前创业大潮下的公司治理，还不如150年前的山西票号。

也因此，日本各界的判断是：中国企业可以爆发增长，但很难持久有竞争力。

100年生田产机：千年神宫的20年一次

中国企业多靠美式思维壮大，但现在需要日式理念交接。那么日本拥有全球最多百年老店的底气，究竟从何而来？

已经创办103年的生田产机第三代传人生田泰宏，直截了当地指出：日本中小企业长盛不衰，其精神源泉来自外界并不熟悉的“伊势神宫”。

1300年前这座古庙建成之日，当时的天皇就下旨规定神宫必须每20年重修一次。至今这座神宫已经修缮过62次。其意义是什么？我认为并非在于修物，而在于造人。因为这62次修缮，得以留存传承下了上千种精美工艺，传承了著名的匠人精神。历代工匠虽不会暴富却广受尊敬，因此他们始终在为长线做准备。

那为何是每20年一次？我领悟到：对于匠人而言，意味着他一生会从事至少两次大工程，一次为徒，一次为师；对于生意而言，20年正意味着一个商业周期的结束，而需要代际传承的关键节点。

正是日本民族的千年远见，和坚持不懈，成就了今天生生不息的百年老店，与叹为观止的匠人精神。

适逢国庆69年之际，站在改革开放40年纪念之节点，实乃放平心态、立足百年之最佳时机。也唯此，我们面对百年未遇之大变局，才能处变不惊，临危不乱。

我们从整体上至今仍不自信。自信，是用足够的历史文化积淀出来的，而不是靠火箭速度瞬间喷出来的。一定程度上，西方人的天真是基于安定与自信，而我们的心机多是来自恐惧和自卑。

杨光

除了文字音韵，中国汉文化里的听觉，基本没有美感可言——特别是为表达喜悦，本应激发各种美时——基本没有音乐，而都属于闹腾。不论是爆竹，还是锣鼓。为什么西方人在表达祝福与感恩时，产生了绵绵不绝的各种美妙音乐？也许，因为我们压根儿就没有祝福和感恩，而只有避邪与恐惧。而恐惧，是不会诞生艺术的。

杨光

商业生态的两大病态真相

2018.12

让我们重归敬畏，心怀谦卑

钱钟书对于中国文化有一个独到的观察，就是万事“规定得严，解释得宽”。

于是，中国社会充满了花样翻新却“似是而非”的各种概念。从儒家的“仁”到道家的“道”以及佛家的“禅”，莫不如此。于是，中国创造了全世界最庞大的注释工作量和从业人群，而且可以无休无止、连绵不绝。如转化成GDP，一定会成为全球最大的经济学奇迹。

当下依然如此。这几年中国企业界最流行的炫词，恐怕就是“生态”了。

这个“生态”，看起来高屋建瓴、醍醐灌顶，但稍加品味，就会发现它同样似是而非，并注定莫衷一是。在我看来，我们对于“生态”的理解至少有见怪不怪的两大误区，抑或者说，是毛骨悚然的两个真相。

商业生态，应该比自然丛林还野蛮吗？

生态，这个词源自我们身边生活的大自然。而大自然自身，从生物起源到生机盎然的几十亿年里，其间虽发生过若干次重大灾变，但整个生物链，总体都是共存共荣而生生不息的。在今天的非洲大草原上，每天凌晨大型猫科动物都在捕猎角马。但角马不会过度繁殖，因为它会透支所有的草场和水源；大猫也不会到处都是，因为这将是它自身和整个生物圈的灾难。一边生死相搏，一边相安无事。

即便如此，茹毛饮血、适者生存也不是自然界的价值终点。人类作为万物之灵，在上万年前开始走入文明，并用不断进化和加速进化的文明来不断告别丛林里的杀戮与野蛮。

真正的生态圈，所有生物共同组成了一个虽然互为食材，但彼此需要、互相支撑的世界。因此，真正的生态圈建设者，面对社会，应该是共生共荣的信仰者。但是当企业界刮起“生态”旋风时，我们看到共生了吗？

当“赢者通吃”成为互联网时代的主流社会共识时，我们会惊讶地发现：很多人在慷慨激昂憧憬一个个颇为浪漫的“生态家园”时，其骨子里渗透出来的却是野性十足的“丛林世界”——甚至21世纪的商业逻辑，比早应被人类摒弃的丛林法则还要极端和野蛮。商业暴力伴随着同时泛滥的语言暴力，充斥在我们企业周身，裹挟所有人恐惧焦虑。动物之间，尚没有斩尽杀绝，尚没有赢者通吃，难道互联网科技下的人类文明就理应如此呢？这真是人类文明的方向吗？

商业生态，可能由芸芸耶和华来建吗？

生态，这个词源自我们什么身边生活的大自然。而置身大自然，我们每一个人都会由衷地感叹自己的渺小，甚至整个人类的渺小——特别是遇到天灾时。是的，当我们自以为是地破坏自然生态圈时，我们就会受到自然的惩罚。如果是宗教徒，更会相信在造物主的运筹帷幄之下，人类只是生态环境中的芸芸一员，只能卑微渺小地顺势运转。因此，真正的生态圈建设者，面对天道，应该是谦卑、平等的守望者。但是当企业界刮起“生态”旋风时，我们看到谦卑了吗？

当我们仔细端详身边那些宣扬企业生态最富激情的人时，我们会惊讶地发现，21世纪的中国企业明星，居然都像生活在创世纪——但他们并不是七天里诞生的任何一个物种，而就是那个在七天里最为忙碌且脾气暴躁的造物主！因此，他们在不断宣扬商业生态时，并不是抱着谦卑平等的心态，而是高高在上，貌似主宰一切，大有“顺我者昌、逆我者亡”的逼人之势。但是基督教世界只有一个耶和华，如果我们的商业世界同时充斥着很多个“耶和华”，那么这真是人类文明的福祉吗？

更值得警惕的是，在“生态”甚嚣尘上时，另一个词“颠覆”同时名噪一时。“生态”是需要以谦卑之心去循序建设的，而“颠覆”则是试图粗暴一夜横扫。一个过于迷信颠覆的群落，是建立不起真正美好的生态圈的，那只会给自己和自然界带来灾难。

这不，乐视倒了，P2P完了，OFO瘫了，比特币崩盘了，区块链下凡了，张首晟自尽了。如果我们真心建设商业生态，就请让我们对天道规律，重归敬畏，心怀谦卑。

让注定不平凡的2019，在归零心态中开启。

荡气回肠的我行我素 2019.01

2019我们的底气在哪里?

有时候,“尴尬”映照出的恰是希望。

敢为人先的湖南,正是这样一个神奇的地方。在2019年大幕刚启之时,受湖南工信厅委托、《中外管理》承办的湖南中小企业新年论坛,在600多位本省企业家的瞩目中于湘江之畔鸣锣开讲。

有幸,我主持了大会的企业家圆桌论坛。嘉宾都是卓有成就的湖南实业家:远大科技总裁张跃、株洲中车时代电气股份总经理刘可安、株洲时代金属制造董事长顾东来、楚天科技股份董事长唐岳、飞沃新能源科技董事长张友君、艾华集团董事长艾立华。做过多年财经论坛主持人,本觉轻车熟路,胸有成竹。结果,我第一次“栽”了。

基于价值判断力的持续定力

我的本意,是邀请台上六位企业家围绕国内过去几年的风云变幻,特别是移动互联网时代的价值理念乱象,通过乐视、滴滴、马蜂窝、OFO等热点案例,从制造业的视角展开一场反思和梳理,从而正本清源,重估工匠精神下的制造强国战略,实现可持续发展的价值回归。

但真实发生的进程,大大出乎我意料。

当我向嘉宾们抛出这些时代性问题时,惊讶地发现第一位嘉宾完全忽略了我的问题,而是全力以赴地在讲自己所在的行业,自己正在开发的技术和产品。当他的滔滔江水终于告一段落时,我忍不住惊呼:“这次我算领会了什么叫专注!”之所以前述叫“第一位”,是因为颇不甘心的我,又把同样的问题抛给了坐在他身边的第二位嘉宾。结果，在我已明确提出我的问题，并明确指出前一位发言没有围绕我的问题展开时，更令我吃惊的事情发生了：接下来的第二位，居然和前一位完全一样！同样全力以赴地讲自己所在的行业，自己正在开发的技术和产品——对我想引导大家讨论的反思互联网思维，继续充耳不闻，抛诸脑后！

这是我十多年主持生涯里从没遇到过的。要说瞬间不尴尬是假话，因为全场都能感觉到。但要说为此意外而沮丧，我还真一点儿都没有。不论在现场还是到如今，我反而很为此而兴奋。因为我发现，这些湖南实业家无视我的提问，比直接回答我的提问，更本质地给了我和台下全场企业家一个更有价值的答案抑或示范。

面对互联网时代的诸多乱象，不论拜倒跟随，还是挺身批判，也许都不是最经济的应对之法。作为工匠精神的守望者，像这六位湖南实业家这样，一定程度上做到两耳不闻窗外事地只专注自身业务，做到心无旁骛，抑或正是对各色浮躁喧嚣最有效的免疫方式。而这股基于价值判断力的持续定力，诚如稻盛和夫所提出的“作为人，何谓正确”，恰恰是变局乱象中最难能可贵的。也因此，这场“自说自话”的论坛，现场效果反而非常热烈。一次局部失败见证了一次整体成功。

基于人文情怀的价值观回归

而在这场论坛仍余音绕梁时，我私下和远大张跃总裁有了更多的深入交流，令我心绪难平。

作为非电中央空调的引领者，张跃在互联网时代进一步关注到的，并不是商业模式和估值上市，而是整个国民赖以生存的空气质量与资源消耗，进而整个人类的生存质量。除了日益浑浊的都市空气，他还关注高楼林立之后的建筑垃圾，关注创业创新之前的教育扼杀。为此张跃正在筹划构建全新的高等教育模式。如果说创新能力培养，将是中国能否跨越中等收入陷阱的不二法门，那么张跃要做的，正是通过强化新生代们的动手能力，从而培养他们的理解能力、洞察能力和创新能力。试想，如果我们拥有一批能动手拆解一架飞机，又能重新将其组装，并让其重返蓝天的后起之秀，我们国家还用担心技术受制于人、创新落后于人吗？而改革教育，又正好是华为的任正非在建国70年之际、身处风口浪尖之时最想与人研讨的话题。这绝不是巧合。

有人调侃说2019将是过去十年最差的一年，又是未来十年最好的一年。不错，我们确实正在面临着40年来最严峻的综合挑战。但是当我们在顺风顺水中酝酿出了足够多的泡沫、喧嚣出了足够多的浮躁时，“严寒”正是一个暴露裸泳、拨乱反正、重归冷静、归零出发的好时节！正如我近日与唯美集团董事长黄建平、华耐集团董事长贾锋在交流中所形成的共识：2019，将是价值观回归的一年！

这就是新春佳节之际，我们对未来抱有信心的底气所在。

人需要傻，也需要痴。因为傻是执信念，痴是追情趣。

杨光

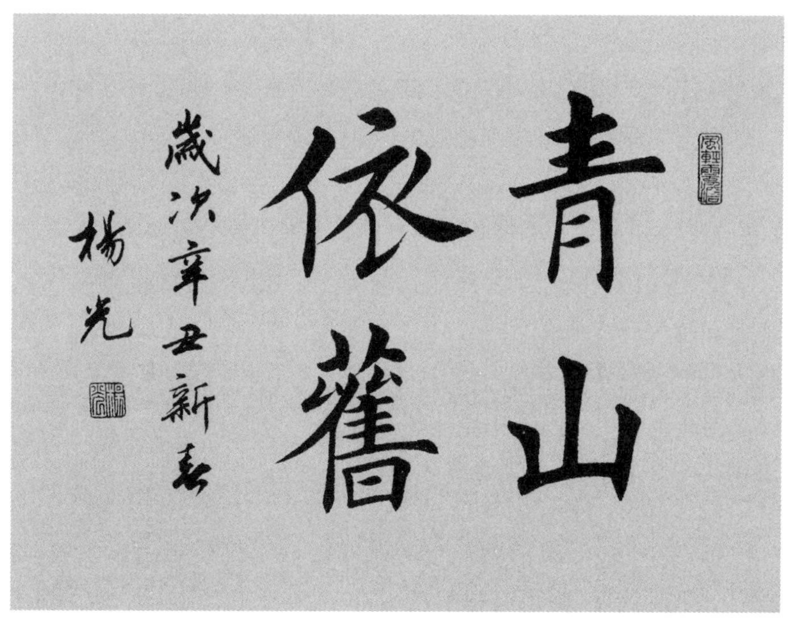

2019.03

做独角兽，还是做隐形冠军？

想过把瘾就死，还是想基业长青？

“你是选择做独角兽，还是做隐形冠军？”

这是21世纪即将走完第二个10年时，我们中国企业乃至整个国家层面都需要认真思考与做出决断的。

中国传统文化的圆融，会使得我们更多愿意选择和表达中和的态度。但是我作为媒体人，观察者，宁愿选择一个非黑即白的主张。当前中国社会的客观现状，也本来如此。

我认为和我呼吁，中国制造业应该选择做隐形冠军。

德国与日本，凭什么始终有底气？

如果中国真的想要实现从制造业大国向制造业强国转变，拥有一大批隐形冠军企业，便拥有了不可或缺的根基；如果中国真的想要实现精益求精工匠精神的回归与弘扬，拥有一大批隐形冠军企业，便拥有了浑然天成的摇篮。

德国从19世纪低劣品质的代名词，到20世纪两次世界大战废墟的迅速崛起，再到21世纪在金融海啸中的岿然不动且一枝独秀，都是来源于德国拥有世界上最庞大的隐形冠军集群。

日本从二战一片瓦砾中仅用20年便反弹至世界第二，接着在经济泡沫猝然破灭后依然保持强大的制造业实力，在总量输给中国后依然有底气说中国制造没什么了不起，同样因为日本拥有世界上最庞大的百年老店集群。

他们的企业，都不知名，都不炫目，都不赶时髦，都独立于风口，但他们都很挣钱，都很从容，都不屑跑银行，都能在自己的一亩三分地里说了就算，因而都能在经济周期的时间轴上泰然而立，笑傲江湖。

幼儿园没毕业，凭什么牛气冲天？

反之，独角兽呢？又特别是中国式的独角兽呢？

他们今天要挟要颠覆，明天高唱羊狗猪；他们像中年祥林嫂一样地念叨着客户数据，而不是过硬产品；他们像特异功能者一样推崇模式创新，而不是扎根技术。于是从政府到企业更到传媒与民众，被他们忽悠得真以为21世纪的企业发展不存在规律，不需要常识，于是不谈互联网、不谈流量、不谈上市，便不好意思说自己创业。

可是，时间，最冷静也最诚实的时间，自会检验一切价值。

我们不难发现，这些风口行业基本上以四年为一个周期。从PPT，到融资，到铺天盖地，到说死就死，也就四年。企业与行业层面皆然。于是，资本潮汐一退，乐视恶名昭彰，滴滴命案接连，OFO濒死黯淡，马蜂窝造假自欺，比特币断崖崩盘，美团更是巨亏千亿……而依然风光无限的抖音呢？不过是将国人的“无聊”，助长成为“沉迷无聊”——而四年后，有谁敢拍着胸脯说四年后的抖音们，一定还活着？除非是当初那些坚信乐视会碾压苹果的“预言家”。

试想一个行业寿命才四年，业内企业又能如何？人常言：十年树木，百年树人。行业与企业如此短命，又怎么可能实现合格地造物造人，并支撑国家可持续发展？德国隐形冠军可以四代人长青，日本百年老店可以四百年传承，其工匠精神更实现了千年不辍。而我们，一共才四年，不过是“过把瘾就死”，有什么可得瑟的？

让中国式独角兽，不只会跑！

而当美国人随便拿起一枚芯片说事时，我们一方面千亿企业立即休克，一方面那些数据、流量、估值，也都成了黄粱一梦中的云烟情节。不错，估值，令中国新锐企业最魂牵梦系的估值，其实字面上就已经告诉我们：这都是拍脑袋想象出来的——你们怎么就当真了？一个依靠凭空估值而非扎实品质、快进快出而非百年沉淀的所谓产业蓝海，不是空中楼阁又是什么？

于是，中国式的独角兽，永远就比看谁跑得快——像贾跃亭一样跑得快，像朱啸虎一样跑得快。而不论资本还是民众，套牢都是概率最大的结局。买单的，则是全社会。

按理说，这些事实足以让一个理性的民族开始反思过去的道路，以正本清源。但中国目前，主流层面依然只是“有机会”反思，而没有事实上的反思，更没有切实的修正。

让中国隐形冠军，不再孤独！

这就是我和我们《中外管理》坚定选择和呼唤“隐形冠军”的原因。因为我们没有丧失我们的专业良知。歌手齐秦曾说：“孤独不同于寂寞。寂寞是一无所有，而孤独是无法分享的拥有。”是的，我们就是要让靠专注、靠技术、靠品质、靠可持续的竞争力来造物又造人的中国隐形冠军企业，不再孤独！

互联物联时代，永远不缺彩虹独角兽；但现代化中国，永远需要单色隐形冠军！

我们现实的问题是，要不就是唯利是图，要不就是道德挂帅，这两种极端总是摇来摆去。但是都容易不择手段，亦不加节制。

杨光

“差不离”和“犯不上”，使得我们离卓越总是很远。

杨光

瘾经济与海洛因 2019.04

警惕光鲜亮丽的“恶模式”

“瘾经济”绝非耸人听闻。

自从我3月与大家分享那个黄山胖墩儿的抖音苦叹，又进而《中外管理》采编团队在4月与大家分享“瘾经济”选题以来，我就一直在思考：究竟我们近十年热火朝天、迭代不休的商业模式风潮，其不变的基因到底是什么？而当它不断花样翻新，让举国集体持续情不自禁时，对我们的社会又意味着什么？当我们纷纷感觉哪里有些不对而开始不安时，那挥之不去的幽灵，本质上都是些什么？

我们各界精英，真的需要仔细品味“瘾”这个字。其实过去十年的主流商业模式，与既往商业模式最大的不同，就在这个瘾字上。不得不承认，当前我们绝大多数人，或多或少都已经上瘾了。包括我自己。我和我们，能一整天不看微信吗？能一整天不打开任何APP吗？于是，瘾便成了经济。

而瘾，又意味着什么？

瘾，是怎样一种欲？

我们平常的口头禅是“过瘾”。但这恐怕是世间最大的误判与自欺。烟瘾、酒瘾、网瘾……赌瘾……毒瘾……但凡成“瘾”的事，哪一个你能“过”？

我至今言犹在耳的一句话，是我20多年前听到的。当时我在一条邮轮上，朦胧中听到临铺两个男人的一段对话。一人问：“如果有一天你吸了海洛因，结果你又把它给戒了，你知道说明什么？”沉默片刻，另一位显然意识到这绝不是要说霍元甲、张学良如何励志，于是迟疑着问：“……说明什么？”“那只说明，你原来吸的根本不是海洛因！”这是我会铭记一生得一句话，它不断提醒自己：不管平庸还是显贵，作为一个肉身，你在某一类欲望面前，是多么不堪一击！

人活着，就有欲望；抑或者说，有了欲望，人才会活着。但欲望和欲望不一样。有一类欲望，比如吃一顿顺口的美食，看一本对路的书籍，走一趟开心的旅程，听一段捧腹的相声，打一场较劲的比赛……实现之后都会有极大的愉悦感与满足感，诚所谓“解馋”之所喻。这类欲望，是可以满足，并且也是用来满足的。但是，还有一类欲望，它不是用来满足，也无法满足的——它唯一的作用，就是激发你对它进一步乃至无休止的欲望！正所谓让你变得“贪得无厌”。而后者，正是“瘾”。

那些传统意义上的瘾君子，每一个都在自以为“过瘾”的瞬间之后，被“瘾”绑得更紧、陷得更深，对“瘾”需求更多，往往一生都会与之“过不去”。所以，烟瘾会毁掉一个健体，赌瘾会毁掉一个家庭，而毒瘾则会毁掉一个灵魂。

那么，新时代下的网瘾呢？抑或者升级伪装之后诸多基于互联网的新兴商业模式呢？

网瘾与毒瘾，有何分别？

看起来，互联网对我们民族的伤害，远没有烟赌毒那么直观。但也正因为其表面的“浅”而“轻”，其伤害更“大”而“重”。好比那些新型毒品，看起来没有海洛因那么生猛，但也正因为“轻”，人们会因为不知不觉，会因为自以为是，而在“没事儿”的诱惑下更大范围地陷进去，最终无力自拔。当前主要基于移动互联网的“瘾经济”，同样如此。看起来它们并没有直接侵害你的神经，但别忘了，它们却在直接占用你的时间。而作为一个人而言，失去时间和失去灵魂，其实没有区别。而且，同样在“不知不觉”中让你欲罢不能，而近乎“无休无止”。不是吗？打网游的干通宵不是便饭家常吗？玩直播的为一艘“航母”不是不择手段吗？即便看抖音的不也是如梦游一般一抬头已过若干小时吗？最终，一旦不继续摄入，不继续刺激，不都是立即陷入饥渴与抓狂吗？

这还只是一个层面。瘾经济与毒品内在相通的另一层面，是不论打网游还是看直播，本质上都是让人逃避现实、沉溺虚幻，将整个人生陷于自欺欺人之中。

网游会让玩家以为人生可以随时切换角色，攻略通关便是一切，乃至可以反复重新来过——只要你有得是游资。由此它会让玩者放下自己作为人本应承担的真实责任！而直播更可以让屏幕两侧的玩者，同时以为自己可以足不出户就能梦想成真——原来人生之愿竟能唾手可得！到了短视频时代，为了一夜走红，更是到了搏命的时代。听说最近一个只有三位数粉丝的男人，为了成为网红，疯狂直播跳河，结果一头撞死在了河底！试问，这和刚注射海洛因而陷入痴狂的瘾君子，本质上有分别吗？

别再靠人性的弱点发财！

问题是，贩毒要枪毙，吸毒要收监，但瘾经济……都是合法的，甚至是主流的，而且时尚的。更关键的是，瘾经济俘虏的，可都是我们的年轻人。如果举国的未来花朵们都自嗨于瘾经济，放弃了责任，沉溺于幻觉，半生（他们会有完整的一生吗）受困于过不起也过不去的“瘾”，那么我们社会、我们民族的未来，又到底在哪里？

谷歌公司的一句底线名言，是“不作恶”。所谓“瘾经济”，本质上正是“恶模式”。而做企业，与做人一样，总应有善恶是非之分。当你为流量而咬牙红眼时，请你自问：人性的光辉，与人性的弱点，你到底在靠什么发财？是身心愉悦，还是欲壑难填，你发财的同时又到底在制造什么？别装糊涂，别找借口。

那么解决之道在哪里？首先是知，进而自知，从而自制与自止。我不担心那些瘾经济企业的攻击，有些正话总要有人来说。

有朋友说：理智永远无法战胜欲望。我说：不尽然。当欲望只是一个概念，而不是你的一种体验时，它就很渺小。而这，是理智可以说了算的。

杨光

想透的事情，做到就不难；不碰的事情，自控就不难。

杨光

2019.05

中国企业靠什么去和美国拼？

初心·格局·谋略

当中美两国因贸易争端而剑拔弩张时，当国人为我们的华为而振臂，又为我们只有一个华为而焦心时，正是我们静心思考中国企业安身立命之本的最好时机。

其实，中美隔空叫阵时，去看看夹在中间的日本，或是别有洞天的。它能让我们跳出这场争端，用历史，用现状，用未来，来思考这场争端，和争端中的我们。

2019年5月，《中外管理》与零牌顾问机构联袂打造的《日本商道与经营创新》访学团，以73名企业家共同参与的超大规模，并非预设却恰逢其时地印证了这个时代需要我们拥有的冷静思考和全新视角。

松下幸之助的底气在哪里？

既然“华为挺住”牵动着国人激昂的心弦，既然“联想别跑”触动了国人敏感的神经，我们就不妨先来看看日本的龙头企业和企业家，在时代浪潮下是如何作为的。

日本企业素有“经营四圣”之说，但真正为国人熟知与传颂的还是松下幸之助与稻盛和夫。这两位在年龄上可用师生两代人来形容，年轻的稻盛和夫也确实做过已功成名就的松下台下学生。但是，最终两人都达到了令举世尊敬而毫无争议的高度，远远超越了日本列岛那狭小的国土。事实上，当年松下访美时，自视甚高的美国人曾自发夹道欢迎过这位异国企业家；而稻盛和夫在中国的热度与影响，更超越了当前所有本土企业家。

他们两人到底凭什么获得举世尊敬与追随？肯定不是个人财富，肯定不是资产市值，肯定不是《财富》排名，肯定不是单一爆品，也肯定不是客户流量。是他们的成就与境界，更是他们的初心与格局。

在浸淫松下哲学多年的前中国松下总裁木元哲先生引领下，我们走进了我访日多次却第一次到访的松下PHP研究所。

虽然《中外管理》创始人、董事长杨沛霆教授30多年前曾应邀去那里交流工作过，但直到这一刻，我才得以静心思考，什么才是松下幸之助心目中的PHP：“通过繁荣实现和平与幸福（Peace and Happiness through Prosperity）”。一家企业首先在初心上要有超越一己之私的正念，才有可能走得更远。同为松下元老的远藤纪夫对我们讲：当年松下制定五年计划时，目标定得很高。但是老松下幸之助一再强调：“这个计划一定能够实现！因为它也是大众的愿望。”这句话很浅显，但我们却很少有企业是这样设定与思考吧。初心，在决定结果。

松下老先生已经去世30年了，但他的精神一直福泽至今。并不出人意料的是，我们一行得以坐看松下老先生留下的影像纪录片。但完全出我意料的是，在讲解松下哲学时，影片中竟然出现了另一个人：本田宗一郎！对，就是和松下一起被日本人并称为“经营四圣”之一的本田宗一郎。我们中国人常言：一山不容二虎，同行抑或比肩就是冤家。我们能想象在华为的宣传里出现张瑞敏吗？但是，从这一并不显山露水的细节呈现，我能够强烈感受到松下先生瘦弱身躯内的那份自信，那份胸怀，那份格局。反过来，这也印证了，松下哲学所要服务的绝不只是松下公司，而是整个社会！格局，在决定宽度。

稻盛和夫的疯狂图什么?

更为我们当今所熟知的稻盛和夫，更是一生都在执着践行类似松下的初心与格局。

当还只是创业初期时，核心员工的集体逼宫，是让任何老板都无法承受的。很显然，只要老板有私心，在一穷二白时，劳资之间就不可能达成共识。但是稻盛用他的真诚，在自己的家里耐心花费了整整3天，说服了几乎所有要造反的员工，除了一个人。这个人像我们中国人一样早已看破了所有的“道貌岸然”：别忽悠我，就说保证涨多少钱吧！稻盛最后是用直接拔出一把刀，让对方刺向自己胸腹以自清明志，也就是近乎比干剖心的方式，才彻底征服了对方。这次之后，所有当事员工都成了京瓷工作最拼命、忠心最执着的人。而那个逼着稻盛拔刀的人，依然健在。也许下一回，你在京瓷博物馆就能见到他为你现身说法。

当稻盛凭借京瓷的成就已名噪扶桑时，他强烈意识到日本的电信服务水平之差、价格之高着实扭曲，但稻盛没有选择骂大街、发抖音和写段子，而是决定“疯狂”地成立一家民营电信公司，去冲击大山一般存在的NTT。当所有内部人都反对，所有外部人都质疑时，稻盛用了整整半年时间扪心自问：我究竟纯粹为了民众福祉，还其实是为了包装起来的钓誉沽名？直到反复追问过了自己“良知”这一关，他才毅然决然地创办了后来的KDDI，并一举超越了老师松下幸之助，成为全球第一个创办两家全球500强的人。

而稻盛和夫2009年受本刊之约专访中国后，居然以一个输不起的门外汉身份，接受日本政府之邀出手拯救日本航空，也是出于“国民责任”而已。天下兴亡，匹夫有责！而这些，连卢作孚等不少民国企业家都曾做到的，今天我们贵为全球第二大经济体的脊梁，可以置身事外抑或逃之夭夭吗？

哪位老板有资格进博物馆？

如果说，我们13年前在业内率先组织中国企业家赴日访学，主要是看“厂”（制造业现场），近5年主要是看“店”（流通业现场），那么我们如今，则开始更多地进入了看“馆”的阶段。

馆，与厂、店最大的不同，是它具有的特有张力。在丰田产业馆里，你可以感受到以“氢”为燃料的汽车，如何在震撼了李总理之后又如何震撼我们每一个企业家。原来，纯电动绝非唯一方向，甚至很可能不代表未来。因为，氢对自然的污染远比电池小。要站在人类的角度，而不是骗补的角度，我们理应重新思考。在前述的松下展馆和京瓷展馆里，我们可以清晰地感受到真正驱动人类商业文明、成全个体企业长青的，绝不是经营之术，而是修行之道。中国企业，真到了应该从埋头钻营“厂店之术”，开始抬头追溯“馆殿之道”的阶段了！

又特别是，当我们一行在大阪走入闻所未闻的“企业家博物馆”时。这是日本唯一的，也是亚洲唯一的，甚至很可能是全球唯一的。当我们看到日本人把明治维新以来对于日本社会有过突出贡献的105位企业家的影像、文字和产品，哪怕只用很传统的方式去陈列给今人时，我们都会由衷动容。围绕企业家精神的发扬，如果没有对企业家人格与价值的历史性承认，都不过是说说而已。

当我提问“凭借老骥伏枥而缔造了励志奇迹的褚时健，如果在日本，能不能进入这里”时，答案是：“不能。因为他是生产烟草的。我们只选择为社会大众创造有益产品的企业家。”我默然，中国企业家们亦默然。博物馆讲解员说：“我们理解的企业家精神，就是：壮志、变革、预见、挑战、创意、自助，和意志的不断循环与集合。”当然，博物馆里不能没有松下幸之助，他们引用了松下的一句话：“成功的关键，就是一直坚持到成功为止。”所以，日本人说松下先生是企业家，更是“努力家”。这，就是经营之道。

拿什么促成儿子愿接班?

那么，日本的芸芸中小企业呢？那些依然健在的中小企业主呢？

您会问：能有多小？只有30人，就在东京一座普通社区里，典型的街道小厂。他们生产的只是我们孩提时很熟悉的，铅笔。连他们自己都承认，铅笔生产工艺和400年前没什么太大区别。在移动互联向物联网飞速转型的时刻，这样的传统小企业，有什么可看的？

这家名叫北星的街道铅笔小厂，已经有100多年的经营历史，已经成功传承了四代，刚刚顺利完成第五代家族接班。而且他们目前依然是纯利超过10%、每年两次发双薪、全日本前三强的行业领军者。您还会看不起他们吗？

他们也有自己的“馆”，长期对外（特别是对儿童）开放。您担心他们的生产对社区有污染吗？他们会将所有木屑就地回收再生产成为美术颜料，他们会将废旧铅笔以旧换新，并在方寸之地设神社供奉；您担心他们的存在引发社区反感吗？他们会让孩子们从小体验铅笔制作，用颜料随心绘制雕刻，他们能自豪于这些孩子未来会成为公司的员工；您担心他们的产品很快会被颠覆而无人使用吗？他们早已经研发出了可以在Pad上使用的两用铅笔。但是，您是不是依然担心他们这样土得掉渣的小产业，会被后辈们看不入眼吧？——诚如您自己的公司。

刚刚交班担任会长的杉谷和俊，以古稀阅历开诚布公地对我们讲：要让儿子想接你的班，要做到如下几点：第一，一定要让儿子有好身体！因为做老板必须有超人的身体做底子（他长子就是柔道出身）。第二，不要总是讲学习呀学习，不要总想送他去留学。等他翅膀硬了眼界高了，自然不会再回来帮你。可以让他多参加能锻炼综合能力的兴趣小组。等他长大不再心比天高时，你再给他接班的选项，他才会认真接受。第三，在孩子还小时，永远不要在家里抱怨公司的负面事件，永远不要抱怨公司的团队无能。必须让他从小就深深记住：我爸爸有一家很棒的公司！第四，永远不要分家产。接班人有经营权但只能拿年薪，而家族可分开持股但不准介入企业。总之，交接班是需要提早计划和策略的！——在场的人无不恍然大悟。

这时，你还会看不起这样一家小企业和企业主吗？

当华为只是一片绿叶，还怕什么？

国家崛起，是靠一家家企业的茁壮来实现的，诚如我们访学团的精彩是依托企业家们的共享，又诚如一棵大树时刻需要一片片绿叶来光合作用。适逢此时绿荫青翠，我们全团企业家建议我把我在访学临别前的一段话写进这篇卷首语：

请大家记住日本这一抹绿。诚如我们的团，纯粹、美丽、丰茂、踏实，个体精敢，整体热烈，同根共本，各展一枝，留连忘返，聚在将来。钱钟书说：人生，就是希望它来，希望它别走，希望它再来。探访别人，是为看清自己；学习日本，是为强大中国。当未来更多的“华为”，如一片片绿叶遮天蔽日时，看谁还敢对我们恐吓敲诈！

不用说大话，唱高调，我们只需要多付出自己举手之劳，去帮助那些身边的陌生人。假以时日，那些微不足道的绵薄爱心，一定会产生不可限量的善力量！不妨像在德国发生的那样，用帮助十个人，来作为自己被帮助的回报。

杨光

对于战略制定，简单的明确往往是比繁复的准确更重要的。而对于资源拥有，以为多多益善往往是狂妄的幻觉和悲剧的发端。世间，永远不存在多多益善的资源。

杨光

中美对峙，向死而生

2019.06

敢于直面死亡，是为了活下去

“中美贸易战真会打下去吗？”

“中美贸易战真会打下去吗？”

前几天一位南方的大型制造业老板，充满焦虑又带着最后一丝期待地打电话给我，没有任何寒暄，劈头这样问着。当我以窥豹一斑的几点公开迹象与他一起分析，他心中最后的那根救命稻草恐怕难以支撑时，他失神地喃喃道：“那我这几万人的企业，恐怕就要倒了……”沉默，无语。

是的，中国有几家出口型制造业企业，能有消化高达25%横加关税的丰厚利润和现金积累啊？！

这时候，日本长青企业对高收益的追求、对高积累的偏执，也许才真正能让我们中国企业家听进去，和听得懂。

我们焦虑的，人家早趟过好几轮了

当中国几乎数不出来几家真正的百年企业，而日本全国却有多达147家500年以上的寿星企业，更有多达20000多家百年老店时，我们凭什么不对人家这些企业致以敬意和虚心学习？别说什么时代变了，什么技术变了，什么打不打招呼，这些我们自己觉得挺新鲜的东西，人家早都经历过好几轮了！正是多灾多难的环境，加上动荡无常的时代，造就了日本企业普遍强烈的危机意识、求生意识和传承意志。

日本长青企业权威学者后藤俊夫教授，在“第二届‘中国造隐形冠军’长青峰会”上，为到场中国企业分享的日本企业基业长青“六大理念”，很值得浮躁良久的中国企业乃至整个社会深思与反省——因为这是人家用至少百年的历史，真正是经过了好几轮生死危机之后，得出的“祖训”！

第一，立足长远：10年是最短期的规划（经营者培养接班人的时间），中期是30年（经营者履职的时间），远期是100年（经营者福泽后代子孙的时间）。试问中国企业能做到哪怕5年的发展规划吗？我们别说战略，就是文化和愿景，都恨不能是以月为单位计算的。持续转型，就是没有型。再巨变多变，也有不变。那些永恒的，或持久的，我们了解和信仰吗？而无恒心，哪有远见？没有远见，又何谈生存？

第二，等身高经营：看菜吃饭，量力而行。不超过自身的能力，不过分追求扩张，而是立足于韧性与可持续性。在杠杆时代与爆点时代，这一点似乎一直被“新一代”中国企业和商学院所耻笑。但说破天，到底最终是谁死在了前面，又是谁笑到了后面，大家都知道。就比如现在。

第三，锤炼核心竞争力：这是老生常谈。但是当日本企业可以用区区30名员工，做出全世界独一无二可以用在高铁上永远不滑扣的螺丝，而中国企业却连圆珠笔滚珠还做不出来时，我们真拥有书本上已说滥了的核心竞争力吗？当华为因为“备胎”而广受称赞时，其实却正说明了我们的匮乏。因为例外的难得，往往只反证了公例的普遍。

第四，利益相关者的长期关系：日本长青企业非常重视客户、员工、供应商、社区等相关者“三代以上”的关系维护。而我们整天说平台，整天念生态，但我们真的关系过产业链与生态圈上各方的死活吗？遑论传代~我们去任何地方发展时，真的想过我们究竟是让利益共享的蜜蜂，还是让寸草不生的蝗虫吗？遑论共生~我们恨不能让所有业界马上都死，只剩下自己“通吃”。

第五，重视风险管理：日本的长青企业，很忌讳把利润过多分配给股东，而重视持续积累以备不时之需。据说稻盛和夫的“小弟弟企业”京瓷，现金结余曾高达即便分文不入也能支出28年全额工资的恐怖程度！——比尔·盖茨著名的“18个月”真是小意思。因为概率上讲，每25年，企业注定都会遭遇至少一次重大生死危机。要做百年基业，没有能扛事的充裕资金怎么行？而不少中国企业，想的不是利润分配问题，而是有没有利润甚至要不要利润的问题。我们无力于或不屑于“挣钱”而陶醉于看起来“值钱”的春秋大梦，何时能醒？再不醒，眼前这一关就过不去。

第六，强烈的传承意志：能不能，往往取决于想不想，以及有多想。而“无论如何企业都要办下去”的意志，才是所有企业能够突破25年大关走向基业长青的前提。但可惜，我们大多数中国企业都不具备。我们的二代，有多少真正关心老爸的事业，而不是老爸事业所挣下的钱？我们的一代，又有多少真在为下一代“想接班”而做出长期的努力？

不忌讳死，才不会死

日本长青企业的这些理念，是在过去几百年持续不断的台风扑面、地震袭来、火山喷发、瘟疫肆虐、政治博弈、战争裹挟、能源危机、金融海啸、行业周期、技术变革等等不论哪一项都能置企业于生死一线中，用无数惨烈的死去活来历练出来的。

中国企业会是例外吗？当然不会。属于我们的苦难与历练，才刚刚开始。也就是，要面对死亡，我们才刚刚开始。

只有敢于直视死亡，才会不惧死亡，才会敢于行动，才会活得更好，才会活得更久。华为因为“冬天”与“倒下”的警钟而至今风雨屹立，海尔因为“淡季”与“自杀”的果敢而得以历久弥新。

你的企业，敢于直面死亡吗？别忌讳把死挂在嘴上——为了活下去。

> 该来的痛苦都会来。该来的转机也都会来。
> 人生无怪乎微笑和苦笑。微笑时别忘记苦笑就在下一瞬间，苦笑时也不要以为这会是永远。
>
> 杨光

2019.08

回首百年韶山，坚定道路自信

不平凡的童年告诉我们什么？

中国是时候走属于自己的道路了。

当杜拉克的管理思想，从25年前通过《中外管理》而广为人知；当稻盛和夫的经营哲学，从10年前通过《中外管理》高调进入中国成为显学后，如今我们确实到了对海外管理思想之于中国企业实践，进行盘点思考的时候。

不可否认，这些世界级经营管理智慧对包括任正非、张瑞敏等中国企业家的迅速成长起到了不可磨灭的指导作用。但是我们也要承认，当完全依托于中国先贤哲学的稻盛哲学及其阿米巴体系，过去10年在中国的推广中，都存在水土不服、照搬不灵时，就更不用说那些潜台词基于基督教的西方管理工具了。

中国企业过去40年持续引进海外——特别是西方管理思想的历程，应该在东方式的稻盛哲学进入中国10年而自身全球组织面临解散时，走到了一个即将全面终结的历史性时刻。中国人，中国企业，中国社会，用不着再在西方人或东洋人的指指点点下削足适履走别人的路。事实上，在这个时代节点上，当华为可以在无人区引领5G大潮、海尔可以史无前例开创人单合一时，中国企业面临的核心问题，就已经不可能再从别人嘴里找到终极的答案。

100年前的8月，中国发生了什么？

适逢此时，我有幸第二次来到了湖南韶山冲。

这次与第一次来韶山正好中国如愿入世举国拥抱全球而感受不深大不同。在这个对中国历史与中国社会都绝对影响深远的地方，也许正是一个21世纪即将走完20年时，思考中国社会问题与未来走向的绝佳之所。诚如整整100年前。

通俗的传统说法是：上世纪初，十月革命一声炮响，给迷茫百年的中国送来了马克思列宁主义。而马列主义让积弱受欺的中国民众找到了救亡图强的真正方向。继而在曲折摸索中，通过毛泽东主席的伟大思想找到了马列主义结合中国实际国情的独特建国道路。完成这一切，中国用了30年。

从目前的资料看，恰是整整100年前的这个月（1919年8月），我党先驱李大钊发表了《再论问题与主义》，随后在10月发表了《我的马克思主义观》。这是第一次有人在中国对马克思主义进行全面系统地介绍。因此，2019年，2019年8月，本就是一个值得深切关注进而深入思考的时点。

仅仅送来马克思主义，就足够吗？

上世纪初随着清王朝以及千年帝制的彻底垮台，引入中国的外部思潮非常之多，非常之乱，而事实证明，最终能够凝聚民族力量的是马克思主义。而同样被事实证明的是，如果作为哲学思想的马克思主义仅仅是马克思主义，抑或者加入了政权实践的马列主义仅仅是马列主义，我们很难说它们就一定会是能够实现30年后成功引领中国人民站起来的唯一那一个。还是事实证明，马列主义在中国从思想传播到组织构建，30年的前15年，道路是相当曲折的，代价和教训比比皆是。据此，和其他学说一样烟消云散抑或众说纷纭，和其他党派一样中途夭折抑或蜕化变质，并非小概率事件。

所以说，能决定马克思主义可以引领中国走向民族独立与国家富强的，并非仅仅马克思主义本身，而是马克思主义与中国国情的深度融合。

而真正开创和切实做到这一点的，正是毛泽东。

童年往往决定一生。因此，深入研究毛泽东的人生起点与成长路径，或许比单单研究马克思主义在中国的起源与发展，更有历史与时代意义，更有启发和实践价值。

韶山毛泽东，为何富起来却又恨起来？

韶山留下的资料可以看到，毛泽东从很小开始，在他还没见过报纸，没走出家乡半步，当然更不可能接触马列主义之时，就已经萌发和实践出了很多只属于他，并在未来将影响全中国的雏形影子。

与陈胜、洪秀全以及毛泽东心目中的“第一个农民英雄”彭铁匠等历次农民起义，因自身没有出路而揭竿暴动不一样；也与同时代的鲁迅因家道中落尽尝世态炎凉并在海外受刺激，转而弃医从文以笔为刀不一样；毛泽东是在眼看着家庭在父亲手里从贫困逐步走向富庶过程，反而通过朴素的基本真理与持续的观察思考，跳出了个人与家族狭隘的利益，打破了屁股决定脑袋的窠臼，逐渐萌发与果敢实践出来的——正如稻盛和夫一直强调的：成功，来自没有私心。

比如说，毛泽东在儿时，通过熟读《水浒》《三国》等非主流文化，就对充满现代价值意味的“公平”，有着异于常人的关注与追求。

他在与家舍仅一个池塘相隔的南岸私塾读书时，就无法接受同堂求学却在饮食上差别悬殊。于是他将自己的午饭无偿分给穷苦而带不起午饭的同学。以至于母亲文七妹不理解儿子晚饭为什么吃得如此之多。当笃信佛教的她了解真相后，便开始为儿子带上两份午饭。后来，毛泽东非常反感替父亲收账，甚至曾把父亲的卖猪款在回家路上直接送给了乞丐。这只是抵制，还不是抗争。

幼年毛泽东对于“公平”的追求，很快表现在家庭伦理的抗争中。一次父亲毛顺生当着全村亲友的面，就像《红楼梦》里贾政那样颇不公平地羞辱儿子懒惰而无用。少年毛泽东不是宝二爷，不仅当众顶撞，而且转身跑向池塘，当着父亲与全村人的面声称自己要跳下去。无可奈何的父亲，只好用当众承诺再不打他，来换取毛泽东的道歉与妥协。而这个妥协也仅是单膝磕头而已。由此一发不可收。

后来，少年毛泽东开始在教育伦理上寻“公平”，而且更为激烈。因为和父亲一样，私塾先生也打他。于是他不接受非要站起来给先生背书，而只肯坐着背。争执不可避免。最后毛泽东愤而罢课并且离家出走。而神奇的是，等形单影只的他最后不得不沮丧回到家里后，发现父亲和先生对他的态度居然更和善了。这一点给少年毛泽东留下了极为深刻的印象。

对“公平”的追求，使得毛泽东从不示弱。在更大一些后，毛泽东更把“公平”寻到了在中国宗法社会下神圣不可侵犯的宗祠与一言胜于九鼎的族长身上。而他所为的，是在饥荒时期全村人究竟是开仓放粮重要，还是饿死人修族谱重要？最后，人微言轻的毛泽东因为凛然正气，居然就在宗祠里公开战胜了族长的“不公”，避免了全村人的断粮悲剧。

毛泽东在反抗中又学到了什么？

以上都是朴素的价值情感，谈不上思想。但确实也就在那时，仅仅8岁的毛泽东已对于刻板的儒家思想，对经书里的清规戒律，明确表达了厌恶。因为传统文化对于“尊卑”的追求，与他对“公平”的追求是直接冲突的。但是，厌恶归厌恶，幼年毛泽东却将经书学得很好。这使得他不会因为无知而反对，不会因为误解而叛逆。他后来还得意于因此打下了坚实的文字功底。

“还有一件事对我有影响，就是本地的一所小学来了个激进派教师……因为他反对佛教，想要祛除神佛。他劝人把庙宇改成学堂……我佩服他，赞成他的主张。”后来毛泽东对斯诺回忆起这位叫李漱清的乡村教师。

私塾给了毛泽东学习的能力。对于《盛世危言》的攻读，使得幼年毛泽东就深深种下了“国家兴亡，匹夫有责”的价值情怀。

毛泽东幼年就能有此鲜明个性和抱负，与所处的土壤环境大有关系。湖南人是中国的普鲁士人，暴烈而固执。那句名言说得好：“若道中华国果亡，除非湖南人尽死。”而具体到韶山，并非桃源，亦非平原。于是毛泽东自小，便兼备了山村人的朴实，绿林人的浪漫，和平原人的好学与情怀。任何管理思想和思想家的出现，都离不开所在的土壤。

留洋组织者毛泽东，却为何留在了中国？

尴尬的是，背着《三国》与《水浒》终于走出韶山的17岁毛泽东，在湘乡东山高等小学里，才听说光绪和慈禧已死去两年了！这让他意识到了自己要补的信息缺口有多大。在东山，身高与年龄都颇另类的毛泽东，第一次接触到了科学与改革。早点名时，老师都会先讲述中国被外国列强欺侮的苦难，以唤起学生们的民族情感。也就在这时期，毛泽东第一次深入接触了康梁变法，第一次接触到了严谨的政治思想。

所以说，毛泽东的变革与斩断，恰恰正是基于领悟与衔接。后来他曾讲道：“今天的中国是历史的中国的一个发展。我们是马克思主义的历史主义者，我们不应当隔断历史。从孔夫子到孙中山，我们应该给以总结，继承这一份珍贵的遗产。”

而毛泽东却并不满足于仅仅从书本上衔接，而是执着于从现实国情上，特别是基层实际的层面进行衔接。于是，青年毛泽东身为赴法留学的组织者，自己却没有去深造。理由就是他要用同样的时间进一步深入了解中国。而对留洋与留华的价值和次序，青年毛泽东有着独到的思考：如果留洋回来再研究中国，会水土不服且妻儿缠绕，一切都来不及。倒不如研究透了中国，再带着中国经验去看世界。

毛泽东一向是在调研中思考，在继承中引领。诚如后人所知，从1921年到1927

年，青年毛泽东曾多次回到韶山，不仅通过家乡了解中国，同时建立了党支部，更动员六位家族成员先后参与革命。后来在江西苏区，毛泽东的二弟毛泽民负责财政，三弟毛泽覃负责军事。而他们又都先后牺牲，没能看到新中国成立那一天。

韶山冲是发源地！新时代是腾飞点！

如果说延安是毛泽东思想的成熟地，井冈山是毛泽东思想的实践地，那么韶山冲就是毛泽东思想的发源地。

由此，我们进一步会发现：作为马克思主义新中国的缔造者，毛泽东并不是先学通了马克思主义，再回头来对照中国。而是相反，先做到了对中国的问题与需求了然于胸，进而才在马克思主义中借鉴和实践。诚如袁宝华同志后来所精辟总结的："以我为主。博采众长。融合提炼。自成一家。"

这个次序，不论是国家战略还是企业创新，对于我们当前复杂形势下的应变均颇具启发意义。

100年前，自卑的中国在危机四伏中终于迎来了新转机，同时中国民族产业开始了历史性大发展。100年后，自信的中国又于艰巨挑战中将在以习近平主席总书记为坚强核心的党中央引领下，在百年未遇的新时代下蹚出一条腾飞新路径，同时中国民族产业也必将迎来一轮里程碑新浪潮！

未来，中国式腾飞和中国式管理，将不再是杜拉克或稻盛和夫这些舶来思想的打折变种，而必将是我们土生土长的"中国造"——诚如100年前在韶山所发生的。

能把"自己"和自己头上的"光环"，不断而清晰地区分开，是一位成功者一生都要面对的挑战。而每个人都自己成功的一面，因此这个挑战对每个人都存在。

杨光

民企党建：建在连上，建在脸上？

唯美16年：在中国特色下增强企业竞争力

但凡中国的事，要想取得短期实效同时长期引领进步，一定都是“中国特色”融合“国际潮流”。单纯“中国特色”，显然狭隘封闭，无法与时俱进；而一味“国际潮流”，又难免混沌初心，最终水土不服。

新时期的民企党建尤为如此。广东唯美集团用16年的有效实践印证了这一点。

东莞：看似无基础的标杆

左看右看，唯美也不像拥有能长出“党建标杆”的基因。因为有足够多“品相不合”的理由：唯美不是政府和军队，似乎没有义务抓党建；唯美不在北方和贫困地区，似乎没有传统抓党建；广东地处开放最前沿，比起内陆，人口流动更大，思想更多元，抓党建又似乎更困难。但恰恰身处东莞的唯美，建成了全国首家非公企业党建展览馆，并获得了中央领导的多次接见和高度评价。

天下没有纯粹偶然的运气。万事有成，都自有它成的道理。

唯美董事长黄建平，是我接触过的民企老板中非常有思想又非常务实的一位。在不问天下、埋头挣钱的广东商界更是难得。

早在十多年前，他在中国企业还普遍顺风顺水时，就对草根企业一味追求上市、一味追求扩张，有着清醒的反思与警惕。早在十年前，他就率先在全国建陶行业投资3000万建起了纯公益的“中国建筑陶瓷博物馆”。随后，在中国企业突遭全球金融海啸时，他又自信地看到这正是大浪淘沙、行业自强的好机会。在两年前，他又率先在两会上对过于追捧互联网企业、漠视实体经济的社会现象直接提出了批评。而贯穿始终没有改变的，是他对“事业初心”的坚守。

回过头来，在中国入世变化最快也最剧烈的历史阶段，黄建平的洞察与行动都走在了时代前沿，并因此将唯美变成了一家低集中度行业中少见的百亿企业，更打造出了“马可波罗”这样的知名品牌。

也正是他，更早在16年前，就开始了民企党建探索。

响应：看似不经意的起点

回首世纪之初的起步，坚守制造业本分的黄建平，一如既往地平和务实。他不会因为谈论“党建”而扮庄严、唱高调。他毫不讳言，唯美党建的起点只是草根企业基于家国情怀很朴素地响应。

2003年正值“保持共产党员先进性”活动展开。而东莞作为人口流动最频密的地区，存在很多散落在企业的“地下党员”。东莞需要建立“保先”活动的企业教育试点。在当地企业多不积极时，当时处境艰难的唯美却慨然应允。而这，自然引起了苦无抓手的东莞市委领导高度重视。于是之前默默无闻的唯美，一下成为了各界关注的焦点。

这个起点貌似偶然，与如今的党建关联多少似是而非。但诚如人类历史历次重大实践，包括毛泽东思想的形成，我们会发现：其实它们并非一开始就很结构化、很纯粹，往往都是在看似机缘巧合中感性萌发，进而在必然探索中理性成熟的。按黄建平的话，就是都有一个“从不自觉到自觉”的过程。所以，我们任何事业在起点阶段，都不必纠结于它的不完美甚至不纯粹。重要的是我们在后续如何持续探索和升华，而非浅尝辄止。

抓手：看似无关联的标准

那么，后来唯美的民企党建又如何实现了一个具有结构化的落地体系呢？关键词是落地体系。黄建平很快意识到，如果唯美的党建和政府做得一样，必然无法落地，也无可持续性。企业就是企业，其运行逻辑天然就与政府不同。因此，民企党建的生命力，必然要结合企业自身的生命力来进行。

于是，黄建平提出了一个民企党建的标准：你说得、做得再好，有没有促进企业发展？能不能让企业盈利？基于此，黄建平对民企党建又做出了一个非常务实的定位：并非企业工作的核心，却是促进企业工作的抓手。这时候，“中国特色”与“国际潮流”就有了深度结合。

全球企业界有一个共识：三流企业拼产品，二流企业拼品牌，一流企业拼文化。而企业文化，作为企业的软实力核心，其核心又在于价值观，特别是价值初心的锻造与坚守。IBM在跨越百年时，全公司上下曾集体讨论：IBM的百年经验是什么？结果就是一句话：什么都应不断变，除了企业文化。

价值观初心为什么那么重要？如果你在创办企业时只想借着风口“过把瘾就死”，或者火线上市套现退出，那么你的企业就不需要约束自己行为的企业文化，你的企业也注定不会长寿，而且会死得很难看。比如美国的安然、中国的乐视。因为文化价值观是需要初心足够清晰，并用足够长时间才能够沉淀和证明，进而才能指导企业长远走向的。因此，企业的战略眼光与价值初心相辅相成。

而党建要做的，恰恰就是强化价值观。我党在创建初期，也曾是秀才闹革命，但很快，以毛泽东为代表的创业一代就明白：党建，首先就是要保证党能够活下去！而活下去，就必须让枪杆子打胜仗！而能够持续打胜仗的保证，就是价值观统一，这正是党建的核心。所以，党支部要建在连上，因为连队就是打胜仗的基层核心。

28年打下江山只是一个阶段传奇。我党要成为一个百年政党，就需要价值初心的进一步锻造与坚守，就需要持续为国民福祉而拼搏。企业同样如此。于是矢志于“500年”而非“500强”的唯美，一方面对外坚持不上市，一方面对内坚持做党建。也和支部建在连上一样，唯美也在业务基层派驻“政委”，目的就是统一价值观，用价值观促进经营。

这很虚吗？这是秀吗？在当前如此复杂的外部环境，如此困难的经营形势，如此迷茫的发展方向下，如果没有初心的坚守，没有人心的凝聚，企业要想全凭硬实力扛过这个不知道会多久的严冬，几乎是不可能的。这非常现实。诚如华为，它不怕美国的底气来自5G，但它能做出5G，仅靠巨资投入，而没有家国情怀是不可能的，抑或者说没有家国情怀，也不可能持续巨资投入。又好比长征，如果不是靠信念，而是只靠地图与手枪，红军也是不可能坚持走到陕北的。这个层面上，政企是相通的。

创利：看似不可能的业绩

民企党建的另一个现实价值，就是遏制腐败。

如果说政府与国企的反腐工作，有国家机器与全民监督做强力保证，那么属于私人产权的民企，客观上抓反腐的难度就会大不少。但民企的腐败形势却一点不比体制内乐观。记得十年前我走访一位东莞老板，白天他一直与我畅谈公司战略和未来愿景，而深夜与我坐在躺椅上仰望星空时，他内心的沉郁就涌上心头，病根就是内部腐败。而唯美16年来的实践证明：民企党建工作，一来可以用党群关系这张大网来遏制腐败，二来还可以通过与国家纪监组织的实质对接，更大力度地查处腐败。可以说是立竿见影。

由此可见，民企党建始终都是和企业的经营管理息息相关的。你是动真格，还是走过场；你是把党建在连上，还只是脸上，取决于企业家自身的价值初心和战略抉择。

而唯美的选择，结果是2008年成立党委10年来，公司规模翻了5倍，成为行业龙头！公司品牌价值翻了7倍，马可波罗成为建陶第一品牌！更具体地说，因为党建，唯美解决了省外投资的腐败滋生，进而促进了境外投资；因为党建，唯美解决了总部自营的持续亏损，进而提升了营销绩效。而这两个难题，都曾是唯美的心头顽疾。于是，黄建平感慨道："以前没搞党建，吃了苦头；后来搞了党建，尝了甜头；今后继续搞党建，一定有奔头。"

只要"心中有党"

为此，习近平总书记在聆听黄建平的汇报后，现场做出了重要指示，核心精神就是：围绕民企党建工作，核心是要做到"心中有党"，为此要坚决"反对官僚主义和形式主义"。——紧紧抓住企业发展为核心做党建，种在心中而非嘴上，建在连上而非脸上，无关也会变有关，疏离也能变支撑。

唯美能如此，您的企业不同样吗？

我们都是“机长”！ 2019.10

敬畏与信念，胜于一切

2018年5月14日，青藏高原之上，9800米高空，800多公里时速，瞬间零下40度，持续34分钟，总共128人，聚合于一个航班数字8633，进而又重压在一个机长名字“刘传健”上……等于什么？全球奇迹！一个只属于人类的奇迹！

而这个奇迹，在发生一年半之后，使得改编于此的一部电影以超过20亿元人民币的超高票房，引爆了建国七十年大庆黄金周——《中国机长》。在国庆节的尾声，我给很多朋友都微信转发了我的观影推介。我与该事件、该影片及相关人并没有任何瓜葛，但是我认为这部电影讲述的真实奇迹，与我们每一个人都有关。

这一相关，并非因为我们经常坐飞机。其实大部分中国人今生没坐过飞机。是的，你可以没坐过飞机，更无须去开飞机，但你都是一位“机长”！我们的企业家，我们的管理者，我们的男子汉——尤其如此。

机长怎么这么牛啊！

我们每一个成年人，其实都是一位“机长”。管理者，你注定是一个组织的“机长”；被管理者，你也或许是一个家庭的“机长”；即便时代造就了很多不完整的家庭，你也依然是你宝宝所依赖的“机长”。那么，一位“机长”该做什么？做到什么？

3U8633机长刘传健，在全球民航业都认为几乎不可能的条件下，把一架近乎千疮百孔却又搭载着119名乘客和9名机组成员的飞机，完全靠着个人能力与毅力，挑战了人类的身心极限，穿越了皑皑雪山与翻卷气流，平稳地降落在了成都双流机场——全体人员安然无恙。诚如扮演民航总局调查人员的朱亚文唯一的一句台词：“怎么这么牛啊！”是啊，这是民航史上最牛的一位机长！

创造空前奇迹之后，刘传健总结了堪为“机长”最经典的三句话，借用张涵予极富磁性的声音传递给了全国大众：“敬畏生命。敬畏职责。敬畏规章。”

敬畏生命！

生命是什么？它是我们所有事业的原点。

敬畏生命意味着什么？意味我们不忘初心。

生命，本是最为自然存在的形式。但越是自然而然的，越是我们最重要和要去捍卫的。生命就意味着一切，没有什么比生命更重要。

刘传健感慨自己修整半年后复飞时，重握操纵杆那一刻的感觉，与之前大不相同。以往，那就是一份很普通的工作，一份虽然穿梭各地但和大家一样上班下班的工作。而经过514之后，他强烈地感到他与驾驶舱门后面的乘客和机组，是息息相通的，是紧紧相连的。那一刻，源自飞机濒于失控时，副机长用手势告诉他后面乘客与机组都OK时，他内心瞬间感到的“踏实”，与“信心”。

作为“机长”，就要敬畏生命，捍卫生命。要敬畏和捍卫的，包括生命本身，包括生命的长度，包括生命的尊严，也包括生命的品质。

作为组织的“机长”，你对生命的敬畏，就表现在对组织生命的捍卫。一架飞机，你不能让它搭载着生命与梦想去坠毁；一家企业，你不能让它承载着家庭与幸福去倒闭。诚如日本企业普遍所拥有的价值信条：“无论如何都要将事业进行下去。”那种近年来蔑视基业长青，而只追求过把瘾就死的“商业新逻辑”，本质都是在“毁人不倦”，就是在践踏生命。而实现敬畏生命，依靠的就是敬畏职责。

敬畏职责！

所谓敬畏职责，就是牢记使命的具象。

只有明确并坚守住了初心，你才会知道你需要怎样的态度，怎样的抉择，怎样的应变。当刘传健看到挡风玻璃猝然破碎，看到身旁的副驾驶瞬间被吸出窗外，看到自己的“机长手册”Pad早已飞出手时，他的第一反应不能再普通了，心一凉：“完了，这次回不去了……”但一位英雄机长的不普通，就在于他在负面一闪之后，须臾便能用自己的职责使命来引领自己的一切：“但我要试一试！”在自身陷入高寒释压缺氧、一门之隔的乘客已然惊恐呼喊一团的情况下，刘传健一遍又一遍地告诉自己：“我一定要把所有乘客都安全地带回到地面上！我一定要挺过去！”

与此同时，以毕楠乘务长为代表的空姐们，本来平时都一样是娇美柔弱、期待肩膀依靠的小女子，此刻则是台下十年功台上一分钟，高声而镇定地向濒于失控的乘客们反复宣讲："我们是最专业的。我们是经过长期反复训练的。我们的专业和训练，就是为了让大家都安全！"

但是，机组这些作为都是必然的吗？不是。按照我们很多职场人理直气壮的习惯思维："拜托谁告诉我，为什么三层玻璃都会碎？为什么没人告诉我这时该怎么办？这架破飞机是谁制造和验收的？又是谁检修和维护的？……如今这么糟糕，我有一丁点儿责任吗？……我怎么这么倒霉？！"然后，飞机一定会坠毁。

我们的人生，我们的岗位，我们的企业，我们的行业，当前面临的现实，就是眼前明摆着有诸多困难，甚至越来越大的挑战，诚如一架已然破窗释压面可能失控坠毁的飞机……那么作为合格的"机长"，你该做什么？

你是选择抱怨，还是选择解决？

你是选择放弃，还是选择坚守？

又如同样改编自真实事件的电影《间谍之桥》里那位身陷囹圄的苏联特工，面对一切负面本能时，所反复发出的那单调一问："这有用吗？"

闪念而过，还是就此沉沦，就是平庸与伟大的差别。作为老板，作为主管，作为家长，作为父母，面对巨大的困难，你必须去解决，必须去坚守，这是你的职责！为了生命，为了活下去，没有理由，也没有条件。

当8633的一位乘客后来很凝重地问刘传健："如果你也觉得没有希望了，你会和我们乘客说些什么？"刘传健的回答很客观、很太极："当时风噪很大，我已不可能和任何人说话。"我敢肯定，对这个问题，"英雄机长"一定从没去想过！

敬畏规章!

而敬畏职责，必须落于敬畏规章。

所谓敬畏规章，并不是敬畏枯燥甚至僵化的条文，而是敬畏条文背后所有的历史，所有的血泪，所有的壮举，所有前辈对于悲剧与传奇的思考与积淀。

刘传健深知，每一条操作守则，每一次飞前准备，都是无数次的514惊魂所集合出来的。仅仅他自己，在平生第一次驾机时，就体验到了起落架故障而连续六次尝试迫降的惊险，和塔台耐心专业的指导。再次借用张涵予的嗓音："当你觉得已没有问题时，问题就一定会来找你。"

没有一条规章是多余的，没有一次重复是浪费的，没有一次严谨是虚无的。因为即便是完全一样的航线，但每一次飞行的机舱窗外，永远都是不一样的天气，每一次飞行的机长身后，都是不一样但一样鲜活的生命！

于是我们从电影和实践中所看到的，就是机组对无数看似繁琐的专业规章的高声确认和明确操作。“只有把平凡做到位，你才能成就不凡。”刘传健总结说。这时，丝毫都不枯燥，都不无聊。

经历这次九死一生后，刘传健曾很笃定地说：“这是前无古人，也一定后无来者。这类事故再也不会发生了。”这是一位机长对于一个系统、一个行业，最深的自信与信任。但是，我们各位“机长”，我们的“飞机”也同样经历了生死沉浮，但我们有多少底气回答：我们的“系统”能不能通过钢铁一般的规章与执行，去让之前发生过的所有问题都“后无来者”呢？

因为机长有信念！

同样神奇的是，刘传健在重压与缺氧下完成空前壮举后，还能够极为精准地还原他在脱险过程中所做过的每一次操作，从而极可能载入未来的机长手册。

但更令人唏嘘的是，刘传健的演绎者张涵予后来透露：在514事件之后，民航总局曾使用最先进的智能系统模拟实况，但是反复测试做了十次，十次居然都是机毁人亡！、—为什么只有刘传健把飞机平安带回来了？

这时，别再炒作什么无所不能的人工智能！我坚信算法再聪明的机器也永远不会取代人类。因为，机器永远不会有人类特有的“信念”！

有时候，一个正确的决定，是那么艰难；一个理性的决定，是那么心痛；一个现实的决定，是那么茫然；一个必然的决定，是那么突然；一个解脱的决定，却要以泪洗面……也许起点，已经决定了终点，但人生的美，恰是为了起点到终点的过程。经历，就是价值。

杨光

在一个看似力不能及的领域，必须要尽到力挽狂澜的责任。在痛苦中抗争、试错、坚守，然后期待阳光与升华。领导者莫不如此。

杨光

德日为师，回归价值

2019.11

面对更具挑战的2020，该怎么办？

自注：当时谁会想到2020年，竟会是“这样”地“不行”……但也空前地磨练了中国企业家们空前的意志力！

烽烟与炊烟交错，转瞬又是一年。

2018年我们一起思考了当中国改革开放迎来40周年时，我们应该以怎样的心态去面对。越是成果傲然时，我们越需要归零自我。因为成功都是过去时，而挑战才是未来时。没有归零心态，我们便没办法应对现实和未来更加复杂的挑战。

果然，2019年是注定不平凡的一年，我们既有建国70周年的激动与欣喜，也有中美贸易战的焦虑与熬人，还有更加复杂、严峻乃至凌乱不清的国内外政治经济社会形势，直到此时此刻。

2020年马上将至。我们该怎么办？

日本：不行了，才是工作的开始

我想再次引用我曾经引用过的稻盛和夫的一句话：“当我们觉得不行了的时候，正是我们工作的开始！”

2019年，我们的国有企业，我们的民营企业，我们的上市公司，我们的中小企业，我们的出口型企业，我们的资源型企业，乃至我们的互联网企业，几乎我们所有的企业，都或多或少会面对“不行了”的压力。但越是这时，正是我们努力工作、展示自身价值的开始。换一个角度想，我们过去高速成长和积累了40年，不就是为了应对这一迟早会到来的艰难而伟大的时刻吗？

既然是注定的，也就不那么可怕了。

可怕的是，我们有时真看不清未来什么是注定的。以至于如今颇时髦的一所培训机构，叫做混沌大学。是的，在一个雾霾渐起的时节，一切看起来都是混沌不清的，什么都是不靠谱、指不上的。

2020年马上将至。我们又该怎么办？我再次引用稻盛和夫的另一句话："我们要用看起来最基本的道理，来衡量和判断那些看起来最复杂的事物。"

我两次引用稻盛和夫的话，一方面是因为2019年正是《中外管理》杂志将稻盛哲学引入中国企业界整整十周年，更重要的另一方面是稻盛和夫曾对满腹焦虑的中国企业家说："中国社会现在出现的问题，我们日本也都曾经出现过。一切都会过去，都会好起来。"是的，虽然如今日本依然面对着老龄化与无欲望的挑战，但欲望过剩的浮躁与纠结，他们已经历过了，也走过来了。

而我们正在经历。并且就在2019~2020年时，我们也正在经历走出浮躁的起点。我们社会的聚焦，正在从BAT转向任正非，从模式渲染转向技术研发。李嘉诚们，走就走吧。我们需要的是更多的备胎，更多的芯片，更多的高铁，更多的机器人。

德国：一根铅笔，背后是一个贵族

我近十年一直在说，互联网如果不能从2C走量降价，转向2B提升品质，中国社会就不可能从"将就"走向"讲究"。

德国人至今绝口不提互联网，是因为他们早就在践行工业4.0。他们早已把时代的发展洪流融入到了自己的产业血液里。

德国人至今不为人口下降而担心蓝领短缺，是因为他们的工人可以在条件宛如博物馆一样的厂房里专心工作。这是我们2019年在德国隐形冠军企业参访中亲眼看到的。

德国人至今不会为时代的乱象所困扰而不知所措，是因为他们即便在便道上那窄窄的单车道，都会集体严格遵守与避让。他们由衷相信规则，便不会害怕变革，不会被变革所摧毁。

德国人至今不为移动支付所裹挟而陷入焦虑，是因为他们的企业可以传承到第九代，他们什么苦难与时髦都经历过。他们知道最终回归的价值到底是什么，也许那只是一支铅笔，但那就是一个贵族。

月光下的问与拷，日光下的扛与变

德国，日本，同为实现制造强国的标杆，同为已然安宁富足的社会，给了我们中国很多价值思考的启迪。

不错，中国企业和社会当前急需价值回归，中国企业和社会当前也正在价值回归。当我们企业家，不论是创业者，还是传承者，都在深夜扪心拷问我们的初心，我们从哪里来，我们究竟为了什么，我们也就明确了自己的使命，我们在太阳底下必须要扛起什么，同时为了扛起，又必须要变革什么。

让我们一起来把那些经得起时间检验的社会价值与管理价值，重新回归到我们内心！指引我们行动！

速度，在时间轴上，都意味着代价。

杨光

生活中，最值得自我警惕的，就是内心开始萌发的“希望”和“期待”。
期待，往往是受伤的开始。
对生活，越是用心计划，命运一定越会给你一个无心的讽刺。
只有无计划的率意为之，无目标的顺其自然，才会带来真正的惊喜与快乐。
不妨想了，就马上去做，不要想太多。
去尽情享受无计划、无期待的快乐吧！

杨光

2020.02

从救鱼到救渔，从官救到自救

中小企业如何“抗疫求生”？

2020年的超长春节，在弥漫着新冠疫情的清幽中，很适合回忆当年的非典。就先讲个非典时我的亲身经历来暖个场。

闪办户口的神奇

2003年4月，很不幸，家兄疑似患有非典而住进了著名的小汤山，“生死未卜”。通电话几乎都是立遗嘱的口气。古稀之年的家父、家母也必须接受现在同胞们都熟悉的家中隔离。而嫂子更是带着刚刚满月的孩子困守家中。于是去街道为侄子办户口的责任，自然落在了我这个全家唯一“自由身”的肩上。

成年人都深深地知道，到基层办事，往往是三难：门难进，脸难看，事难办。我当时还是跑衙门的棒槌，自然做足了至少要跑个两三趟的“心理功课”。

那天，北京的街头就和前几天一样，空空荡荡，没有任何人气。等已看到了冷清的街道办大门，忽然发现门口很神奇地多了一张小桌子。桌子后面端坐一人。

我正要走上前去谦恭打听，只见那位同志远远地就有力伸出了手掌，像交警下达指令一样道：“别过来！就站在那儿！”我一惊，立即停步。“你来办什么？”“给孩子上户口。”“把材料都放在桌子上。然后退后。等着。”自然照办。只见这位同志拿起桌上的材料，转头就进了身后的办公楼。我，就乖乖地立等。

结果，没几分钟这位同志就出来了。我正等着他进一步的训示。“办完了。快走吧！”啊？这么简单？这么快速？这么神奇？我揉揉眼睛打开户口本一看，就是这么神奇。那一刻，真是里里外外如沐春风。

我们平素总是抱怨我们政府部门办公效率低下，这次亲身经历告诉了我：真不尽然。只要中国政府重视了，办事效率是可以非常之高的！

要救“鱼”，也要救“渔”

讲这个故事，是因为新春之际SARI新型肺炎肆虐华夏，当年影响全国的非典——又来了！

当从中央最高层到基层老百姓，乃至解放军官兵，都举国齐心启动之时，我们可以用令全世界惊掉下巴的速度，一方面一竿子插到社区实现分区隔离，一方面变戏法一样火线盖出两所“小汤山”。

这毫无疑问是因为我们政府对于全国民众生命健康的高度关注，并作为了不惜一切代价的头等大事来抓，来保。

但问题也随着而来——当防疫成为头等大事，我们的经济呢？当生命已然重如泰山，我们的生计呢？当病患引发万众瞩目，我们的企业呢？

很多朋友心存惶惶之下，这时真顾不上思考这个。看起来，比起人命，这些都算不了什么，钱财乃身外之物。可是，只要我们能（也一定能）扛过这一劫，我们举国就要（甚至已经）面临这个躲不开的排比难题：如果企业倒了，我们怎么保就业？如果就业松动，我们怎么保稳定？如果稳定失守，我们怎么保幸福？如果幸福不保，我们怎么追问初心？

“鱼”是生命，自然“保鱼”是前提；但“渔”是生计，因此“保渔”是基础。

既然如此，那么能够撑起全国“鱼鱼众生”的“渔”，主力又是谁？是我们创造了“五六七八九点”的民营企业！又特别是广大中小企业！

而相对于有家底的大集团，我们广大中小企业，偏偏在这场尚未见顶更未结束的特大疫情中，受到的冲击是最大的，甚至是致命的。这种致命的冲击，不止对微观，对宏观的冲击也会很大。不少学者已经做了很深入的分析，核心总结出来的就是：

微观上，时值严寒深冬和春运流动，决定了这次新冠疫情肆虐对民企，特别是第三产业的冲击，远大于上次非典；宏观上，又逢中国产业结构高速向服务业转型，决定了这次新冠疫情肆虐冲击第三产业而对中国经济的伤害，也远大于上次非典。

餐饮、住宿、旅游、交通、文娱、零售、会展、培训等强线下场景依赖的行业，也是民营企业汇集的行业，几乎都面临全面停摆的灭顶之灾——最直观的，光除夕一天突然取消的年夜饭预订，全国餐饮业损失了多少？光春节贺岁片电影临时全面撤档，全国影院损失了多少？光日前各地严格隔离、航线大批取消，全国旅游业损失了多少？但他们为此已然支付的巨额成本，又找谁去报销呢？我们第二产业的制造业，也好不到哪里去。即便是我们中国的隐形冠军性企业，也都纷纷面临诸如海外订单被取消、既有订单无法交付带来的巨大经济损失。可以这样说，为了“鱼”越安全，为此“渔”就越受伤。

春节出“渔”政的温度

那么，主导了经济产业结构升级调整的中国政府，在全力以赴救“鱼”时，对救“渔”应该置身事外吗？相对于承载国家命脉的国企，相对于承担纳税重任的龙头，对散落各处的中小企业，已然千头万绪的各级政府部门，会有意愿与余力关注进而救助吗？说实话，面对依然在扩散恶化的严重疫情，我和不少忧国忧企的朋友，起初真的不乐观。

但诚如非典时那个以为要跑两三趟的街道办，我们总是习惯延续对一些部门日常做派的印象，而低估了每当紧急关头我们各级政府所能迸发出的巨大力量。就像救“鱼”时，我们的中央可以调集全国乃至军队力量以近乎一眨眼的速度建成两座应急医院，在救“渔”时，我们的地方同样以不可思议的速度在对我们濒危的中小企业出手相助！就在2020年2月2日这个被民间闷中作乐的日子，苏州市人民政府在春节长假的最后一天，就在全国率先颁布了“关于应对新型冠状病毒感染的肺炎疫情支持中小企业共渡难关的十条政策意见”。作为第一时间出台的第一份地方文件，效率之高、涉及之全、务实之深、力度之大，都超过了我们常人的想象！令人振奋！

在此不妨扼要复述一下这可以救命的十条政策：

1. 确保小微企业信贷余额不下降，不得抽贷、断贷、压贷；
2. 确保小微企业融资成本降低，下浮10%以上；
3. 以20亿紧急融资额度确保重点企业贷款利率再下浮30%；
4. 对小微、无贷款企业进行逐户了解金融服务需求；
5. 对不裁员、少裁员参保企业，返还上年50%失业保险费；
6. 对困难中小企业，社保缓缴可达6个月；
7. 承租国资用房的中小企业，1个月免租金、2个月租金减半；
8. 对困难中小企业，可以申请减免房产税、城镇土地使用税；
9. 对困难中小企业，可以申请纳税缓缴3个月；
10. 对中小企业创业园优先给予政策扶持。

基于此，接下来我们不难做出两个展望：随着苏州先动起来，全国各地都会陆续出台针对中小企业的优惠救济政策；随着疫情不断发展，税收、社保政策还会从缓缴进一步深化为减免。事实上，历朝历代面对天灾，也大都会出台粮银赈济、税收减免的优惠政策。

当然，历朝历代也都存在名至而实不至的政策落实问题，新中国也一样。比如，在国资银行依然以坏账率作为行长工作考核的核心标准时，他们有什么动力真的去把政策温暖送到民营中小企业里去呢？因此，苏州文件只是各地救“渔”任重而道远的开始而已。

救“渔”，还要先逼自己

但承载“渔”的“鱼”——也就是中小企业和企业家们，救“渔”的起点，只能是“自救”。

正所谓，自助者天助。对于人，别人愿意帮你，是因为知道你行，帮你有用。对于中小企业，你至少要有本事活到政府的政策能落实在你身上。

这一段很多专家也都在纷纷发表中小企业的自救箴言，我不再重复。从直观体验上我有如下几点感受。

1. **家有余粮，心中不慌**。事实上，我最近一段接触到的“中国造隐形冠军”企业，普遍可以自信地说：我们大半年甚至一年不开工，工资也可以全额照发。现金储备，是当前企业应对疫情困境最切实的底气。前述之所以政府要用金融和财税救济，还是因为相当多的中小企业没有足够的现金储备，甚至可能一个季度都挺不过去，所以才需要政府出手。

2. **蓄水池战略不是老土**。互联网时代告诉我们应该今天花后天的钱，现在全瞎了。仅2019阵亡的创业企业名单，基本上都是互联网企业。如今事实证明，我们企业家就必须像起先的地主老财一样，把以往好日子挣下的钱给攒住了——经济牛市一过，一定用得上。日本企业普遍储蓄率很高，就是上百年各种危机洗礼下积累的宝贵经验。中国企业刚经历一个经济周期，又刚叠加一个天灾危机，比起日本百年老店，我们要学的还很多。

3. **今天的从容，来自昨天的远见**。虽然中国市场环境不确定性多，但也别再说战略远见与应变没用。随着中国逐渐融入世界并与世界紧紧捆绑，中国受全球大环境影响的确定性在大大提升。2019年市场环境下行已经很明显，如果还在按老套路激进投资、盲目扩张，2020年天灾这关基本上就很难挺过去了。甚至说，即便没有这次瘟疫，当前的经济和资本，也支撑不了过去盲目的烧钱和扩张。即便烧钱模式的始作俑者美国资本市场，2019年也不再接受WeWork这样的所谓独角兽了，就是最明显乃至划时代的信号。

4. **凡墙都是门。世上没有后悔药。**当前除了苦练压成本，死拼现金流，中小企业就是逼着自己改变习惯的路径，发现全新的机会和资源。事实上，很多新机会并非之前完全不知道，很多新资源并非之前找不到，但都擦肩而过只是我们习惯性总对自己的过去保有依赖，总对市场的未来报以侥幸。那个猪都飞的时代，一去不返了。如今，生存抑或者死亡的现实就摆着这里，我们只有逼自己去完成之前只喊没做，或只做但没做到位的该做的事情，逼自己去洗心革面，置之死地而后生！

当新冠病毒肆虐，使得我们的政府和我们的企业面前都只有一条生路时，其实一切就开始变得简单。我们除了咬紧牙拼死冲过去，除了无论如何都要活下去，没有其他选择！

新冠这一仗，我们必须赢！也一定赢！

中国社会总体正日趋向善，正趋向于将道德与人性加以平衡，将真话与事实加以对接，将原则与宽容加以融合，将虚伪与正直加以区分，将人格与隐私加以界定。我们原有的痼疾是伪善而猥琐，刻薄又懦弱。如今，这一切正在悄然改变。

杨光

虚无缥缈的未来那一刻，绝不比当下真真切切的这一刻更重要，至少没有任何区别。所以，人，完全没有理由为了追求所谓未来，而忽略甚至辜负眼前的当下。只要当下，没有透支未来。

我们都回不去了！2020.03

新冠之疫在逼着企业“因祸得福”

大疫笼罩下的2月底，一位做礼仪培训的朋友在微信上哀怨地问我（也许更是在问天）：“线下行业培训什么时候可以恢复啊？”我不假思索地脱口回复：“等大家都已忘记还有线下培训这回事时，就可以恢复了。”这不是心血来潮的危言耸听，不是敷衍塞责的随口调侃，而是盘桓已久的即兴归纳。

结束这次对话后，我对着手机屏喃喃说了一句：“我们都回不去了。”

我一直认为：任何一件事，最重要的都不是它本身，而是它的影响。这次疫情，同样如此。那么疫情过后，我们究竟是好了伤疤忘了疼，还是就此划出一条历史性的界线来？这一段，很多朋友从各种角度花样翻新地将这次新冠肺炎和17年前记忆犹新的非典加以比较。我们的判断是，那一次非典远不及这一次影响深远。差别在于：非典过后，以淘宝为代表的线上交易，开始第一次大规模走入寻常百姓家，并延续和爆发式迭代升级至今，这是企业经营层面的历史性变化。但那一次非典，除了让我超高效率地办妥了家人户口，却并没有实质改变我们的治理结构与管理模式，不论政府还是企业。

但这一次，都撼动了，几乎所有的方面。因此，所有的管理者都应该彻底抛弃如下幻想：疫情很快会过去，我们只需要考虑权宜之计，等几个月后疫情消退，我们就可以松一口气回到过去的“一切”。——这是不可能的。因为一切都可能已不可逆地永远改变了。

在家办公：宅出来的激情与团结

这次新冠肺炎疫情，首先将永远地改变我们的内部管理。

最直接的变化，是举国的企业经营场所几乎同时停摆，进而都被迫采取了在家线上办公。这是非典时未曾出现过的。在线办公虽一直都有，但直到这次新冠肺炎疫情，才成为了所有企业的被动刚需。为此，2月20日，新浪家居邀请我和五位家居业内大咖做了一期线上直播，一起探讨线上办公抑或说云办公时代，对我们企业的影响。

线上办公，究竟对企业的管理意味着什么？利大还是弊大？仁者见仁。但是，我更多看到了对我们管理而言可喜的一些变化趋势。

首先，管理的目的性得到凸显，形式主义反被釜底抽薪。

既然我们全体员工只能在各自家里的书房办公，传统线下集中办公的很多形式化秀场，瞬间成了泡影。我们要承认，我们传统的管理，很多时候会用形式来替代管理本身，比如用现场打卡考勤，来“一目了然”地替代我们对于员工生产力的管理。于是，我们上上下下都会乐于用形式来糊弄实质：看起来，该做的我们都做了啊。但忽然间，所有“形式”都被釜底抽薪了！怎么办？这就倒逼着我们的管理者，必须把工作的初心诉求想清楚，并把工作目标和指令下清楚，大家分散在全国各地，共同围绕工作目标来努力。也就是说，我们管理的目的性，由此被迫大大强化了。无从糊弄了，自然就要来真格。

其次，没有了形式化窠臼，员工自驱与创新也就得以激发。

我们都知道传统的形式化管理，既不能验证创新，也不能激发创新，但又找不到其他替代方式，况且大家都如此——都不及格没关系，只要自己没落下。但这下好了，从老板到主管再到员工，全都“宅”了，这时工作的驱动力原点就发生了变化。以前要么是老板在高压驱动，要么是客户在高压驱动，如今这两样其实都突然大大弱化了——驱动我们工作的动力，变成了事业及其创新本身。于是，我们看到员工们的工作热情非但没有弱化，反而强化了，更多的可能性也纷纷油然而生。最直观的一个现象，是在家线上打卡的出勤率与准时率都比之前高了很多。尽管这依然只是形式，不直接说明太多，但在没有老板瞪眼看着的情况下显示出的“形式”，依然说明了大家内心自主强化了对于岗位乃至事业的责任感。而与此同时，大大超越打卡范畴的是，很多员工都会自发地在“打卡下班”之后的深夜乃至凌晨，还在临时组织线上会议，来研讨“当天”工作的各种应对。

于是，一个很吊诡的现象出现了，很多同事和朋友都反映：这看起来足不出户、优哉游哉地在家办公，居然比朝九晚五的上班奔波还累！是的，因为工作与生活的界限变得模糊，而我们的工作责任感与自驱力在强化时，就会表现为工作对生活不分时、全天候的占领，而不是相反。

再者，团队凝聚力反而因分散而提升，未必如大家所担心的走向涣散。

因为我们的工作目标感更清晰了，所以我们的精力都转而用在了工作上；因为大家分散各地，因此凡是需要彼此联络的，都是工作协同之必需，而不会煞有介事去扯闲天；又因为我们都被迫远离了办公室，我们也就顺带远离了与之如影随形的"办公室政治"。于是，我们发现之前挥之不去的派系倾轧、员工矛盾反而减弱了不少！与之相应的，就是团队凝聚力的逆势上升。一个表现是，公司的微信大群比原来要热闹了许多，而以往多半是躲在部门小群内嘀咕。因为，集体认同感与创新协同感都上升了。

再举一个很小的例子。疫情暴发以来，我们要求所有员工每晚（一周七天）十点到十点半，都要微信接龙汇报体温。这既是风控的需要，也是凝聚的必要。日复一日，一个多月下来，看起来枯燥重复，但所有员工却都坚持得很好。这与"正常时期"我们常见各种借口、理由和抱怨的满天飞截然不同。因为抗疫的"义"字当头，因为彼此的关爱与责任高涨，于是组织的执行力就会上升。

祸就是祸，但我们可以"因祸得福"！

转战线上：逼出来的确定与可能

管理变革，必然激发经营创新。

在疫情之初，我就得出判断：这次疫情，必然会倒逼我们去实现那些其实我们早就知道，也认同该做，但就是因为既有的惰性（以前没那样干过），和内在的侥幸（咬咬牙熬过去就好了），而迟迟没有下决心去做，或没持续做到位的那些变革与创新！

一语成谶，果然如此。

就我们自身而言，我们是媒体，但我们早就不只是杂志出版，还有很悠久和很广阔的会展、培训等知识服务业务。而这些领域，恰恰也都是这次疫情的重灾区。因为它们"以往"都需要线下人流聚集来完成。这次，全瞎了。我曾在朋友圈晒过自己2月的工作行程，一片空白。什么差都不能出，什么人都不便见，什么局都无法组，所有的既定工作都是秒杀归零。

于是，我们早就知道的"线上直播"以及"线上商城"，成为了我们作为已开展线下培训长达25年的这家"老店"，冷不丁要面对的梁山之选！

为此，我们首先决心把原有的组织架构全部打破，基于我们线上业务创新进行了彻底重组。不再存在只出笔杆秀才的编辑部，也不存在只管运营谈单的市场部。当然，我们能迅速完成，除了上下同欲，还有赖于线上办公，完全规避了线下集中办公所面对的诸多物理障碍——大家只要在微信群里付举手之劳。要有效率地推进变革，组织最好离开原先固化的物理环境。

旋即，“管理百家大讲堂”线上产品应运而生。我们全新的组织团队，用以前想都不敢想的速度，闪电完成了线上产品所需要的诸如平台注册、技术速成等硬件准备，又同步完成了模式策划、产品打磨、嘉宾邀约等内容准备。就像雷神山、火神山医院一样，大家摆在我面前的光速进度令我都恍惚了，并让我在没完全准备好时，就择日不如撞日地在“情人节”之夜，走上了直播屏，和所有《中外管理》的新老“情人们”开始了两天一次的在线“约会”。同时，由原采编精英与经营骨干混编组成的“中外管理商城”服务号团队也已紧锣密鼓，枕戈待旦。

红舞鞋，就这样穿上了。

当然，有火箭速度就必有太空风险。我们的第一场“管理百家大讲堂”直播在嘉宾的切换上就出了不大不小的问题。后来也有，未来还会有。但这不重要，持续改善本就是我们的天职。最重要的是，我们《中外管理》已经拥有了开启全面变革的“确定性”，和探索广阔空间的“可能性”。

“确定性”，是过去两个月中，将全面变革，用事实、用行动，去“种”进了我们团队每个人内心，同时昭示给了我们各界新老朋友的。而“可能性”，则是着眼当下和未来，用空杯心态去探索“业务”的“可能性”，更去探索“人”的“可能性”。

于是，我们通过十几场逆流而上的收费直播，用坚持价值追求，来捍卫事业永续所必需的商业常识；我们通过海尔周云杰总裁及曹仰峰教授的公益直播，用单场40万流量，来探索事业创新所必需的市场空间。

让我们一起“因祸得福”！

我不知道到下一个月时，我们会发生什么，会有什么惊喜，会遇什么挫折，会变成什么样。我们不做预设，不下结论，我们只是心无旁骛地去做，去走，矢志成为创新事业各种可能性的探索者，与见证者！

祸就是祸，但我们可以“因祸得福”！

所以，我可以确定地说：不论管理，还是经营，不论组织，还是个人，我们都回不去了。

——核心问题是，我们还回去干嘛？！

最后一部相机 2020.04

佳能，你为什么宁死不肯变革？

自注：一年后有数据显示，数码相机的出货量在过去十年里下跌了九成……既未逃离，也未决战，而是……等死。戒之。

2020年的春天，对人类而言，来得晚一些。在家隔离两个月后，不少朋友选择了外出踏春，拍照。

可是——你还记得你上一次拿着相机拍照，是什么时候吗？

这是一个可能令你一愣、未必能答得上来的话题——应该有很久了吧。曾几何时，至少都市人，每个家庭都至少有一部数码相机。21世纪的头20年，可谓沧海桑田。

6年，胶卷相机大势已去

我对数码相机的初始印象，还是本世纪初。

记得2000年我们全杂志社同仁去黄山旅游时，我拍照时还要数着胶片相机的张数。因为一卷就36张，运气好可以37张，所以按一次快门可左右斟酌了。我还记得我那时偏爱富士甚于柯达，因为颜色明快鲜艳。但因为当时也不知道拍得怎么样，回来就要赶快送去冲洗，我还记得急切赶到冲洗店时，把一摞相片从纸袋里抽出时那一刻的忐忑，或惊喜，或顿足，但一切都已时过境迁——总之一锤子买卖，和我之前说的早年挑西瓜差不多。最后，把其中满意的照片装入相册，一本又一本。

但时代变化很快。时隔两年后的2002年，我们全杂志社去越南旅游时，已经有一些同仁在尝试使用数码相机了。我记得那时的数码相机成像技术还不好，像素不足而失真，如果尺寸放大效果更糟，内存也远不像今天这么大。但毕竟好处是便利，随时可以通过屏幕复看，而且相对而言存储量已比小心翼翼地数两位要大。于是，那时就看你究竟更在乎哪些特性，进而做出取舍。

作为大众的选择，数码相机虽然越来越多，而传统胶片相机，特别是高端相机，依然是发烧友的挚爱。我记得我们杂志就在那个时代交接点上，几个摄影爱好者们依然谏言购买了一部120专业相机！

但可惜，那部120使用效率并不高，更像是一次回光返照。而等到3年后，一个不可逆的真正清晰的时代转折点，就来了。不只是我们逐渐几乎看不到胶片相机，和原先旅游点常见的或黄色或绿色的胶卷小盒子了，更主要的刚性突变，是我从2006年开始在自己电脑里有了电子相册！从那时那开始，我的电脑相册就没有中断过。相反，我没有再添置一本相册，因为已不再冲洗照片了——懒得洗，又不必洗。

于是，柯达倒了，富士转了。

又6年，数码相机风光无限

与以上停滞相反的，是我开始每一两年，都要更换一部新的数码相机。尤其是佳能。也是从那时开始，我真正热爱上了摄影。尽管这里的原因并不单一，但数码相机更海量的存储，更强大的性能，更丰富的功能，都越来越吸引我。比如，我那个时候很喜欢佳能相机的日落模式，因为拍出来的妩媚光线，甚至比眼睛看到的还要美；我那个时候也开始借助微距模式，去拍摄一些以往自己并没去关注过的世界细节；我还可以便捷地使用调整曝光度和感光度，来使得图像更有层次和更清晰；而越来越专业的长镜头，更可以让我很过瘾地拍摄绚烂的日出，山间的明月，和远处振翅的飞鸟；至于著名的防抖功能，大众更是津津乐道。

也就是那时候，我收获到一个重要的感悟：摄影，会让你更加热爱生活。因为，摄影形成的习惯，会让你的双眼更敏锐地去“捕捉”到身边“所有”美丽而且有趣的事物，及其瞬间。进而，还会让你和他人即便同时注意到了一个事物时，你也会有意选择一个异于常人的角度去审视和构图。再者，摄影的经验，会让你发现很多美好的图景，其实往往就来自你阔步向前时的习惯性回眸……这些都是不爱摄影的人，一定无法体会和拥有的。因为没有必要，也就没有能力。因为没有能力，也就没有乐趣。因为没有乐趣，自然无法热爱。

也因此，我的摄影主题就此发生了重大变化。用胶卷相机时，几乎每一次按下快门，都是日后要装进空间有限的相册里的各种留念与合影，所纠结的也总是重点是前面的人，还是后面的景——专门拍景？我会有罪恶感。但转用数码相机后，我才把镜头的关注点真正转向了这个世界，照片从纪念，变成了发现；从留影，变成了捕捉；从对人，变成了对世。于是，我才从机械地记录自己，变成了欢快地热爱人生。

我真的由衷感谢那前后十年，一部部数码相机，一部部佳能，带给我的绵延快乐，和对绵延快乐的闪亮定格。尽管，我自己已很少出现在镜头里。

再6年，数码相机危机乍现

如今说这些，更像是在唱挽歌。好比一位老妪回忆着当年的红妆。

也是从十年前，智能手机出现了。诺基亚立即倒了，但似乎看起来和佳能无关。又是大约三年后，手机里的照相功能逐渐崭露头角，直到后来摄影功能远大于电信功能。又随着移动网络与社交媒体的兴起，手机相机便于分享的特性更大大刺激了大众的新需求。于是，一批对摄影本身没有太多追求的朋友，率先拥抱了手机照相。他们不在乎品质，他们在乎分享。我记得2012年，我们杂志在又一次远游黄山的影展上，首次专门开辟了手机照片参展奖项——虽然明显边缘。但这时，就已和佳能有关了。

老实说，佳能因为有一批我这样的人，多安逸了五六年。我很长时间排斥用手机照相。理由和我排斥单反是一样的。因为单反拍照虽然有无可争议的品质，但对于大众而言光是挂着它和举着它，物理负荷就已经决定了是你在为它服务，而不是它在为你服务。而那时的手机拍照则相反，不仅品质不敢恭维，更主要的是它的存在是为了发微博，以及后来的微信，也就是社交是第一位的，本质上同样它是在为他们服务，而不是在为你服务。而我是很看重自我追求与自我价值的。卡片数码相机，其性能逐渐不输于单反或至少微单，同时更明显好于手机。那几年，我就用随时揣在裤兜里的卡片佳能，拍出了不少“属于我”的作品。

这时可以说：徐娘半老，风韵犹存。但是，危机已然乍现。

这10年，相机厂商在干嘛？

然而，近三年形势，令人惊喜又令人痛心地发生了本质逆转。

手机的照相和摄像功能与性能，均令人惊喜地大幅提升，直到华为手机直接装上莱卡镜头！这是当年想都不敢想的事。于是这时，手机拍照的品质性能，已无可置疑。与此同时，手机摄影的社交优势依然存在。而在我看来更主要的，是手机摄影开始强化和不断升级花样翻新的后期修图和人物美图的软件功能——以至于不少人不用美颜就拒绝自拍了。

于是，我们从20年前胶卷相机，拍完了都不知道拍的是什么样子；到10年前数码相机，拍完了如不满意可以反复拍；而如今，是拍完了你可以顺手随心所欲让它变成你想要的样子，并且随手就瞬间发给你想分享的人群！

那么在手机摄影突飞猛进时，佳能们在做什么呢？令人痛心的是，几乎什么都没做。数码相机的社交短板，没有实质性改变。虽然有些型号声称可联网，但很不好用等于没有。数码相机的图片编辑功能基本停滞了十年，毫无实质性改进，与手机的图片编辑完全不在一个档次。更要命的是，我发现如今的数码相机居然在自己本应最专业、最具优势的成像品质上，都已经全面落后于手机了！包括全傻功能下的快门抓取没有提升，暗光下摄像的失焦问题更长期没有解决，而这些问题在手机上居然几乎就没有出现过。

最后我发现，卡片数码相机目前只剩下了一个功能，是手机暂时还无法匹敌的，就是长焦拍远景。可这区区一个功能优势，已经完全无法支撑一个产业，无法支撑即便热爱你的消费者继续认可乃至使用你的理由！

于是回过头看，10年前，我拍照只用相机，手机只用来码字和通话；5年前，我主要使用相机，偶然手忙脚乱地也掏出手机"补拍"一张，便于必要的即时工作社交；而就在2019年，即便固执如我，缺乏与时俱进精神如我，也终于后知后觉地开始大量使用手机拍照，只是偶尔拿出相机，拍一下偶尔才需要的长焦远景。

当年诺基亚可以说哀叹："我们没有做错什么，但我们就是输了！"是的，诺基亚只是在被颠覆时，甚至没有来得及反应就倒下了。那么"佳能们"呢？市场可是给了数码相机厂商长达七八年乃至十年的时间，但你们既没有去在信息联网上下功夫，没有在完全可以做到的图片编辑上下功夫，甚至也没有在自己的"大本营"成像品质上真正下功夫！就干瞪着眼看着手机超越并绝尘而去。

而这些，没人相信这是"佳能们"做不到、来不及做到的。这就是死相……

2020年，已没有相机

于是，在2019年入夏，我带着一丝怀旧，最后一次为佳能下了单，嘴里默念："这是我最后一次给你机会。这也许是我最后一部相机。"当年秋，在德国我带上了佳能，但基本没用，而都是用手机。当年冬，在日本我们压根儿就没有带上佳能。许是忘了吧，无痛，亦无感。这是一个15年的数码相机铁粉。

2020年春回大地，万象更新。但都与相机无关，走好。

瑞幸之不幸，是谁之大幸？

2020.05

还会有下一个吗？

自注：不幸的是，一年后，国人至今为了手中的“消费券”，而轻松放下了“价值观”。瑞幸虽然破产了，但它的咖啡依然有人喝。

瑞幸咖啡的骗局，“终于”玩不下去了。但这样一个“迟早”的超级热点，我却偏不蹭，而要晾一个月再来细说。

因为中国永远不缺起哄拍砖的人，但是缺少真正思考的人。而思考，是需要冷静和观察的。

4月2日，在纳斯达克招摇上市的瑞幸咖啡，突然曝出伪造交易额至少22亿元人民币，使得“所有人”都无法再替其辩护，自然舆论一边倒。但是，瑞幸对中国企业、中国社会的影响，其实远不止看起来这么简单，这么清澈，甚至这么乐观。

为什么早没看透瑞幸？

当外界众口一词严厉批判时，有多少人还清楚记得，在仅仅事发之前两个月，到过去这两年里，中国企业界和学界内围绕是力挺瑞幸，还是看衰瑞幸，一直都在发生激烈的争论，甚至产生了严重的撕裂？

2019年11月初，我们组织企业家访学德国隐形冠军企业的路途中，在我主持下，全团还进行过一次热烈的讨论，至今言犹在耳。即便是认同隐形冠军企业理念，看起来与独角兽情结尚有距离的中国实业家们，围绕瑞幸的前景，也依然正反两方泾渭分明。要知道，支持与反对瑞幸的，可都是我们的精英。这就是中国社会一个缩影。

我注意到瑞幸现象初现时，有不少名家在陌生中都是持观望和质疑的。一位知名企业家2019年6月曾这样对我点评：“瑞幸咖啡以消灭星巴克为目标，说起来都很邪恶。给人们带来美好生活的星巴克，你为什么要消灭它？就是因为它影响了你的发展？我们内在的竞争文化有劣根性。”

但随着瑞幸貌似不断高歌猛进，各界精英包括我的同事，也就从怀疑瑞幸，逐渐变成了怀疑自己。有名家在研究了瑞幸炫耀的运营模式后，微调了视角：“他们有一定道理和商业逻辑。过去我们把咖啡当作服务业，但他们把咖啡店做成了自提网点。别人卖服务卖体验，他们卖产品卖快捷。唯一的问题，咖啡是不是刚需。”

而另一位名家则中肯地指出：“瑞幸的重构成本模式，我（在当初）还是看好的。”但当时他也是基于“长期主义”的诉求，才开始关注瑞幸标榜的数字化变革实验。但最终瑞幸毫无底线的悍然造假，让所有曾对他们给予期待的名家，都“沮丧无语”。

为什么说瑞幸是注定的？

我很理解各位名家的复杂心情。但我略为不同的是，从瑞幸海外火箭上市引起我关注开始，我就认定瑞幸出事只是早晚，并且始终坚持，从未动摇。“瑞幸之终于不幸，有可能是中国社会之大幸”，是我的核心观点。

我不喝瑞幸，不谙咖啡，不迷互联网，对商业模式也远不及产学名家精通，但“很业余”的我，凭什么就断定瑞幸会垮掉？我其实只力图从更基本、更朴素的视角，去评估和判断。这一点，虔学自稻盛和夫。稻盛先生曾在《活法》中指出：“我们要学会用最基本的道理，来衡量看起来最复杂的事物。”他因为秉持这一点，很“业余”地躲开了日本90年代金融泡沫破裂的冲击，也持久地成就了自己一生的商业与伦理双高峰。当我们进入所谓颠覆时代，所谓乌卡时代，其实这一点，就反而尤为重要。

瑞幸做了什么？

关于瑞幸，我从对他们一无所知，到认定其必垮，来源于一个基本事实：这是一群玩转租车市场的团队，而他们居然信誓旦旦地认定可以将玩租车的逻辑模式跨界复制到做咖啡，并且居然火箭般地成功上市。这本身都是反商业底层逻辑的，是不可能实现的。而他们进而又信誓旦旦地认定，他们可以用烧钱扩张的目标和方式，来干掉星巴克，用低价走量、彻底干掉咖啡文化的方式，来构建自身商业帝国，正如前述所言，这本身就是“邪恶的”，也是注定不可持续的。

这里首先涉及“价值创造”问题。即便抛开服务单就产品而言，瑞幸也没有为这个社会创造价值。十年来我一直认为，互联网思维虽然甚嚣尘上，风光无限，但如果他们依然立足于单纯的“低价”和“便捷”，让这个社会日益沉迷于“将就”，而不是转而精心于“讲究”，那么这种商业终究是一个社会走向进步幸福的祸害，甚至是毒品。如果一个企业及其团队和投资人，并没有切实造福社会，却自身赚得盆满钵盈，就一定是走不远的浮华，也将身负逃不掉的罪恶。因此说，互联网企业虽然最爱谈生态，其实却是在践踏生态。真正的生态是产业共存共荣，携手回报社会。一个满心颠覆的组织，它会和谁真心共赢？又会去真诚回报谁呢？而瑞幸，不过是其中又一个，用短暂膨胀充分暴露以上荒诞的最极端一个。所以本质上，“元气满满”的瑞幸和“下周回国”的乐视，并无区别。

瑞幸为了什么？

说到此，进而也就涉及“价值初心”问题。如果瑞幸高管团队，真是为了做好一杯香浓的咖啡，用更优质的咖啡和服务去造福社会，顺带战胜星巴克，那么他们就一定不会去做咖啡。因为他们压根儿就没有对于咖啡的情结与基因，他们的投资人没有，乃至他们的目标客户也未必有。事实上，这就是一场商业游戏，与咖啡和事业都无关。瑞幸团队应该是在做神州时，通过与资本的深度对接，自认为“领悟”到了商业的“本质”。因此，瑞幸从一开始就是一个“设计”，一个“局”。是一个联手资本，对全社会布下的一个高智商精心算计过的局。所以，我甚至不认为瑞幸团队是被资本所裹挟，身不由己，而是一开始在原点初心上，就是与资本合谋推演出来的一出游戏。也因此，瑞幸团队可以不懂咖啡，却敢于掀翻咖啡，因为他们在乎的从来就不是咖啡，而只是贪婪的资本溢价。

因此，本就没有初心去做好咖啡，也没有底蕴做好咖啡的瑞幸团队，可以依靠的只有资本游戏的逻辑，可以仰仗的也只有资本神话的光环。但终究神话在现实中并不存在，即便实现最快IPO又能说明什么？都是浮云。要知道，浓缩的并非都是精华，更不会因此就改变轨迹。于是，资本神话难以为继，便是迟早的事。而造假，不过是瑞幸团队为资本收益而愈发抓狂中的必然选择；而造假事发，又不过是其终将垮掉成为事实的必然拐点。

所以，我不懂也不看瑞幸吹鼓手们在网上所写的那些基于“数字”看似能够自圆其说甚至惊心动魄的商业战术分析（颇讽刺的是，好像不少已打不开了）。我们只围绕最基本的商业与社会大道理来近乎本能地去衡量，就足够了。

为什么还会有下一个瑞幸？

因此，如果我们只是在第一时间痛斥瑞幸失信，那么就和瑞幸咖啡一样廉价寡淡。关键是，我们精英阶层有多少人，从此真正开始独立质疑乃至果敢否定“瑞幸们”背后的那些“时代逻辑”？

即便东窗事发的次日证监会就明确强烈谴责，即便4月27日开始对瑞幸开展调查，即便同时又明确将会进一步强化跨境监管执法合作，但是“瑞幸们”的背后逻辑会因此灭亡吗？会不会就像追问阿Q会不会断子绝孙一样？我同意另一位知名管理学家对我所说：“这种逻辑不会灭亡。因为滋养这种逻辑的土壤广袤无垠！”这也是我说“瑞幸之终于不幸，有可能是中国社会之大幸”时仍有保留地只说“有可能”的原因。

操盘人会悔改吗？

从当事人层面看，企业家团队幡然自省是不乐观的。从其高管团队提前质押股票而巨额变现，到传闻上市前已集体购买“护身险”，都可以看出他们对未来、对后果，其实都是心知肚明而早有准备的。换句话说，他们很可能并非是在路上忘记了初心，而是故意为之。

而其最高层在事发后的第一反应仍豪言“元气满满”，则颇像前清时期死囚上法场前高呼“20年后又是一条好汉”。其实按照瑞幸的逻辑，确实用不了20年，2年轮回足矣。其字里行间所暴露出骨子里的不以为然，不以为耻，“我并没错，只是输了而已”，足以让我们各界都为之汗颜齿冷。而后来传言该高管的识时务而致歉，又有谁的智商会低到相信这是发自肺腑？

研究界会反思吗？

从学界层面看，我们的反思能力也是不乐观的。从乐视席卷600亿社会财富“贾会计”挥手而别开始，所谓“独角兽”的骇然丑闻已层出不迭。但我们各界始终都是以个案待之，从无深入探究，而且健忘极快。难怪黑格尔曾刻薄地说：我们唯一能从历史中汲取的教训，就是我们从未汲取教训。如今，瑞幸成了最新的一个，试问我们对于颠覆，对于资本，对于烧钱，对于速度，对于流量，对于模式，会真正开始反思吗？目前尚无群体迹象。我们更多看到的，仍只是对失信造假的肤浅讨伐，和受其连累的利益痛骂。

美国之所以依然强大，并非强在美元，甚至也非强在高科技，而在于其强大的自我纠错能力。最近美国国内对于以互联网行业为代表的依托资本过度烧钱的独角兽经营模式，已开始了实质性反思。2019年WeWork的上市失败就是一个明确信号。同年4月，《纽约时报》刊载了一篇名为《减少互联网是唯一的答案》的重要报道。其实仅当月，西方主流媒体就相继出现了20篇负面反思评论。但我们国内，却一直反应麻木，依旧歌舞升平。所幸因为瑞幸丑闻，国内已有一些名家意识到要做研究，做判断，要先关注价值观，而不只是商业模式了。只有先正道，论术才有益。

消费者会长进吗？

从社会层面看，我们民众的价值趋向同样不乐观。我认为，供给侧的问题，要从消费侧去找原因。有什么样的消费者，就会有什么样的企业家。而我们能看到的是，瑞幸丑闻事发后，很多握着瑞幸消费券的朋友在上赶着去排队消费。一家严重失信企业，不仅没有被大众唾弃，经营业绩反而因为丑闻暴涨，这种咄咄怪事是我们举国的荣耀吗？我们大众为什么对于践踏诚信的行为如此大度宽容？又为什么为瑞幸割了美国人的韭菜而如此津津乐道？而其中一些高智商民众，又为什么在已然事发后还在为瑞幸团队可能的后路算计而啧啧称奇？与此相反，我们大众又为什么对于疫情下受重灾的餐饮业因为成本压力而涨价怒不可遏，甚至联名抵制？请问，他们为什么无一人去发起抵制已无可争议的瑞幸呢？

我们不能说我们不善良，但似乎我们的善良里总裹挟着一些冷漠；我们不能说我们不勤奋，但似乎我们的勤奋中总映透着几分自私。所以我断定，瑞幸绝不是“瑞幸们”的最后一个。

所幸我们终究会醒来！

但是，我历数以上不乐观，恰恰是因为血依然热，心依然跳。所谓爱之深，责之切。我内心依然对我们中国企业的未来充满信心与期待。因为我们的政府正在强化企业监管，我们的社会各界也终将逐渐醒来——为尊重真正颠扑不破的社会价值与商业规律，而真正醒来！

“这我就放心了。否则，我们踏实做企业的就没法玩了。”我一位企业家好友如是感慨。

2020.06

2020闹剧：口罩啊，口罩！

我们唯一的教训，是从未吸取教训

请问：2020年由冬入春，中国市场最紧俏的商品是什么？肯定是口罩！

再问：2020年由春入夏，中国市场最悲催的商品是什么？居然还是口罩……

21世纪的口罩过山车

回想初春2月，举国几乎一罩难求。全国几乎所有的药店门口都会歪歪斜斜戳着一个牌子："本店口罩已售罄"。那时，一些并非疫情高发区的地方领导，也会向我打探有没有弄到口罩的路子，焦灼之心溢于言表。而随后居然听说个别地方出现悍然截留其他地区口罩的惊悚事件。于是同月，格力转产口罩。董明珠那句："战役需要什么，格力就造什么"，立即成为了充满道义担当色彩的刷屏经典。

但口罩，可不是从天上掉下来的。做口罩的原料：熔喷布，不仅就此忽然众人皆知，更是价格一路飙涨。入春时民用90级的熔喷布每吨曾最高冲过40万元！一般口罩用的熔喷布过滤标准要达到80%，但当时很多不达标的熔喷布，都已成了有价无市的抢手货。因为只要能生产，就不愁不瞬间脱销。于是，全国很多地方企业都在全力以赴投资上马口罩生产线。那时，真可谓实实在在21世纪版的洛阳纸贵。

然而谁也没想到，仅仅3个月后，5月底熔喷布的价格竟一下自由落体般跌倒了1万！更令人骇然的是，价格从最高点一个猛子掉下来，居然只用了一个星期！又后来，听说有些上游厂家干脆白送，索性堆放路边。与此同时，成品口罩的价格也如深秋落叶般暴跌了96%！

如此过山车的原因，当然不是需求端出现了滑坡——当前全国人民乃至全球依然需要大量口罩，而是供给端：中国口罩产能激增的速度，实在太快、太快了！据报道，疫情前中国口罩日产2000万只，到3月已经激增了10倍达到2亿只。当然，作为投产周期，大量滞后产能还在翻着跟头上升。

雪上加霜的是，因为生产出来不愁销路，部分中国企业忽视品质、僭越标准的恶习又起，以致在出口中产生了负面国际影响，于是国家开始严查口罩标准。不难想象，这一下子又催生了大量作废的口罩库存，和大量的经营亏损。和前两年触目惊心的共享单车废墟，如出一辙。

与此同时往上游捋，口罩机的价格也是迅速从暴涨10倍，到被打回原形。更要命的是，过剩的口罩机产能，最后很可能只能沦为废铁。同如前述，不少投资熔喷布的企业，将面临亏损上千万。

23年前的情人啤酒

更可悲的是，这出21世纪黄粱一梦般的过山车闹剧，并不是21世纪乌卡时代的新问题。

早在23年前，美国管理学家彼得·圣吉，在他曾风靡中国的代表作《第五项修炼》里，就已经讲过极为近似的故事，并在1997年通过《中外管理》而广为人知：一位当红歌星新出了一首叫做“情人啤酒”的新作，通过电视播放成了今天所说的爆品，于是年轻人的啤酒销量激增。自然，当地啤酒零售商机敏地开始向批发商大量加单订货，批发商也亢奋地向生产商大量加单订货。而这首歌如同当今诸多互联网爆款一样，红得快、衰得也快。于是年轻人的兴趣立即从啤酒迅速转移，下游也开始向上大量退单。而这时，上游生产商刚刚添置完新设备，正在加班加点地生产。结果，悲剧发生了。

其中的道理，彼得·圣吉已讲得很透彻：当我们产业链的每一个环节，都只基于当下，基于本位，而做自认为应该去做的事并决策时，对于整个产业系统来说，最终就意味着不可收拾的悲剧。

还有多少一地鸡毛？

比悲剧更悲剧的，是悲剧的不断重演。

德国哲学家黑格尔曾说过一句痛心疾首的话：“人类从历史中吸取的最重要教训，就是人类从未吸取教训。”那么，那些自以为所有的商业规律和行为范式都已在21世纪被彻底打破的“时代人士”，你们现在看看，我们和20多年前真的有什么区别，有什么颠覆吗？虽然举国都进行过“系统思考”的洗礼，可我们如今，不是照样短视，不是照样疯狂，不是照样悲剧吗？

又最近，地摊经济又火了。大家再一次集体嗨翻。但这次会不会又像之前一样，又是一哄而起，旋即一哄而散，最后一地鸡毛呢？

> 时刻而且挖空心思地“做好”最坏的心理准备吧……
> 世界上最坏的事，就是那些你没想到而猝然发生的事。
> 只要事前想到了，所有的坏事都坏不到哪里去。

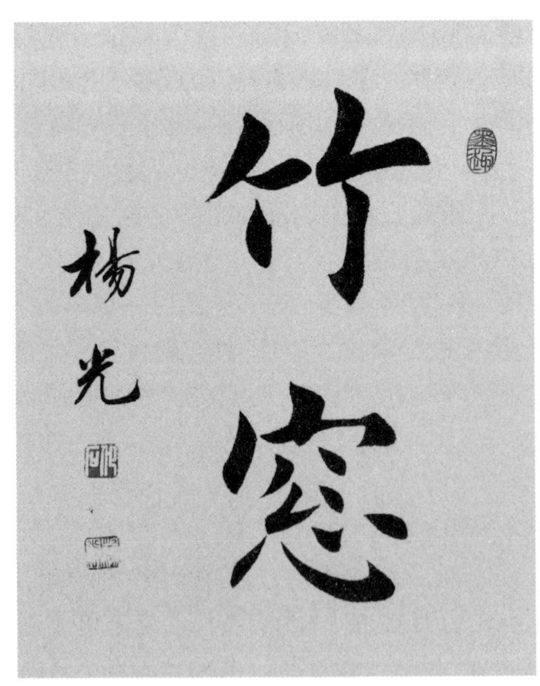

从三文鱼、陆正耀到贾跃亭

2020.07

衡量一切价值的标准，是可持续！

当贾跃亭声明破产重组创业打工，当陆正耀面临退市公审黯然去职，当三文鱼一夜光环褪尽无人问津，这三个看似十三不靠的人与物，却在我的脑海里迅速指向了同一个掉渣老词儿：可持续。

过去五年，我不止一次说过：乐视和瑞幸，就是中国社会主流价值观里弥漫着的一股雾霾。它的底层逻辑，就是阻碍社会可持续发展的毒瘤。过去十年，在中国社会里风靡的所谓风口飞猪，所谓生态化反，所谓天价估值，所谓赢者通吃，别说与人类文明无关，就是用血淋淋的“丛林法则”来形容，都是高抬了。因为自然丛林里的，反倒都是可持续的。

践踏商业，无异林间禽兽

大自然里常有共生，但大自然里难有共赢。因为，共赢超越共生，在于它需要共同创造新的价值，并共享这些价值。因此，一个只是承认并践行“共生”的组织和领导者，其实未见得一定比禽兽高出多少。只有进而追求“共赢”，你才能说自己已经衣冠遮体进化为人，从丛林沟壑走向了文明光辉。那么能够区别于人与兽的“共赢”，又来自于哪里？那一定来自于自然界里原先并没有的东西——我认为，就是商业。狮子与小鸟可以和谐相处，各取所需，但它们之间却绝无做交易的可能。而人类诞生之后，通过创造，物质出现了富余，交易便成为了可能，商业也随之涌现。

商业的最大贡献，并不是商品本身——一个牛肉罐头，和一块滴血牛腿，并无本质区别——而是在于普世的商业逻辑。它看不见，却说得清，行得起，而且——

走得长。因此，认清、尊重、践行那些底层的商业逻辑，便是我们人类文明能够不断进步的重要动力与保障。

反之，人类每每都会受到惩罚。当曾几何时，我们怀揣过神一样的梦想，而不承认商业，我们便“随即”饥肠辘辘到连鬼都不如，遑论做人，遑论尊严，遑论初心。当曾几何时，我们自持圣一般的使命，试图以拳头代替道理，我们便“随即”自相残杀到连兽都不如，又谈何人伦，谈何发展，谈何幸福。

商业无利，无异自误误人

21世纪貌似无需茹毛饮血，和平时期貌似远离家破人亡，但这一切都需要以坚守商业逻辑为前提。而商业逻辑，包含的就是：一切商业行为都需要切实创造价值，都需要表现为合理价格，并确保在价值与价格的“平衡”中，不“透支”社会的根基与大众的未来。

但是很遗憾的是，进入本世纪以来，一方面我们的商业技术越来越翻新，但另一方面我们的商业逻辑反倒似乎越来越崩坏。

当很多新锐不以制造亏损为耻，当很多名家皆以铲平价格为荣，当很多大咖反以生态之名毁坏生态，而芸芸众生却仍醉倒在这些模式路演中时，可有谁哪怕轻声地问过一句：你们凭什么？你们能靠这些短期行为让你们的公司持续生存吗？你们能靠这种透支思维让你们的行业持续发展吗？你们又能靠这类野蛮逻辑让我们的大众持续幸福吗？

回头望去，五年以来，乐视窒息，OFO成坟，瑞幸造假……可谓花样翻新，闹剧不断。它们都以明摆着没有利润的模式，在高歌猛进中作死自己，在蛮不讲理中摧残行业，在道貌岸然中误导民众。其中，后者更是在基本价值观进而消费行为习惯层面，如诱人吸毒一般误导与麻醉大众，进而颠覆性地毁坏本应作为行业生生不息根基的基本商业逻辑。

甚至如今风风火火的各种直播带货，不管站台叫卖的是老板，是市长，还是明星，本质上兜售的不仍是“全网最低价”吗？光鲜数据的背后，不还是赔本赚吆喝吗？有多少家在直播带货后，敢说在不断飙高的流水金额中，切实获得了更多的商业利润？而没有利润支撑的销售数据，又能够持续多久呢？

“投喂”免费，无异全民嗑药

在各种无休止地价格搏杀中，很显然最极端的“免费思维”，对社会的伤害又最大。

危言耸听吗？试问这次新冠疫情中，即便在七成餐馆无人光顾的惨烈情况下，估计也没人认为可以用免费的鱼香肉丝招客，抑或1块钱成单——但凭什么有那么多人想都不想就认为：各类知识性产品和服务，就“理所当然”应该“免费公益”呢？对于并非衣不遮体、食不果腹的商务主流人士，享用知识服务时的“公益”逻辑，又究竟何在呢？有谁公开阐释过？有人马上会说：获客引流啊！但试问：引流是一个企业的目的吗？引流就会引出利润吗？而且实现引流就一定要通过免费方式吗？通过免费和已然习惯免费所引来的流，沉淀之后剩下的商业价值，又究竟有多少呢？如果举国都就此习惯了知识免费，那最终买单的又该是谁？

可以说，如今大行其道的免费逻辑，看起来是各得其所的全民狂欢，实则本质上就是饮鸩止渴的全民嗑药。众所周知，天下本没有免费的午餐。从古至今，什么时候免费创造过商业价值？什么时候免费延续过社会繁荣？什么时候免费维系过生命运转？世间只要有商业在，就一定有成本在，而只要成本依然在，那些没有价格支撑的所谓商业价值，即便看起来红极一时、横扫一切，但烧钱过后，最终都将成为自欺欺人的浮云泡沫，都不可持续。

无视贪婪，无异掩耳盗铃

企业经营如此，整个人类的生存更是如此。

好比眼前这次三文鱼引发的二轮疫情危机，真的是由鱼或进口食品惹出来的祸吗？深究起来，我们会发现，它其实是人类欲壑难填催生冷链过度膨胀的自然恶果。

鲜，是美好的，但作为自然之态，本就是不可持续的。因此人类对于尝鲜进而保鲜的过度追求，同样是不可持续的。但是，我们的社会大众在闻三文鱼色变之后，又有几个人开始反思自己的口腹之欲，更有多少人就此会选择收敛自律呢？“三文鱼不能吃了！”抑或很快“三文鱼可以吃了！”我们身边这种肤浅认知的循环与停滞，本身已然决定了我们大众平安幸福的不可持续，而层出不穷的奇毒怪症，却将难免持续不休。

是什么在阻碍“可持续”？

从三文鱼、贾跃亭到陆正耀，很快都将成为过去。但我们必须要想明白：那些将持续引领我们的底层逻辑，究竟是什么？

为此，只要我们站得足够高，看得足够远，我们一定会发现和认同：衡量我们人类各项价值追求的最核心标准，就是能否实现“可持续”。而实现“可持续”这个结果的唯一动源，就是我们对于“可持续”本身的深度认同与不懈追求！

然而，大道至简之下，同样值得我们去深思的是：又究竟是“什么”，在阻碍我们，又特别是那些本来知廉耻、高智商的社会精英群体，去光明地追求那些并不高深却可持续的大义价值呢？

资本，是人性丑陋的外化并极端的表现。资本需要被尊敬，也需要被制约。说到底，资本不属于人类的终极追求，因而必须有另外更终极、更美好的追求来压制它。

杨光

没有人有权利以道德底线为由要求别人去死，同时还自以为道德。尊重生命，才是至高无上的道德。
道德，不能凌驾于能力之上。真正有意义的道德拷问是面对自己，是面对常态：在举手之劳时，我帮助过多少人？！

杨光

从备胎之居然不“备”说起

2020.08

必要的废话：大众要冷静，企业要利润

从鸡蛋到玉米

这几天，华为余承东一句“麒麟芯片9月就将断供”，可谓一石激起了千层浪。要知道，自从2018年中兴通讯屈辱求和后，举国才意识到华为看似得不偿失的“备胎”是多么有远见！可是，我们的醒悟与庆幸没多久，才忽然发现：等真干起仗时，我们以为的备胎，其实还是备不起来！

何以至此？

华为一位管理者之前曾给我打过这样一个比方：“我们呢，其实就想要一个特别一点的鸡蛋。但是到处都找不到。于是我们只好去找能下这种蛋的母鸡。结果也到处找不到。于是我们又只好去养鸡，那么就要先找到能喂养这种母鸡的饲料。结果还是到处都找不到。于是我们又不得不先去种玉米！你看，我们本来要找鸡蛋，但最后却要从种玉米着手。”

我不解：“怎么会找不到？我们不是有全球最完整的工业供应链体系吗？”

华为的朋友苦笑而不答。

这时，您是不是就明白为什么明明多年苦心打造了备胎，可为什么真要劲儿时还是面临断供绝版了吧？是的，我们是有全球最完整的工业供应链体系，但那只是在中低端，如果真到了体现综合硬实力的高端产业链，我们还不够厉害，我们还有很长的路要走。按任正非的“乐观”判断：“用200年总是可以赶上的！”

还不到死磕时机

美国这次确实太霸道过分，特朗普确实走火入魔。特别是对于微信的封杀恐

吓。如果说封杀抖音，还可以用文化自洁来粉饰，而悍然封杀本很干净的微信，无疑对于中国的经济民生伤害更大，也彻底撕去了其最后的伪装。

而特朗普的疯狂，必将“缔造”美国的衰落。这是我在2016年特朗普压倒性逆袭希拉里时，就做出的判断。因为特朗普的胜出，意味着美国选民轻易地抛弃了他们的立国之本，也就是美国能够引领世界的核心价值观。美国不怕经济危机，美国不怕恐怖袭击，美国也不怕种族暴乱，但美国最怕的，是失去他们建国立本的开放包容，和全球立信的领袖担当。随着特朗普的跳出，这一切被改变了，而且居然这么轻松。

这虽是必然大势，却注定是要很多年之后才会应验的。特朗普在严重伤害美国自己之前，首先严重伤害的是中国和中国企业。而他凭借的，与其说是他的疯狂和霸道，不如说还是百年以来美国持续积累出来的雄厚国力，特别是科技实力、金融实力，和全球领导力。

而越是高压关键时刻，我们越要冷静和理性。

中国企业和中国大众，在大势坐二望一的关键节点，要警惕的，就是在义愤冲动下，以情怀代替理性，以道义代替分析，以愿望代替能力，以利益代替格局，而轻率地一味亮剑死磕。

要知道，美国不仅有顶尖的技术，有开放的市场，更有绑架西方主流市场，及其高新技术、金融运转的能力。而这，是比中美交恶本身更危险的。天下大事的价值，永远都不在于它本身，而在于它产生的影响。中国纵然有世界最大的市场，和正在崛起的技术，但中国已然世界第二的经济体量和志存高远的复兴之梦，都决定了我们不可能在完全断绝全球主流产业链下，去自力更生地实现良性运转，遑论超越与幸福。特朗普误国是他们自己的事，我们还首先要把我们自己的事办好。大敌当前，要认清形势、看清差距、进退有据，而不要跟着别人蹩脚的指挥棒去跳舞，错乱了自己的节奏，耽误了自己的前程。

世界上有两个最大的学问：一个是分寸，另一个，就是时机。

在我们把自己的企业军团磨练得更强大之前，在我们的“华为”还屈指可数，在我们屈指可数的华为还只有唯一的备胎，在我们唯一的备胎也还受制于人时，就还不是全面决战的最佳时机。

做好企业的本分

我们的国家和大众要先做好自己的本分之事。那么我们的企业，什么才是不确定时代严峻挑战下的本分之事?

记得本世纪初企业界曾围绕“利润重要，还是现金流重要? ”发起过讨论，《中外管理》也刊发过相关文章。当时的答案是“出人意料”的“现金流”。直到今天，在百年未遇的疫情冲击下，大家也都是更爱谈“现金流”的重要性。这都是对的。但是深层次去思考，当真“只是”如此吗?

如果我们把头埋下来只从短期看，肯定现金流比账面利润要重要。如果公司没有现金流，即便有其他优势也难逃倒下，一分钱难倒英雄汉的案例不胜枚举，又特别是2020年。但是，如果我们从更长远的视角看，很难想象真正持续的现金流，不是依托扎实而持续的利润来支撑——除非是击鼓传花的旁氏骗局。是的，一直亏却一直都有钱，一直巨亏反还一直很有钱的烧钱模式，在过去十年很常见。但是，那个阶段过去了，诚如它曾经的到来。近两年，全球资本市场已不再盲目追捧一味烧钱的所谓独角兽模式。WeWork上市失败，就是一个转折点。

与此同时，中国企业已然走过的另一个阶段，就是一味推崇规模和速度，一味铺摊子和高杠杆的阶段。规模和速度，曾一度成为中国企业过去40年普遍遵循的核心价值，它也确实成就了中国奇迹。但是随着全球经济自2008年金融海啸后就从未真正复苏过，又随着中美关系趋于战略性紧张，产业泡沫不再膨胀，风险资本趋于稳健，更因为2020年的全球疫情冲击，中国企业更多要靠自己的真本事、硬功夫过日子时，自身“盈利能力”将是替代“速度和规模”，成为企业生存发展最坚实的基础。

最终，肾上腺终会让位于脑细胞。一切还得回归ABC基本面：做公司，总还要有足够利润。不创造利润的公司，是不道德的。

用“利润倍增”来健体赋能

为此，中国企业如何通过有效的管理，创新的经营，来实现切实的利润增长，进而实现“利润倍增”，便是摆在各类中国企业面前最现实的课题。也因此，始终秉承为中国企业竞争力提升而不断与时俱进提供管理赋能服务的《中外管理》，专门成立了“中外管理利润倍增中心”，为的就是用务实的利润增长赋能工具，来陪伴我们的企业，走好这个艰难而关键的历史性阶段。

该来的迟早会来，最终比拼的还是自己的底牌与底蕴。家有余粮，心中不慌；身怀绝技，何惧风雨！——不论企业，还是国家。

2020.09

内循环时代，凭什么活下去？

除了提升利润，别无选择

自注：当苏宁创业30年后，董事长张近东2021年提出重点要从商业模式转向盈利模式时，我想我们在磨难下正在接近本质。

只"值钱"不"赚钱"的时代过去了

总得相信因果报应。

贾跃亭被"终生禁入证券市场"——虽然评论家刘步尘"纳闷"为何不是"终身监禁"——但这，终究标志着监管层对于徒然吞噬财富，而不创造真实价值的"蒙眼狂奔"，已然零容忍。自2019年起，那个资本宽松、到处都是钱，企业只需"值钱"而无需"赚钱"的时代，就已过去了。

更何况2020，全球又猛然开启了疫情与政治相叠加的双重隔离时代，且全无结束迹象。于是，经济"双循环"变成了必选项，"内循环"变成了必修课。

不要以为中国拥有全球最大、最完整、最活跃的市场，"内循环"就是"自得其乐"。对于广大企业，尤其不是这样。届时，真正的"大道理"是：盈利能力，将成为决定性的"硬道理"。

逼急的"出海军团"正急速"回马枪"

举一个真实的例子。

我们第一届"中国造隐形冠军"企业：义乌双童吸管，坐拥全球市场第一的宝座。而其中，国内市场只占30%，70%的订单都来自国际市场。为此，这家企业得以避开了国内市场过于血腥的低端厮杀，而依靠攻掠国外的高端市场而过得气定神闲，并成为行业冠军。

但是，2020年这场突如其来的新冠疫情，在4月份，一下子把他们的国外订单直接打为0！也就是说，双童70%的业务瞬间蒸发了！

这时，这家隐形冠军企业，别无选择：回过头来“内循环”，转战国内市场。对此，双童老板楼仲平实话实说：“我必须先让我的工人有活干。所以，我们只能什么单都接，即便亏损也要接。”——而这意味着什么？意味着原先不屑于竞争国内低端市场的冠军企业，现在也被逼着回来和原先国内的小兄弟们“抢食”了！

那么，僧多粥少之下，这一“抢”，谁将会成为2020年的“剩者”？

2021“活下去”将比2020更加残酷

也不管最后幸存的是出海军团，还是本土军团，但可以肯定的是：当本来要“供养”全世界的“中国制造”庞大产能，相当一大部分忽然迅速转而只“专供”中国市场时，留洋与守土两股力量突然短兵相接，而市场内需未必能够迅速提振时，中国市场上的产能迅速过剩，以及市场竞争的残酷程度，便都可想而知……

这时候，从2019年起便已然阴云渐重的“活下去”问题，对于广大企业，特别是中小企业，将变得更加棘手。而且，这种棘手之顶峰，还并非在2020年，而是尚未到来的2021年……因为那时，“中国制造”之前积攒的所有海外订单，都将消化完毕，绝大部分“中国制造”的饭碗，都集中在国内这一口锅里。

届时，谁又将会成为2021年的“剩者”？

这轮“剩者”一定善于提升利润

有一个端倪，可以佐证。

还是我们前面提到的“中国造隐形冠军”双童吸管。当面临春节后以高成本好不容易接回员工复工，紧接着却又面临70%的业务停产，进而为了“有活干”而忍痛亏损接单时，他们却并没有断然裁员，没有受困欠薪，也没有顺势减薪，甚至相反，双童居然逆势“涨薪”30%！因为“中国造隐形冠军”意识到了：这场很公平的市场劫难，是对所有企业自身体质的一次彻底检验。而体检不过的企业，必然人才流失，而这正是体质强健的冠军企业吸引和承接人才的大好时机！正所谓巴菲特那句：“当大众恐惧时，我却要贪婪。”

涨薪，且不是小幅涨薪，可不是开玩笑。在红海寒冬里大幅涨薪，更不能异想天开。那需要用实力说话。而这个实力，直观的就是企业的资金实力。而在新时代里，企业的资金实力，可不是来自银行和股市——金融的逐利本质，决定它永远不会轻易雪中送炭。对于绝大多数中小企业，未来走金融助力之路都会很艰难——更多要靠企业自身扎扎实实的盈利能力，准确说是：扎扎实实的利润提升能力。

反之，没有利润提升的能力实现，没有利润倍增的目标追求，中国制造业企业尤其是中小企业，在“内循环”大背景下，都将会面临巨大的生存挑战。单纯扩规模，单纯拼速度，都不再是下阶段企业竞争博弈的胜负手，胜负手将转为企业盈利能力的比拼。企业不挣钱，说什么都白搭。

利润倍增，要想做到，也能做到

利润提升甚至利润倍增，说说容易，如何真正做到？

首先，企业必须拼利润，必须拼盈利提升的能力，而不只是拼规模，拼速度，要成为我们广大企业的核心发展观。能做到，首先源自真心想做到。很多时候我们做不到，多是因为内心并不真的很想做到。一辈子都在盈利的稻盛和夫那句著名的“务必先做到茶不思饭不想，直到付出不亚于任何人的努力”，绝不是随便说说，而是他在风浪中践行一生的总结。日本企业往往比韩国企业和中国企业更长寿，在危机中的抗打击能力更强，往往源自他们对于“无论如何要生存下去”的精神韧性更突出，进而他们对于企业利润和利润提升的目标追求，也更执着。相对于我们对“火箭速度”的痴迷，日本企业更看重“等身高经营”。于是我们注意到，当日本疫情正在趋于严峻时，日本中小企业并未出现大规模倒闭的迹象。

其次，企业要相信利润提升，并不仅仅是愿望和结果，而是一种系统的方法论，是一种可以操作、可以检验、可以复制，甚至可以对赌的工具体系。

“管理是科学，也是艺术。”这是一句常识。之所以管理的科学性优先于艺术性，就在于企业经营管理的普世规律性，是第一位的。基于管理的规律性，才存在管理的艺术性、个性和弹性。而科学性，都一定意味着系统性和工具性。之前，很多企业往往寄希望于一招即能见效，局部支撑整体，情怀代替理性，今后，都将往事随风。我们所谓高质量可持续发展，一定包含着盈利能力的持续提升。所以从现在开始，中国企业对于盈利能力系统性提升的关注和践行，将是现实而紧迫的。

中国企业的“利润元年”

一晃，2020年就将进入第四季度。对于广大中国企业，如果说疫情肆虐下的前三季度，确是身不由己，那么第四季度围绕利润的冲刺，则是自助者天助、自救者人和了。

2020年，注定将成为——中国企业的“利润元年”！

2021年，将开启中国企业的“利润倍增”时代！

“战时代”的“和智慧” 2020.11

2021年中国企业的核心价值修炼

特朗普终于走了。赶走了特朗普的拜登马上急不可待地说，美国要重回正常的国际秩序——因为全世界也急不可待想听这个。于是，在2020年“战”味浓烈之后，2021年的“和”，或许有了一线曙光。其实未来，“战”仍在继续，只不过战场转换到了更深层次的“核”上。诚如我上期所说：和，在引领核；核，又在促成和。没有核，和就是一厢情愿；但没有和，核更是无源之水。

“和”之“核”：集合真善美的至高

有人会问：过去十年，在人人都喊“创新”的时代，“和”这个沉木香味极浓的文化范畴，创新意义究竟有多大？

我会反问：在苹果颠覆性创新背后，乔布斯的禅修作用有多大？其实人类历史上真正可持续的创新，都不是单纯的技术推动，而常常是基于人文，甚至说是基于哲学高度的。在“现代管理学之父”彼得·杜拉克之后，我认为过去30年只有三位真正推动社会可持续发展的创新者，一个就是商业技术模式的创新者：史蒂夫·乔布斯，一个是组织管理理论的创新者：彼得·圣吉，再一个则是企业经营哲学的创新者：稻盛和夫。他们三位都有一个共同点，就是他们的创新地，不论在美国还是在日本，但都是深受东方文化启迪，甚至浸染的。因为比起西方文化，东方文化是最强调人文、最强调人文与自然的关系的。

而东方文化，在不同的时代下，所呈现的光彩又不一样。在当下这样一个日趋动荡与不确定甚至火药味蹿升的时代下，最具有感召力的文化至高点，其实就是“和”。在我看来：和，是一种集合了世间“真善美”之后，所形成的制高境界。就好比我们最熟悉的日光，它集合了七彩，最终看起来最朴实，但却是自然界最核心的力量源泉。

“和”之“真”：培育“和”的人

那么，“和”作为一种看起来抽象的智慧力量，就不能光飘在天上——落地靠的是什么？

靠教育。好的管理本身就包含着好的教育。

任何好的管理，都是基于对于人性美好一面的挖掘，和人文价值一面的引导，进而加以实现。这种挖掘、引导和实现，就是教育的过程。而且这种教育，并不是传统的灌输式、被动式的培训。准确说，真正好的管理与好的教育，都是对人心由内而外的一种唤醒，然后是一种绽放。所以说最好的教育，最后都是实现了自我管理，进而自我驱动，最后自我实现的。

日本“经营之神”松下幸之助，也就是从中年在寺庙里领悟了这一道理的那一刻，才开始形成后来影响全世界的松下经营哲学。一位日本企业家，如何在大洋彼岸的美国受到人们的夹道欢迎？那就是因为松下创造了造福全人类的好产品。而这种好产品的背后，就是基于教育与管理并重的文化价值。

中国企业，也刚走过了这个历程。在15年前，我们到西方世界去看的，都是人家的“厂”，也就是生产管理；10年前，主要去看的都是人家的“店”，也就是客户管理；那么这3年，主要去看的就是人家的“馆”，也就是文化管理，就是“道”。所以说，中国企业已从“研术”走到了“求道”的阶段。企业文化的重点，也不再只是造物，而应该是造人，也就是教育。

“和”的智慧，还是基于“和”的人

而人的起点，就是个体。有了个体，才有了群体和组织。杜拉克把管理分为三个阶段，就是自我管理、企业管理和社会管理。他非常著名的一本“小书”，叫《有效管理者》（华章引进版名为《卓有成效的管理者》）。其中很多篇幅，就是讲述管理者如何管理自己的时间、自己的会议等等。所以说，有效自我管理，是实现有效组织管理的起点。

但放更长去看，又不尽然。我们知道万物都是循环螺旋上升，而非一个封闭的单向片段。当社会管理再往上看，我们发现又会回到自我管理。只不过那个阶段的自我管理，是一个完成升华后的自我管理。比如说要管理的，不再仅仅是自己的时间和自己的会议，而是自己的生命，或是自己的价值观。如果我们的自我管理能达到哲学价值观层面，当然会极大地提升我们的企业管理。

自我管理最终的成效，就是组织不再需要所谓的管理。当刚性的管理不再须臾不离时，“和”的智慧也就开始显现了。

“和”之“实”：像泰罗一样打败纳粹!

但任何智慧，在起步阶段，都是刚性的，具体的，进而需要实现从个性提炼到标准——即需要成为工具。

杜拉克曾指出：现代管理的起点泰罗制，其最大的社会价值是什么？是打败了希特勒！想不到吧？确实，希特勒也没想到。纳粹千算万算，就是没想到美国人参战后，最要命的是其后方能够通过泰罗式的标准化分解，源源不断地“制造”军工工人，进而源源不断地生产军火。于是战火一起，美军的装备总是数倍于德军！即便是“战神”隆美尔，最终也只能仰天败退。在二战硝烟中，正因为有了泰罗制作为工具相助，人类的正义才取得了胜利。

但我们要承认，中国传统文化，一直有一个短板或说局限，就是定性有余，而定量不足，也就是缺少一种便于衡量、复制与传播的工具性体系。不论儒家，还是道家，抑或禅宗，都往往要依靠悟性去实现。所以，我们的文化，总是哲学性很突出，而科学性很薄弱。这就大大局限了中国文化在世界的传播发展，包括所能做出的贡献。毕竟有悟性的人，永远总是极少数。而我们企业，却必须要面对大多数，因此作为企业从事文化管理和文化传播时，与纯粹的哲学或宗教不同的是，企业文化更关注它作为工具性落地，进而传播的能力。

“和”之“信”：用市场原则福泽大众

和，通过个人的自悟自律自修，进而通过工具化复制到群体和组织，最终都要走出大门，去福泽芸芸众生——比如2020年的重头任务：精准扶贫。

所有好的哲学，都必须是普度众生的。所有好的企业，都是造物又造人的。而造人，不仅仅是通过自己的产品造人，也包括通过自己的公益实践来造人。而通过公益实践实现造人的目的，就是使人更自信，更平和，更具悲悯之心，更具社会责任感。因此受益的，当然包括由人组成的企业。

比如说自信。作为企业，盈利是第一天职。但最能挣钱的企业，就是最自信的企业吗？不一定。如果企业仅仅以利税去面对公众，可能既不会完全获得社会认可，也不会让自己很有底气。因为从可持续发展的角度，人们永远不会只用钱来衡量一个事物的价值。但如果我们利用创造的财富，结合自己的哲学、文化，并通过自己的双手，去为我们的社会创造看得见、摸得着、感受得到、心动得深切、影响得深远的社会价值，那么我们自身就会相信，我们通过我们的企业所创造的，就是无可争议的大美好，就是持之以恒的真幸福。

当我们的员工为自己的创造而自信时，他们在工作中所迸发的热情，责任心和自律意识，进而在工作之余所拥有的快乐，心安和幸福，就会是无可限量的。而回过头来说，企业最终，不还是为了通过造物来造人吗？我们让人们都幸福了，企业的目的也就实现了。

也因此，《中外管理》创始人杨沛霆教授，将作为中国企业的"和文化"实践，总结为："人常言：和为贵。又常言：物以稀为贵。可见'和'说来容易，实际做到不容易。而企业的责任，就是将人间美好、珍贵而又稀缺的物质与精神，通过符合市场的原则与路径加以普遍化，让大众都能享受得到，进而收获更多的幸福。和文化正是这种将企业终极责任，与社会时代发展相融合而相得益彰的有益尝试。"

人生无常。企业家终会谢幕，企业也终有尽头，但真善美、能落地、可持续的文化追求，是时空长青的。

领导者无可取代的责任，绝不是发奖金，而是给愿景。因为当领导认为自己在"发"红包时，员工总认为是自己在"挣"红包，甚至与领导无关。只有愿景和信念，是员工无法自发，而需要和依靠领导给予的。

2021，向“中国造隐形冠军”学习！ 2020.12

构建能打破“卡脖子”的产业链，必须依靠“隐冠”！

没有比在2021年伊始，来关注、研究、学习中国隐形冠军企业，更合适的时点了。

因为，我们刚刚走过了2019年和2020年。

这绝不是小朋友学数数。过去两年，是我们所有人共同的梦魇。但也正因此，我们才得以在迷乱纷飞后，开始正本清源：终究，企业存亡，国家安危，靠的还是硬实力，凭的还是真本事。只要回归正道，最终我们会因祸得福。

2019年，中美商战阴云翻滚。这一年，我们众多出口型中小企业主，为曹德旺在“第28届中外管理官产学恳谈会”上一句“只要真想活就一定能活”而热泪共振。这一年，我们举国又在高速成长了20年后，猛然掂量出了自己依然有限的真实斤两。之前中兴的停摆与低头，之后华为的承压与备胎，让我们的主流，终于开始从过去十年消费互联网以模式至上、靠PPT狂奔的泡沫中梦醒：终究，到真正掰腕亮剑的时候，那些蒙眼造梦的传说都是百无一用的浮云，而有用的还是真才实干。这一年，中国企业激烈争论了20年的“贸工技”与“技工贸”，终于无可争议地画上了休止符。

2020年，新冠疫情肆虐全球。这一年，雪上加霜。不只是外贸企业，所有人和大批企业都是平生第一次对“活”字有了切身的体验。不论个人还是企业，第一次齐刷刷觉得“活”这个字这么重要，这么迫切，这么焦虑，乃至于绝望……“活”，包括死活的活，也包括干活的活，生活的活——诚如鱼与渔。确实，在过去30年，中国人和中国企业从来没有必要为“活”本身认真操心，我们关心的都是高大上的“发展”和“幸福”，并为拥有支撑它们的“活力”而无比自豪。但2019~2020年，我们真顾不上了，“先有活儿干再说”。活力、活儿和活命，正在撕裂而纠结。这一年，咫尺天涯中问候一句“还活着”，成了一种老板发自肺腑的庆幸，一种企业忐忑不安的自聊。

那么，生死一线下，又有哪些企业，在这两年的惊涛骇浪、雪冻冰封中，居然元气不伤，甚至反而逆势成长呢？现实证明，还真不是业大债多的500强，也不是迷信通吃的独角兽，而是那些独占鳌头的隐形冠军！

任何价值，都需要在严酷的环境历练中，才能检验真正的成色。所以，只有走过2019和2020，到了2021，我们才能更加看清和悟透成为和拥有隐形冠军，对企业，对产业，对国家，究竟意味着什么。

为什么德国制造无惧全球风暴？

说起“隐形冠军”，依然有一些朋友感到陌生。这个名字本身，就注定了他们不会如雷贯耳。但这绝不意味着他们不重要，不强悍，不长久。“隐形冠军”这个概念，最早由德国学者赫尔曼·西蒙基于德国中小企业的独有特征提出并著书。但直到2008年全球金融危机之后，“隐形冠军”才引起了全球广泛的关注——因为那时人们发现，全球唯一几乎毫发未损的经济体，就是德国。而德国能够不惧风浪，就是因为他们拥有大批隐形冠军。

所谓“隐形冠军”，就是指这样一类企业——他们营业规模不很大，但是在一个细分行业里凭借长期聚焦的主业专注，扎实领先的核心技术，而拥有极高的市场占有率和足够的行业话语权。中国制造长期的痛点：标准与价格，恰恰正是他们的优势。因此说，他们是冠军。但又因为他们只专注于一个或几个细分市场，注定他们经营规模较难做大，而这些细分市场又往往在工业产业链的中上游，且这些企业更关注长期价值，因而大多不慕上市和鲜有炒作，导致并不为普通大众所熟知。因此说，他们又隐形。

一言以蔽之，隐形冠军，就是那些“不为人知”却“无处不在”且“不可替代”的顶尖中小企业！

而在德国，属于这种类型并且占到“全球细分市场第一”的世界级隐形冠军——有2000多家。因为坐拥这样的强悍集群，以及基于此的自足生态，德国经济体才能够不断滋养着诸如西门子、宝马、巴斯夫等显形且长青的工业巨无霸，也才能承受哪怕席卷全球的经济风浪与衰退的冲击而屹立泰然，也才能成为特朗普这类单边沙文主义者因“卡不了脖子”而无从威吓的极个别。

同样一言蔽之，德国之所以成为全球数一数二的制造业顶级强国，就是因为他们拥有全球数量最多、质量最高的隐形冠军集群！

为什么日本制造不怕美国制裁？

与德国接近的是日本。所以，日本也是全球另一个数一数二的全球制造业顶级强国。日本与德国相比，在其隐形冠军基因上除了“强”，更侧重“稳”，他们把隐形冠军企业的另一特征：立足长远，做到了极致。因此他们拥有全球最多的长寿型中小企业集群——“百年老店”达到20000多家！

但与德国略微不同，日本的国情决定了它不如德国“完整”和“平衡”，它在政治上和金融上都有明显短板。但也正因如此，隐形冠军的“强”，在日本产业链中体现得别具一格。那就是越是它存在跛脚的一面，它另外一只脚，就更加需要且能够“独当一面”。

日本制造业的“强”而“稳”，对照中国制造业的“大”而“全”，其价值就更加直观，也更加刺激。说到日本制造，中国70后一定记得松下，而80后一定想起丰田。比起家电，汽车更加集中展示一个国家的工业整体实力。而丰田汽车之强，曾强到在本世纪初其一家净利润比美国三大汽车毛利之和都多的程度；又曾强到敢于直言：对美国三大汽车要“打翻在地，再扶起来，然后再打翻”的地步。而其背后的实力，不仅仅在丰田的整车组装间里，更展现于遍布名古屋丰田市的上万家中小型配套商。

也展现在丰田当年对于中国制造的刻薄评价和展望中。

2006年，丰田如日中天，中国蒸蒸日上。在中国企业实践对接全球管理标杆的领航者——《中外管理》率先发起的“管理全球行”项目在访学丰田时，日本人在酒后私聊中吐了真言：“中国经济这几年确实了不起。但中国制造业没有看起来那么了不起。因为你们的制造业普遍不能用管理制造利润——即便是你们的知名大企业也没有管理。因此你们中国企业基本都要依靠银行来维持运转。银行属于金融。而全球金融谁最强？当然是美国人。美国人不打算对付你们时没问题，但一旦他想对付你们，只要在金融上动动歪点子，你们制造业马上就会瘫痪！我们金融业也不行，但我们的制造业有足够利润，完全不依赖金融。所以我们不怕，但你们不行。”

10年后，一语成谶。2019~2020所发生的，乃至未来的走势，不正是如此吗？

为什么《中外管理》要评"中国第一"？

日本人的判断虽然深刻而有远见，但十多年后，我们中国制造在快速成长中已经今非昔比。在过去十年，主流舆论在为互联网神话而狂欢自嗨时，其实我们的工业制造业，特别是相当一部分志存高远的制造业企业，已经在"强"上悄悄地取得了重大进步，并且相继涌现出了一批我们中国自己的"隐形冠军"！

日本人下判词10年后，我们《中外管理》已经看到：一方面，中国自强复兴，绝不能依靠个别飘缈估值的虚拟"独角兽"，而最终还是要依靠一大批扎扎实实的实体"隐形冠军"来实现；一方面，我们《中外管理》也看到，中国实体企业中确实已经拥有了一批，并且还正在涌现更多优秀的"隐形冠军"和"准隐形冠军"，只是因其固有基因而润物无声，不为人所关注而已；而与此同时，就是我们中国的隐形冠军还不够多，还需要更多倡导成为隐形冠军，还需要更多支持隐形冠军，还需要培育更多的隐形冠军。

为此，2017年年底，《中外管理》率先倡议发起，并联手国内外15位享誉业界的顶尖专家评委，发起了基于公益、立足专业的"中国造隐形冠军"评选。

《中外管理》与评委们一致认为：要想成为"中国造隐形冠军"，就是要实至名归地做到如下：

1. 所在细分行业，必须是"中国市场占有率第一"；
2. 主业必须专注经营10年以上；
3. 必须在所在细分市场内的利润占到前三名，并提供纳税证明；
4. 必须立足于技术研发，拥有行业核心技术专利和参与行业标准制定，并持有相关专业人士推荐信；
5. 对于规模，企业主业营收在1亿~300亿人民币等等。

"中国造隐形冠军"与德国人赫尔曼·西蒙的"隐形冠军"，可以说是一脉相承。主要不同点，是基于中国国情的不同，我们认为参评企业已经上市或准备上市，不妨碍他们被认定为"隐形冠军"。所谓隐形，主要是因为行业产品特性，而不在大众聚光灯下。但重点，还在于他们是实实在在的"冠军"！

"中国造隐形冠军"与工信部几乎同时推出的"专精特新小巨人"以及"制造业单项冠军"名单，可以说是殊途同归，交相呼应。有三大主要互补点：

第一，基于《中外管理》近30年的全球资源底蕴，我们能够组织中外跨文化、跨专业的顶尖专家，以国际化的视角、标准与资源，来审视、验证和赋能这些来自中国的隐形冠军！——“国际化”，既是“中国造隐形冠军”评选的特色，也是“中国造隐形冠军”企业的必选。

第二，基于《中外管理》近30年的深厚官产学底蕴，我们能够在专业、公正、透明评选出这些隐形冠军之外，还能够给予这些“隐冠企业”（《中外管理》独特的简称）突破近在咫尺的“天花板”，而开启发展曲线第二春，以及也对“隐冠企业”心向往之、奋力可及的广大优秀中小企业，给予多维度、定制化、可持续的智慧支持！——“赋能化”，既是“中国造隐形冠军”评选的使命目标，也是“中国造隐形冠军”企业的现实需要。

同时，基于《中外管理》近30年的深厚专业管理媒体实力及影响力，我们能够深入到“隐冠企业”现场，以一个专业媒体人的视角与能力，还原“隐冠企业”的起伏历程，讲述“隐冠企业”的生动故事，提炼“隐冠企业”的专业亮点，宣传“隐冠企业”的核心价值，升级“隐冠企业”的品牌亮度与响度！——“显性化”，既是“中国造隐形冠军”评选的先天优势，也是“中国造隐形冠军”企业的未来趋势。

为什么“隐冠”能够战胜“新冠”？

从2018年开始到过去的2020年，我们“中国造隐形冠军”评选，已经从一开始与“隐冠企业”处境相近的鲜有关注，在坚定不移、坚持不懈中，包括在新冠疫情冲击下，一路节节提升、逐渐掌声四起中，成功举办了三届。

在这三年里，我们凭借“隐冠企业”所秉持的“工匠精神”“长线思维”，和我们自身的“专业良知”，由权威中外评委们背靠背、优选优地在每一年、每一届，只评出“9”（谐音“长久”，矢志可持续发展）家最为实至名归的“中国造隐形冠军”企业，和10家左右紧随其后的“时代匠人”企业。

如今，近50家获奖的“中国造隐形冠军”和“时代匠人”，已然成为一支方阵严整而战力强悍，各怀绝招且脚力稳健的中国制造“王牌军团”！而这个军团，正在继续壮大中。

早在发起“中国造隐形冠军”评选时，《中外管理》作为中国最具影响力的企业管理专业媒体平台，就树立了一个明确的愿景：让这些低调实干的中国隐形冠军企业，自豪地站在聚光灯下的舞台C位，接受来自全中国乃至全世界的尊重与掌声！

如今，适逢第四届“中国造隐形冠军”评选开启之际，正是对过去一年空前磨难最好的检阅时机——“中国造隐形冠军军团”，不仅全体安然经受住了疫情大考，甚至不乏业绩逆势成长之例！2020，“隐冠”战胜了“新冠”！

如今，适逢“十四五”规划开启之年，正是对过去3年评选最好的盘点时机——中外名家精挑严评出的27家冠军，几乎绽放了“隐冠军团”所能涵盖的各个类型，可谓各表风采，共书传奇！

如今，适逢“中国特色社会主义市场经济道路”30年将近之时，正是对过去30年隐冠之路最好的总览时机——他们的初心，他们的艰险，他们的坚守，他们的应变，他们的过去，他们的今天。

为此，，我们从三届隐冠军团中，陆续精选并特邀了其中9家和而不同、各具个性的“中国造隐形冠军”得主，通过《中外管理》所首创的“故事+哲理”模式，让他们逐一走上前台，现身说法，鲜活谈经，娓娓告诉我们——

他们在专精特新方向上，得以雄冠华夏的真正原因是什么？他们在红海滔天中，能够脱颖而出的真正精髓是什么？他们在全球竞争下，担起进口替代的真正法宝是什么？他们在产业链条中，获得共生共赢的真正格局是什么？以及他们在乌卡难测时代里，破解固步自封的真正活力又是什么？

一切为了可持续……

既往，是为了开来。一切制高点，都是可持续发展的新起点。

在2020年，从宏观层面，党中央高瞻远瞩地明确提出“坚持把经济发展的着力点放在实体经济上。要打造有国际竞争力的先进制造业集群，打造自主可控、安全高效并为全国服务的产业链供应链”，到微观层面，“中国造隐形冠军企业”恰恰用自己20~30年所积累的实践底蕴，厚积薄发地在危机之年用自己优良的业绩表现，两个层面共同证明了：中国制造业，走“隐形冠军”道路，既是过去正确的，也是未来必需的！

因此，从2021年开始到可见未来，“中外管理事业”将继续，“隐冠评选事业”将继续，“赋能长青事业”将继续，“产业报国事业”也将继续……

一切为了可持续！

焦虑感，并不等于危机感

2021.02

在不需要决策时，就做出决策

自注：十年前缺失的安全感，衍生出了后来贯穿十年的焦虑感……如今，我们需要杜绝焦虑感的危机意识。为此，又要提前十年。

其实好几年了。特别是这一年。

在商业巨头万达猝然断腕瘦身，地产巨头恒大一度传出濒危，华夏幸福随即资金断裂，航运巨头海航、食品巨头雨润更相继破产崩盘之后，零售巨头苏宁易购又被迫转让控股权以还债，可谓惊动了全国（从商业到体育），估计也包括大陆另一头的意大利。

这显然都不是偶然的。回想起来，2018乍显的拐点，叠加2019已然的萧瑟，裹挟2020陡然的严寒，多元汇集加以变本加厉地发酵，或许注定了当它们杂糅涌入2021时，就会引爆一系列重量级民营企业的重量级变局。

怎么就走到了这一步？

值得叹息的是，按理说，环境再险恶，遭劫受难的也不该是家大业大的他们。要知道，他们的规模都是千亿巨擘，他们的地位都是行业翘楚，他们的行当也都是市场基石。甚至一度人们认为这些巨无霸，都已经大到了“倒不了”的程度。而且过去十年，他们也并非固步自封，而都是紧跟时代，转型果断，出手频频，从未懈怠。但这三年，他们却反而又都是负债累累，每况愈下。去年乃至前年就已捉襟见肘，转年如今，终于难以为继。

当下，有关当事企业的未来走势，和过去的财务分析，好不热闹却都是大同小异。我想我们不妨换一个角度思考，就是：跳出数据，问寻因果，理清逻辑。这些企业的掌舵者，都是雄心万丈，智勇双全，所辖公司之前也都是呼风唤雨、一览众山——怎么如今，就被迫走到了这一步呢？

当我们把创业成功且引领了行业的企业家，当作我们社会最稀缺、最应尊重的人群之一来看，并且这些企业家也确实对我们企业界和全社会的进步，均做出了巨大贡献作为前提时，“为什么走到这一步”这个问题，就尤其值得我们带着唏嘘，带着心疼，来静下心来思考。

只是多元扩张惹的祸？

不少朋友马上就会脱口指出：这些企业这几年都是过度多元化，摊子铺得太大了，激进中杠杆过高，反而没有聚焦主业，所以导致总体盈利不佳、入不敷出，疫情又使得企业经营雪上加霜，成了压垮骆驼的最后一根稻草——如今掉链子，是不奇怪的。

对不对呢？肯定是对的。这些企业的过往历程，和财务数据，都摆在那里，无可回避。但我想再往深问一句：为什么这些站在行业高处的企业家，会过度多元、主业不彰呢？按说专业化与多元化之争，是早在跨世纪时企业界和管理学界就已经充分讨论过的，他们不可能不知道。又为什么这些站在时代潮头的企业家，会激进扩展、高额负债？诸如新疆德隆等跨世纪时的负面案例早已耳熟能详，他们不可能不了解。

但是看起来，一切还是在重复发生。又为什么呢？我们千万不要以为自己比他们更聪明。平视中，或许才能得出一些或许合理的推断。

焦虑下的任性？

我们不难发现，这些企业经营的都是传统行业——盖房子、卖电器、做食品、搞运输，并且都取得了辉煌的成就，并积累了足够的实力与经验。于是，就出现了一体两面的两个现象，需要他们面对：一方面他们看懂了过去、做对了过去，已经挣了很多钱；一方面他们现在又看到了过去行将过去，未来可能不再很挣钱。

于是，他们比起一般跟在后面攀登的企业家，或者不担终极责任的职业经理人，要更早、更深、更强烈地感到了焦虑。

只有真切看到了瓶颈、又拿不准未来的人，才会焦虑。

这些企业家都知道温水煮青蛙的故事，都担心自己的企业会在安逸中形成惰性，丧失斗志与敏感，而走向沉沦。因此当他们“有资格”率先看到行业和企业见顶时，他们会比旁人更早、更坚定地选择行动。这本身都是一种企业家精神的体现。

而与此同时，他们又和很多中小企业不一样的是，在他们感到发展瓶颈时，自身又已取得了足够高的成就，拥有了足够多的资源——要么自己兜里还有钱，要么自己轻易能借到钱——因此他们手里有足够多的“牌”，去支撑自己去更大胆、更坚决的行动。这本身又是领袖企业家所独有的优势。

不仅如此。与此同时，新的行业风口，在过去十年的网络信息时代下，又层出不穷此起彼伏，而且都来势凶猛、春光灿烂，它们一年的成长就可以顶传统行业十年！可以说，新风口构成了人类千年商业史上空前的“诱惑”。

有了瓶颈，有了精神——就有了“焦虑”；而有了实力，有了诱惑——就有了“任性”。于是改弦更张的果决行动，就必然是一往无前。

在过去十年，万达腾挪海外，正是商业地产见顶时；苏宁多元扩张，正是互联网思维摧枯拉朽时；雨润转战地产，正是实业前景看衰暗淡时；海航“名不副实”，正是敢玩金融才更赚钱时；恒大做水造车，更是地产黄金期明摆着要结束时。捎带上格力，强行蛮干手机和新能源汽车，也正是空调天花板已现而新风口乍起时。能令他们一掷千金的后者，虽都是他们不熟悉的，甚至是既有资源或基因所根本不及的，但却又都是众人口中的“大势所趋”——“没前途”“被落下”，都是他们作为优秀企业家，比“失败”本身更加无法承受的。

于是，本质上的“豪赌”就相继出现了。这些绝不是巧合。

还有下一个?

只不过今天以结果论，这些“焦虑下的任性”，很遗憾，无一例外都不成功，甚至万劫不复。只不过，有些已然不可救药的出局，而有些依然全力以赴在自新。决战还在继续。但不论未来怎样，这一批、这一轮的教训，都是足够深刻的。我相信当事人一辈子都不会忘记这几年所刻下的心头之痛。

可惜，这并不是终点。

按这个逻辑推演，我们会揪心地发现：新的案例还在继续浮现。

比如过去几年已先后勾搭深处“焦虑”中的孙宏斌、许家印，使得他们相继“任性”而血本无归的贾会计，在美国成功破产后，最近居然又“第三次”被吉利相中牵手了。

包括很多业内人士，也对这“又一次”一头雾水。但依据前面的逻辑，至少可以解释：作为中国民族汽车业的头部企业，在全国汽车销售的持续井喷已然见顶且又遭去年疫情重创下，汽车制造商的”焦虑感“已然非常旺盛了。而李书福五年前就高瞻远瞩的”新能源汽车“，在吉利的实践成果，却与自己的预期相差甚远。又与此同时，特斯拉、蔚来、小鹏等等“新物种”却风生水起，老炮们的“焦虑感”指数，自然又升了不只一级。恰好此时，把“风口”做成烂尾的贾会计，就不失时机凑趣地出现了。或许吉利便有了“抓住机会赶上去”的足够动力。

我们只有祈祷“这一次”不是前两次。毕竟我们丝毫不在乎“下周回国”的贾会计，但我们由衷心疼“实业报国”的李书福。

什么才是真正的“危机意识”？

这时候，我们抛开押宝胜败，而需要再进一步思考：既然“焦虑感”，还不足以支撑企业成为张瑞敏所追求的“时代的企业”，那靠什么才可以做到呢？

这时，我们应该会想到另一个耳熟能详乃至念念不忘的词，“危机意识”。

“危机意识”，对于企业打破周期魔咒、克服自我满足、实现基业长青，无疑是至关重要的。我肯定没有一个人会反驳。只不过，我们在仔细咀嚼后，应该又会慢慢发现——“焦虑感”并不完全等同于“危机意识”——否则，前述案例不该栽这么大跟头。

那么，“危机意识”和“焦虑感”的差别在哪里呢？

这是一个在当前闹哄哄的乱局下，很值得我们企业家精心寻味的问题。答案也许见仁见智，我自己的浅显感悟是：真正的“危机意识”会比“焦虑感”，更激发“理性”，而不会催生“任性”。而保持理性的背后，是来自更长远超前的“洞察”，而不是大势已现时的“应变”。

在巨变中应变，任何人都有很难保持绝对的理性，绝对的专注，和绝对的判断力。

唯一的办法，是在“变”还不为人所识时，就用哲学的高度，来洞察甚至掀起“变”，成为“变”的主导者，进而忍受超前的孤独。这方面，至少在管理模式变革上，海尔的张瑞敏做到了。他对于“人单合一”的洞察、行动与专注，是明显超过时代认知的。也因此，他可以在巨变中保持从容，保持专注，很少听说海尔会火烧火燎做什么——比如去年短暂火爆的直播带货，张瑞敏第一个嗤之以鼻。等到他已前行十年后，大家才恍然大悟：原来如此。

对此，日本企业也是一个值得关注的样板。在历次时代巨变中，日本企业从来都不扮演时代先锋，不会那么光鲜锐利，但是他们却能够成为全世界百年企业数量遥遥领先的国家，自然有其应对时代变化而不倒的诀窍。事实上丰田等一线日本企业，往往都是在“不声不响”中，早已为十年以后，甚至几十年以后，在做准备了。

也就是说，企业需要在看似“无需决策”时，就“做出决策”。

为此，也许可以说，企业家只有具备哲学高度，以领先时代十年以上去布局，才能用“危机意识”从容淡定地战胜变局，让“焦虑感”的出现成为不必要，让“任性”的出现成为没土壤，才有可能成为“时代的企业”。

祈福百折不挠的中国企业家!

但说说容易，真要做到这一点，尤其在当代中国，真的是太难太难了……摸摸良心，我们确实不能这样苛求我们已然在每日殚精竭虑的中国企业家们。但是现实又如此残酷，要想长青基业，又非这样不可。

我们只有衷心祝福他们！不要落井下石，继续给他们鼓劲！希望他们在这次曲折大坎儿中，能咬牙扛过去，能重新挺起来！毕竟他们，才是真正经历过成功与风雨的时代财富！

——至于正炙手可热的一些“后浪”，不妨提前泼点冷水：你们如今耀眼的光环，本质上只因时间太短，还没来得及经历失败而已。对你们，用不着看十年，五年可见分晓。只有站在时间轴上，才能衡量最终的成败。

最后，不妨扪心自问：同在一局下，我们自身的“焦虑感”，又该怎么办？

遠望方覺風浪小
淩空乃知海波平

庚子深冬狂風
晴日楊光

下篇

千秋中外品人生

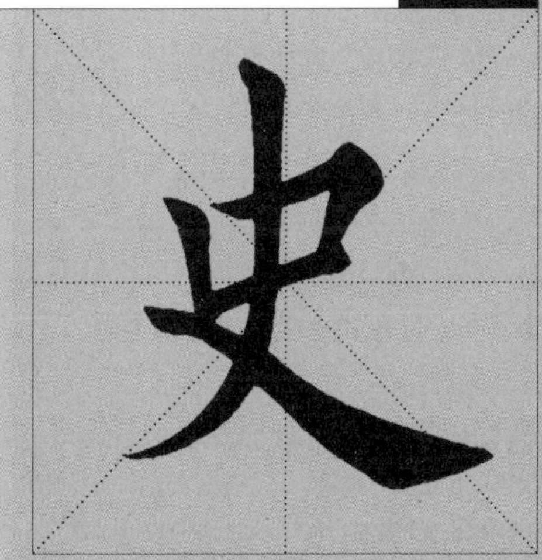

时代
就预示着局限
超越时代
跨界行业
贯通文化的
更本质
更深刻
更永恒
要跟上时代
又从容于时代
就要观历史
察生活
悟人性

2017.04

选择读书

可品味的，才有意义

都移动互联时代了，还需要读书吗？

恰恰相反，现在正是时候。不少朋友认为，比起现在信息爆炸，貌似在铅与火的时代，读书更有价值。其实不然，因为那正是一个或者无书可读，或者只能读书的时代。读书在那时算得上时髦，但正如钱钟书先生所说，时髦反而意味着不普及。读书至上的时代，恰恰是读不上书的时代。即便有书可读，并可为此沾沾自喜，然而与其说它是风花雪月的垄断，倒不如说是对人间匮乏的逃避。于是只好自慰"书中自有黄金屋，书中自有颜如玉"，想来真很悲催。而只有到了21世纪的今天，读书，才真正成为了我们大众生活中的一种从容的选择，一种悠然的享受，一种充实的价值。只有在今天，才不是书奴役人，而是人品味书。

都已然财富自由了，还需要读书吗？

恰恰相反，现在正是时候。不少朋友认为，比起现在远离考试，貌似在高考题海时代，读书更有必要。其实不然，因为那正是一个或者读无用书，或者读书无用的时代。因为无从选择，我们每个人都是在苦闷中阅读，在无奈中诵记。但凡能有选择，第一件事便是弃书。那时虽然每日诵读不断，但读的其实也并不是书，而是人生的命运，人性的欲望，和人权的挣扎。而即便能做到每日手不释卷，在以出身、权力、裙带决定一切的时代，也未见得就能改变我们的命运，未见得就能获得做人的尊严。而只有到了如今衣食无忧了，我们的生命本身，而不是利益，才真正需要书。也正因为前半生尝尽了苦辣酸甜，此刻捧起书来，我们才能真正品出油墨里散发出的个中滋味。也正因为再没有了标准答案，我们此刻所读的每一部好书，才是真正属于我们自己，成为独一无二的书。

凡是能选择的，才是价值；凡是可品味的，才有意义。

选择拿起书，放下手机

在各种屏幕充斥泛滥的今天，在各种书籍良莠不齐的今天，读书，选书，读好书，荐好书，才更是一件有情趣又有功德的事。屏幕绚丽繁多，但它只会挤占我们的时间，而不会丰富我们的生活。坏书唾手可得，但它只会浪费我们的生命，而不会浇灌我们的魂灵。当我们的经历需要沉淀，我们的经验需要印证，我们的认知需要系统，我们的困惑需要解答，我们的重负需要解脱，我们的人生需要升华时，没有比在夕阳下捧起一部好书，更好、更惬意的选择了。

好书，就在那儿。选不选择为一部书而放下手机，其实就是在选择是否拥有放飞自我的人生。

人，
往往比自以为的坚强要脆弱；
却又往往比自以为的脆弱要坚强。

杨光

2019.12

扪心自问：我是为了什么？

找到原点命题

包容心是从天上掉下来的吗？

也许有性格的成分，但更多不是。或说指不上。因为现实权力的诱惑之大，通常不是个把染色体能抵御得了的。因此，我们更多看到的，是不同背景、不同性格的人，只要到了权力巅峰之下，就立即性情大变，仿佛浸入酱缸后的蔬菜，一样抓狂，一样死拼，一样六亲不认。如同斗牛看到了红布，鲨鱼嗅到了血腥。但是，在权力巅峰之上的包容，却是真实存在的，虽然罕见。但“例外”依然值得研究，因为它对我们事业、我们个人的建设意义着实太大了，如同秦昭襄王一朝之于后来秦一扫六国。

性格的刚与柔，可能源于不自主的基因感性。但真正的心胸与包容，一定是基于后天的顿悟，与充分的理性。那就是，当面对重大战略抉择、重大人事任命时，领导者能够在深夜独处时，很平和、很安静地追问自己：“我究竟是为了什么？是为了我自己的当下欲望，还是为了我追求的未来目标？那么，我追求的未来目标又究竟是什么？它真的比我一时的快意与否更重要吗？”如是者多次。如果每一次，你都能很明确地回答自己，自己心中有一个比当下的面子与感觉更重要的使命与信念，那么，你就可以无师自通地拥有一份包容，一片心胸，一种格局。

稻盛和夫在京瓷功成名就后，依然坚持跨入电信这个全新领域，并最终取得了传奇般的成功，就是因为他经历了这样一个痛苦的过程。虽然稻盛的挑战不是包容心，但他要挑战的核心敌人，与修炼包容心是一样的。那就是：自私与欲望。

一位法国人说：个性，就是对自己充分的了解。是的，做大事业的人，关键不是外在的机遇和人才，而是能不能真正面对自己、了解自己，不断经受住自己深夜的扪心一问。

乔治·华盛顿：边界上的高度

2009.09

成功者靠什么善始善终？

为什么成功之后总是悲剧？

我关注成功者，但却并不关注他们的成功。

因为我并不想成为一个叱咤风云的领袖，而只想成为一名自得其乐的旁观者。前呼后拥纵然是无上的体面，但“站在人生边上”（钱钟书语）未尝不是另一种更通透的惬意。

既然站在边上看，我便不在意那些成功者深陷山呼万岁那一刻，而关注他们的结局。

但不幸得很，我发现成功者的结局大都很不幸。

比如往远了说，齐桓公、梁武帝，一生杀人如麻、荣华享尽，老了老了居然是被活活饿死的！——更讽刺的是，齐桓公还是个美食家。往近了说，袁世凯亲手了结了中国绵延两千年的帝制，此何等了得？但最后却众叛亲离，千夫所指。往外了说，横扫欧洲的拿破仑虽然至今名声不错，但终究落得个流放孤岛，而且死因不明。不说政界，即便是科学界鼎鼎大名的爱迪生，晚年也因抓狂地反对交流电而英名尽毁，以至他手创的电气公司羞于用他的名字，而宁愿永远“通用”。要知道，他们可个顶个地都是智商、情商双双发达的人精，但却何以纷纷晚景不堪？

我还关注这些成功者的后世价值。

但依然很不幸，我发现成功者的身后价值经常异常尴尬。

比如开创了大一统的秦始皇，其帝国寿命竟比被他亲手灭掉的任何一个小国都要短。而同样曾横扫欧洲的希特勒，当他的尸体被浇上汽油后，德国的版图比他上台时还要小，日耳曼人的处境比凡尔纳条约时更糟；影响最深远的是，几千年都在全球颠沛流离，并被希特勒血腥屠杀了600万的犹太人，却居然因此圆了千年祖国梦！不说暴君，即便是一些一心为民的革命家，也未必能幸免。

要知道，他们生前都是坚持不懈地为自己的价值观而奋斗，而且生前也获得了世人不敢想像的拥戴。但身后，对于他们“未竟的事业”而言，这一切都是过眼云烟，毫无意义。

谁能成为人生以及人性“边界”上的胜利者？——我发现这是对所有成功者最大的挑战。因为成功者往往自豪于不断挑战边界，因而最终难逃在“自豪”中“自杀”。

这时，一个例外，异常地醒目而高大……他叫乔治·华盛顿——美国国父。他做到了。

一个200多年前的人，何以能够前无古人？更可敬的是，一个200多年前的人，何以几乎后无来者？在这位伟人逝世整整210周年之际，我们应该带着唏嘘与理性，去深思，去叩问：华盛顿究竟做到了什么别人做不到的？他为什么能做到别人都做不到的？

这绝不是一个历史学命题。因为在中国，在当今，在各个行业，正有空前众多的成功者站立起来，注定将面临人生边界的挑战！稻盛和夫在他的人生乘法公式里，指出人生存在可正负100的致命元素，让人触目惊心。那么更多的成功企业家，在仰望华盛顿雕像时，可明了决定自己一生结局乃至身后价值正负号的，究竟是什么？

能够战胜边界难题，首先在于明确（并时刻明确）自己的边界。而您的边界在哪里……？

伟大的“一停两退”！

对于乔治·华盛顿这位在210年前本月去世的伟人，我不想复述他的成功，一如我前言。

事实上，从标准的传奇角度看，华盛顿的成功故事并不亮丽，至少不比众多中国企业家的成长更有特色。他只是一个农场主的儿子，没受过像样的教育，充其量小学毕业。他的口才很不好，以致不能脱稿演讲。甚至他的军事天才也不算出众，虽然他身为大陆军总司令，用兵却并不神奇，失误倒不少。而政治才华，像杰斐逊、富兰克林、麦迪逊等等开国元老都被公认在他之上。按中国标准，他甚至对不起祖宗，因为他连后代都没一个。

但是，他的在世魅力和后世价值，却远远高于那些满腹经纶、口若悬河、子孙满堂的人，我指的是全世界。在我看来，他的高度甚至至今无人能及。

我强调全世界，是因为这样一个看似并非才华横溢的人，其功绩不仅成就了一个强大的国家，更是惠及全球的。比如：他开创的美国，是人类第一个废除君主制、实行民主共和制的国家；第一个实行联邦制度，并用宪法划分中央与地方权限的国家——要知道，这是我们如今啧啧称奇的中国智慧几千年都始终没解决的顽疾；又是第一个以成文宪法作为国家根本制度的国家。

够震撼吧！但我却不认为这些是他最值得后人敬仰的。因为这些名垂千秋的功劳显然不能归于华盛顿一人。就思想智慧本身而言，华盛顿绝对不是贡献最大的。当至今堪为典范的美国宪法制定时，华盛顿的角色只是一个"主持人"，而且少言寡语。但是，因为有且只有华盛顿，那些最有智慧的人才走在了一起，并一直走下去，成就了不朽伟业。这就涉及到一个更深层次价值，也就是高于个人能力的领袖魅力。

然而，这依然不是他最让人难望项背的地方——古今中外能发现、团结人才的领袖多得是。无数事实证明：会用人，能成就人生高峰，却不能阻止人生悲剧。

乔治·华盛顿作为一个组织的开创者和成功者，真正至今无人能及的地方在于：他伟大而坚决、主动而彻底地"一停两退"！

当你创造了无以复加的奇迹，你的声望达到无以复加的崇高，当很多人都希望你顺应"民意"再进一步，并且这一步据说是为了天下苍生时，你停得下来吗？

从1775年独立战争开始到1783年立国，美国用了整整8年。这8年，可以说比我们的抗战8年还要艰苦，还要让人看不到希望。因为与历史悠久的中国完全不同，"美国人"那时并不知道自己是谁（没有文化）！"美国人"也没有《论持久战》这样的高瞻远瞩（没有战略），甚至"美国人"那时都没有像样儿的正规军队（没有执行）——而美军的对手，却是当时富甲天下且天下无敌的英帝国！因而，别说他人，即便华盛顿自己，在战争结束前夕都不相信胜利要到来了！

但凭借摆脱奴役的"梦想"和"坚毅"，美国人的胜利真的到来了。

这时，已从"创业者"变为"成功者"的华盛顿，面临着第一次人生边界挑战。1782年5月，一位年轻军官将很多将领的私下议论记录了下来："美国"当时的共和体制像历史上的所有共和体制一样暴露了自己的软弱无力，而能稳住这个新生国家的唯一办法，就是华盛顿称帝！甚至他想得很周到，为了避免"国王"的称呼刺耳，建议华盛顿可以创造一个"不冒犯共和体制的称呼"。

但华盛顿前无古人地对此给予了严厉谴责："我非常意外和吃惊地阅读了你

要我深思的意见，我可以明确地告诉你，战争中发生的任何变故，都没有像你说的军队中存在的那种想法使我更痛苦。我不得不怀着憎恶的心情看待这种想法，并给予严厉的斥责。把这些想法从你们头脑中清除吧！这是对我们国家犯下的最大错误！"这显然与国人熟悉的"三让做秀"完全不同，华盛顿发自肺腑，说到做到。

不能不说，那些将领们的说法其实不无道理；不能不说，华盛顿的拒绝非常刻薄甚至冒险。但是，华盛顿看到了比那些历史先辈们甚至晚辈们更根本之所在。正如我过去曾提到的：对于成功者，你需要冷静区分：哪些是对当下成功看似有帮助甚至不得已的，也就是"行得通"的；哪些则是对未来持续成功有实质且长远影响的，也就是"靠得住"的。如果成功者此时不能将"行得通"与"靠得住"区分开来，那么在成功的漩涡中，个人与组织的悲剧将不可避免。

更可贵的是，华盛顿不仅严词拒绝了"称帝"的民意，而且还很用心地在规避另一种"顺理成章"却同样可怕的危险，那就是成为"变相的独裁者"。

事实上，在他之前，已经有两个危险而悲惨的先例。一个是伟大罗马共和国的缔造者恺撒，一个是英国资产阶级革命的领军人克伦威尔。两个人虽然都不是"皇帝"，但都胜似皇帝。恺撒自称执政官，克伦威尔自称护国主。最后，两人都走向了自己事业理想的反面，而且个人也走向了悲剧：一个活着被刺，一个死后鞭尸。

有人也许会不以为然："这没什么了不起，华盛顿只是吸取了前车之鉴。后代总是比前人进步的。"不一定！首先，历史往往是高度重复的，后人重蹈覆辙的案例多如牛毛；其次，后人即便有所改变，也未必会走向比前人更高明的终点，看着革命实则落伍的案例也多如牛毛。就比如华盛顿的两位中国晚辈：一个是袁世凯，在推翻帝制后，先是担任"正式大总统"进而"终身大总统"，成为事实独裁者，然后还不过瘾，干脆直接登基，最后区区几十天就吐血呜呼；一个是袁的对立面孙中山，作为我们的"国父"，孙中山一生追求共和，却在后期逼迫党员宣誓向他个人效忠，而导致"臂膀"黄兴拂袖而去——比较而言，200多年前华盛顿清醒地这一"停"，是非常难能可贵的。

而最为可贵的，是华盛顿并没有真正"停"下来，反而主动而果断地选择了一退！这与20世纪蒋介石被迫四次下野，又完全不同。

独立战争结束后一年，总司令华盛顿就"自行解散"了大陆军。1783年12月23日，华盛顿向美国大陆会议辞去总司令职务，正式解甲归田。第二天一大早，他就匆匆起程，马不停蹄返回他日夜思念的故乡——弗农山庄。“他是世界军事史上第一个打赢了战争就回家的统帅。”《华盛顿传》作者埃利斯感叹道。因为华盛顿坚信：“剑是维护我们自由的最后手段，一旦这些自由得到确立，就应该首先将它放在一旁。”打下江山，却主动而坚决不坐江山——这一违背中国文化常识的决定，此时彰显出了伟大的光芒。

伟大的几分钟：华盛顿交权纪实

1783年12月23日，对于硝烟刚刚散尽的美国来说，是一个无比重要的日子。因为这一天，大陆会议将在安纳波利斯举行一个隆重而朴素的仪式，美国独立战争之父、大陆军总司令乔治·华盛顿将军将在这里交出委任状，并辞去他的所有公职。

之所以称这为一个仪式，是因为实际上在此之前，他已经遣散了他的部属，并发表了动人的告别演说。他说：“你们在部队中曾是不屈不挠和百战百胜的战士；在社会上，也将不愧为道德高尚和有用的公民……在抱有这样一些愿望和得到这些恩惠的情况下，你们的总司令就要退役了。分离的帘幕不久就要拉下，他将永远退出历史舞台。”两天后，华盛顿乘船离开纽约港。一条驳船等在白厅渡，准备让他渡过哈德孙河到保罗斯岬。军队的主要将官聚集在这个渡口附近的一家旅馆向他作最后饯别。这是他们与自己生死与共的司令官最后一次聚集了，因而心情格外激动。

据记载，华盛顿也很快就和大家一样为分离的悲伤打动，他们热泪盈眶，无数次地拥抱、干杯。然后，华盛顿一言不发就走了。在费城，他与财政部的审计人员一起核查了他在整个战争过程中的开支，账目清楚、准确，他甚至还补贴了许多自己的钱。

他已把他的军中行李托运回故乡，但他知道在他正式解甲归田、返回弗农山庄之前，他还有一件极为重的事要办。那就是，把他在八年前由第二届大陆会议授予他的总司令之职，交还给当时象征着人民权力的大陆会议。安纳波利斯的大陆会议厅座无虚席，鸦雀无声。人们静静地等待着他们所崇敬的人到来。寂静中，华盛顿出场了。面对着代表国家的议员，他高大的身躯徐徐落下，幅度远远超出众人之想象，代表们无不隐隐动容。他用自己的身体语言对这个新诞生的国家理念作出最彻底最清晰的解释：总司令只是武装力量的代表，而议员却是国家的最高权力的代表，无论如何，军队都只能向着“国家”表示尊敬和服从。

华盛顿最后的讲话十分简约，一如他平时的朴实谦逊。他说：“现在，我已经完成了赋予我的使命，我将退出这个伟大的舞台，并且向庄严的国会告别。在它的命令之下，我奋战已久。我谨在此交出委任并辞去我所有的公职。”议长则答道：“你在这块新的土地上捍卫了自由的理念，为受伤害和被压迫的人们树立了典范。你将带着同胞们的祝福退出这个伟大的舞台。但是，你的道德力量并没有随着你的军职一齐消失，它将激励子孙后代。”

据史书记载，整个仪式十分简短，前后只有几分钟。但正是这个几分钟的仪式却使在场的每一个人都感动不已。当华盛顿，这个为了赢得战争不仅变卖了家产，而且因操劳过度生出满头白发、眼睛也几乎看不见了的总司令发表讲话时，每个人的眼里都蓄满泪水。

第二天上午，华盛顿就回到了弗农山庄，在自己的葡萄架和无花果树下过起了一种心满意足的乡绅生活。他当天的日记里只写道：“一切如昨，41华氏度。”而他迫不及待得到的，是他的新假牙……

当然，我们知道，华盛顿后来因为国家之不二人选而再度出山，以全票（那时各州代表是各自投票，且无法相互沟通）当选美国第一任总统。但与国人看惯的完全基于个人利益的“以退为进”完全不同，华盛顿的退，是对自身角色与国家前途的冷静认识；而他的进，也同样如此——他随时做好了上阵的准备，也随时准备好了离开。

与所有成功者走上权力巅峰时的意气风发截然不同，在就职总统前一晚，华盛顿还在对周围人哀叹：“我感觉担任总统像罪犯被押上刑场一样。”而在就职时，他就直言不讳：“我将下定决心，别无他顾，竭尽全力为民效力，以期能在适当的时机尽早解除这一职务，使我再次隐退，以便在惊涛骇浪之后，度过平静的晚年，以享天伦之乐。”——上任就想着离职，这恐怕是绝无仅有的就职宣言。

果然，4年后第一届任满，华盛顿就萌生去意，杰斐逊连忙给他写信：“我完全了解目前职务在你的心上是多么沉重的负担，也完全知道你非常热切的希望告老还乡，安享天伦之乐。但是，有时候，社会对一个杰出人物有特殊要求，偏偏不让他过其所喜爱的安居乐业的生活，而要他走一条现在和将来为人民造福的生活道路……因此，我只希望你在为人类的利益牺牲了很多岁月后，再牺牲一两年头。”众人劝说下，华盛顿才勉强同意。他再次全票当选。但又过4年，1796年9月17日，第二任届满的乔治·华盛顿，通过《告别词》坚决拒绝再次连任，完成了自己人生的第二“退”！

需要指出的是，在当时美国宪法只规定了总统一届任期是4年，却并没有规定可以连任几届。在有足够的权力空间时，这完全是华盛顿个人的决定，并且是一个影响深远、名垂青史的伟大决定——告别“终身制”，开创了人类历史中行政官任期不得超过两任的先河，并被今天所有民主政体所遵循。

而“创业者”华盛顿，在当时就敏锐地看到：“先例，是一个危险的东西。”“在一个新政府建立之初所确立的许多刚开始看似不起眼的东西，可能会产生巨大而持久的后果。”

也就在那时，他留下了一句振聋发聩的话：“我留下或许会比他们干得更好，但我宁愿留下一个好的制度。”然后，他再次义无反顾地回到了自己的弗农山庄——直到1799年12月在家中逝世。

他的敌人英王乔治三世也由衷说：“如果乔治·华盛顿解甲归田，他就是这个时代最伟大的人。”而当华盛顿去世时，恰是这位绝对的政敌，尊敬地鸣礼炮20响为他致哀……著名专栏作家乔治·威尔的评价更深刻：“华盛顿的不可取代性，最终是由他宣布自己是可以被取代的不朽行为，而确立的。”

当其他成功者面对权力的诱惑而一再漠视甚至践踏人生的边界时，乔治·华盛顿却三次为自己划定了边界，并成为了边界上的伟大胜利者。

华盛顿的领袖高度

那些成功者们（不管是正义还是邪恶）一概做不到的，华盛顿这个“小学生”居然做到了！

为什么“独独”华盛顿能够做到？

让我们先从他已经很不同凡响、但却并非最关键的地方谈起。

一、强烈的现实主义和理性主义

请注意，作为一个创业者、开国者，华盛顿与众不同的特质之一，是他从来就没有被“理想主义”和“浪漫主义”左右过。和很多成功者一样，华盛顿有顽强的信念。但与之不同的是，“当自己的信念，与显而易见的前景背道而驰时，他会果断地抛弃它们”。这是很少见的，但却是很有益的。

1. 对道德与人性从来不抱幻想

即便是靠信念与毅力而获胜的独立战争期间，华盛顿也坚信出生入死的士兵是为了自己的利益，而非理想。《华盛顿传》作者埃利斯指出："很多哀叹道德缺失的人往往认为道德改革是解决问题的方案。但华盛顿早在战争期间就逐渐明白一个道理：不能仅仅依赖有道德的公民，因为人性是不可靠的。因此华盛顿更乐于进行政治改革。"华盛顿相信，国家的行为是靠利益而非理想驱动的。没有什么比美国的长远利益更重要。

这一点我们今天看来并不深奥，但即便是在今天，我们又有多少领袖能由衷、能真正并始终基于现实主义，而非自己的一腔热血和主观空想来决策呢？在建国60年之际，看看我们前30年经历的那些匪夷所思但千真万确的不幸吧……决策，不能单纯依靠理想；管理，不能带有丝毫诗意；持续的成功，绝不能建筑于浪漫。与之相反，再看看我们近30年同样匪夷所思但同样千真万确的成就吧！可以说，邓小平正是基于和华盛顿如出一辙的现实主义理念！

2. 坚筑"中立主义"外交

华盛顿笃信的现实主义，对他构筑一个国家刚刚出生、危机四伏时的外交政策产生了重大影响，那就是后来对美国影响深远的"中立主义"。

正如前述，在华盛顿脑海里根深蒂固的，是"没有什么比美国的长远利益更重要"。为此他作为开国者，几乎是不惜一切代价地在避免战争。因为他清醒地认识到，襁褓中的美国根本没有军事力量和经济力量来对抗英国等欧洲强敌。为此他提出"大约20年"，美国要坚守不结盟、不打仗原则。"要尽量扩大我们与外国的贸易关系，而尽量减少与外国的政治联系。如果我们与他们已有约定，那么我们就要忠实地履行这些约定，但让我们到此为止。"而这一切原则，在实践中超越了华盛顿个人的情感。

这在他对法国大革命的谨慎态度上表现得很典型。要知道，包括起草《独立宣言》的杰斐逊在内的美国精英阶层对于法国，是有浓厚的感恩思想和亲近情感的。因为当年美国能打败英国而独立，都要仰赖法国的大力支持，华盛顿比任何人都清楚这一点。但华盛顿更加清楚，坚决不能让自己对于法国的甜美记忆，妨碍自己判断什么是美国的长远利益——在1793年的欧洲战争中，他拒绝让美国为了支持"好朋友"法国而卷入到大洋对岸的是非里。他说道："如果把国家卷入战争（不管是和谁交战）和耻辱，所谓的事业都是一场不计代价、不计后果的头号闹剧。"华盛顿认为：作为领袖，尤其要警惕那种"赢得人心却方向错误的战争"。

这无疑是一种让我们猛一听很不认同，但冷静下来又不能不认同的高度理性。想想看，如果我们的国家在建国前20年也能避免各种战火的卷入，那么现在我们国家的建设与人民的生活又该是怎样一个光景呢？然而，在那最脆弱的20年，我们卷入进了多少次或许道义但却损失巨大的战争啊……现实与长远，才是成功者须臾不可忘记的基石。

但是，华盛顿有一点似乎很不光明磊落。那就是对待奴隶的态度。

3. 对待奴隶制的改良式思维

是的，伟大的华盛顿没有（居然！）废除万恶的奴隶制——这难道这不是华盛顿的污点吗？但我们要注意到这样一个细节：美国的奴隶制直到第16位总统林肯才废除。而在9位拥有奴隶的美国总统中，只有华盛顿解放了自己的奴隶。毫无疑问，华盛顿内心并不是一个眷恋并乐于盘剥奴隶的庄园主。

但问题的关键在于：作为总统的华盛顿，面对这样一个大是大非的问题，究竟是怎样考虑的？

埃利斯在《华盛顿传》中记述了这样一个故事：1775年开始，华盛顿的大陆军开始接受自由黑人士兵（事实上，美军当时就是临时组织起来的乌合之众）。但到了1779年，麻烦来了。为了解决兵源，一个部下决定在南卡罗来纳征召3000名黑奴作为士兵，他进而建议：为了表彰他们的忠诚，应该允许在战争胜利后给予他们自由。华盛顿像我们期待的那样认可了这样的建议——但是出乎我们意料的，是他进一步指出：只解放部分奴隶，将使得一切事与愿违，因为会“使奴隶们对继续施行奴隶制的人心怀怨恨”——这是何等的冷静与现实啊！面对这种道义狂热，华盛顿总是给予态度上的支持，但也一直很明白那根本行不通。事实上，不出华盛顿所料，南卡议会果然否决了这项议案。

那么，华盛顿自己对奴隶制问题又是如何认识的？1786年4月，华盛顿在一封私人信件里写道：“我只能说，这世上没有一个人像我这样真心诚意地希望废除它（指奴隶制）——但只有一个办法能够彻底而有效地达到这个目的，那就是通过国会的权威。”他又在另一封信里进一步说出了他的期待：“通过立法的程序，使得这个国家奴隶制缓慢、确定而又不知不觉地废除”。

是的，“立法”“缓慢”“确定”“不知不觉”。我相信，凡是经历了我们前30年革命和后30年改革的人都会立即明白，只有渐变的和法制的，才是真正有效的变革。而所谓的暴力的一夜剧变，通常都是假相（正如鲁迅先生所言：不过是少了一根辫子），而且更多是悲剧，至少其代价太高而完全不必要。

再者，现实主义理性告诉华盛顿，当前的主要矛盾不是满足道德快感，而是维护国家统一。而他很清楚，当时如果急于解决废奴问题，美国各州必然陷于分裂（半个多世纪后的南北战争就是证明），而这是一个新生国家无法承受的。为此，他主张至少拖到1808年废除奴隶贸易之后，再逐步讨论废奴问题。

是的，“时机”。人生做事，人们往往注意难在拿捏“尺度”。殊不知同样重要的，就是拿捏“时机”。不在恰当的时机，与恰当的分寸，任何“正义”都会徒劳无益，甚至适得其反！

而我们在改革开放对前30年极左思潮逐渐的纠正，和与之配套的制度化道路，恰恰是与华盛顿思路完全吻合的一种政治大智慧。我们丰硕而扎实的改革成果，佐证了一切。

二、强烈的历史感和名誉自恋

权力对人的诱惑，不是凡人尤其伟人能够抵御的。而抵御不了这种诱惑的结果，必然会在自己的晚年，在自己说一不二的巅峰，给自己和组织埋下祸根。

那怎么办？成功者拿什么抵御权力？

乔治·华盛顿一个不太引人瞩目的特点，我觉得倒是对权力的一种疫苗，那就是时刻赋予自己一种历史感。

他的历史感之强，是不同寻常的。事实上，在独立战争还没结束时，华盛顿就已经明白了自己所做的历史意义，而开始了一个“向后代解释自己”的计划。为此，早在那时他就成立一个秘书组，专职抄写自己在战争期间的所有信件。当浩大的工程终于完成时，华盛顿说：“无论是当代人还是后世的人们，都会认为在它上面花费时间与精力是绝对值得的。”事实上，华盛顿很清楚，自己签名的每一封信，与其说是写给当事人看的，不如说是写给后世人看的。他还曾指示为自己起草演讲稿的秘书们：“要将那些会长期存在下去的思考和情感写进稿子。”

这管用吗？管用。对“后世评价”的在意与敬畏，是可以防止“当世权力”不被滥用的一个有效方法。因为尊重历史，就是尊重长期价值和普适价值，就是一种对当下、对自我的制约。或许就因此，华盛顿成为美国历任总统中以及所有开国元勋中，唯一让后人拿着放大镜都挑不出人格瑕疵的一位。

事实上，中国历史上最伟大的皇帝唐太宗李世民，之所以能长期虚心纳谏，进而实现政通人和的“贞观之治”，有一个原因就是他非常在意后世对自己的评价——为此他曾多次尝试窥视史官的记载。他深知，自己对魏征这些部下的态度和言行，会被历史重重地记上一笔。虽然那一瞬间自己心里很不痛快，但想到自己可以作为后世的表率，也便平衡甚至自豪了。

相反，那些无所顾忌、不在乎后人怎么说的领导者，则通常都不吝啬制造人间悲剧。比如黄巢、张献忠、洪秀全。而像马英九这种道德自恋者，纵然可能一无所成，但也绝不会损公自肥、祸国殃民。

权力，总是有有效期的。那么，就不妨像华盛顿一样，早早跳离当世，用无限的历史去约束自己。

三、强烈的自我控制意识

对于约束权力，人们总是会想到制度。但是，现实地说，对于创业者而言，指望用自己亲自建立起来的制度来约束自己，是不切实际的。真正有力的约束，其实就在我们自己心里。

而乔治·华盛顿，在这方面几乎做到了偏执的程度。

1. 正如乔治·威尔所指出的，华盛顿“拒绝认为自己不可或缺”。他深知作为一个成功者，放下权力，比扩张权力，更能够铸就自己的历史地位。他相信：“合法的权力必来自公众的赞同”，而不是自我攫取。而这方面，前面提到的恺撒和克伦威尔，都是反例。事实上，更多的成功者走向悲剧，也是从逐渐相信自己无所不能、自己无可替代开始的。

2. 征服自我的“野心”、证明自我控制力的欲望。纵观历史，我发现人间困难的既不是“出世”，也不是“入世”，而是能够以“出世”的心态“入世”。而这方面华盛顿做到了近乎完美。当旁人都把征服世界作为自己的野心时，乔治·华盛顿却将“野心”的目标指向了他自己。他的后半生，似乎都在征服自己，并反复验证对自己的征服——这恐怕是任何其他成功者都不具备，甚至未曾想过的一个人生目标，也是华盛顿让他人难以企及之处。

与“出世”者不同，他做到随时准备履行责任；同时，又随时准备转身离开，这又与“入世”者不同。正如他在总统就职典礼所说的那样。他总是为上任做好了准备，但又总是竭力避免出山——这或许真是一名“人民公仆”最高的从业境界。通过华盛顿的私人信件，我们会惊叹地发现，华盛顿内心始终有一种退休的英雄状态！他甚至“把退休当作对其英雄地位的最后一次检验。并希望自己的名誉源自于放弃权力，而不是行使权力。”其传记作家埃利斯如此令人触目惊心地描述。

3. 难道华盛顿天生厌恶权力吗？如果是，他反而就只是一个怪人，而对后人意义不大了。其实他很在意权力。只不过，他对权力的追求，与众人不同。他很关注组织权力，即制度权力，而不是个人权力。事实上，从战争期间的实践开始，他就多年一直追求将三权分立中的行政权进一步强化，以支持国家统一和提升效率。这与我们身边有些成功者在哪个位置上就觉得哪个位置很重要，又截然不同。

4. 超然党派斗争之上，恪守沉默是金。在复杂纷乱的民主政治里，特别是美国制宪会议上，以及后来的两党争斗中，华盛顿总能超然争论之外。他喜欢倾听，而很少发表自己的意见。但越是如此，他反而获得了更多的由衷拥护。同时，沉默也有效克制了自己想左右一切的冲动。在多方政治较量中，人们注意到，他总是想尽一切办法让形形色色的观点都亮出来，然后又无声无息地使它们归于一致。在制宪会议上，华盛顿似乎是一种无形的力量，只要他在会场上，谈判就不会轻易终止。美国第二任总统亚当斯甚至嫉妒地说："沉默的天赋"是华盛顿最大的政治资本。

5. 不断明示自己的边界。没有人能自然而然地克服各种负面的冲动，因为即便圣人心里也有魔鬼。这时，都需要提醒。但与其等他人"提醒"自己，倒不如不断自我提醒。事实上，华盛顿一生就总是不断明示他人，也暗示自己。比如自己使命的完成，比如自己身体的老迈——即便是早在他第一次隐退的1783年，那年他才52岁，但他却公开说："绅士们，请允许我戴上眼镜，因为我不仅头发花白，而且老眼昏花，无法再为国家效力了。"随后，他又在另一个场合说："我已经完成了派给我的任务，现在将从伟大的事业中全身而退……"同样在这一年，他不断对别人提及自己"在走下坡路"，甚至他不讳言他的家族成员从不长寿！——是的，能不断告诉自己"可以了""做完了""很走运"的人，才不会做出"贪婪而过分的事"。为此，埃利斯意味深长地评论说："这个懂得坚持到底的人，也深谙如何结束。"

而乔治·华盛顿抵御边界陷阱与权力诱惑的另一绝招，我认为非常独特，非常有趣，非常高妙，但也非常容易被忽略，甚至被排斥。因此我把它留到最后来说。

四、始终保留私人空间

这一点，是我关注华盛顿之前从没想到过的。相信很多人，包括成功者也是。甚至他们往往会把"全心全意地投入""无以复加地忘我"作为个人进取、道德品行、事业成功的标志与保证。实则，大谬！

看看乔治·华盛顿是怎么做的。他之所以每每能坚决而欢快地回到自己的山庄，就在于他其实从未完全"离开"过他的山庄。从他的个人信件中，我们会吃惊地发现，他在总统任内关于指示他的管家该在山庄种植什么作物的内容，甚至超过了他对公文的批示！而且指示细微到如何除草、如何给不同背景的奴隶分配食物！——即便那是他公务最繁杂的时候。埃利斯为此反过来推测：在华盛顿的灵魂深处，也许始终留有最后一块从未进入纽约和费城（美国的前两个首都），而是留在了自己的弗农山庄里。华盛顿本人是否是有意为之，我们无从知晓。即便其中有偶然性，但其中蕴含的道理，也很具有普适性和启发性。

是的，只有当你始终在事业极其成功之外，还有属于自己的一小片“自留地”时，你才不会迷失自我，才不会陷入权力与欲望的异化。其实，我们每每赞美的“忘我”，对于一个领导者是非常可怕的。试想，当事业之外，你已经“一无所有”时，你还可能客观、理性地对待你的事业，以及事业中的自己吗？当你的名字已经完全等同于你的职务时，你除了全力以赴地挣扎在权力与欲望之中，就是全力以赴地“折腾”所有与此相关甚至无关的人。这其实是很好理解的，越是一个丧失自我的妻子，越是不可能真正善待她的丈夫和家庭。

所以，一个越想跨越边界挑战的成功者，越想将你的事业成功做到最后，越要把你自己的局部从事业中分离出去。拥有自己，才能拥有事业；而已被事业拥有的自己，也无力持续推进自己的事业。

1799年12月14日，67岁的乔治·华盛顿因偶受风寒而陷入弥留。

在行将走到自己生命终点时，他说的最后一句话是：“很好。”而他的最后一个动作，是用手摸着自己的脉搏，直到它彻底停息下来……“他在最后一刻，都试图保持对自己的控制。”《华盛顿传》的作者埃利斯肃然写道。

人生是各个阶段的连缀，进而在各个阶段不断地抉择。
但是当你的决定属于“不得已”的决定，或被别人认定是“不得已”的决定时，你再大的执着，再大的牺牲，再大的突破，都不会获得真正的尊重。
事实上，人生的精彩，都往往蕴藏在那些“并非不得已”的决定之中。

杨光

2005.10

就因为“子不类父”！

有效传承的颠覆性观察

自注：所有成功的一代创业者，都应据此思考：
我的接班人，真该像我一样吗？

成功者的本能悲剧

《汉武大帝》给我留下了两句印象深刻的台词。

一句是壮年刘彻豪气冲天的“寇可往，吾亦可往！”另一句，则是晚年刘彻甩向太子背影的“子不类父！”两句话均掷地有声，但是前一句成就了汉武帝横扫匈奴的不朽大业；而后一句，却导致了一出父逼子反、骨肉相残的皇室悲剧。前者豪迈，而后者凄凉……

“子不类父”似乎成了中国式传承的一大创痛。

就因为太子刘据仁厚不像自己，所以武帝不喜欢他，进而不愿见他；就因为武帝嫌恶太子不像自己，所以小人得以挑拨离间、阴谋得逞。尽管，历史上的汉武帝此前曾公开承认自己劳民伤财，如接任者真是个“刘彻第二”，大汉非亡不可；甚至他还公开赞赏太子“擅自”为自己苛政引发的冤案平反。

但是，这些英明的“理智”，最终都敌不过“子不类父”这一功成名就者太过强烈的内心“本能”。

成功者，大多自恋；超级成功者，大多超级自恋。

于是，通过近乎“克隆”的方式“延续”自己（特别是延续自己潇洒驰骋的早年）以逾百年，便成了诸多业绩斐然的领袖在晚年最强烈、最本能的心理诉求。

于是，汉武帝晚年的传承悲剧便不可避免。

该传承的不是基因

殊不知，真正最应该传承的，不是成功者的性格（不管是哪种性格），而应是成功者的辉煌。而事实证明：但凡使辉煌得以传承，甚至将辉煌推至新高峰的，恰恰都是“子不类父”。

单说西汉，不难设想，如果武帝刘彻的秉性趋同于其父景帝的优柔寡断，那大汉气度肯定将不复存在。

而中国历史上最典型的例子，莫过于清朝雍正对康熙的继承。权且不论这次继承是否“合法”，但事实证明：与晚年康熙过于宽容、怠于吏治的性格作风迥异的雍正，通过矫枉过正的严苛、无以复加的勤政，一扫了康熙晚年的诸多弊政隐患，得以传承了康乾盛世。而其后乾隆的大度潇洒，又使得战战兢兢的官场世风得以舒缓从容，终于造就了中国两千年封建统治的最高峰。

西方商史同样如此。尽管未必是父子血缘，但传承之理皆然。

“百年老店”通用电气之所以在上世纪末能老树开新花，迎来又一春，与其说是GE“出”了一个韦尔奇，不如说是前任CEO雷吉聪明地选择了“子不类父”的韦尔奇。雷吉稳重而保守，韦尔奇激进而暴躁；雷吉温和而导致机构臃肿，韦尔奇手狠而能够果断裁员；雷吉热衷于制度规范，韦尔奇醉心于除旧创新……但雷吉要的就是“子不类父”。结果，在“韦尔奇旋风”中完全变了天的GE，反而更加辉煌。20年后，韦尔奇同样也选择了一个“子不类父”的伊梅尔特，使其能于无形中结合现实消解了韦尔奇的“暴政”，带领GE安然度过了9·11之后的萧条危机。

“子不类父”有道理

这林林总总的古今中外，不管悲剧，还是光芒，都是偶然吗？非也。

其实“道理”不难理解。

任何成功者，其独特风格一定大为关键。然而就因为成功，其风格必然延续而强化。而天下亘古不变的是“物极必反”，于是因为成功而注定会过头的独特风格，也注定会走向真理的反面，尽管可能只是潜伏而不彰显。然而一旦成功者不觉悟，姑息本能地克隆出自己的“二世”，其弊端必然积攒于“二世”集中爆发，从此不可收拾。这正像汉武帝自己一度认识到的那样。

而相反，就因为“子不类父”，接班人才能更清楚地看到前朝弊政，才能更果敢地向老一代投鼠忌器的旧习开刀，才能在时过境迁之后不至于浑然不觉，不至于刻舟求剑。

2007.05

菠菜与领导力

领导力是基于普通人的艺术

嘻嘻哈哈当中往往蕴含着大智慧。

电视剧《贞观之治》中就有一段诙谐的“花絮”：李世民宴请魏征吃菠菜。

而关于这顿菠菜的缘起，是这样的。

“如何杀掉这个乡巴佬？！”

贞观良臣魏征因为近乎无休止地当面指出唐太宗李世民执政中的诸多不足，而时常令当众颜面无光的李世民恨得咬牙切齿。“我迟早要宰了这个乡巴佬”的怒吼，成了唐初后宫中经常冲天而出的“口谕”。而李世民的圣明，就在于他从来都不会将它兑现。

但李世民不是圣人，因而他的愤怒是无法用圣明来遏制的。

于是，我们就有机会听到盛怒中的李世民这样奇怪地向臣子发问：“你说，我怎么才能杀掉这个乡巴佬？！”一个一言九鼎的皇帝会问出这样的问题，本身就证明了他的伟大。但麻烦的是，这个问题究竟该如何解决？臣子该如何回应万岁呢？

而面对这个棘手问题的，是宠臣兼外戚的长孙无忌。

深知妹夫为人的长孙无忌首先拿出从他妹妹长孙皇后那里学来的一套，马上正衣冠肃表情，然后扑倒在地大声恭贺吾皇陛下喜得良臣。唐太宗当然已很熟悉这一“伎俩”，一方面习惯性地火气消去一半，一方面余怒未消地继续追问。这时，长孙无忌才实质性地提出建议：“陛下真正需要的，不是杀掉魏征，而是挫挫他的锐气……”

心照不宣的李世民立即表示愿闻其详。这时，已有把握的长孙无忌才抑扬顿挫地说出了他的“锦囊妙计”。

原来平素道貌岸然的魏征有一不为人知的软肋。他有个怪僻，极爱吃菠菜。但不幸得很，他这样一个极廉价的爱好却充满了悲剧色彩。因为个性泼辣的魏夫人，偏对菠菜忌之如仇，而魏征的不惧皇上偏惧内更是举朝闻名的。于是，可怜的魏征，在家里从来没有吃到过心爱的菠菜。办法总是有的。由此魏征对于外出赴宴有了兴趣。因为以他的面子，从主人那里讨来一盘常人看来俗不可耐的菠菜，还是轻而易举的。但办法总要付出代价，那就是他的这点癖好不留神落进了长孙无忌的眼里。更糟的是，魏征难得大饱口福的狼狈吃相也一并落入了长孙无忌的眼里……

于是，长孙无忌向李世民绘声绘色地描述着一个所有朝臣包括李世民都不曾见过的魏征，一个肆无忌惮、疯狂吞噬菠菜的魏征，一个与平日正襟危坐完全判若两人的魏征。

这时，为皇上出气的妙计已呼之欲出：请皇上宴请魏征吃菠菜！

刚才怒不可遏的李世民，此时已经乐得直不起腰了，勉强在捧腹喘气的间隙表示应允。

“不瞒陛下，臣最爱吃菠菜”

随后某一天，天气很好。

李世民宴请魏征。同席的还有前来“看戏”的长孙无忌和房玄龄。

为了与菠菜相协调，李世民特地选择了露天“野炊”。

席地而坐后，一向满腹经纶的魏征忽然见到眼前满满一盆菠菜，早已是心猿意马，咽涎频频、按捺不住了。

偏偏李世民今天很“不识相”。不就是吃饭嘛，他非要罗里罗嗦。好不容易听他讲完了一堆废话，李世民偏偏还要向已经口角流涎的魏征发问：“魏征啊，平日里你总对我的决策有很多不满，我也经常听不进去。今天这么好的天气，难得雅兴……这样吧，借这个机会你就把对我的所有意见统统都说一遍吧！也免得我以后在朝臣面前没面子。”

平时，这对魏征乃是进谏的天赐良机，注定又将是一个滔滔不绝。可今天，可此刻，以菠菜的名义，这简直跟要命一般！一开始，魏征还满不在乎地打算以今天只是吃饭、朝政明天再说为由蒙混过去，偏今天李世民“虚心纳谏”的兴致近乎偏执，更况且李世民又拿出了魏征一贯的腔调质问：“你说是吃饭重要，还是朝廷大事重要啊？”没办法，大脑中早已只有菠菜的魏征只好临时把昨天已朝议过的发言抓过来再“反刍”一遍，但刚张嘴就被洞察秋毫的李世民堵了回去：“魏征，你今天能不能说点儿新鲜的？”结果，魏征却脱口而出：“这菠菜倒挺新鲜的……”当发现失言又着补了半句：“这菠菜实在是……”

见到魏征欲言又止、脸色难堪，李世民更是火上浇油地“恍然大悟”：“哦，一定是今天的菜不合魏征口味！快来人，把菜撤下！换……”这一刻，魏征完全像被开水烫了一样地窜起来护住自己心爱的菠菜：“不不不不！不要换！”“魏夫子”的酸架子至此已荡然无存。最终，彻底在皇帝面前崩溃的魏征只好实话实说：“不瞒万岁，魏征……最爱吃菠菜……”

至此，早已忍俊不禁、心满意足的李世民，才见好就收地“恩准”素以天下苍生为己任的魏征，此刻可以放下天下朝政不管，而专心致志吃眼前的菠菜。

但依然出乎所有人意料的是，魏征立刻欢喜得仿佛被大赦一般，不仅马上狼吞虎咽，甚至平素只用来笔评天下的双手，此刻也直接派上了用场！早已经捧腹难忍的李世民和长孙无忌等，见此风卷残云，立即边喷着笑，边故作慌不迭地捧着自己那一份菠菜端过去送给可怜而又欢喜的魏征……而此刻的魏征，嘴里塞满了菠菜，双手抓满了菠菜，无法称谢，也无法拱手，只剩下频频点头，而瞪圆的双眼却未曾离开菠菜一刻……

而笔者此刻，早已双脚离地侧卧在沙发里狂笑不已！

一对“凡人”君臣的政治智慧

我不知道编剧只是想为观众增加一些轻松的佐料，还是另有深意，但我确从这一花絮中悟到了很多做领导与做下属的艺术……

我们所有领导者，都希望自己能像李世民一样有作为、有口碑，都希望自己能像李世民一样拥有魏征这样的精忠良臣来辅佐；所有被领导者，都希望自己能像魏征这样得尽其才，名垂千古，也都希望自己能像魏征那样拥有一个宽宏明君来尽职。

但是，在大家对这段君臣佳话艳羡不已时，又有多少人想过自己如何成为李世民，自己如何成为魏征呢？或者说如何使“李世民”重用“魏征”，又如何使“魏征”尽忠“李世民”呢？

我们不能假设这两者都拥有超人的品格。超出常人特性、不食人间烟火的所谓“领导力”，是虚伪的，无意义的。

事实上，李世民与魏征也本就都是凡人。

但两者却都将领导力发挥到了极致。李世民作为领导，通过海纳百川、宽宏大度赢得了部下的忠贞与智慧，实现了当时条件下领导力的最大发挥，奠定了盛唐气象；而魏征，通过仗义执言、言之有据赢得了上级的赏识与重用，实现了在当时条件下部属对上司最大限度地“领导”。可以说，就领导力而言，两者都达到了中国历史空前绝后的高度。

李世民能纳，魏征能谏，但还是那句话，他们不是高不可攀的圣人，而都是凡人。

所谓领导与管理，也只有针对凡人，才是有意义的。

可持续，贵在平衡

那么，两个凡人，是如何达到了我们芸芸众生都没能达到的高度呢？

原因当然很多，但从李世民请魏征吃菠菜这一笑料，就可透析出一个重要原因：用琐碎来实现君臣间的平衡。

任何有效而可持续的领导力，不管是上对下，还是下对上，甚至左对右，都必须是基于心态的平衡。理由很简单，领导与被领导，都是人。而人，只有在平衡中才能良性持续。而这，又恰恰是我们往往所忽略的一面。

我们往往只看到了李世民的宽宏大量，却没看到为什么他能宽宏大量，或进一步，我们往往只看到了李世民没有兑现“杀掉乡巴佬”的誓言，却没看到为什么李世民能做到始终不去“杀乡巴佬”。

要知道，杀掉一个总跟自己过不去的乡巴佬，对于一个皇帝是多么容易，又多么必然……历史上，君臣之间一言不合而手起刀落的还少吗？“龙眼无恩”“伴君如伴虎”等鲜血凝成的古训，虽然不免狭隘肤浅，但却道出了残酷的事实。

我之所以说“狭隘肤浅”，就在于我们总是忽略我们所面对的，包括我们自己，都不过是普通人。

而李世民正是一个聪明人。

聪明的李世民：知道自己是“凡人”

我之所以说他能问出“我怎样才能杀掉这个乡巴佬”本身就证明他的伟大，在于作为可以呼风唤雨的领导者，即便在盛怒中，他也做到了知己知彼：他没有直接下令杀，而要想办法杀，就说明即便此时，他也深知自己是一个普通人，一个正在气头上的普通人，而一个聪明的领导人是不应在气头上下命令的；同时，魏征虽可谓十足的“给脸不要脸”，却毕竟是难得良臣，是一个群臣中的标杆人物，绝不是说杀就该杀的，而至少要想办法“杀”的……

而李世民更知道，他要杀的，并不是魏征的头，而是他的“气焰”。只是自己一直碍于皇帝的身份，不知道该如何合情合理（而不是存心找茬或秋后算账）、恰到好处（而不是不计后果、只凭痛快）地去教训魏征。而教训魏征，也并不是目的。目的其实是为了李世民自己，为了自己内心的平衡——不断在大众面前被反驳、丢面子的领导，内心一定是不平衡的。而只有让自己想办法内心平衡了，自己才能听到并听进更多的苦口良言，做出更伟大的事业！

于是聪明的李世民实际是在为此而烦恼。而同样聪明的长孙无忌（当然他的晚年不再聪明，所以也就未得善终）看出了皇帝的心思，不仅替皇帝点明了这次行动的目的（杀锐气而非杀头），而且替皇帝想出了一个最符合皇帝心意的办法：用最柔和、温情乃至幽默的方式，让令自己难受的人自己也难受，然后也在大众面前空前丢丑，却又不会伤害到他的自尊心，反而自己的自尊心大为满足！从而让大家在朝堂上结下的所有怨气，在大笑间灰飞烟灭……

这就是李世民最聪明的地方。

他深知魏征的直谏对于事业是有益的，因此必须继续让他发挥这方面的作用。但他也深知自己是普通人，没有一个人能长期忍受这种克制与压抑；他深知如果自己一味消极隐忍克制不加宣泄，必然会在某一时刻失去控制地恶性大发泄，后果将不堪设想（历史上这样的悲剧数不胜数）。从而，他深知：一个领导者要想做到长期广纳逆耳忠言，就必须在琐事上用柔和、良性的方式去发泄自己，去平衡自己！所谓良好的空杯心态，绝不是天上掉下来的，而是自己有意识持续不断地良性平衡出来的。

而抓住部下微不足道的小毛病或不愿示人的小隐私（而非原则性隐私），适当地变成玩笑，就不失为一种绝佳的宣泄平衡自己的方式。

小玩笑，是为了大事业！真正的领导智慧，就在这举重若轻之间。

聪明的魏征：知道明主也是“凡人”

而站在李世民对面的魏征，同样是聪明人。

能在那个大臣清晨上朝不知道晚上能否回来的险恶时代，魏征竟能如此长期而有效地“领导”自己的万岁，并在倾尽己才后获得善终，更值得我们尊敬和研讨。

我们平素只注意到魏征在朝堂上面无惧色地据理力争，以为这就是他成功的全部。其实错了。绝大多数的时候，犯颜直谏的下场就是人头落地。因为这些部下都犯了一个共同的大忌讳：认为自己的领导就应该是一个无私无瑕的超人，乃至类似投递箱一样的机器！而忽略了“领导也是普通人”这样一个永远都不会变的大前提。

只要部下能悟透，并始终秉承“领导也是普通人”的信念，你就能无师自通地想到各种让自己尽责尽忠并持续获得领导采纳的方法。比如：自己在什么样的场合，面对什么样的背景，探讨什么样的话题，话说到什么样的分寸……

当然，只要决心做一个成就一番事业的“良臣”（而非奸臣、弄臣或庸臣），面对原则问题据理力争是免不了的，面对领导在重大问题上的错误毫不妥协也是免不了的。那么，这时作为部下在事后就要考虑：自己的犯颜顶撞，特别是领导对自己反而宽宏接纳时，领导作为普通人肯定是不平衡的。而自己的谏言要想持续获得采纳，就必须让自己的领导能从自己身上获得平衡。那么，在原则问题上自己由于责任在身让领导不平衡了，何不让领导在非原则问题上，乃至生活琐事上从自己身上找回平衡？

是啊，谁敢说那顿洋相百出的菠菜大餐，就不是聪明的魏征因势利导、稍作夸张地“秀”给万岁看的呢？

由此，原则问题永远不是儿戏；而原则以外，永远充满和谐！

“聪明人”李世民！“聪明人”魏征！

聪明的人，能够通过他人的智慧顿悟自己的人生；而智慧的人，则能通过自己的顿悟教化大众的人生。合格的管理者，至少要成为聪明人；而优秀的管理者，一定要成为智慧人。

杨光

2007.01

好一个“太上皇”李渊！

最后一次地战胜自己

优秀的历史正剧，可以让我们通古达今，短时间即感悟时空智慧。

《贞观之治》便是这样。变革，不是当今最泛滥、最理直气壮的词汇吗？而该剧在高度尊重史实基础上，充分展示了一位变革者究竟该如何去做，并且做好，并且持续做好，并且流芳百世，而不是劳苦一生反留骂名（比如清雍正），或倒行逆施自误误国（比如明崇祯）。

是的，唐太宗是中国历史上唯一一个千年来广受老百姓发自内心拥戴的皇帝（柏杨评语）。秦皇汉武、唐玄宋祖、武曌康乾，都是有为精英，但他们都没能做到。仅此一条，就足以值得我们唏嘘赞叹。

特别值得注意的是，李世民既是一位创业者，同时也是一位变革者。不过，本文想说的，还不是李世民，而是他的缔造者——爸爸唐高祖李渊。

第一位“创业太上皇”

没有多少人关注李渊。不论他的能力还是政绩，不论他的操守还是口碑，比起他的次子李世民，似乎都可以忽略不计。实则不然。在我眼中，李渊相当了不起。

只举一个史实就可说明。他是中国历史上第一个也是唯一一个退居太上皇的开国者。而且比起后来那个缔造盛世却自毁长城的情场太上皇李隆基，以及再后来那个风流下江南的诗人太上皇乾隆，那两位分别只坐了6年和3年，而李渊则坐了足足9年（他此前在位也恰好是9年）。最主要的是，李隆基的太上皇，已物是人非，是孤苦伶仃、国破家亡的6年；乾隆的太上皇，虽大权在握，却一塌糊涂、国运衰败的3年。而李渊让位的9年，却是中国国力走向空前强盛的9年！因此我说，李渊之不凡，恰恰是在他退居二线之后。

有人说，那都是“执行”皇帝李世民的功劳，与李渊这个“名誉”皇帝何干？实则并不那么简单。请注意，李渊是乱世而起的“开国者”。这决定了李渊或许平庸，但绝非无能。一个打下天下的开国者，在突遭骨肉相残之后，能立即选择彻底退位，而非仅仅另立太子，可见其洞察时务之敏锐与战略决策之果敢。其后，又能稳居幕后长达9年，并且国事始终平稳向上……这难道是每个英雄盖世的“开国者”都能做到的吗？

有足够理由放不下

“开国者”意味着什么？意味着他一定首先有胆识，贪生怕死的窝囊废是不敢揭竿而起的；意味着他一定屡经风雨而坚韧，心理脆弱者也早就被乱世群雄吞噬了；意味着他一定善于识人用人，否则天下也轮不到由一个山西地方官来坐。

而“开国者”李渊在打下天下后又稳健经营了9年，意味着他必然有大批出生入死、志同道合的追随者。比如裴寂。只不过“玄武门之变”的突然发生，李渊“识时务者为俊杰”地选择了退位。但很显然，皇位是退了，但他“武德朝”的追随者与人脉势力还在，他“武德朝”的既得利益者还在，他李渊与老臣们的乱世交情还在，甚至我们揣测：李渊作为开国皇帝却被迫退位的愤懑一面或许也在。

但是，“开国者”李渊非常英明、非常大气地选择了彻底放手，彻底退出。

李世民是一个胸怀大志的改革者，因此改革的对象必然就是前朝旧弊，必然就是前朝老臣，必然就是那些蒙恩李渊多年的旧势力。也因此，抵触改革的“武德势力”必然会反弹，必然会时时思念深宫里那个“老爷子”。于是，有些胆大妄为者一边进宫讨好寂寞孤独的李渊，一边在外面积极运作“老爷子”重新出山；有些与李渊有过命交情的老臣，比如裴寂，则更怀柔凄凉地进宫向李渊哭诉“冤情”，一副替老主李渊忧国忧民的模样，大打“怀旧”牌。

那么李渊怎样对应的呢？

“你们就忘掉我吧！”

他孤独，他寂寞，他失落，他郁闷……但对面前的谄媚讨巧者，他却反而大声斥问：“你能不能别再来看我，你让我清静清静好不好？！”从而令前者悻悻而去，继而自食其果；对后者的故交哭诉，他同样大声斥问：“你怎么还——记得武德的事？！那都是哪年头儿的事了？！”以至于裴寂仰天哀叹自己真的彻底完了……

要知道，他所申斥的，是与他有一辈子私交的裴寂啊！是一个能够开诚布公密谈宫闱立嗣等大事的裴寂啊——可以想象，一个皇帝与大臣有私交并且众所周知（甚至见诸于裴寂寥寥数语的个人简历），已是多么不同寻常的事；而面对这样一份珍贵难得的乱世友谊，李渊竟然如此“健忘”，如此绝情，更是多么不容易啊！

我们知道，老人最害怕的，是孤独。特别是曾经叱咤风云却走下巅峰的老人，寂寥晚景更是常人难熬……我们不难想象：在大家都去逢迎新君时，李渊内心是多么希望有人还记得他，来看看他，特别是旧交前来一起弹琴聊天啊……但是，他没有选择“满足”自己，更没有老糊涂，他非常清楚他的儿子在做什么，非常清楚他儿子的改革将对大唐江山意味着什么，也因此，他必须为儿子在最后去做些什么，为社稷发展而在舍弃皇位之后再次舍弃什么！而他能为儿子做的，能为江山做的，就是强行控制自己作为一个人，特别是成功者都会有的种种冲动，非常难得地做到彻底不再干预朝政，真正而彻底地退休，给儿子一片无垠的天空去放蹄驰骋……

“托付得人，复何忧哉！”

结果，事实毫无保留地回报了他！在他瞑目之前，苍天就慷慨地回报了他的一片苦心！

当李世民一举荡平常年边患（要知道，李渊在位时甚至曾因此差点儿迁都！）时，“老爷子”兴奋地感慨：“汉高祖困白登，不能报；今我子能灭突厥，吾托付得人，复何忧哉！”庆功宴上，“老子”李渊自弹琵琶，“儿子”世民随音起舞，所有大臣迭起恭贺，通宵方罢。

而这，不仅是汉高祖刘邦，更是“大名鼎鼎”的乾隆“太上皇”终其一生所望尘莫及的。看看乾隆之于和珅，再看看李渊之于裴寂，我们怎能不对“非知名人物”李渊由衷地赞叹呢？！而李渊在他生前和身后获得的丰厚回报，又何尝不是我们所有创业者最梦寐以求的呢？！

当今，众多经营了十多年的民营企业都相继进入了传位期。创业者老了，累了，局限了，需要下一代跟上来，顶上去。然而一片江山、一番事业如何有效传代，并且持续发展壮大，仍是困扰众多企业的棘手难题。

那么，我们身经百战的老创业者们，是否应该从才能并不出色的李渊身上深深反思：我究竟该如何当好“太上皇”？其实说白了就是：我如何在自己辉煌人生的夕阳，最后一次战胜自己？

明君的太子为何难接班？

2007.05

要搞定江山，也要搞定儿子

秦始皇、汉武帝、隋文帝、唐太宗、康熙帝，都是中国历史上一等一或开国或有为的英明皇帝。但是，他们在晚年都无法逃脱一个魔咒：太子难题。不是他们没有太子可立（这与清末迥异），而是他们几乎都体验过废黜太子、父子反目的人伦悲剧……

偏偏是明君

秦始皇发配了太子扶苏，汉武帝攻杀了太子刘据，隋文帝囚禁了太子杨勇，唐太宗废黜了太子承乾，康熙帝更是两次废黜了太子胤礽……而且这些事无一例外成为了这些旷世名君一生最伤痛、懊恼的事。尽管他们被废的表面原因各异（最多的是谋反与无德），但他们都有一些惊人的共性：这些被废的太子，都是名正言顺的皇长子（仅胤礽是皇次子）；都是早年立储，东宫多年；当然被废后也都结局悲惨，无一善终。

为什么会重复出现这些父子相残、令人扼腕的人伦悲剧？为什么这些太子最终大多冤深似海、死不瞑目？为什么冤枉自己骨肉的偏是这些一生洞察秋毫、是非泾渭的明君？

这个悲剧命题尤其值得后世关注的，远不仅限于伦理层面与权力层面，更在于这些惨剧背后另外一个值得注意的共同现象：这些太子的废立，几乎都是其父英明一世之后，从健康到国势由盛而衰的重大转折点！——他们的功德成就都是在此事件之前完成的，如秦始皇的统一六国、汉武帝的大漠风暴、隋文帝的立制建章、唐太宗的贞观盛世、康熙帝的开疆扩土。而在此之后，他们都心力交瘁，一事无成，甚至急转直下，不久人世。

根不在小人

这里的原因当然很多，从不同层面、不同角度都能找到一些共性的原因。

但如果像很多人那样一味地抨击皇权世袭制度或皇权制度本身，这里面很多本来可以让后人反思的规律反而被淹没掉了，很是可惜。因为，皇权制度早已作古，如果我们把如上悲剧仅仅归为政治制度问题，也就意味着这些“掌故”对于引进了“德先生”的国人便真只是一个个惊心动魄的“故事”而已，别无他用。实则不然，而且肤浅。

我们显然不能以一种疾病的集中迸发病症，当作疾病的全部内涵。而皇权之争只不过是一种属于人本性的疾病最激烈、最惨烈的表现，而其内在的规律与意义，远比谁做皇帝广泛、长久得多。

也有很多人指责这些萧墙之祸均缘起于父皇年迈后为小人挑唆、蒙蔽，因而关键是诸葛亮所苦谏的“亲贤臣，远小人”。实则也不然。不错，唐之前的扶苏、刘据、杨勇之死多少都与小人（如赵高）或小人级的对手（如杨广）有关。但常人言：苍蝇不叮无缝的蛋。小人常有，而小人能否肆虐，则要看“鸡蛋”是否坚固，而与小人无关。

况且，唐、清两代的太子悲剧也确与小人无关。特别是李承乾谋反案，牵涉在其间的不是明君就是名臣，李世民、魏征、长孙无忌、房玄龄、侯君集……谁是无耻小人？但悲剧照旧发生……况且，“远小人”问题是永远也无法界定与操作的概念，仅适合于唱高调或者栽赃叫骂……而且，这也不符合一个操劳一生的明主在晚年的人性需要。

那么，这么复杂的伦理+政治问题，有没有可以供后人借鉴、反思、操作的共性道理呢？

由远而疑，由疑而忌，由忌而恐

我们只要看看这些悲剧的形成过程，就可大体领悟到其中三昧。

其实，这些悲剧的过程在本质上都是很近似的。我们会发现：凡是被废黜的太子，很少有与父皇走得很近很亲密的，而且他们之间的心理距离往往随着太子立储时间的拉长而拉长。事实上，扶苏之所以被逼自杀是因为他与父皇政见相左而被远配漠北前线，距离父皇天高地远；刘据因为“子不类父”，后来更是干脆连父皇的面都见不到了；李承乾也一样，后来李世民几乎与之没有来往，更不用说去东宫与太子谈心。

结果便是不断恶化的互相猜忌。

——父皇越来越发现这个太子已经等得不耐烦了，有另立中央甚至取而代之的图谋；太子则越来越感到父皇对自己越来越不满意，更换太子已是时间问题。于是，两方面都深感焦虑，甚至恐惧。更于是，双方都想自保（否则只有死路一条），因而对至亲的每一个言行甚至传说中的言行异常神经质。而自己出于自保所做出的反应，则又都“印证”并加剧了对方的恐惧。于是最后，不可收拾……

人性中，因猜忌而产生的恐惧，是破坏力最大的。

显然，化解猜忌乃至规避猜忌最有效的方式，便是沟通。而这里，拥有天下至高权力的皇帝理应负起更多的责任。

然而，我们这些英明的君主，往往可以和大臣们深入沟通、平心而对（这也是他们之所以能伟大的原因之一），却不能做到与自己的至亲，特别是与钦定要接自己班的太子频繁而坦率地沟通。

他们更多的只是不断地对外表态，用言行来证明自己并没有更换太子的意图。但是，很显然，这与面对面的直接交流相比，都是治标不治本，特别是不能永续的做法。不是吗？李世民晚年无数次表态立挺太子，最后李承乾还是在恐惧中涉嫌谋反而落难；康熙帝更是曾经废而复立企图证明自己的决心，但最后依然发现不可救药、无济于事。

这是基于责任的必答题

那么，为什么他们不能？或者说他们为什么不为？

很直接的一个主观原因是：不喜欢，所以不想搭理。扶苏因为反对秦始皇焚书坑儒而遭到父皇的厌恶乃至贬斥，刘据同样因为“子不类父”也不为杀伐气过剩的汉武帝所容忍。结局，便是父皇幡然悔悟也来不及了。

而另一个客观原因是皇子太多（这反而也是一个皇帝活力的重要体现，很讽刺）。皇子多，一方面分散精力，一方面很容易另有所爱。这里李承乾一案最典型，李世民偏爱次子李泰甚至爱到朝野皆知、李泰想不争太子都不成的地步。

但这都不是理由。

特别是在面对一个即将承载整个天下大业的太子，面对一番殊为难得的旷世伟业的延续时。

不错，谁都愿意与自己喜欢、与自己投脾气的人多接触，而疏远相反的人。这是人的本性，皇帝更是有这个权力。但是，作为领导者不可忘了，你不是普通人，因为所采取的态度与对策，都事关事业成败与延续。因而这里更多的是责任，而不是个人好恶。李世民伟大，就在于他在大臣们面前空前绝后地做到了这一点，非常不容易。但在皇子这些亦公亦私的领域，连他也没能做到更好，以至于重复皇帝特有的“晚节不保”。

作为领导者，面对你钦定的接班人，不管他是自己的儿子，还是一个出色的职业人，只要你在事实上选定他了，那么做到不厌其烦地沟通以保证彼此长久的互信，就都是你责无旁贷的责任！否则，你或者不立接班人，或者你不做领导者。

伟大的领导者，就是要必须强迫做到被领导者不能做或不必做的事。也就是说，越是高层面的领导，越需要更大程度地去克服、战胜人的本性，能为常人所不能为。人之常情，是伟大的领导者必须对外洞察体恤，而时刻对内警惕自省的东西。因为，这是你的责任。

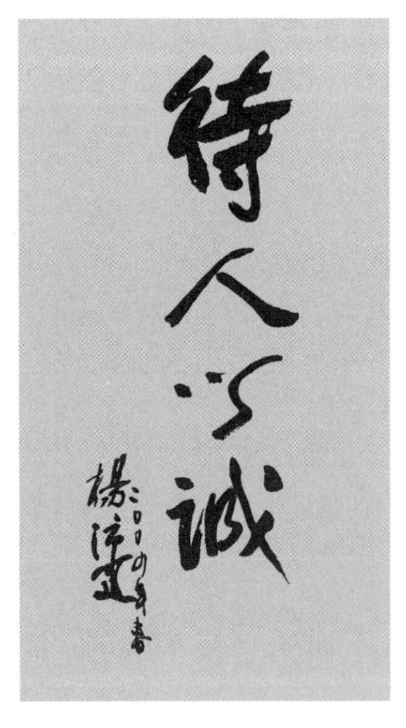

人生中最自豪的那一刻，通常给予我们自豪的人早就不记得了，但我们却会津津乐道一生……所以，不管为父，还是为师，千万不要吝啬给予孩子们毫无保留的认可与赞美！孩子们会一生铭记并感念的！这就是一种最光辉的不朽。

杨光

贞观君臣楷模与部下劝谏之道

2007.05

学会用恭维来批评

初唐的贞观之治，是中国帝王史中空前绝后的楷模。而这样一个楷模是怎样构成的呢?

当然，人们首先会颂扬唐太宗李世民。不错，李世民是伟大，而且他的伟大并不在于他开拓的中华疆土比别的皇帝多，也不在于他在位时中国的国力最鼎盛，而在于他是中国历史上唯一一个受到当代乃至后世百姓发自内心拥戴与颂扬的皇帝（柏杨评语）。仅此一点，此前的秦皇汉武，其后的元汗康乾，就难望其项背。

空前绝后的贞观领导群

但贞观楷模的出现，并不仅仅因为有了一个了不起的李世民，而在于一个了不起的领导决策层系统。也就是说，是整个领导层各个角色最优秀的楷模竟然集于一朝，才缔造了这个中国历史上最完美的神话。

这个系统中，除了最优秀的皇帝（最高决策者）李世民，有最优秀的臣子（经理人）房玄龄（执行者）与魏征（谏言者），还有最优秀的皇后（第一夫人）长孙皇后，甚至包括最优秀的太上皇（前任老领导）李渊。这几个角色从不同角度构成了一个组织的决策执行系统，并决定了整个系统的运行质量。

可惜，中国历史上此后再没有出现过这么多最优秀的人才集于一堂……因此，贞观之治的美好回忆，再没有在中国出现过。

制度当然是一个组织运行最基本的保障，但组织决策层的人才构成，同样甚至更具体、更直接地决定着一个组织在一个时期内的作为。这里，当然有很大的偶然性，或说不可支配性—— 一个最高决策者，同时拥有最棒的部下团队、最棒的贤内助、最棒的前任，显然不是单凭人力所能缔造出来，也不是一个人才素质模型能设计出来的。

那么，作为后人，面对这样一个系统中诸多环节与关系，我们能作为、能设计的是什么？我认为“君臣”关系是最具有可塑性的，而其中“臣”的角色作为又是最具有普遍性、可鉴性与可操作性的。因为在一个组织内，永远只能是领导选择部下，而不是相反。古人认为：文臣死谏。也就是说，文臣应当以向自己的领导者义无反顾地提出谏言为本分，甚至不惜以生命为代价。但本质上，“死谏”并不足取，反而是只顾自留名声的自私做法（明朝尤其多见）。因为，它忽视了成效。只有具有成效的进谏，才是有意义的。而要想有成效，则一定要讲究方式方法。

贞观时期的“臣谏君”，就堪为将果敢与智慧相结合的精彩典范。

提起进谏，我们总想到魏征。魏征我们已经说的太多了。而贞观的伟大，就在于当时朝堂之上能敢于并巧妙进谏的，其实远不止一个魏征。

唐太宗比隋炀帝还不如？

比如贞观九年，有一次，已经四海生平、功成名就的李世民在朝堂上刚刚谦逊地拒绝了一名马屁大臣封禅泰山的建议，却马上开始自我补偿似地商议在洛阳重修隋朝宫殿。

不想，这时朝臣张玄素站出来坚决反对，而且语出惊人。

“陛下，土木工程不宜擅动啊！目前，我们大唐的国力还比不上隋朝。如果我们一意孤行，恐怕您的过错会甚于隋炀帝啊！”此言一出，朝堂哗然。一直自我感觉良好的李世民更仿佛被开水烫了一样，完全没有思想准备，脸色陡然煞白。

于是，怒火中烧的李世民马上目露凶光地指着张玄素恶狠狠地质问：“你……是说，朕不如隋炀帝？……”此刻整个朝堂如同死一般宁静，空气紧张到了极点。因为谁都知道，隋炀帝一直是初唐念念不忘的反面教材——如同我们50年代眼中的蒋介石，因而张玄素此言的爆炸效应不言而喻。

接着，一直以明君为自己执政目标的李世民进一步语带杀机地质问：“那你认为朕比桀、纣如何？”

这时，拱手而立的张玄素却并没有被吓破胆，但也没有冒失地直接回应这个明显“杀头伺候”的问题，而是语重心长地把主题从“人”立即拉回到“事”上：“臣恐怕宫殿建成了，你我君臣就又陷入刀兵混乱之中了……”

顿了顿气，张玄素继续说：“臣记得，当年陛下攻陷洛阳时，太上皇曾敕令将洛阳前隋的宫殿烧毁。但陛下当时说：‘宫殿的砖、瓦、木材还可以用，不如把它拆了分给贫苦的百姓。’虽然，陛下没有按照太上皇的旨意去做，但天下人都在称赞陛下的盛德啊……但今天又要大兴土木，这十年间一拆一建……天下人会怎样想啊……”此话说完，李世民的怒气不仅一扫而光，而且迅速冷静下来，不仅接纳了张玄素的观点，而且不失颜面地为自己找好了台阶：“嗯……朕原只想洛阳地处国土中央，把那里经营一下对百姓也还是有利的。但经张玄素这么一说……朕以后去洛阳就是露天坐着，也不敢说辛苦了。这件事就算了。”进而，当场对张玄素进行了封赏，并加官晋爵。于是，朝堂掌声雷动！既是在赞扬臣，也是在赞扬君。

但事情还没有完。

其实心有不甘的李世民忽然像想起了什么，问刚获封赏的张玄素：“你既然很了解隋朝建宫殿的弊端，那么当时你是什么官？”

张玄素回答：“县尉。”

李世民仿佛自言自语：“县尉……那就是从九品。那此前，你又任什么职位？”

这下张玄素异常尴尬：“陛下应该知道，没有比从九品更低的职位了……我……那时只能叫流外……”李世民又故作纳闷儿状：“流外？什么意思？是不入流？”众庸臣随即哄堂大笑。张玄素更是无地自容。

这时，另一位大臣褚遂良挺身而出：“陛下，张玄素虽然出身寒微，但陛下是敬重他的才能，所以您刚刚擢升张玄素到三品。因此，如果陛下现在穷追他的门第去羞辱他，等于抛弃了您从前的恩德，又使他痛苦锥心，将来……又如何要求他忠心呢？”此言一出，李世民再度从嘲笑的快意中冷静下来，表示后悔刚才的做法。于是，又马上引来了以魏征为首的良臣热烈掌声！同样，既是给臣的，也是给君的。

成功劝谏的三大经验

从这场朝议的两次劝谏中，我们悟到了什么？为什么两位大臣先后两次果敢地指出了皇帝的错误，能成功使皇帝在众人面前迅速承认并改正了错误呢？当然，李世民的胸怀与大气自然毋庸置疑，但两位大臣在进谏中的技巧也是非常高明有效的。甚至可以说，是异曲同工。

归纳起来，核心就在于以下几点。

首先，指出领导的错误要坚决、明确，乃至犀利。这样你的正气凛然，一是能够获得有为领导内心一定程度的尊重，二是能够使得领导迅速对你提出的问题给予重视。

这里，张玄素甚至不惜用隋炀帝来“刺激”李世民。这样虽然非常冒险，但确实客观上使得李世民几乎瞬间就从此前的谈笑风生转为对这个问题的高度重视。因为一向时刻以隋末暴政警醒自己的李世民，最不能接受居然被认为连隋炀帝都不如！他火气再大，也一定会探问究竟，而绝不会不问青红地杀人。也就是说，张玄素成功地将李世民对自己观点的重视程度顷刻间提高了无以复加的程度。这就是进谏成功的开始。

其次，也是最重要的，指出领导的错误时，要善用领导自己的英明来互相佐证、来冲击。也就是说，指出错误的同时将其与他的成就与英明联系起来，让他的英明来透射自己的错误，甚至感觉是在强调领导者的大功劳，而只是附带折射出他的小错误。因为，每个人都是爱慕虚荣的，都是有自重感的；因为，每个人都最乐于接受他自己的主张；因为，每个人又都希望用自己的逻辑与方式来修正自己。

这里面，张玄素与褚遂良都做得非常出色：张玄素着重说当年李世民自己爱惜民力；褚遂良着重说李世民已经做到了唯才是举。两个人都是在用李世民自己的英明来证明李世民自己的错误。这样，领导就能在英明中发现错误，在荣耀中改正错误。而且与此同时，如今的改错实际上又反过来再一次证明了领导此前的英明与现在的谦逊，且毫不失颜面，对领导而言，岂不是一举三得吗？因此说，这才是最具有效率与效能的高明劝谏。

最后，劝谏时要指出：延续错误的代价与后果，恰恰是领导自己最介意、最不愿意看到的。比如，张玄素指出了两个李世民最不愿意看到的代价：一是天下大乱，重蹈隋政覆辙；二是李世民自己的历史评价——李世民最喜欢点评前朝，因而也非常重视自己身后的名声。而褚遂良则指出了李世民又一个最不愿意看到的代价：那就是人才虽然站立朝阁，却不能忠心尽职。如果说上一条，是迅速使得领导从盛怒中摆脱出来，平复回较平和的心态，那么直言这些严重的后果，则使得领导者能够更理性地思考自己刚才作为及观点的得失。

平和与理性，是正确决策缺一不可的，而且次序绝不可颠倒。没有平和的心态谈不上理性的思考；而没有理性的思考，也不会有高度的重视与深刻的洞察。而这一切的前提与核心，就是时刻谨记：领导，首先是人。因而劝谏，必须基于人性去进行。

由此，我们便不难发现：贞观之治纵然有众多偶然因素，但这些部下劝谏之道却是必然有益今天的。我们今天回顾赞叹贞观之治，与其从宏观上泛泛坐而论“道”却心得全无，倒不如从微观上体会管理之“术”以立竿见影。

司马懿并没有赢在终点 2018.01

英雄必然走向自己的反面吗?

又要过年了。对于多数商界精英而言，过年的价值不再是爆竹与春晚，甚至也未必是展望来年之计，而是应酬尽孝之余，能够沉心思考一下我们的人生。

为什么司马懿会赢?

人生不一定都在体验进步——好比全国观众居然无法继续舒展地通过电视来品味司马懿的文韬武略，而被迫龟缩在一个小小的手机屏前“管窥”悲喜人间。而人生又在沉浮间充满了弹性——诚如司马懿可以穿上孔明所讥赠之女服，可以承受曹爽所强加之屈辱，我居然也皱着眉头用手机看完了司马懿的一生。

电视剧《军师联盟》与《虎啸龙吟》以全新的曹魏视角，让我们重审了我们所有中国男人都熟得不能再熟的三国历史。诸葛亮依旧是英雄，而对面的司马懿，又何尝不是一个更成功的英雄?

他让曹操、曹丕、曹叡、曹芳四代君王如坐针毡，却不得不倚；他让曹洪、曹植、曹真、曹爽三代宗亲功败垂成，终死相难看；他让孔明、杨修、何晏等超级智库空叹奈何，而死不瞑目。

为什么?（最次要的）因为司马懿能干，（很难得的）因为司马懿能忍，（最关键的）因为司马懿能活。

当时之孔明、曹叡有抱负有天赋有平台，可就是没有寿命，而壮志难酬；后世之老舍、傅雷有风骨有才情有机遇，可就是宁死不屈，致诺奖擦身。但司马懿，等到所有疑他、恨他、整他的人都死了，他还颤颤巍巍地活着。正如台湾作家李敖从自身磨难所提炼出的，能活到最后的人，才有机会成为最终的胜利者。

司马懿真的赢了吗？

但熬死皇帝、气死劲敌、骗过权贵、权倾朝野、成就儿辈的司马懿，就算是一个人生的完胜者吗？非也。他走过的人生，虽然曲折精彩，却依然是一条几乎所有英雄领袖都必然走上的末班车老路：带着一万条理由，走向自身价值的反面。

当半生谨慎隐忍的司马懿开始跋扈专横时，当发誓永为魏臣的司马懿开始凌驾朝堂时，当曾心忧天下的司马懿开始大开杀戒时，当将君子孔明视为偶像知己的司马懿开始言而无信时，当惧内爱家的司马懿最终一言九鼎却孤老孑然时，当处心积虑为儿孙的司马懿身后不久族内便血海厮杀时，恐怕没有人能为“胜利者”司马懿慨然鼓掌，唯有默然叹息。人生最深沉的悲剧，不是善无善报、贫弱受欺，也不是有缘无分、爱恨情仇，而是英雄们终将不可逆转地走向反面，空留背影与尘埃。赢是赢了……可这赢，又有什么意思吗？

只属于英雄且英雄逃不开的魔咒

这类英雄悲剧中国历代太多了。而西方历史亦然。英国的克伦威尔，代表着资产阶级进步力量揭竿而起，结束了君主专制建立共和，随后自己却走上了独裁专制，身后终遭开棺戮尸之辱；同是英国的牛顿，代表着人类对科学规律的孜孜以求并达到了空前顶峰，但后半生却在神学炼丹、嫉妒打压中蹉跎了自己，阻滞了科学；大洋彼岸的爱迪生，同样是代表着人类对于发明创造的至高智慧，带领人类走进了电气时代，但晚年却因为全力污蔑打压交流电而身败名裂，连手创公司都以其大名为耻；而其身后的亨利·福特，创新实现了大规模流水线生产，将人类带进了工业品时代，晚年却因为拒绝任何创新几乎令公司破产。

初心，每每在起点成就了英雄；而英雄，每每在终点荒芜了初心。

如果说，英雄走向自己的反面不可避免，那么这一决定人生转折的价值节点究竟在哪里，便是值得我们所有满腔抱负的英才志士，所深深思索，和时时洞察的。

如果说，英雄走向自己的反面可以避免，那么这个“例外”几乎可以说是“唯一”，就是美国国父乔治·华盛顿。他独一无二地实现了将人生圆满留给自己，将社会进步留给世界。他不是天才，却实现了所有天才都做不到的境界与影响。这才是真正的人生完胜者。

而我们，不论志得意满，抑或如履薄冰，未来人生究竟该怎样走？

希特勒为什么会成为恶魔？ 2015.10

弱者的绝望，是灾难的起点

日前，和一位朋友聊天，他提到了一个很有趣的历史观察：2015年的叙利亚，其实很像1900年的中国——不是吗？两个独裁而没落的政权，在内忧外患下各自催生出了一个极端暴力组织，进而遭受全球列强的围剿。历史总是惊人地重复。在义和团百年之后，人类再一次面临极端组织肆虐的挑战。

这时，我们有必要回望一下20世纪。因为它集中了人类历史上最惨重的灾难。在反法西斯战争胜利70周年之末，我想从“人”的层面抛砖引玉。毕竟，任何极端组织的极端坏事，都是由一个极端领袖牵头干的。

当然最典型的，就是希特勒。

一个流浪画家的绝望与蜕变

翻看希特勒的早年资料，我们无论如何都无法将他和一个魔头相联系。在奥地利出生的希特勒，有一个很普通的家庭，父亲是海关官员，平庸地只想子承父业。偏偏希特勒不干。但他可不是为征服世界，而只是想当一位画家。没有父母祝福的孩子，内心多半是不平和的。而来到维也纳一心寻求艺术梦的少年希特勒，又受到了两次打击。一是，他尚未成年就双亲亡故，从此无依无靠；二是，他信心满满地报考维也纳美术学院，居然两次落榜——这与中国的洪秀全，可谓异曲同工，随后的人生轨迹也颇近似——于是，生活没有着落，精神没有依托，希特勒衣衫褴褛地成了一名维也纳的流浪汉。没有人会注意他。而他，也没有注意自己。

在青年希特勒走向绝望时，转折来了。

1914年，一战爆发。战争，素来是为绝望者准备的。于是，希特勒抓住了这棵救命草。从留存下来的一张万头攒动的集会照片中，我们仍能找到这位一脸喜气的奥地利青年混杂其中。而画面里的喜讯，仅仅是德国宣战。当一个茫然的人，重新找到归宿与使命时，其能量及其转变，都是惊人的。即便这个归宿是魔鬼，即便这个使命只是为邻国而战。

作为一名小小传令兵，希特勒在炮火中非常勇敢，他成了一名爱国斗士。多次九死一生而安然无恙，使得毫无人生标尺的希特勒，开始“发现”自己与众不同，开始自信是被上天选中的！当一个人相信自己与众不同时，他往往就能真的开始与众不同了。当然，好运并不等于天佑，在战争后期，不再走运的希特勒先被炸伤腿，后又中了英国人的毒气，一度成了瞎子。一心想当画家的人，绝无法接受失去视力。但当视力刚开始恢复，希特勒又突然失明了——因为这位“爱国者”惊闻德国战败。他后来回忆说，一腔热血的自己完全崩溃了。当然，经过精神科治疗后的希特勒，并没有失明。等他完全恢复后，“看”到山河破败，这位“艺术家”决心就此从政。

因为战败后的德国，陷入了巨大的灾难。

一个战败民族的绝望与蜕变

英法强加给德国的《凡尔赛条约》，分割了德国大片领土，索要了巨额赔款，窒息了德国军备，践踏了这个民族的基本尊严。英国首相更宣称：“搜遍德国人的口袋，也要把钱找出来。”虽然很多战胜国首脑都清楚：“这不会带来和平，这只是一份为期20年的休战书”，但他们还是那样做了。直接结果，是战后德国经济崩溃，物价飞涨，大量失业。而德国史上第一个共和国，却因先天不足而面对困境一筹莫展，上层的钩心斗角反倒热火朝天。整个德国，陷入了绝望。

这时候，希特勒站了出来。他双拳挥舞下的纳粹铁腕与民粹至上，又成了日耳曼民族的救命草，获得了九成德国民众的支持。于是在民意支持与政客内讧下，希特勒居然通过完全合法的民主选举和陷入狂热的民众鲜花，获得了彻底窒息民主的一切权力。

随后，欧洲果然陷入了空前的灾难。

弱者的绝望，让拯救成为灾难

可以说，是德国，用战争“拯救”了流浪中陷入绝望的希特勒，扭曲了他的人生；继而又是“获救”的希特勒，用专制“拯救”了侮辱中陷入绝望的德国，重创了这个民族。

由此，我们可以静心思考的是：灾难的土壤，往往是弱者的绝望。不论我们的管理和决策多么理直气壮，永远都不要将我们眼中的弱者，逼入绝境。否则，即便一个不入流的画家，都几乎可以摧毁地球，也包括所谓的强者。

新的朝阳即将到来。而历史，仍时刻准备重复。

人们常说："绝对的权力导致绝对的腐败。"但同样不可忽视的是，绝对的权力还会导致绝对的愚蠢。事实上，人类的智慧与组织的效能，都是在受限制当中被激发出来的。相反，历史上的独裁与垄断，则每每成为灾难和笑柄。因此，监控权力，不仅仅在于防止人们变坏，还在于防止人们变蠢。

杨光

人在切肤之痛时，最容易表现极端。或极端幼稚，或极端深沉。最好是一个人幼稚也希望对方幼稚时，一起幼稚；或一起深沉；或幼稚而希望对方深沉时互补互依。最糟糕的是，一个深沉的人想幼稚时，另一个幼稚的人却深沉地说：别闹！

杨光

2007.08

关于诸葛亮与日本鬼子的感慨

比能力更重要的是什么？

最近有两个看似毫不相关的电视节目，却合二为一地让我产生了一个并不深刻却很震撼的感慨。

一个，是央视“百家讲坛”之易中天“品三国”。

另一个，是凤凰卫视“凤凰大视野”之“中日八年大会战”。

为何英雄都败给了蠢猪？

易中天的“品三国”已由“品人物”阶段逐渐转向“品规律”，按照我们《中外管理》的语言，就是由“讲故事”转向“说哲理”。

是的，人物、国别、战役，都是微观的。而微观品读之后，必然是宏观思考。

那么，究竟为什么三国英雄层出不穷、智勇盖世，却最终同归于晋？

易中天在思考，我也在思考。

要知道，晋朝在中国历史上诸多统一王朝里，是最弱小也最荒诞的一个，其真正统一的时间占其整个王朝寿命的比例也最低。就凭司马炎之流的德行与智商，三国诸路英雄实在没有悉数败亡的道理！

但是，这就是事实。

哪怕司马炎的儿子是个弱智，哪怕随后司马家族自相残杀得浑然忘我，三国还是归了晋。

而易中天的思考，我认为颇有见地。那就是——跳出三国看三国，我们会豁然发现：魏蜀吴三国诸位智勇双全的英雄，不管红脸白脸，不管忠义奸邪，本质上都是地地道道逆流而动的“反动分子”！而“流”是什么？就是东汉末年，中国社会正在从贵族统治转向士族统治。因此说，三国本质上并非输给了晋，而是输给了晋所代表的士族阶层。

易中天认为：东汉末年三大势力：外戚、宦官、士族，在外戚宦官自相残杀与黄巾起义之后，表面上是三国争雄，其实是演变成了地方军阀（魏蜀吴统帅）与地方门阀（士族大姓）的压制与崛起。

是的，我们看到的、热闹的，都是三国军阀之间的尔虞我诈、你死我活，殊不知他们其实都是一路货，甚至应该同病相怜：出身寒门，没有根基，只有武力。曹操父辈委身宦官，出身难以启齿；孙坚一家也是祖上无青烟，是江北的无名小辈；刘备更是卖草鞋的，只好编出一个永远无法证实也无法证伪的光荣历史：中山靖王刘胜之后（要知道，刘胜有一百多个儿子！谁敢说刘备是哪一脉？或不是哪一脉？）。关羽、张飞更是出身卑微。

他们都没有出身，但他们有能力。

而袁绍有出身，但他恰恰没有能力。于是官渡之战的偶然性结果，完全误导了人们的视线，以为能力能够决定历史。

错了。

当一股势力虽然群龙无首，虽然没有出类拔萃，但只要势力范围足够广泛，势力根基足够坚实，再大的英雄也奈何不得。

事实上，虽然士族出身的袁绍兵败而亡，虽然曹操、孙权、诸葛亮都智商、情商过人，但他们很快都意识到了一股潜在的、来自内部或说是来自下面的无形的威胁，那就是自己势力范围内的地方传统士族力量。于是，曹操、孙权、诸葛亮对内统治时都不得不依靠这些地方势力，同时也都在竭尽全力地戒备、打压这些势力。

但最后怎么样？曹操死扛了一辈子一直扛到死，但他儿子却丝毫不想扛，很快与士族妥协，用认可士族的朝堂垄断来换取自己的皇帝宝座。而“北方人”孙权在身边的“北方人”都死干净之后，对江南士族只好边用边戒，晚年几乎为此精神分裂，但吴国还是在自己死后很快缴械投降。而最令人震撼的是蜀汉。易中天的评断是：“因为诸葛亮治理太出色，所以蜀汉最先亡”！此言看似荒谬不经，但内在的合理逻辑是：治理，就要打压、得罪地方豪强；然而，门阀豪强的向背却是决定社稷命运的决定因素。因此，治理得井然有序反而掏空了国家根基。以致于最后当魏军大兵压境时，蜀国士族反而乐观亡国！因为那边魏国的士族很滋润，并过去有何不好？

这不令人震撼吗？

看本质就要将目光放远。品三国，也就要将眼光放在整个中国历史的大潮中。先秦两汉，是贵族世袭统治。魏晋南北朝，是士族世袭统治。而士族统治，在中国一直绵延到入唐之后武周时期长孙无忌、上官仪等人被悉数族诛，才算彻底结束——从武周以后，中国进入庶族阶层时代直到清末——即便初唐，即便李世民英武盖世，在贞观之治中也没有完全摆脱士族的影响，可见士族力量之庞大。

士族已然衰微的初唐尚且如此，士族刚刚崛起的汉末更是如此。

三国英雄都不信邪。但最终在历史的车轮面前，他们都仿佛唐吉坷德一样，做了徒劳无益的反抗。他们的所有智谋与勇武，对历史进程，都只能在阻碍中起到“拖延”的作用，却改变不了方向。按易中天的话说就是：“一段插曲”而已。

为何鬼子越能赢却越失败？

光荣绚丽的三国时代，所体现的本质规律，在近代国难国耻中，其实同样如此。只不过换了个看起来截然不同的形式。

中日交战八年，我们不得不很懊恼地发现一个事实：中国军队（不论国军还是八路），在八年里，直到日本投降，竟没有守住过一座城池！——这与苏联守住了列宁格勒、守住了斯大林格勒、守住了莫斯科构成鲜明对比。换句话说，只要日本人决心要拿下的地方，最终他们都得手了……

不是吗？淞沪抗战，我们投入全国六成精锐部队，结果上海丢了；国都保卫战，只留下了30万冤魂血泪；台儿庄大捷，挡不住徐州依旧丢掉；平型关大捷，太原也还是失守；武汉会战，虽然我们自称打出了信心，却只能丢下一座空城撤退；即便我们相对自豪的长沙会战空前成功地三次击退日军，而第四次，仍难逃沦陷宿命……

看这些，似乎真令人泄气。

但是，“大日本”在攻无不克之后，却反而战败了！而且差点儿亡国灭种！至今原有国土还没有收回来……

而我们八年里打一仗丢一城，我们反而取得了最终的胜利！而且由此，中国一洗百年晦气，一举成主联合国常任理事国，就此成为国际大国！

这不令人震撼吗？

为什么日本人国力强盛，外交得力，装备精良，战斗力强（在初期与我军相比，至少1：6！），而且攻无不克，甚至一度包抄我们的后路打到缅甸，几乎将我们逼入绝境——却最终还是败了？而节节后退的我们，为什么却完全相反？

就因为中国虽然太弱，但中国太大了！

这一个“大”字，是致命的。在宏观上，反衬得日本的“强”，是那么的“小”。

不错，中国太大，中国有足够的空间可以周旋，可以换取时间，可以换取时局变化，可以边打边长进，可以边打边练兵，最终的结果居然是：中国军队边打边输，可越输越会打！而日本人呢，虽然本质上是边打边胜利，可越胜利却越接近失败！

也就是，由于我们的大，我们输得起，而敌人却赢不起！

这对先天小小的日本人来说，实在是太“残酷”了……日本人从战略从DNA上，只能绝望，毫无机会。

识大势才最重要

三国英雄无数，日本精锐多多，但看似没有枪杆子的士族却最终赢得了政权，实现了统一；看似弱不禁风的中国军队，却最终打赢了战争，走向了富强。

在历史面前，在规律面前，智慧的孔明居然与残暴的鬼子是一个角色！

不仅以上，放眼全球，都是如此。

拿破仑成为法国人不会打仗的例外，而且近乎统治了整个欧洲，可结果？法国被占领，英雄被流放。

希特勒屠杀了数百万手无寸铁的犹太人，几乎踏平了欧洲，可结果？德国比原来更小了，而犹太人却数千年来反而建国了！

在历史大潮面前，在本质规律面前，一切多么渺小，一切多么奇妙，一切多么不可思议，一切多么值得深思……

还是那句古话：识时务者方为俊杰！

英雄不重要，智商不重要，情商不重要，能力不重要，抱负不重要，枪杆不重要，权力不重要，悲情不重要，成功也不重要……认清事物发展规律，学会顺流而动，才是最重要！

2007.04

为什么公鸡会下蛋？

做通达人性的旁观者

偶然间，看到央视《百家讲坛》“品三国”的易中天与“读史记”的王立群的一场对话。

易中天依然敏锐，上来就问：“您作为中文系教授，却来讲历史，不觉得是公鸡下蛋吗？”

持重的王立群顿了一下，然后反问：“不是你先下的吗？”（众大笑）

易中天也只好笑着承认。但接着，依然机敏的他立即大发感慨：“看来我们都是公鸡中的战斗机啊！”……

思想者，都是旁观者

我此刻则在沉思一个问题：既然公鸡们如此多产，那么那些母鸡都干什么去了？！

为什么那些专业而且专业了一辈子的母鸡，反倒不如那些半路出家的公鸡更有光彩，对社会的影响力更大？换句话说，专家怎么就比不过业余？

而且这种例子还比比皆是。

最典型的就是90年代互联网兴起时，美国出版界对于亚马逊网上书店的成功一句痛心疾首的话：为什么这样一个创新，不是出自出版界内部？

忽然间，一个词映入脑海：“旁观者”！

不错，对于管理学影响最为深远的彼得·杜拉克（也译成德鲁克），对于自己一生角色的定位，恰恰就是“旁观者”！

事实上，杜拉克也正是一个管理学界的“公鸡”。他自认为是一个“作家”甚至“记者”，而学院派也一直因他思考问题方式的“不专业”而不承认他——他一辈子都没有在诸如哈佛、斯坦福这些顶尖商学院任过教。

但是，杜拉克远比那些“专家”伟大得多！仅凭他创立了现代管理学就让其他人难望项背。这还不是关键，关键在于他终其一生，对于全球企业管理实践的前瞻预见性和在全球企业精英层所产生的影响力，就是包括波特等人自惭形秽的。

事实上，2006年《中外管理》杂志对30多位包括张瑞敏在内的中国顶尖企业家进行访谈，当问及谁对自己的管理生涯产生过重大思想时，“彼得·杜拉克”的名字占据了压倒性绝对优势，其他管理学家只是一个零头，而迈克·波特更是得了个零蛋！中国企业家们的看法和杰克·韦尔奇是一样的。

不只是《百家讲坛》，全球管理圣坛执牛耳的也是“公鸡”。

只有人性是相通的

那么，为什么会这样？道理究竟何在？——道理肯定是存在的。

我想，道理就在于，那些“公鸡”都是“旁观者”。而“旁观者”意味着能够跳出一个领域来看这个领域，俗话说“旁观者清”。

而这里的奥妙在于，真正的创造不在于对一个领域孤立地钻深，而在于多领域、多角度的联系与综合。

正如易中天与王立群对于自身成功的分析：找到了文学与历史的交叉点——人性。文学自然是借人物写人性，历史也是人物构成的，而人物行为决定历史进程时背后起作用的，还是人性。由此，我们不难发现：基于人性分析的文学教授们要比仅仅锱铢于事件确认的历史学教授更出色地把握了历史的本质。

“以人为本”并不意味着宽松与放纵。相反，在组织管理中，更意味着充分尊重并利用人性中“利他”，特别是“利己”的本能，制定政策和制度，达到组织利益最大化的目的。不懂得“人性自私”，就不可能实现“皆大欢喜”。

杨光

2007.07

为何“政委”赵刚一席话能倒戈一大片？

并购的主要是人心

我到现在也没完整看过《亮剑》。不过，各地卫视不厌其烦地重播，总能使我有机会东拼西凑。前日，工作间隙正好看到已经进入解放战争时期的“政委”赵刚在训话。

从“俘虏”秒变“同志”

训话的对象，是下面一大片刚被俘的国民党军。

赵刚依旧是他那招牌似的亲和笑容。

他很随意地问下面一个国军士兵：“你是哪个部队的？”下面垂头丧气地回答：“5军的”。赵刚又随手问另一个士兵同样的问题，也得到同样木讷地回答：“18军”。

“哦，5军……18军……都是好样儿的！”——下面的俘虏瞬间被赵刚突如其来的赞美弄懵了，不解地看着赵刚，同时警惕着胜者的奚落。

赵刚当然从下面的眼神中读懂了一切，绝口不提刚发生的这场战役，却出人意料地一下子将话题转向了抗战。

“5军和18军在抗战中都是立下军功的！”

接着，赵刚慷慨激昂而又如数家珍般地述说着“对手”昔日的光荣：18军，在淞沪会战，长官（赵刚清晰而响亮地叫出了他的名字）战死沙场，全军在敌众我寡时，没有一个撤离自己的阵地，更没有一人投降！5军，则曾经在战斗中击毙日军少将！

“你们的功绩没有人忘记，更不容抹煞！”

此时，下面的国民党士兵早已一个个泪流满面……

这时，赵刚才仿佛回到了现实，说起了这场中国人之间的战争。但对于眼前的败军之将，赵刚如同秋风一样清爽地一扫而过："过错不在你们，而在蒋介石！"

政委当然要"讲政治"，赵刚由此谈到了蒋介石暗杀闻一多的独裁。然而独裁，对于本来就以长官意志为马首的军人，又意味着什么呢？于是赵刚指出：蒋介石的独裁，就是为了维护四大家族。而四大家族"自肥"的同时，却使得全国民不聊生。因此，就要推翻它，就要选择民主。

这时，赵刚似乎很清楚大多农民出身的这些军人对于这些似懂非懂的心理，马上从天上落到地上，从黑暗转向了光明："现在，解放区已经实行了土改，所有农民都分到了属于自己的田地。"显然，这一下，大家本能地全听懂了，也兴奋了，马上下面有一个俘虏近乎忘却身份地敲起了边鼓："我家就是山东的！我家就分到了八亩土地，还有一头牛！"

全场的沉闷早已一扫而光，气氛日益激动起来。这时，赵刚立即提高嗓门兜头一盆"热水"："但是，蒋介石不乐意，他要把分给大家的地再抢回去！大家说怎么办？！"

"谁要抢我们的地，我就跟他拼命！"至此，下面的国军士兵从灵魂上彻底倒戈了。

见时机成熟，赵刚依然慈祥地抛出了最后的"民主"："大家如果想回家，我们发路费；如果想留下参加解放军，我们欢迎！"不用说，这一民主，底下已经洗脑的国军士兵立即目光如炬、争先恐后高喊着共同而唯一的选择：马上调转枪口参加解放军！

这个片段，很短，比起李云龙的翻江倒海也实在算不得什么，但是我却印象深刻。

在这里，我深刻体会了什么叫人心……什么叫做人的工作，是一切工作的灵魂。

我相信，赵刚这些话绝不是信口而言，说到哪儿算哪儿，而是经过精心设计的。

从底下被俘国军士兵的情绪变化，可以清晰地看到一个从消沉到惊异，从惊异到感动，从感动到松弛，从松弛到平和，从平和到欣喜，从欣喜到激愤，从激愤到认同，从认同到立即行动的"伟大过程"！

说伟大，就在于这不就是我们争取人心时最梦寐以求，却经常苦口婆心依然无可奈何的吗？

而这伟大的过程，赵刚仅仅短短片刻，就几乎不费吹灰之力甚至毫无痕迹地实现了。

为什么赵刚能做到？为什么“消沉的敌人”能迅速变成“激昂的战友”？

还是因为赵刚最懂得“人”。

不管他是什么身份，什么阶级，什么处境，都不会改变最基本的人性。

认同始自尊重

首先，赵刚清楚：只有拥有自尊的人，才是有价值的人；只有给予别人尊重的人，才是可能被别人接受的人。

要想改造人，要想使用人，首先必须使他们获得自尊心，特别是刚刚受挫于自己的人。

因此，面对败军之将，赵刚既没有盛气凌人地嘲讽，也没有虚情假意地安慰，而是出人意料地投入真情实感地给予对手此刻内心最渴望又最不敢奢望的东西：尊重！从人格上的尊重！从军魂上的尊重！从大义上的尊重！

因为尊重，是解除敌意最好的方法。

而真诚，是你的尊重获得对方感知，并打动人心的重要途径。赵刚的真诚，就在于他在看起来随机的情况下，却能脱口而出对手当年的光荣，而且能说得那么详细，那么带有感情……让所有人不能不被打动，不被震撼……试想，如果不是带着感情、带着真诚，而是拖着一副首长视察的官腔泛泛哼一句：“你们以前还是做过好事的嘛……啊……”听者会被打动吗？——不幸的是，现在太多的头儿当众说话，也不知道是说给大家听的，还是仅仅为了自娱自乐。

其次，赵刚清楚：只有进行被区别宽待，只有松弛平和的人，才会认真思考你的主张。

赵刚一开始就将对手们的光荣与他们自己紧紧联系在一起，随后又立即将他们的耻辱与罪责与他们进行切分。因为，光荣属于过去，光荣虽然很大程度上解除了敌意，但依然解除不了他们内心对现在和未来的焦虑。

因此，将大多数人与极少数人进行责任切割，使多数人获得安全感，是获取原先敌对的人心的必经之路。

再次，赵刚清楚：只有维护他人的切身利益，才会真正获得别人的感情认同。

感情不是阳春白雪，感情是基于人的根本利益的。

那么，人的根本利益是什么？这就跟不同身份、处境、阶层的人大有关系了。赵刚面对的是军人，但军人的背后，特别是走下战场时，实际就是农民。因此，虽然作为最高价值观，关于独裁、暗杀、民主这些农民并不理解也不感兴趣的东西赵刚必须要说，但赵刚知道天上的东西必须迅速落地，理想要和利益迅速结合起来，才能被理解，被消化，被认同，被吸收。

因此，赵刚起劲儿地讲农民最感兴趣的利益：土地。而这里并不需要为什么拥有土地，以及如何分配土地，只要知道你肯定有一份，你就会被利益驱使，而成为感情的动物。

最后，赵刚清楚：只有切实树立起企图颠覆人们利益的对立面，人们才会立即行动。

这里其实逻辑并不重要。对于被利益趋使而已经冲动起来的人，这时你只要给他一个与自身利益不可调和的对立面，他就会不顾一切地和你站在一起去和那个对立面“拼命”。而且，只有这个对立面能被感知到切实存在，才能激发一个人毫不犹豫地去行动，去爆发。

而积极主动地行动起来，正是获取人心的最终目的，也是获得人心成功的唯一标志。

最需并购的应是人心

战争的硝烟早已散去了。

但商场的硝烟却日益弥漫。随着中国企业的快速成长，与异质组织乃至敌对组织的竞和乃至于并购越来越多。而不论合资，还是并购，如何在实际运作中真正实现文化的整合、人心的整合，恰恰是最重要、最艰难，也是最薄弱的一环。

西方对西方的奔驰并购克莱斯勒没有做到，东方对西方的明基并购西门子手机没有做到，西方对东方的达能意欲收编娃哈哈，也没有做到……

那么，当我们在未来继续大步流星走入对方的世界时，我们是否能像《亮剑》中的赵刚学习，学学他这样兵不血刃地拿下人心，拥有基于人心才能生效的一切资源呢？

2007.04

四块糖的领导力

真实的改善，来自诱导

日前，偶然看到了一个《四块糖》的故事。

故事说的是著名教育家陶行知在任校长时，有一次在校园里偶然看到王友同学用小石块砸别人，便当即制止了他，并令他放学后，到校长室谈话。

放学后，王友来到校长室准备挨骂。

可一见面，陶行知却掏出一块糖给他说："这奖给你，因为你按时到这里来，而我却迟到了"。王友犹豫间接过糖，陶行知又掏出一块糖放到他手里说："这块糖又是奖给你的，因为我教训你不要砸人时，你马上不砸了。"王友吃惊地瞪大眼睛，陶行知又掏出第三块糖给王友："我调查过了，你用小石块砸那个同学，是因为他不守游戏规则，欺负女同学。"王友立即感动得流着泪说自己不该砸同学。陶行知满意地笑了，掏出第四块糖递过去说："为你正确认识自己错误，再奖励你一块！我的糖发完了。"

领导力来自权力？来自公心？

阅罢，我沉默凝神良久，而内心却是热血翻涌。

一方面，也曾为童师的我，万分感叹与无比钦佩前辈大师陶行知对于教育的高境界与大智慧；另一方面，也由此对我们所谓"成年人"的管理，浮想联翩，豁然开朗。

我们过去都说"管理出效益"。这两年，它被另一个更时髦的词代替，那就是"领导力"。不错，领导力既是管理的核心，又是管理的升华。甚至由此，很多人都特意强调"领导"与"管理"的不同。

但是领导力是什么？有效的领导力又是什么？很多人都知道：是影响力。

那么，影响力又从何处来呢？

有的人立即想到了“权力”，谈任何事都最关心“谁拍板”。有的人立即想到了“是非”，认为只要自己一心为公、自恃扬善，便不怕鬼叫门。

但我觉得都不对。

动辄将领导等同于权力者，是鲁莽而肤浅的。否则，我们就无法解释为什么希特勒横扫欧洲，却迅速亡国。迷信权力，只会让人走向崩溃，包括他的事业，及他本人。坚信领导来自于正义者，则是简单与幼稚的。古今中外历次应运而生的变革却大都最后夭折，早已证明：内容往往不如方式更能决定事物最终的成败。比如北宋王安石。因为公心不一定就会带动公心，而带不动公心则就必然走向公心的反面。

而陶先生这一经典故事，则一举点破了我原先内心只是朦胧混沌的一个想法：“领导力的精要，是诱导……”

人，无法用权力持续裹挟

我之所以这样说，还是基于我们人所共知的一个道理：“以人为本”。管理也好，领导也罢，前提就是承认我们作为的对象是“人”。因此，管理与领导就必须基于人性。

而人性的一个重要特征，便是“以自我为中心”——最近也有个很有趣的概念，叫“自重感”。因此，除非是他发自内心愿意做的，其他最终都会阳奉阴违乃至适得其反。毛泽东晚年的成功与失败，都与此有关。因为革命小将们忽然发现了自己的伟大（而非领袖的伟大），所以一夜之间天下大乱，无人幸免。于是领袖春风得意。又因为几年过后革命小将渐渐发现自己早已没了人的灵魂，于是再不愿没心没肺追随到底，只剩下装模作样地空喊口号。于是领袖晚年又孤独地号啕大哭。

所谓“愿意做”，其实就是我们常说的：“从要我做，到我要做”。而对此，权力是无能为力的。因为权力永远只是物性的，而不是人性的。晚年逐渐清醒的毛泽东在貌似依然“一句顶一万句”时，就已经消沉地承认：“我只改变了北京周围那一点……”

人，无法用理智由衷改变

人性的另一特征，便是“非理性”。人是感情的动物，人们对事物的判断绝大多数是依据感情，而非道理。而能始终理性的人易成大事，正反证了多数人本能的非理性。因此，在当今，民粹主义越来越容易利用所谓民主机制大行其道。也因此，人们从理性上在看重你在上面做什么的时候，更从感性上看重你做事（不管是什么事）的方式。君不见，当今西方民主选举的一个重要内容就是下到基层无休止地握手拜票，而无需多说任何所谓主张。因为，对于多数人，受到尊重的心灵快慰，远重于对是非曲直的判断。

特别是作为领导，更应该明白：你所辖的部下对于是非曲直自有独立的判断，既不需要你去告诉他们什么是对的，你也几乎无法去从是非层面上改变他们的原有判断，只不过他们隐藏于心不表露出来罢了。如果领导者敢于蔑视部下的智力，那他自己就是十足的弱智。

那么，作为领导者能做的、应做的是什么？就是诱导，利用人性去诱导。

都是诱导出来的

回到陶先生的案例，我们看到陶先生自始至终都没有指出过那个孩子一丁点错误，反而一次又一次地夸奖他，就是利用了人性中“以自我为上”——原来我居然会有这么多值得自豪的优点！而当这些本性获得出乎意料地满足时，他们就会失去理智地迎合对方、忏悔自己。

应该说，他对自己错误的认识，完全来自自己的智力与判断力，与陶行知无关；但他对自己错误毫无保留地忏悔表达，则完全是情绪至上被陶行知诱导的结果！

而正是这种基于人性需求而被诱导出来的、发自内心的认知，对他的影响力才是最巨大、最持久、最深远的！

激励的奥妙，不在于有形的激励措施本身，而在于它所蕴涵的无形价值。因此，管理者需要确认：我这次激励的无形价值，是否已随着有形的激励让员工接收到了？如果没有，很不幸，你的钱就白花了。

为什么北京城墙一定会被拆掉?

2015.09

拿什么去催生“长期行为”?

国外游走，就是为了刺激我们思考国内。

十年前，当我走到古希腊的辉煌遗址前，听到身边受刺激的同胞不屑地小声说：“跟我们河北的猪圈差不多”。随后，当我们走到古埃及的辉煌遗址前，听到本土导游用中文对同胞不屑地小声说：“这座神庙只有3500年历史”。同胞们集体沉默。这回他们彻底受刺激了——可着全中国找，还剩下几座存续千年以上原汁原味的文物建筑?

一个讳莫如深的现代史谜团

一说到古建筑，就不能不让我们痛心疾首于一个我们都知道但又陌生，既了解更困惑的名词：北京城墙。

说知道，在于它一直巍峨屹立到了新中国，无需文物学家去考证。说陌生，在于连如今北京的70后也只从照片上见过它，恍如他国。五百年的古城墙，拆了，毁了，没了，成了永久的回忆——即便前些年政府又颇尴尬地在民间征集当年拆下来的老城砖，在崇文门附近续了一段赝品。

说了解，在于有足够的资料完整记录了北京城墙被拆毁的全过程。说困惑，在于似乎没人真正说得清，或愿意说清，究竟为什么非要拆城墙? 又是谁做决策非拆不可? 为什么梁思成抱头痛哭无效? 如今对于这段历史有不少文章论述，但大多说服力并不够，因为对本质问题多语焉不详。

梁思成不论从当时的城建、经济、文化、美学等层面的现实分析，以及对未来规划的完整构想，都是非常具有建设性和可行性的。但是，他只收获了批判。他的肺腑之言为什么听不进去？有人说是当时向东一边倒背景下，苏联专家强力干预的结果。我去过莫斯科，确实感受到北京市深受莫斯科的影响。但若说，完全是苏修导致新中国违心拆掉自己首都的古城墙，则实在牵强。

谁，又为什么，要拆北京城墙，成了一个讳莫如深的问题。

50年前，是“井冈山焦虑症”

直到四年前我有幸和中国著名古建筑学家、国家文物局古建筑专家组组长罗哲文先生相见并请教。在自己的人生尾声（先生不久便去世），作为曾师从梁思成，及那个时代为数不多的见证者，罗先生很肯定地告诉了我答案，一举解开了我心中多年的疑团。

罗先生直言，是毛泽东决策要拆北京城墙。这并不意外。意外的是，为什么。

先生告诉我，其实在进北京城之前，毛泽东心头就有一个巨大的阴影，并且萦绕多年挥之不去。这个阴影就是三个字：李自成。在经历长征生死一线后，意外通过浴血抗战重新壮大，特别是解放战争决胜之快，都大大出乎他的意料。摧枯拉朽之下，毛泽东还没有做好领导全中国的各种准备。而前半生都在打游击的他，内心并不确定自己能在这个千年古都待多久，会不会重蹈李自成的覆辙。这种基于历史教训的焦虑，深深侵袭着他。先生进而指出：也正因为对重回井冈山的忧心，使得他无法对北京的建设做扎实的长期打算。因此梁思成关于保留老城区、另建新北京这一属于“长线”的主张，无法被接受，而最终选择了对老北京“敲敲打打”的方案。

罗先生所言目前虽为孤证，但北京城墙终究保不住，却一下变得合情合理了。很可能，也是唯一合理的解释。

这桩中国现代史上乃至中华文化史上的一大遗憾，足以值得我们所有决策者深思。什么样的心态，必然导致什么样的行为，产生什么样的后果。放眼看去，这并不稀奇。台湾地区腾飞成亚洲四小龙之一，也是在蒋经国彻底放弃反攻大陆，而安心于建设本岛，才真正开始的。而法国人在二战宁愿屈辱投降，也在于他们知道战争和尊严都是一时的，但他们更疼爱和想留下一座完整而永远的巴黎。而我们，本可以比他们更有理由和责任保护和建设好一座更美丽、更悠久、更伟大的北京城。但可惜，我们偏偏“选择”没有。

关于决策者的短期行为与长期行为，对整个组织命运的深远作用，乃至不可逆影响，本不高深，但在北京城墙的悠远幻影下，却尤其令人扼腕叹息。时间验证一切。2015年10月，北京市政府终于迁出“北京城”。当年泪流满面的梁思成那句怒斥：“50年后，历史会证明你是错的！我是对的！”终于预言成真，而再次铿锵长空。

50年后，是海外乱点投资谱

对决策中制造了无数恶果的诸多短期行为，我们不应停留于道德批判或智商评估，而需要更深入地追源和治本。

将罗哲文先生的回忆加以引申，可以说北京城墙是倒在了决策者的不自信上。而自信心，和安全感又是有极大关系的。如果当时我们真的坚信“人民从此站起来了”，蒋帮、美帝、苏修从此甭想染指，也许我们才会有心情听一听梁思成的建议，也许才有底气畅想一下未来北京市民在城墙绿化带上纳凉嬉戏的惬意，也许北京，才会一直像“北京”。反之，安全感缺失，则心态必失衡，进退必失据，行为必然短期化，后果必然是破坏性的。2010年我撰写的第一篇卷首语，就是在表达对举国安全感缺失的忧虑。

那么五年后呢？

让我们重新说到“国外游走”。8月我在欧美休假，正碰上一个来自国内的海外投资团。与团里老板们交流中我吃惊地获知，这个团一夜之间就在当地下单了三十几所占地四百多平方米的别墅期房（注意，不是奶粉和马桶盖）！而该团一共才不到十人——有购买多套的，更有替没能前来者“代购”的！您也和我一样吃惊吗？还有更吃惊的——闲聊中，我发现这些已支付了房产首款的老板们，并无财大气粗之相，非常朴实亲和，朴实到甚至还搞不清楚自己所在的是哪一座城市！如此“大胆”的投资，能仅仅用“土豪”、“莽撞”甚至“荒唐”来界定吗？

不能。至少我不这样看。这些老板没有一个比我们傻，恰恰相反，他们能在中国做出自己的产业，并能在异国他乡一掷千金，只能说明他们比我们大多数更聪明、更能干。一句话，貌似懵懵懂懂的他们，其实知道自己在做什么。他们深知即便如此“无厘头”，都绝对值。因为，一正一反两个因素，让他们如此投资却依然心中有底。第一，比起国内，西方国家有足够的法律保障，他们拥有真正且可靠的权利和收益，而无需担心什么，哪怕自己很无知；第二，当前国内环境实在无法给予他们真正的事业和生活安全感，他们宁愿到一个人生地不熟的地方去挥金如土。家乡和海外，究竟哪里更不靠谱？

这是2015年盛夏，我们抗战胜利70年大阅兵前夕在海外发生的一件芝麻粒大的小事。但这难道不刺激我们反思国内吗？

拆和留，依然都成问题

很快，两条貌似无关的新闻接踵传来，亦可谓喜忧伴心头。

一条又和拆东西有关。据说我国某豪门拆完了国内，最近又要气吞山河地去拆西方某国首都的地标建筑了。在梁思成的哭泣渐远之后，我们一手攥着钱袋一手抡着铁锹，就真的不怕来自全球的诅咒吗？

一条则和留性命有关。《刑法》修正案终于取消了“集资诈骗”的死罪。今后的“吴英”无需再依靠举国疾呼“刀下留人”而保命了。但是，对于老板，对于双创，对于转型，对于百年老店，对于可持续发展，仅仅“保命”就够了吗？古人云：“有恒产，方有恒心”。而有恒心，方能从长计议，不会寅吃卯粮，不会监守自盗，不会远走高飞。

毛泽东曾说“杀人不是砍韭菜”，所以《刑法》改得好。但是，我们的保障，我们的信心，我们的长远定力，和北京城墙一样，拆掉容易，要重建，可就难了。而当我们带着恐慌走向全球，却去威胁别人的安全和荣誉时，那自己的安全与荣誉，也迟早会和北京城墙一样，成为传说。

当一个民族逐渐走出表面的自卑，但还不具备内在的自信时，是心灵最脆弱、最碰不得的时候。因为，这时人们显然还没有足够的自信去包容，却自认为已有足够的资格去愤怒。

杨光

王石：请戒狂

2008.06

伟大光明正确，也会是灾难

偏偏是王石

上帝欲使人灭亡，必先让其狂妄。

这句话很多人都知道。但却未必深知其根本，比如我自己。

直到这次汶川地震之后的王石失言。

说到狂妄，很多人想到的都是负面的人，在疯狂贪婪地做负面的事，好比电影里的黑社会老大。而且为我们都熟悉并乐见的结局往往是，某一天不可一世的他突然被仇家乱枪打死。

而这些，显然都应该和一个好人、一位楷模、一向自律甚严的王石，没有任何关系。王石以他出污泥而不染的为人节操，以及惊世骇俗的业界成就，而广受包括在下在内的各界人士由衷尊敬。要知道，在广受诟病、乌烟瘴气的房地产界，蓦然有一位清流王石迎风而立，该是多么不容易又是多么值得庆幸的事啊……

但这次，偏偏是王石！

糊涂一时

如果说，根据这次事件就骤然推翻王石的价值、指责王石的人品，不仅在下绝不苟同，同时也是所有心怀公允者所不能接受的。又何况，王石的观点还不乏合理的成分。但国难当头，遍体鳞伤的群众对王石的失望乃至愤怒，更情有可原。

那么，我们不禁要问：围绕一位难得的好人，甚至是一向“伟大光荣正确”的楷模，却发生如此尖锐对立的冲突，并在事实上对双方均造成巨大伤害与严重后果……问题究竟出在哪里？

出在环境。但凡不是国难当头，但凡不是举国悲痛，王石这番话哪怕再过分，也不至于如此不可收拾。但偏偏它就发生在这时候，在一个伤口不容撒盐，眼睛不容沙子的时候。

人们常说，天下第一大学问是尺度。殊不知，与之同样大的学问，是时机。

王石的最大错误，并不是观点本身，而是表达观点的时机。

于是很多一直欣赏王石的朋友在瞠目之余，会痛心疾首地感叹："难道王石脑子进水了？"也许吧。可以上这些道理，将企业做到如此成功，个人活到如此潇洒的王石，会不懂吗？我敢肯定他懂，甚至比我们更懂。

但这依然挡不住"伟大光荣正确"的王石，会突然"脑子进水"。

理性的狂妄

于是，我们这些由衷尊敬王石、疼爱王石的人，就需要进一步思考"问题的问题"。那就是，为什么聪明一世的王石会忽略掉环境如此剧烈的变化，而犯下这个超低级错误？也许，我们需要回过头来反思我们篇首那个命题：狂妄。

其实，狂妄并不必然与邪恶、贪婪、丑陋毗邻；理性、正确、道德也同样可以走向狂妄。狂妄，只是一种程度和时机上过分的表现，不管是错误的，正确的；邪恶的，善良的；冲动的，理性的。而狂妄不加节制的结果，就一定是覆亡！

但当一个人，不论邪正，仅仅因为或邪或正得太多太久，而开始对外界环境的变化熟视无睹，一味沉迷在自己的价值世界里时，很遗憾，他就已经走向了狂妄。

正如2008年的王石。

此时，我扼腕，我思索，我呼唤，因为我们毕竟只有一个"伟大光荣正确"的王石，我们依然由衷尊敬他，由衷希望他回归敏锐，继续卓越！

只有善于倾听，才不会做出愚蠢的事——哪怕你原本怀着良好的愿望。要知道，当我们自以为"善"而高高在上时，往往是最听不进谏言的。

杨光

连韦尔奇都不敢碰的雷区……

2002.05

先接受它，才能改变它

当你身处公司副职时，你在想些什么？很多人对此讳莫如深，其实你的位置就决定了你只能有一个想法，那就是担任第一把手！只是不便于说，也绝不能说而已。因为在中国的文化里，直言“扶正”既是“犯上造反”的确凿罪证，也是“品行不端”的绝好材料。正所谓，表露得越直白，成功的可能越渺茫……尽管，这其实是一种“天经地义”“水到渠成”的人生追求与事业追求。

那么，除了对自己的“职业生涯”要三缄其口之外，自己顺利继任第一把手还需要注意什么？这里的学问可大了。在《韦尔奇自传》中，这位全世界的楷模花了很多笔墨讲述自己脱颖而出的经过，其中有一段很短的文字，非常不起眼，但它对我们的二把手极其重要。

“明哲保身”的改革家

“官僚作风经常使我感到气馁的时候，我会采取一种回避的态度，而不是公开的批评——特别是不针对那些位高权重的人。……为了实现我的梦想，我就不能让运转中的‘风车’发生倾斜。如果我抱怨这个体制，我就会被这个体制拿下。”

天呐！这还是我们印象中那位雷厉风行、敢想敢干、不惜背负骂名的韦尔奇吗?！我们都还记得，1999年韦尔奇在出席上海《财富》论坛时，是如何慷慨激昂地表达着自己对官僚主义的“刻骨仇恨”，甚至咬着后槽牙挥舞着拳头说：“我们要踢它！打它！要坚持不懈地和官僚主义作斗争！”看上去就跟文革小将批斗走资派似的。而同样是在《韦尔奇自传》里，“换人”“走人”等令人不寒而栗的字眼儿无疑成了出现频率最高的词汇之一……忽而谨小慎微，忽而“肆无忌惮”，我们该如何解释韦尔奇所表现出的截然不同的两张脸？

其实只要稍加留意我们就会发现，韦尔奇的“变化”是从一个瞬间完成的：就任美国通用电气公司董事长兼首席执行官，也就是担任一把手！我所说的“变化”是指外露的言行，其实韦尔奇早在70年代初，就已经开始考虑运作整个GE的可能性了，以至于当选时他直言自己已经“迫不及待要行动了”。但是，在梦想成真之前，韦尔奇却选择了“回避”！

为了未来的“大刀阔斧”

连在我们看来浑身是胆的韦尔奇都选择了“回避”！这说明什么？作为有志大展宏图的二把手们，又应该悟到什么？恐怕我们大多数经营者都承认自己没有韦尔奇那样的改革气魄，但我们在屈居一人之下时是不是又有些“豪气”过剩呢？无可辩驳，我们大刀阔斧进行改革的冲动，总是与深切感受到当前企业机制之弊紧密相连的。但我们有多少人是在冷静地观察，缜密地思考，谨慎地为未来打下基础？而我们又有多少人在看到企业的弊端之后总是高声地抱怨，无忌地指责，在因此碰得头破血流之后又心灰意冷地自怜怀才不遇？后者我们见得太多了！

要知道，你成功的基础，就是你所批判的机制！就是那些现有体制下说一不二的领导人！因此你在革旧体制的命之前，必须首先为这个体制所包容，必须为这个体制下的一把手所接受。在它接受你之前，它是不会允许你去改动它的！然而，这正是很多空有抱负却报“国”无门的经理人的共同盲点！过早暴露自己的锋芒，过早将过于强大的群体树为敌人，最终换来的只会是过早“被拿下”的人生刺痛……

因此我们的二把手们，要仔细体会韦尔奇那短短的一段文字：在你还没有登到最高峰之前，要学会尊重现有体制，学会尊重现有体制下的领导人，学会为现有体制所接纳，最终赢得一个去改革现有体制、实现自己人生价值的机会！

道德的阴影会妨碍事实的呈现。

杨光

这时，副手你要特别警惕 2002.04

当老板坚决支持你时

作为“一人之下，万人之上”的副手，什么情况对你是最危险的？答案恐怕会多种多样。比如，我们马上会脱口而出：当你“功高”足可“盖主”时；再比如，当你不再为企业第一把手所信任时，等等。这些都是对的，也是我们众所周知的，而知道就有可能避免，因而也就不是最危险的。而有一种情况，明明是从古到今一直不断上演的悲剧，却一直鲜为大家所察觉和重视，因而才是最致命的！

你想过领导的支持也是陷阱吗？

这是一种什么情况，值得如此神秘？就是：当第一把手力排众议坚决支持你时！

我想也许有很多经理人此时会很奇怪：这明明表示总裁（或董事长）慧眼识人，十分信任自己，是大大的好事啊！再说，做事业，就会得罪人，底下反对我这很正常，关键看总裁是不是支持我！而如今，领导对我如此信任，“士为知己者死”，我更要大显身手，以不辜负领导对我的栽培！

但你错了。

试想，如果你的领导本来就是昏庸之辈，通常主见也不会很强，他的耳根子必然很软。这种领导一般喜欢“和为贵”，如若有很多人到他面前告你状时，他是不会宁触众怒而独独支持你的。如果相反，在大家都说你如何不好时，而他却依然支持你，甚至更加坚定地对外表示这种信任，那只能说明一个事实：你的这位一把手，具有出众的胆识和韬略。面对一位英雄或枭雄式的领导，我们做副手的，怎能不小心从事？

你知道领导为什么支持你吗？

在大家都反对你时，一把手却坚决支持你，只会有两种可能：这种支持，或是真的，或是假的。

我们先乐观地假定这种支持是真心的，那么说明领导对你，或对你的主张，抱有极大期望，因此甘冒“忤逆民心”、丧失威望的风险。那么，这时，您，作为第二把手，也就等于被推上了“许胜不许败”的悬崖。在悬崖边上，我们又怎能昂首信步？况且，他坚决支持你，并不意味着他认为那些反对你的声音完全是错的，而你是完全对的，只不过是在他眼中，你的“问题”目前还远比不上你的“价值”，同时自信他还能驾驭住那些反对你的人。一旦，你不加谨慎，甚至变本加厉，使你在他心中的这个平衡发生强烈振荡……那么，你将发现：天堂突然成了地狱，明主突然变得绝情！到那时，一切就都晚了。

即便是较乐观的估计，尚且如此凶险，何况另一种可能呢？这种可能似乎很难理解：既然他内心并不支持我，又何必嘴上说坚决支持我呢？但作为一个经验丰富的“老领导”而言，这完全可能，甚至成为他的思维定势：先支持你，是为了给你一个舞台，让你能更起劲地“表演”，直到傻瓜都认为你的行为大逆不道时，他再顺理成章地“幡然悔悟”。但对你，这一切则是“晴天霹雳”，措手不及，甚至死不瞑目。

这一切之所以会发生，就在于“一把手”很清楚：只要有人的地方，就会有“左、中、右”三类。如果反对副手的声音一占上风，他就马上撤换，一会激怒那少部分支持副手的员工，尽管这只是少部分，但仍足以对组织产生很大的破坏作用；二会让那些永远占多数的持观望、摇摆态度的员工，对为“一把手”工作产生不安全感和兔死狐悲之情，进而影响企业的凝聚力和士气。因此，贸然撤你，在老练的他看来通常是不智的。

而如果相反，先坚决支持，然后再突然撤换，则大家对此最终的评价通常是：总裁苦口婆心，仁至义尽，最后顺应民心，人心大快；而对你这个副手，则痛骂：忘恩负义，死不改悔，咎由自取！

如何使悲剧的重复不再继续？

这时，你作为一名兢兢业业的副手，是不是觉得比窦娥还冤？但这种悲剧，仔细一想，在古今中外的历史上，是不是又频繁得近乎单调？！为什么这种将帅失和、兵戎相见的不幸一再重复？无疑值得我们深思，特别是我们这些“位极人臣”

的第二把手们……

那么，作为副手，你该怎么办？那就是一句老话：谨慎，谨慎，再谨慎，永远不要忘记自己该扮演的角色！同时，对于攻击你的言论，不可因为上司对你的支持而嗤之以鼻。虽然做些策略上的妥协，可能有损于你的“魄力”和“刚毅”，或许你也并不甘心，但对于缓解一把手的压力和赢得他对你的信任，对于你的长远大局，对于你所执着的核心事业，应是值得的。

毕竟，副手的位置，就决定了——你还左右不了自己的全部命运！

越是成功者，越需要在举足轻重时保持平和；越是创新中，越是需要在一心为公时注意方式与尺度；越是要改变一个体系，越需要首先学会尊重它。因为改革绝非骑士单挑决斗，而是需要依靠很多人的力量才能完成。至于如何说服既得利益者心甘情愿，正考验改革者的本事。

杨光

付出不可怕，清苦不可悲，只要值得……当代白领的困惑，恐怕就在于早已不清苦，但觉得付出不值……或不知值不值……

杨光

2012.06

何时电钻的噪音不刺耳

习以为常的，往往更昭示本质

当雨水开始淋漓不尽时，装修旺季就算过去了。而当撕肝裂肺的装修声终于渐渐停歇，也许才是我们有心情思索装修及其背后内涵的时刻。

品牌，首先是品质

装修和买手机很不同，是需要时间而非时尚来验证价值的。特别是建材，不比随时可以更换的家具和电器，允许我们看走眼而后悔，也纵容我们有新欢而变心。挑选建材，仿佛结婚，既成事实而想更改注定是极其痛苦的。挑选建材又超越了结婚，因为再美满的婚姻，我们也无法重复享受，但装修可以。于是，建材行业既考验了企业的良知，又凸显了企业的品牌。

很欣慰的是，我十多年前选择"结婚"的华耐陶瓷，和圣象地板，在今天依然青春靓丽、坚挺如新，从而成为自己"再婚"时无需犹豫的不二选择。

当产品市场乱象丛生时，能用坚实的品质给消费者提供安全感、信任感的，都是真正拥有社会责任感的企业。不论是地板，还是瓷砖，虽然产品表面都不可能出现企业品牌的任何信息，但是它们的品牌价值却深深印在了消费者心智中。站在时间轴上，品质永远比LOGO和广告更重要。

电钻，未必不可忍受

装修不仅能让人心生感慨，更能让人蹙眉反思。——比如：什么时候，听装修的电钻声，你不觉得忍无可忍？我发现只有一种情况下能做到，而且一定能做到。那就是：自己家装修时。比这个答案更有意思的是追问：为什么自己家装修时，就不觉得烦？要知道这时噪音的分贝，只比邻居装修时更大、更刺耳，甚至还能领教邻居装修时不会“分享”的尘土与呛味。但事实是，两者使得同样的噪音在我们心中的感受，可比天壤。为什么？又说明了什么？我愿分享一下自己的粗浅思考。

第一，因为这是自己的事。

这显而易见，但又很重要。之所以大锅饭注定吃不长，之所以朝鲜人风调雨顺照样饿肚子，就在于自己所做的是与自己利益无关的事。记得曾有人去那里访问，远远看去田里竟空无一人，等走近了却忽然出现了很多农民，原来之前都在地里躺着晒太阳！等过后回头一望又空无一人，原来又都躺下了。而市场经济，就是自己能通过拥有自己的利益进而创造别人的利益。仅仅拥有自己的利益也是不够的，还需要拥有获取自身利益的手段，那就是获得自主。当我们能自主地实现自己的利益时，我们往往能爆发出惊人的能量。

——管理关键词：自利与自主

第二，因为这是自己美好的事。

自己的事，不都是好事。同样是自己的房子，比如还房贷。但装修时，呈现在房主心中的一定是充满了个性化追求，甚至是梦想的。而且这些追求和梦想，非常直观，也非常现实，比如大到风格、色调，小到一个插座的位置。此外，因为我们深知每一次刺耳噪音所打出的孔洞未来能为自己实现怎样的功能，我们就会觉得打这个洞所产生的噪音无足轻重。当心中能有一个清晰的目标和美丽的愿景时，眼前再枯燥的事，我们也都会干得兴趣盎然。

——管理关键词：目标与愿景

第三，因为这是自己专注的事。

装修过的都知道，房主可以天马行空地畅想，但具体的装修工就不会如此浪漫了。当他端着电钻打眼儿时，一定是心无旁骛，紧紧盯着钻头的走向与进度。他作为离电钻噪音最近的人，心态却最平稳。其实当我们全情专注于一个事物时，我们对它衍生的代价和成本，就会自动过滤和不敏感，或者较之旁人拥有惊人的耐受力。任何战略蓝图，都需要切实的执行与把控，而专注与执着，是免疫各种干扰甚至诱惑的最好方式。

——管理关键词：执行与执着

作为管理者，当企业现金流日趋紧张时，能激发员工的自主性吗？能勾画清晰的目标和愿景吗？并且能在执行中实现专注与执着吗？在经济下行、噪音纷扰的今天，这些也许都值得企业家们重视。

201507

西红柿炒鸡蛋之囧

你真的认同“客户导向”吗？

老子曾颇为神秘地说：“治大国如烹小鲜。”不论这句话该如何理解，但管理与烹饪有关系，都是毋庸置疑的。

2015年7月，我与《中外管理》杂志两位多年伙伴：山东天齐置业田茂军董事长，和山东仁丰纸业宋佃凤董事长，相聚在千年古都淄博。来到文化名城，自然万事都有门道可挖掘。比如做饭。

高级厨子的尴尬

在席间与诸位高管高谈阔论中，我即兴提出一个我多年的观察：有一道夏季菜，谁都吃过，也都很爱吃，甚至谁都可以做，而且据说还颇具营养，可以常吃不懈。对，就是西红柿炒鸡蛋！但我的观察是，正是这道已不能再大众的家常菜，越是高级餐馆的高级厨子，反而做得越是难吃！可以说，都基本属于“西红柿拌鸡蛋”的不入味状态。而且据我常年反复测试，至今无一例外。

那么问题就来了：为什么会这样？为什么如此简单的一道菜，那些帽子高得几乎可以戳到房顶的高级厨师，怎么就做不好呢？这不太荒唐了吗？

老总们稍加思考，很快一种分析便先声夺人：“因为高级厨子已根本不会做西红柿炒鸡蛋了！”不难理解，越是高级的厨师，每天烹制的越是山珍海味、奇珍异兽，那些不常见的对于他们反而越常见，那些越有难度的对于他们反而易如颠勺。而大众家庭和粗糙食堂常见的西红柿炒鸡蛋，他们反而从没机会做，慢慢也就不会做了。一旦赶上“没品位”的客人冷不丁点一次，他们自然手忙脚乱——我由此悟到：习惯于解决复杂问题的人，有时反而丧失了解决简单问题的能力。

旋即，另一种洞察应运而生：“因为高级厨子太不用心了！”是的，这些厨子从进厨师技校之日起，就是以做那些高端菜肴作为衡量自己厨艺试金石的，何曾靠一个什么西红柿炒鸡蛋来证明过自己？时间长了，他们根本看不起这种菜，不屑去做，更遑论研究如何做好了。而同样一旦赶上“没品位”的客人冷不丁点一次，虽不至手忙脚乱，但也是一脸鄙夷，而敷衍塞责，毫不用心——我由此悟到：面对看似没有挑战的工作，如不能全身心投入，即便能力超群，也会败走麦城。

两种观点涌现之后，问题貌似已经有了答案。

高级厨子的宿命

但我沉思片刻后，继续发问道：如果让这些高级厨子多做几遍，抑或者，如果这些高级厨子能够用心去做，依你们看——他们，就能做好这道西红柿炒鸡蛋吗？

热烈的餐桌忽然变得很安静。老总们都陷入了思考。几秒钟后，大家相继用摇头，而不是语言，表达了自己敏锐直觉对这些高级厨子的不信任。

我完全同意老总们的判断：这些高级厨子，几乎“注定”是做不好西红柿炒鸡蛋的。

为什么？

这些高级厨子从第一天学厨开始，就是以如何做好海参鹅肝和精准刀工作为自己的职业目标的。也只有做这些高级菜，他们和他们所服务的餐馆才会有更高的收入。也凭借着海参与刀工，这些厨子才证明了自己的厨艺水准，也才成为了受人尊敬的高级厨师。于是，这些技术人才逐渐形成了一种自恋式的技术偏执。他们只相信自己的判断，自己的标准，自己的逻辑，而蔑视和排斥一切“棒槌（外行）”的声音，即便是他们在付账。

比如，这些厨子很可能不是做不出我们家里都能做出来的味道，而是不接受“这样做”。也许，他们会认为家里做的“色相”完全不及格，而他们的“西红柿拌鸡蛋”才符合烹饪专业的“色香味”标准。但稍加探寻不难发现，一道菜肴的“色”绝不等于一朵鲜花的“色”——世上没有哪朵鲜花会美到令我们流口水，即便是刀工精美的萝卜花——因为，菜肴的“色”其实是由它们的“味”及其联想来决定的。因此，对广大食客而言，毫不入味的“西红柿拌鸡蛋”自然毫无美感可言——大概只有那些高级厨子自己不知道。

当自以为是，技术偏执，专业自恋，逐渐沁入一个人、一群人和一个组织的灵魂，左右其判断，指挥其行为时，山外旁人就一定会看到：他们在远离市场，他们在远离客户，他们妄图左右市场、教训客户——他们已然不可救药！他们在自杀！

20多年来，因为技术自恋、专业自负、忽略客户需求，而最终轰然倒下的高新技术企业，还少吗？还记得那家叫做“铱星”的企业吗？

所以，当太多企业都习惯性把“客户导向”叫得山响时，还请企业上下扪心自问：“我真能做好自己那份‘西红柿炒鸡蛋’吗？”

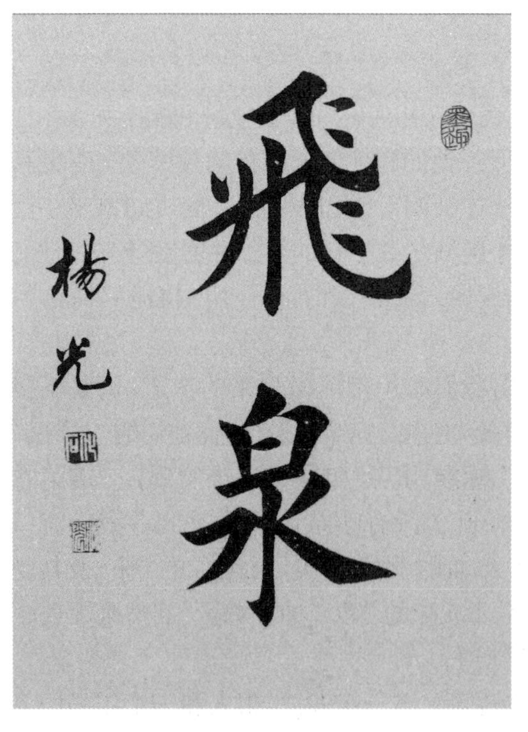

一个肆意吹嘘的人，一定也是个极度封闭的人，从而不可避免地沉醉在自己假想的美梦里，不会自我醒来，也不允许自我醒来……面对自己，正视自己，打开自己，有时是需要极大勇气的。

楊光

“争先恐后”的悲哀 2013.02

品味成语背后的文化

成语能够体现文化，而文化决定管理。因而改善管理，不妨先品味成语。

从小学开始，我们就学会了一个成语，并迅速泛滥于我们东拼西凑的作文中——“争先恐后”。

此成语历来被用来描述大家积极踊跃去做好事。但当我们成年后，则开始起疑：“争先恐后”真是一个褒义词吗?

当破坏规则成为权力

细细品味，其实“争先恐后”的本质，是“蔑视规则”。

粗略回眸中华五千年历史，我们看起来拥有一个最讲究秩序的文化（一切基于礼的儒家文化）。但如我们有勇气像鲁迅先生那样认真看进去，就会看到截然不同的另一面，我们骨子里其实是完全不相信规则的。

这话显然不中听，因而就有必要说清楚。

规则的本质是什么?是大家为了共同获益而共同遵守的东西。但是真实的中国文化，也就是每个人公开不说但内心都信并始终践行的，恰恰是：规则都是用来约束下面的，绝不包括上面和自己。

偶然听到某同行聊到一次采访，不小心却颇有代表性。他去采访一家开展精益生产的本土企业。和丰田一样，车间里用各种颜色标示着不同的功能区域，其中也包括参观者应遵循的行走路线。但在参观中他不慎一脚走出了参观区，旋即惶恐地退回并致歉。这时，陪同的企业领导马上很友善地安慰道：“没关系，这些都是用来管理工人的。”

当一种“规则”只用来约束一部分人，恶便开始了。因为越是这样的规则，越会让所有人看到践踏规则是多么诱人。于是，人们不再相信规则，不会遵守规则，更懒得完善规则。而必然出现的是：下面只想如何掌握制定规则的权力进而解放自己，如掌权无望便苦心揣摩如何钻规则空子进而图利自己，上面则只想如何通过不断制定和不断打破规则来展示权力而满足自己。这时所谓规则，已和大众利益、组织效能无关，而只与权力、欲望有关。

诚如门，对于我们的意义，既不是开也不是关，而在于谁有钥匙来随心所欲地决定门的开和关。

当遵守规则等于迂腐

当有权者随意蔑视规则时，无权者必然群起摧毁规则。我多年前曾在昆明郊区亲历一件事。在一个高速路旁，我和多数人在长途车站站台排队等车，但也有人跑到远处50米聚集。起初我很费解，但很快便愤怒地恍然大悟了。因为随后而至的长途车居然就在50米外而不是站台停了下来！于是那群“先见之明”者便雀跃着先上了车。而等我们目瞪口呆之余再跑过去，早已没了座位。而高速路上严禁超载，于是所有守规则的人都失去了坐车的机会。而如果他们继续遵守规则，他们将可能永远坐不上车。

于是，出于对捍卫规则的倔强，我选择独自突兀地站在车上，直到下一辆长途车来——不管遭遇多少源于屁股决定脑袋的非议——因为这意味着在这段时间，这辆车将因我而不能启动。我就是要告诉车上的每一个人：不论司售还是乘客，你们都参与了破坏规则，并意图从中获得快感或者利益，最终将适得其反、受到惩罚。

但更多的时候，破坏规则的人获得了纵容和利益，而遵守规则的人不仅不受保护，反而受到了伤害，甚至遭到了嘲笑。当在现实环境下，遵守规则等于低智商，践踏规则才能求自保时，人们除了“争”和“恐”之外，还有其他选择吗？

这就回到了“争先恐后”那个成语。“争”是因为“恐”。而“恐”，是因为没有大家共同可以相信、坚守遵循并获得利益与尊严保障的规则。“恐”必然理性丧失，“争”必然不择手段。一个无时不“恐”、无处不“争”的社会，是不可能和谐共赢的。

什么时候，当“争先恐后”成为小学生作文里的贬义词，我们便真正文明了。

黄山应该怎样爬

2019.02

新时代需要多元成长文化

春节终于过完了。而春节的本质是什么？我总结为：从彼此大而化之地“祝福”，无可挽救地走向共同堂而皇之地“发福”。又特别，是在猪年。

于是，年中最幸福的人，在年后都成了最焦虑的人。运动减肥，便成了赎罪不二之法。而转眼开春回绿，爬山又成了各项运动中最应景，也最应富有情调与乐趣的一个。只是在中国但凡一说“应该”，往往就意味着事实并非如此。

您正在抖吗？

先和您讲一个亲历的段子。

2018年夏季，我四登黄山。刚出上山缆车没爬多远，就见身旁一个标准的中国式小太阳，在气喘吁吁、步履蹒跚中发出了典型的中国2018年式的焦虑之叹：“唉……唉……看我现在这样……可怎么发抖音呐？！”貌似他要死要活地登黄山，只是为了发一段到此一游的短视频。正此时，身旁一个大叔的声音温馨飘来，一语破局：“你不是正在抖吗？”

哄堂大笑只是瞬间的。整个登山过程中，据我观察，身边的游客大多埋头赶路、面容扭曲。行的人脚步沉重、呼吸如牛，停的人目光呆滞、神情恍惚。要知道，黄山可是全世界就景观而言，它说自己第二绝没有哪座山敢说自己第一的壮美神奇之巅啊！难怪古人云黄山归来不看岳，难怪刘海粟要十上黄山，难怪我四次登临仍意犹未尽。

但是，为什么这么多人花了那么多时间、这么多金钱，却居然对如此绝世美景无暇欣赏，把心旷神怡硬是便成了生不如死呢？

非累不可吗？

我想他们在腰酸腿痛时，一定在心里后悔来受这遭罪。但我敢肯定，下回，抑或登其他山，一切照旧。

这一超级尴尬的根源，与黄山真的没有任何关系——黄山足够美，足够奇，足够值得反复登——而是与众多国人登山的心态，以及我们内心的思维方式有关。

我们为什么要登山？皇帝登山，是为了向天表功，为了君临天下。那么我们百姓为什么要登山？我们从孩提开始，几乎接受过清一色的师长教导——登山，是为了锻炼身体！登山，是为了磨炼品格！登山，就必须登顶！登山，就要有比赛，就要争第一！等我们长大进入职场，王石登顶珠峰的表率，更引发了一股企业界的登山潮。于是，举国上下皆以为必然。

难道这样不对吗？当然对！——但问题是，当我们把一种有价值的行为，或者把一种行为的价值意义，都进行大一统式地一元化框定时，一方面意味着宇宙间更丰富多彩的价值维度被过滤损失掉了，一方面那被框定的价值解读能带给后人的，也不会是自以为的那样动人有益。

如今登山，对于大众的直观意义，就是：难、累、爬。至于为什么要累，为什么要爬到顶，爬到顶又能怎样，其实都是一团糨糊。且看那些龇牙咧嘴爬到山顶的人，无不是呆坐晾汗，目及了了，兴味索然，很快下山，而下山又是一番举足艰辛，次日清晨更要抱腿呻吟。

不喘不行吗？

中国主流传统文化发展到后期过于强调了人生之艰辛，并把它本身推成了价值。往雅了说，我们劝学时一定会告诫“学海无涯苦作舟”，然后头悬梁、锥刺股；往俗了说，我们结婚时往往娘家人堵门向新郎公然索贿，美其名曰：迎娶浓缩人生路难，大喜更要严考诚意。结果，中国的孩子，小时候都不喜上学，长大后都惧怕结婚。

核心是我们的文化价值体系里，没有为我们赋予或容留出更多美的意义、舒的空间。就好比登山。

登山，又特别是登黄山这样的奇美之山，为什么非要成为累活儿、急活儿？为什么不能是乐而忘返的美活儿、慢活儿？为什么非要登顶才算完？为什么就不能停步在景色最美的半山腰？

有一次我登江西三清山。云雾缭绕中忽见两位护林工人，在前面背着手一边聊着一边缓缓上行。那一刻我忽然意识到了登山完全可以有另外一种价值状态：悠然不喘，将自己的身心充分融入进这美丽的大自然！融入自然，拥抱自然，审美自然，不是比一味地征服自然、漠视过程、唯我独尊，要更有别样的收获吗？

美，是自然的一部分，也是人生的一部分。诚如童年，是和成年有同等价值的人生一部分。

子不类父啊！

我们经常把做企业比作登山，反过来又用登山来顿悟企业。那么，围绕登山的价值观文化，究竟是苦行僧式的天梯搏命，还是兼容并蓄的多元生长？这其实已不是一个选择问题，而是一个现实问题。因为如果我们承认刻舟求剑可笑、误事，却又极常见的话，那么我们最常见的误事笑话就是：明明我们已经走过了一个阶段，却还在用已逝去的事实来框定未来的发展。

是的，阶段变了。我们在上世纪创业成长起来的企业和企业家，基本上都有辛酸史，基本都挨过饿。因此把艰苦、较劲当作一切的原动力甚至是实现目标所必需，无可厚非。但是，我们现在不是要把企业传给下一代吗？同时不还期待他们去转型升级吗？可无需赘言，他们和我们完全不一样，至少不完全一样；而他们之间也可能不完全一样，甚或完全不一样。那我们怎么能仅仅用以苦为乐、结果为王、唯利是图、自以为是的一元（它们看似独立实则内在相通）文化价值一刀切地“企图”灌输给下一代，并还“企图”借此实现企业的可持续发展呢？既然我们希望他们是“创二代”，就应该允许他们选择一条与我们不同，不那么“喘”，但很美丽，能乐于分享、圆融生态、行止从容的成长道路。

黄山日出：伴随期待，伴随忐忑，伴随欢呼，一跃而出，万物皆红。然而它，始终只是它自己，人群散去，欢声消逝，它反而更充分地照耀与温暖大地。其实，它并不在乎什么。

黄山日落：自然与人生最美的瞬间，并非如日中天的刺目光彩，而是夕阳西沉的悠然自在，与五彩柔映霞的层次节奏。终点美，才是终极美。

杨光

2014.06

世界杯之外的足球血泪

有了血性，再谈实力

2014年的7月，如果一个男性不脱口就说足球，而一位女士不需要忍受足球，大概都不好意思出门。不是吗？连从不懂足球的马云，都要用15分钟巨资入股恒大预热世界杯。好吧，这个月我们就说足球。

我看球的历史还算久的。上小学时，就坐着家人的自行车去工体；而到了大学，我已开始参加“球迷远征军”坐海船去客场为北京国安助威了。那是1995年。那一年初夏，我用毛笔正楷抄录了一遍激情四射的国安队队歌，正儿八经地张贴在了院系门口，引来众生围观。

血性：不怕输才会赢！

到1997年，虽然没有每场都去工体为国安加油，但我却荣幸地在现场见证了“空前绝后”的9∶1。这可不是撞大运，是我预感到的。那一场之前，北京国安客场对阵甲A实力最强的大连万达，1∶5惨败。但那是一场荡气回肠的惨败！在实力略逊、客场不利情况下，金志扬的队伍依然在整个90分钟里持续不停地吹响了冲锋号。比分虽然难看，但骨头很有魅力！比赛虽然输了，但气质不怕输、不服输。不服输的人迟早会赢回来！这样的队伍，就是令人激动、值得期待的！就这么简单，我一定要在下一场为这支队伍喊破嗓子。果然！为频繁进球而欢呼到筋疲力尽，这是一种一生难忘的幸福体验。

同样在1997年，我也痛心疾首。同样为了血性。世界杯预选赛，戚务生的国家队被公认是历届实力最强的。但是，他们在大连金州先赢后输，而且从此输掉了勇气，输掉了血性。在倒数第二轮，貌似出线渺茫而即将客征强大的沙特时，我脑海里浮现的是当年左宗棠抬着棺材西征沙俄的豪情影像……是的，既然站在悬崖边上，此时不拼更待何时？但是，吓破了胆的戚务生团队居然怯懦地呻吟出了“保平争胜”。结果1∶1，最终中国队“泣无声”。但其实，中国队是有机会赢的，缺乏必胜心的范志毅，罚丢了一个点球……而如果我们赢了，我计算过当时混乱不堪的小分，冲入世界杯的将是中国队！

作为一个队伍，没有比未战先怯、深陷绝地而不敢反击、形势不佳就自甘失败，更可悲、可耻的。要知道，形势永远在变，只要不自弃，很多机会就都会垂青于勇敢者。这也是我至今不能原谅戚务生的原因。

而继任的米卢，恰恰相反。他并没有提升中国队的实力，他只是提升了中国队的好胜心和平稳的心理素质，从而赢得了所有该赢的比赛，以平常心应对有难度的比赛。他坚信“态度决定一切”。于是中国队竟然提前两轮让国人圆梦欢呼、热泪盈眶！那夜，我们跑去了天安门，和数万素昧平生却心心相印的球迷，一起围成圈，一遍又一遍扯着嗓子唱国歌！那是我平生第一次忘情高唱国歌，因为中国队第一次打进了世界杯。下一次，鬼知道。

人才：一个都不能少！

1997年后，我很少再去工体。不是因为世界杯饮恨。而是因为北京国安这一年居然有7名骨干转会！他们是：主教练金志扬，国安“四大天王”高洪波、高峰、谢峰、曹限东，以及主力邓乐军、符宾。从此，国安精锐流失殆尽。我细数他们的名字，一是至今心痛和留恋，二是对每一位人才的尊重。人才不是一个囫囵标签，而是一个个鲜活的个体。一个组织，必须重视人才，否则毫无前途可言。但偏偏刚刚蝉联足协杯的北京国安，却几乎天都塌了——唯独国安俱乐部自己不觉得，在他们眼中，谁爱走谁走，“地球离了谁都能转”。结果，如此热衷自毁长城的北京国安，很快就面临了被“开除球籍”的狼狈——1998年，“18棵青松”硬撑苦熬；2003年，该队濒临降级。

没有一个负责任的组织，可以这样轻视人才，可以这样摧毁一个本来充满魅力的团队。而人类历史上，还没有一个这样做的组织，不受到严厉的惩罚。

时光转到10年后，充满苦涩中国足球终于有了属于自己的骄傲：广州恒大。他们有“世界杯冠军教练”里皮及其专业团队，有巴西联赛MVP孔卡、亚冠金靴穆里奇、中超金靴埃尔克森，和金英权、郑智、郜林等当打国脚，以及真正重视这些人才的老板许家印。

2014年，看似在赛场边无所不能的里皮，却说出这样一番话："只要我还是球队主教练，最好的球员们就一定不会被卖掉。如果我们决定卖掉哪名球员，会提前半年寻找他的替身。俱乐部也知道，如果突然把顶级球员卖掉，我会跟他们握握手，然后辞职回家。"这就是最有理由要大牌的团队领袖的价值观：人才，永远是第一位的。

但是，从足球俱乐部再到我们的企业，又有多少是气质上有血性、实力上重人才的呢？世界杯的强强对话，又能带给我们多少真正的启发呢？

人大体分三等。智者，会在还拥有时，就深悟自己拥有，进而懂得珍惜；庸者，拥有时往往无感，直到失去后才意识到曾经的拥有，痛而扼腕；而糊涂虫呢，则在失去之后，仍不知自己曾拥有，因而永远不明所惜。

杨光

生活中，是拥有更重要，还是希望更重要？歌手齐秦有一句话：寂寞是一无所有，而孤独是无法分享的拥有。对普通人，能够分享的，才是快乐的。因此一个孤独而仍快乐的人，一定是大智者。

杨光

0:4之后的掌声 2007.09

不在胜负，在精神！

即便中国女足风光不再的21世纪，也值得为2007年女足世界杯写上几句。而理由，绝非因为这次中国是东道主。

一反常态的“反绝杀”

本来我很想说说小组赛对丹麦在2∶2被扳平之后，为什么会发生3∶2（而非2∶3），以及因此的狂喜。

熟悉中国足球的朋友们都了解，如果由2∶0在终场前3分钟骤然变成2∶2，发生在我们的男足身上，结果会怎样？——就仿佛习惯性流产一样，我们的男足一定会在崩溃中抓紧时间、争分夺秒地输掉比赛。至于输多少个，则取决于还有多少秒钟。因为我们男足上下从心理上是承受不起领先被扳平的。因此，每每被扳平后，我们连守平都做不到。一定要输，拿出大跃进的劲头去输。

因此，中国男足创造了一个很中国特色的概念：“黑色3分钟”。

更不用说重新抖擞，战车重启，再露峥嵘了。

但是，我们的玫瑰姑娘们，在世界杯舞台上，做到了！

被扳平仅仅60秒后，一招制敌于毙命！

绝对的绝杀！这才叫真正的争分夺秒！

不要说这只是偶然，因为男足们“倔强”到了只有必然。

一反常态的落败掌声

但很不幸，1分钟绝地大反击之后的3天，同一块场地，0∶4。

因为对手是拥有“女足贝利”玛塔的巴西队。

中国姑娘们输得无话可说，这时候以往中国本土主教练赛后经常用来推卸责任的标准用语：“技不如人”，才第一次真正有了个恰如其分的实证。

不得不承认，这次姑娘们称得上是溃败。

然而，和悬殊的比分同样出人意料的是，作为主场，我们居然没有从观众席上听到一声本来廉价的“下课”声，也没有听到一次倒戈声，没有听到一丝起哄声。我们的主场球迷，反而在绝望之际高声喊起了震耳欲聋的加油，唱起了嘹亮悲壮的国歌！终场哨声响起，更是“破例”对因惨败而向全场鞠躬致意的姑娘们，报以热烈的掌声，鼓励的掌声，和宽容的掌声……

而赛后的网上，也仿佛变了天，原先习惯性的骂声奚落一片，却完全淹没在对女足姑娘们排山倒海般的加油和叹号里！

只要精气神还在！

是中国球迷忽然间提升为英国绅士了吗？是中国球迷忽然间领悟了“胜也爱，败也爱”的精髓吗？或是中国球迷忽然间懂得了怜香惜玉吗？不是，肯定不是。

说实话，从历史到现实，中国球迷从来就不绅士，中国人对女性也从不宽容。

因此，不是球迷变了，而是姑娘们用自己历史的辉煌，和自己眼前的进取，换来了本不宽容的球迷由衷地宽容和掌声。

仅仅几年前，在20世纪的最后10年，她们还曾经用自己绝美的场上表演，为中国球迷乃至全世界，带来过无与伦比的享受与自豪。

有过，做到过，带来过，就足够了！

如今，辉煌已过，她们在实力已明显不济的情况，却依然打出了男足实力足够都创造不了的绿茵奇迹，以及即便惨败都不忘向球迷集体鞠躬的风范境界。这依然值得尊敬。

只要有精神，只要有风度，即便失败了，又有什么关系呢？

一次对抗的惨败，只能使人痛；

然而，

一次风度的丧失，才会遭人鄙；

一次精神的退缩，更会逼人骂。

因此，0：4，依然有掌声；

希望渺茫，却值得期待。

因为，处境艰难，更需要支持；

纵然出局，更要一起见证，一起承担……

后来的事实是：因此，我赶去了天津现场。最终，中国女足冲出了小组，但止步8强。并且在21世纪以来，再未突破。

但是，当2007年9月20日晚10点，天津水滴体育场的6万名球迷，高声齐唱《铿锵玫瑰》时，作为球迷，作为球员，作为教练，作为包括我在内的所有在场亲历者，不论千辛万苦，都值了！

不要说后来的失败，一个失败者赢得的尊敬往往比王者之冠更加震撼，更令人动容……

不要说后来的挫折，只要曾经创造辉煌，只要坚持永不放弃，掌声与期待就将如影随形……

为此，回想激情澎湃的胜利，回首心怀不甘的挫折，不禁眼角湿润……

为此，记下一个纪念日，一个激情的纪念日，一个奔放的纪念日，一个行动者的纪念日。

有时候，我们必须宁愿输，我们才不会后悔，才活得有价值。因为任何事只有实践之后才会真正验证结果。其实，无为本身，才是彻底的输，才会悔。人生，需要一两次“宁输不悔”。不去做，永远不能证明一定会输，而不是一直错过，一直荒废。而有时，在我们的内心，去做，是我们最需要的，而不一定是赢。没有人一定有把握能赢，就像未必铁定会输一样。

杨光

2007.07

壮哉，“精神胜利法”

精神力，才是第一实力

看过2007年亚洲杯争夺三四名与冠亚军决赛，不由得会发出这样的感叹：精神的力量无穷大！

一场无关紧要的“火山爆发”

面对通常鸡肋似的一场比赛（决出三四名），但却面对自己绝对不能输的对手，韩国人爆发了！

对亚洲足球略知一二的人都清楚：这支韩国队整体实力很一般。在技战术素养上，对场面的整体控制上，韩国队其实比不过对手日本队。

对本届亚洲杯略知一二的人都清楚：本次韩国队自从赛制设计极其不利，到小组赛艰难出线（当然，我们永远不会忘中国队的轻松不出线）后，已经连续经历了两场120分钟的艰苦淘汰赛和残酷的点球决战，素有跑不死之称的韩国队此刻面对以逸待劳的日本队，绝无优势可言。

但是，足球不是NBA，不是数据分析的叠加。

足球是艺术。足球是精神。

当比赛开场之后，韩国队表现出的气势就咄咄逼人。高丽民族的那种坚韧精神令人肃然起敬，没有人看得出这是一场旅途劳顿而理应输掉的比赛。这与中国队面对伊朗、面对乌兹别克的场面迥异。

特别是在下半场开场不久，当边裁一再做出对韩国不利而且奇怪的判罚，进而主裁判干脆莫名其妙地将一名韩国队员罚出场外，更进而破天荒地又将出离愤怒的韩国队教练组从荷兰籍的主教练、主教练助理，以及韩国助理、前队长洪明甫一同罚上看台时，面对着足球场上闻所未闻的一张红牌罚下四人的严峻局面，想必很多人都在为本来已经历经坎坷的韩国队接下来的命运捏把汗吧……或者说，这时候输球，说得过去（中国队的一贯逻辑）。

但是我不这样看。韩国队也不这样看。

我作为20年的球迷，深悉韩国队的勇敢，如同深悉中国队的怯懦。

此刻的我，默默相信：等着瞧吧，这才是韩国人彻底爆发的时候……日本人未必会占便宜。

果然，场上少一人、场下没教练的韩国队，在裁判莫名折磨下，在体能透支时，奔跑反而更加积极，斗志反而更加昂扬，每个队员仿佛都是一座即将喷发的火山。反观日本队，虽然技战术占优，虽然历来以中场控制力著称，但在韩国人拼命三郎的架式下，反而不知所措，场上完全看不出多一个人的场面优势，甚至此后连像样的射门都少见。

最终，已经拼尽全力120分钟的韩国人，果然将日本人拖到了点球决战。虽然这已经是韩国人连续第三个120分钟，连续第二场点球决战，而且上一场点球大战又刚刚输给了伊拉克。但是这一切不利，都没有动摇我对韩国即将赢得点球决战、最终打败强大的日本的判断与信心。

因为，此刻，韩国人在气势上，在斗志上，在精神上，已经战胜了日本。

而点球，比的就是精神。

果然，脚法上佳的日本队，在前四轮尚能与韩国队平分秋色之后，在第五轮，在关键的最后一轮，崩溃了——点球被韩国队资深门神李云在一拳扑了出去！

比赛就此结束，拼搏就此结束！场上占尽了便宜的日本队员只能木然看着已经筋疲力尽的韩国队员像夺得冠军一样疯狂地抱在一起，将大功臣李云在压在身下，将本次亚洲杯所有的晦气与艰难，一起压在了身下！

虽然只是无关紧要的第三名，但韩国队证明了自己的尊严！而同场的日本队，空有一身技术，却什么都没能证明（至于遥远的中国队，只证明了自己的耻辱）。

于是，这成了我看球20年来最受震撼的一场三四名之争——尽管中国队也曾在15年前点球赢得过亚洲杯同样的名次。

一场“实力悬殊”的巅峰对决

但名次并不决定足球场上的命运。

虽然与亚洲杯决赛“常客”沙特对垒的，是排名比中国队更低的伊拉克队。

而且，有足够球龄的球迷朋友都知道，通常决赛都是保守的，是沉闷的，是不好看的，是非经典的（即便世界杯）。

但是，不论是胜负，还是场面，本届亚洲杯都不是这样。

赛前，没有多少人看好伊拉克队，毕竟沙特队三度领先力克强大的日本队，不论从技术到身体，都表现得实在太精彩太强大了！

更何况，家亡国破的伊拉克队赛前两个月刚刚拼凑而成，能打败韩国进入决赛已经是运气到家了……记得1994年广岛亚运会戚务生的中国队也是一路杀进决赛，然后毫不犹豫、干脆利落地2：4向同样的对手乌兹别克缴械投降。

但是，伊拉克人做出了完全不同的选择。

出乎了我的预料，出乎了所有人的预料，包括对手沙特人的预料。

明明技术、体能、经验都不占优势的伊拉克人，选择了一开场就向不可一世的沙特人发起了令人窒息的强攻！更令人不可思议的是，这一攻，就攻了足足90分钟，不曾片刻停歇。他们似乎忘记了自己经验的缺乏，似乎忘记了自己技术的劣势，似乎忘记了对手的强大。他们义无反顾地选择一轮又一轮冲锋！按照中国队“保平争胜”的逻辑，伊拉克人无异于疯了。

技术领先的沙特人被突如其来的疯狂打懵了……而且一懵就是90分钟。因为伊拉克人根本没有给沙特人苏醒的机会，即便在沙特人勉强支撑了70分钟“终于”失守落后之后；即便在落后球队理应开始反攻之际。因为领先的伊拉克人在体能严重透支时，在本应该开始稳固防守、放慢节奏时，依然选择了进攻，再进攻！即便他们的球星、进球功臣已经完全跑不动了，但他明白：自己哪怕只是站在对方的后场，就是一种切实的威胁；自己只要还有一丝力气，就准备去射门！

最终，本应艺高人胆大的沙特人居然全场都没能缓过神儿来，直到终场哨响。那一刻，沙特人在看着自己的脚困惑，而体能透支的伊拉克人在拖着腿狂欢！

因为，沙特人是在足球而战，为新跑车而战，而历经苦难的伊拉克人，在为民族而战，为使命而战，为精神而战！

于是，虽然只区区一个1：0，却是亚洲杯历史上最惊心动魄、荡气回肠的精彩决赛之一。

首先是精神！

精神，足球首先是精神。

团队首先是精神，胜负首先是精神。

特别是在大家虽然实力有高低，但其实彼此区别不大、相差不远时（这是不论体育还是商场，最常见的博弈格局）时，勇气与精神，就是最后决定性的砝码。

中国队的再度典型性溃败，韩国队的再度典型性坚强，伊拉克的非典型性搏杀，都再一次证明了一个真理：

精神不能决定一切，但没有精神一定丧失一切！

精神不能弥补一切，但往往精神却制约了一切！

最后，我想再次引用米卢留给中国足球（也可以送给中国企业）的一句名言："首先是精神，其次是战术，随后是身体，最后才是技术。"不错，丧失精神的团队，根本不配谈技术；而你的战术选择，折射的正是你的精神。

无知，当然不等于善良；历史空白，更不昭示未来无暇。但我们却总习惯把过去没有经历过，想当然地视为未来不会出现。真正的能力，只有在经历中才能锻炼出来。这就是名牌大学生经常自杀的原因——他们没有输过，不知道怎样面对挫折。曾痛心输过的人，才更知道如何稳健去赢。

杨光

当领导者有个人实力，有目标信念，有团队格局，有价值自律时，一切奇迹便皆有可能。

杨光

2018.02

中国球迷真那么可怜吗

不去行动，就没有资格抱怨

人们常说："巴西球迷是天下最幸福的球迷，中国球迷是天下最不幸的球迷。"同情之意油然而生。我作为球迷一分子，也曾经唏嘘于这种感慨。

但最近，我不这样看了。

中国球迷的不幸，无可争议，只要看看最近男足在东亚四强赛上的糟糕表现。但鲁迅那句话这时也慢慢漂浮上来，并重重砸在我眼前：哀其不幸，怒其不争！

这是形容阿Q的话，我现在认为用在很多球迷（甚至非球迷）身上也未尝不可。

非洲杯：客场决赛的主场热烈

差距都是比较出来的。

诚如看到稚嫩的日韩国家三队，我们才知道我们的差距又拉大了……球迷何尝不是如此？

春节期间，我到埃及旅游，意外的深受震撼。

震撼我的，不只是5000年前的金字塔，更有当代那些普普通通的埃及球迷。

那是我即将结束埃及游的最后一个下午。在横穿整个开罗市区时，坐在大巴里的我时而看到旁边有挥舞埃及国旗的汽车飞驰，时而看到在街边无偿分发埃及国旗的不少路人。

我好奇地问埃及导游："今天什么日子？他们为什么挥舞国旗？"

地道埃及人的导游立即眉飞色舞地告诉我，是因为今晚7点将举行非洲国家杯的决赛，埃及队进军了决赛。

我和很多中国球迷一样对非洲杯一无所知，因为又继续求问：“那……今晚的比赛是在开罗踢吗？”

对这些棒槌级的常识，埃及导游只平淡地告诉我“不是”，是在加纳举行。

然而，恰恰是这淡淡的一句“不是”，深深把我镇住了！

是啊，为什么埃及足球能够实现非洲足球的高水平？为什么埃及足球在没有球星的情况下能够所向披靡？至少有一个原因，人家有真正广泛的基础！真正广泛的投入！真正广泛的行动！

设想一下，换成我们可爱又可怜的中国球迷，别说重大比赛在国外、在客场踢，就算在我们主场，就在我们眼皮下的北京工体，在比赛前半天，我们能在北京城的各个角落感受到球迷对足球、对荣誉的热情吗？！甚至，我们能在工体以外1公里的地方感受到有一场重要的足球赛即将举行吗？！

我在北京看球二十多年了，我可以负责任地说：不会的！绝对不会！甚至我还敢说：即便比赛后，即便我们赢了，我们也绝不会在比赛场外2公里外感受到丝毫气氛！

因为，我们球迷当中有太多的“评论家”，太多的“骂娘者”，他们也企盼，也焦急，也“懂球”，也痛苦，但就是缺少真正的行动！是的，中国球迷表面上看是广泛的，但没有行动的球迷，是“真正”的球迷吗？

我知道很多人乍一看不会同意我的说法，感情上难以接受，但大家不是都认可“细节决定成败”吗？仅仅那个下午一个并不壮观的场景，不足以说明埃及随处可见的“真正”球迷，确实令我们尊敬，确实令我们汗颜吗？

见微知著啊。每一个细节的差距累计出来，就是天壤之别！不正是因为中国足球队员在每一脚传接球上的点滴粗糙，决定了整个场面的狼狈，和比赛结果的难堪吗？

国安争冠：行动其实与成绩无关

我知道还是有很多朋友不以为然，你们会说：“这不可比，人家埃及踢得有多好，当然提气啊！你再看看咱们国家队那窝囊，我们能有情绪行动呢？”看似有理，实则是自欺欺人。我举一个我自己亲历的事实。

如果说，球队的表现可以作为驱动球迷行为的绝对因素，那么1995年的北京国安，其表现应该是绝对空前甚至绝后的巅峰表现了吧？人们至今不还对那段岁月津津乐道吗？可结果如何呢？当1995年10月，国安争冠进入关键期甚至瓶颈期，需要球迷到大连客场助威时，又怎么样呢？

我当时仍是在校大学生，班里平时乌泱乌泱都是高谈阔论的国安球迷，包括男生，也包括女生。但那一刻，除了我，居然连一个有热情前往的都没有！我不是说不多，而是一个都没有！因此，请不要说当时兜里没钱没时间。甚至于，他们对我会真去“行动”都不以为然……以至于当我从大连回到班里时，一下子成了大家瞩目的焦点！连一些平日从不说话的女生都会用狐疑的语气向我求证……

因为，我们已经太习惯不做任何行动，或者说对任何行动，都已经太不习惯了……甚至连欢呼，都懒得轰轰烈烈。

连我们球队最出成绩、最有魅力、最具激情的时候，我们都怠于行动，我们还有何话讲？！我们又凭什么获得别国球迷的幸福？！

行动，才配有回报！

而埃及人，正好用结果证明了这一点。当我们已经在机场准备办手续回国时，所有埃及人（包括海关工作人员）都在目不转睛地围住电视里的现场转播，我们游客不时能听到一阵雷鸣般地欢呼——应该是埃及队进球了。直到忽然一刻，整个机场大厅爆发出震天且经久不息、有节奏、有旋律的欢呼声，我们知道埃及队如愿以偿拿冠军了！被埃及人震撼的我，由衷地不断向每一个身边满脸幸福、雀跃走过的埃及人，伸出了大拇哥表示祝贺，表示敬意……随后在候机时，我更从电视上看到这时的埃及球迷已经数以万计地涌上开罗街头，国旗，欢呼，挤满了开罗大街的每一寸空间，并随着街道的延展，望不到边……

他们行动了，他们付出了，他们理应得到这样的奖赏。

是的，行动，确实不见得有回报。但行动了，就一定有价值！就一定值得！相反，不行动，你就永远得不到任何回报！

最后，对那些正在指着屏幕痛骂的很多很多球迷，以及对事业生活心怀不平的很多很多人，我想说：“不去行动，就没有资格抱怨。”

（自注：果然不到10年后，埃及人就拥有了自己的世界级球星萨拉赫。而中国队，却距离越来越远。）

罚进你的勺子点球 2012.07

越困难，越需要勇气和从容

2012年之夏，注定是属于体育的。不要说正如火如荼的伦敦奥运占尽了大家的眼球，就是刚结束的欧洲杯，也依然令人激情荡漾。

每当凌晨3点登陆微博页面，看到竟有那么多商界精英在上面熬夜期待和评论着区区一场球赛，并且多日连夜如此时，我们就不能小看竞技体育对于企业家的巨大影响了。那好，就说说已战尘落定的欧洲杯，聊聊足球。

以柔克刚，最震撼的力量

本届欧洲杯最令人震撼和难忘的是什么？

其实不是西班牙在决赛摧枯拉朽的4∶0，也不是C罗被淘汰时的仰天长叹，而是一个看似漫不经心但总能震惊四座的瞬间：罚进勺子点球！

点球决战是德意志人发明的，因此很显然考验的就是球员的意志力。而勺子点球则是这种力量的极致表现。本届欧洲杯就诞生了两粒决定胜负的勺子。

1/4决赛饱受足球丑闻困扰的意大利对阵英格兰，当120分钟不分高下时，双方球员开始疲惫而悲壮地并肩见证残酷的点球决战。

在意大利队前两轮已罚失一球的不利局面下，第三个出场的皮尔洛顶着巨大压力站在了点球点上。罚点球，守门员通常坚决扑向一侧，因而罚球员追求的大多是角度和速度。但皮尔洛没有这样："我看到对方门将提前做出了动作，就在那一刹那，我决定用勺子点球的方式主罚这个球。"所谓勺子点球，就是当守门员扑向一侧时，轻巧地向中路吊射来进球，而美妙的弧线恰似一把勺子。"当时从对方门将的表情看，他对自己充满了自信，我必须想办法给他降降火。"是的，勺子点球一旦成功，就不仅仅是一粒进球，更在于在万众瞩目、千斤压顶之际，能四两拨千斤地戏耍对方。毫无疑问，皮尔洛的勺子球对英格兰队的信心瞬间就构成了巨大打击，他们在领先的情况下居然连续罚丢了两个点球！最终，英格兰被意大利，不，准确说是被皮尔洛的勺子球淘汰出局。

随后，在西班牙对阵葡萄牙的半决赛中，双方苦战120分钟也再一次站到了点球点上。西班牙队干脆第一脚就罚丢了，场上气氛骤然紧绷。好在葡萄牙队很快"投桃报李"。当前3轮战成2比2平时，第四个出场的西班牙球员拉莫斯，出乎了所有人的意料。因为就在不久前，拉莫斯在欧冠联赛半决赛的点球决战中，不仅罚丢了关键的点球，而且球还偏得离谱！"美国航空航天局决定高薪聘请拉莫斯，有了这位球员，可以节省数十亿美元的火箭发射费用，因为他有能力直接将火箭踢到太空中。"赛后，球迷曾这样嘲笑和羞辱他。但就是他，不仅勇敢地再次站到了点球点上，而且就是这一次，他居然举重若轻地也罚进了一个勺子球！这一刻，拉莫斯不仅让自己走出了梦魇，更把对手送入了噩梦，随即心乱如麻的葡萄牙人就罚丢了！最终，又是罚进了勺子点球的球队获得了胜利。"我无惧无畏。"拔掉了心头之刺的拉莫斯赛后显得轻描淡写，"我一直都希望能再罚点球，事实上我一直信心十足。"

潇洒飘逸的勺子球背后，是敢做敢当的勇气，是举重若轻的淡定，是以柔克刚的力量！说罚勺子需要勇气，需要淡定，在于如同空城计，一旦勺子被识破，那不仅将使对方的胜利变成零难度，而且也将成为本场甚至一生最大的笑柄。

可以输给命运，但不能输给自己

说到勇气，说到力量，我不由回想到了两年前的那一刻。2010年南非世界杯1/4决赛加纳队与乌拉圭队的鏖战，将点球的残酷与战士的勇敢，同时诠释到了登峰造极。

这是第一次在非洲举办的世界杯，这是唯一幸存的非洲球队。他们拥有全非洲的支持，也承受全非洲的压力。当比赛进行到加时赛最后一分钟时，加纳队终于赢得了一个毋庸置疑的点球！全场沸腾了，这将是最标准的绝杀，这将是最刺激的终结，这也将是最沉重的瞬间。曾无数次罚进点球的小伙子吉安，站到了罚球点上。但是，也许是太想一蹴而就，太想书写历史，在最需要罚进的一瞬间，他抡圆了一脚，居然将球砸到了横梁上！那一刻，九死一生的乌拉圭在狂欢，目瞪口呆的非洲人在静默。而一失足成千古恨的吉安，没有哭泣，没有跪倒，而是选择了高昂起自己的头，将球衣死死地咬在自己的嘴里……没有一句话，没有一点声，但全球观众都感受到了他那一刻内心巨大的痛苦、超人的意志，和不屈的坚强。

一个男子汉可以有多勇敢？多坚强？

在失去千载难逢的获胜机遇，在不给双方缓神儿就要点球肉搏，在率先主罚的乌拉圭队旗开得胜时，全地球都想不到的是，正集体深陷痛苦的加纳队中第一个站出来的，居然就是刚刚遭遇重创的吉安！他不愿再去多一秒咀嚼错失良机的痛苦，他不愿再去多一秒延迟自我救赎的时机，他要第一时间就用自己的勇敢来证明自我，来激励全队。果然，这一次吉安干脆利落地将球射进了球门上角，铿锵有力。走回球队时，他在振臂高呼后依然不甘地回头望了一眼那个他一生难忘的横梁……但是，命运就是这样残酷，最终加纳队还是输在了点球上。那一刻，勇敢的吉安终于忍不住埋进队友怀里掩面痛哭。而终结这一切的，依然是乌拉圭人的一记勺子点球……

赛后，强抑巨大悲痛的吉安勇敢地说："我还会回来！我相信自己足够坚强。我有勇气主罚点球！"他才24岁，全世界都在给他掌声。赛后，媒体这样评论："你输给了命运，但没有输给自己。"

比赛，就会有输赢；人生，就会有成败。罚点球，比拼的就是胜负攸关时的心态修炼。而心态，正是决定赛场以及人生成败，特别是关键成败，进而能否持续成功的关键。勺子点球，则最淋漓尽致地体现了所有这一切。

我们有理由相信，在下一届世界杯上，走向成熟的吉安，也能在千钧一发之际，像皮尔洛、拉莫斯一样从容地用勺子球赢得一场关键的胜利。事实上，已过而立的皮尔洛，因为这一脚勺子再度成为了欧洲足坛的宠儿；而拉莫斯，在当选本场最佳球员同时，也赢得了队友"有种！""他证明了自己的男人一面和勇气"这样的赞誉。

艰难重压下，谁能罚进勺子球？

越是在坎坷时，有时越是需要从竞技场上找到力量，和从容。

而今，中国经济正在面临比2009年更加严峻的挑战，走向比金融风暴更深的谷底。我们不能再依赖海外市场的"倾销"，不能再指望举国4万亿的救助，不能再期待对地产毒品的松绑，不能再任由继续牺牲环境和民生来换取所谓"发展"。此刻，中国企业家们需要在艰难与重压下，坚定勇敢，淡定从容，相信"破冰"的毅力与智慧，看谁在沉重到窒息的时刻，还可以大胆秀出自己的商业魅力，罚进一记潇洒飘逸的商战"勺子球"。

2018.03

人类第60次才发生的逆转奇迹

再困难的挑战，都没有不可能

值得以一周年来纪念的事件，除了孩子的诞生、名人的故去，很难想象还可能是一场足球赛。尽管2018年正值世界杯旋风。

而2017年此时，我津津有味地在南通富美公司承办的《中外管理》联合出品人首次沙龙上描述一场刚刚结束的传奇比赛，当时在场诸位出品人企业家全程的聚焦和随后的热烈，让我意识到：能提升企业管理的，其实远不止企业管理本身。

成功的企业家，一定是那些能把企业之外的事引入企业，把管理之外的经融入管理的人。比如这场球。

绝对不可能

2017年3月9日，欧冠迎来一场1/8决赛的第二回合，由巴塞罗那（昵称巴萨）主场对阵巴黎圣日耳曼（昵称大巴黎）。而这个主场，巴萨却是带着噩梦与死神开始的。

在不久前的首回合，巴萨在客场居然输了一个0：4！这意味着巴萨的主场几乎就是走过场——因为欧冠历史上多达59次首轮客场四球落后案例中，还没有一次主场最终翻盘的记录！又特别是这第60个案例里，巴萨连一个客场进球都没有（在足球淘汰赛规则上，客场进球优先，一个客场进球等于主场两个球）！

看似已没有悬念。但前巴萨队长普约尔说过这样一句话："伟大的球队，一定都拥有至少一次伟大的逆转。"是的，任何没有历经逆境绝地反弹的组织，都谈不上卓越。这也是中国经济傲视全球却至今卓越企业寥寥的原因。而卓越，其实不仅是实力，首先是气质。

而巴萨正是这样一个组织。“既然他们能进我们四个，我们为什么就不能回敬他们六个？”但是当手拥堪称恐怖攻击组合MSN（梅西、苏亚雷斯、内马尔）的巴萨主教练恩里克在赛前发布会上仍如此自信，以及队内球星内马尔放言自己要进两球时，全世界仍然都认为这是痴人说梦和强装嘴硬——除了巴萨人自己。

也许有可能！

第60次，究竟会发生什么？

当入场还发生在走廊里时，两队已然呈现出了截然不同的状态。四球在手的大巴黎球员显然是来度假的，他们谈笑风生，轻松写意；而巴萨球员，每个人都神情严肃，目中带火。当双方球员面对面站上草皮，人们震惊地发现：巴萨摆出了极罕见的334狂攻阵型！要知道，一般情况下433就已宣示强攻了——巴萨是来搏命的。而大巴黎，沿用首回合班底，但阵型变成了立足坚守的451。

在实力不太悬殊时，态度往往决定了走势。奇迹，往往是由信仰加欲望共铸而成的。

开场哨响，没有任何试探，巴萨球员便如潮水般压向了大巴黎的球门，将四球羞辱过自己的大巴黎球员挤压到了自家门前。瞬间，大巴黎禁区内便混乱不堪——你见过一点火，壶里的水立即就开了的场景吗？在场上人仰马翻时，皮球则在大巴黎禁区上空忙乱地蹦跳。忽然，布朗运动中的皮球落向了巴萨最鸡贼的球星苏亚雷斯头顶，就站在球门前的苏亚雷斯机敏顺势一顶，球进了！全场转瞬沸腾！而开场，还不到3分钟。

整个上半场，在球迷持续不断的嘹亮战歌声中，巴萨以六成以上的控球率彻底压制了大巴黎。而大巴黎的主教练则在场边踱来踱去，挥拳蹦高，其紧张躁乱之态溢于言表。主教练的心态不可避免传染到场上，大巴黎球员于是更加慌乱。终于，重压下的大巴黎球员承受不住对手持续的冲击，在第39分钟的又一次门前混战中慌不择路自摆乌龙，将皮球踢进了自己的球门！

上半场2∶0！这是一场四球大逆转所必需的阶段性小目标。巴萨完成了。但从未出现过的四球逆转，真的会到来吗？两记闷棍后的大巴黎，会苏醒吗？

下半场，还有一半任务在身的巴萨球员别无选择，继续猛攻。而可以选择的大巴黎却面对打了对折的优势，是继续守下去，还是冒险攻出来，依然犹豫不定。

就在这个当口，巴萨又一次潮水般涌入大巴黎禁区。忽然内马尔摔倒，一声哨响，点球！在现场喧嚣声中，巴萨头号球星梅西，站在了点球点上。所有人都明白，如果这个球罚进，乾坤大逆转就将不再是白日梦。但，关键时刻罚丢点球，是所有球星都经历过的噩梦。球王贝利说过："在足球场上，最不愿意做的，就是罚点球。"然而，也罚丢过关键点球的梅西，选择勇敢地站了出来。特写镜头里，他用坚毅的眼神盯着面前这扇或是开启希望或是堕入地狱的球门——一蹴而就，3:0!

只差一个。巴萨创造"不可能"的历史大翻盘，真的近在眼前了！而时间还有足足40分钟。

果然不可能……

被逼到悬崖边上的大巴黎，此时已别无选择。他们必须攻出来。曾四球血洗对手的他们不是没有这个能力。点球仅仅一分钟后，大巴黎就射门击中了巴萨门柱。但全场丝毫不怀疑奇迹将会上演。就在巴萨球员和全场巴萨球迷信心满满地憧憬一鼓作气抹平四球大坑时，第60分钟，在一次反击中，大巴黎头号球星卡瓦尼用一脚弹射进球了！全场瞬间死一般寂静……3:1。因为对手这个客场进球，就意味着在随后30分钟里，巴萨从只需进1个，变成必须再攻进3个球！必须要6:1……

这时，没有人（即便巴萨最铁杆的球迷）还相信奇迹会发生。世界上最残酷的打击，不是差距悬殊的绝望，而是在触手可得的瞬间跌入地狱。创造奇迹靠信念，靠实力，靠运气，而梦幻开局、对手送礼、点球罚进，当一切都指向奇迹将现时，兜头一盆冷水突然泼下，呈现在所有巴萨球迷眼前的，是梦醒，是冰凉，是心灰意冷。通常，没有人的心脏能承受这种突变打击，没有人还能继续战斗。第60次，将不过是数据的累计，魔咒的延续。

而遭遇重创的巴萨球员，面无表情，只是继续比赛。虽然之前的势如破竹不见了，但他们显然没有破罐破摔，他们在沉闷中耐心地踢球——事后证明这是伟大的沉闷，坚强的耐心。这种压抑和沉闷，一直延续到了终场前4分钟，依然差3个球。这可不是篮球。看来什么都不会发生了。

谁说不可能！！！

这时，巴萨在沉闷耐心之后迎来了一个前场任意球。内马尔站在球前，一脚刁钻的弧线球直挂死角！4:1。但球场响起的却是礼节性掌声。是的，不够，晚了。但巴萨球员继续在战斗。

第89分钟，巴萨一个长传吊入大巴黎禁区，又是苏亚雷斯冲在最前面，摔倒了，又是点球！这一次，主罚的是刚刚建功的内马尔。这一刻，大巴黎球员在摇头，而全场球迷都站起来了。第90分钟，内马尔深吸了一口气以平复命悬一线的紧张，同样一蹴而就！全场欢呼声中，内马尔从球门里抱起皮球向回飞奔，并不断挥舞双臂鼓动全场。

是的，总攻决战倒计时！补时5分钟！

仿佛人生和人类从绝望到希望的全部变幻莫测，都浓缩在了这5分钟里……补时最后1分钟，巴萨球员最后一次把球吊进了大巴黎禁区。攻防双方挤成一团。人群里忽然伸出一条腿，是巴萨球员的一条腿，这条腿将球向门里一垫，球进啦！那条腿属于巴萨草根球员罗贝托！6:1!

人类的奇迹，居然在补时最后一刻，真的出现了！

巴萨主教练恩里克像疯了一样狂奔向场内！全体巴萨球员像疯了一样拥抱在一起！全场球迷像疯了一样欢呼几乎要掀翻体育场！甚至有巴萨球迷因亲眼见证了“不可能”而泣不成声……全世界的解说员、全世界的足球名宿都像疯了一样失态狂吼，甚至公然在演播室里跑圈儿！

是什么打败了“不可能”？

没多少人会记得当年欧冠冠军是谁，但所有人都不会忘记这场神奇大逆转。一场伟大的比赛只有90分钟，但其间的伟大之处却可以超越时空长久留存，值得我们所有人持久汲取能量。

第一，领导人是一个组织逆境求生的根本。你的信念，你的心态，你的一言一颦，都在影响所有人，包括部下，包括对手，包括可能的盟军，甚至天意。巴萨奇迹的原点，就是恩里克一句“我们能进他们六个”的誓言。对于信念与信心，你不要问理由，这应该成为你的习惯。

第二，业务团队是一个组织逆境求生的主角。机敏的苏亚雷斯开场一射、终场一倒，领军的梅西承受重压一脚点燃希望的点球，华丽的内马尔在绝境下一脚任意球、一脚点球——“MSN”三大球星在最需要自己的关键时刻，都用自己的核心优势履行了自己的责任。球星，未必是进球最多的球员，但一定是在关键时刻敢于进关键球从而带动全队的球员。在骨干感染下，不起眼的罗贝托一锤定音。这就是一个完美而不可战胜的战斗团队！

第三，也是最重要的，是他们站在命运坎坷面前的淡定与坚强。我们每一个人，每一个组织，不管历史多么悠久，底蕴多么深厚，实力多么强大，团队多么优秀，前景多么美好，人格多么阳光，我们都一定“不可避免”地曾经、正在和将会一次次经历面对巨大的困难，面对致命的挑战，甚至完全看不到曙光的前景。木秀于林，风必摧之。但你的强大，需要用一次次愈挫愈勇来证明！

那一刻，最可贵的，就是：领袖“绝不放弃的信念”，骨干“舍我其谁的担当”，团队“有条不紊的执行”，从而共同对命运“宁静致远的耐心”。

只要不自弃，关闭的大门一定会为你重新打开。

（自注：家父曾教导人生会历经四个阶段：理应如此，并非如此，原来如此，不过如此。当我们正值盛年欲“大展宏图”之时，恰恰也正是不可避免要遭遇“并非如此”之日。这时，巴萨式的奇迹，巴萨式的信念，巴萨式的坚守，巴萨式的狂欢，都将是我们挺过并走出这一段艰难最有力的强心针。球场能做到的，人生为什么不能？恩里克式的反问，将一直激励着所有身负使命的人。）

只有逆境时，才需要真正的领导者。而作为真正的领导者，重要的不是权力，而是责任；重要的不是威风，而是毅力；重要的不是忽悠，而是办法；重要的不是风口，而是火种。

杨光

每逢那种自己“理应”赢又“必须”赢，而对手“不能”输又“不怕”输的重要比赛，似乎已成为很多我们集体竞技项目的噩梦死结。而真正的强者，总是在这时候能够更果敢，而不是更纠结。一如马布里。

杨光

马布里："洋政委"是怎样炼成的 2012.04

全方位的团队领袖楷模

我从不看篮球，即便是NBA，更别说CBA。但2012年，我不仅看了CBA总决赛，而且看得热血沸腾。不仅是我，电视台直播印象里也是篮球首次压倒了足球。

与其说这是篮球的魅力，或北京金隅挑战七冠王的刺激，不如说是因为一个叫马布里的美国职业球员。

如今，马布里成了北京官民公认的英雄，甚至成了全国球迷心中的MVP。北京人亲切地称呼这位加盟仅一年的老外为"老马"，更特别赠给他"马政委"这样一个异乎寻常到空前的昵称，抑或说是荣誉与赞美。

一个怎样的球员，能被称作"政委"？领袖，灵魂。

"领袖"马布里

马布里的个人能力，显然首屈一指。2012年五场总决赛，他的个人场均得分超过了30分，甚至"七冠王"广东队主教练惊呼从没见过这么强的队员——但仅仅是艺高人胆大吗？

中国从不缺有天分、有能力的球星，诚如我们曾有李华筠、高峰。但他们始终没有变成马拉多纳和梅西，没有出一个灵魂级领袖，没有出一位实至名归的"政委"，更别说"洋政委"！

但是，马布里做到了。

球星与领袖的区别，在于球星善于得分，而且能漂亮得分，但领袖不仅能得分——反而有时无需得最多的分，而在于能在最关键的时候，敢于并且能够得最关键的分，进而左右整个战局！

2012年CBA总决赛最后一战尤其典型。

当北京队以3∶1的大比分站到了赛点，有机会在主场掀翻七冠王而首次登顶时，并非浪得虚名的七冠王发威了。一开场，广东队就像切菜一样频频得手，仅第一节就已领先11分之多。这时，全场甚至场外至少百万计的球迷，都着实为北京队担忧。而一旦广东获胜有机会杀回主场，那总体实力本就略逊一筹的北京队将凶多吉少……但就在第二节开始2分钟，北京队危如累卵时，一直主要做助攻的马布里“突然”站了出来，连续两个干脆给力的三分远投，中间一次精彩果断的后场篮板抢断，一下子把全队和全场的激情迸发了出来！第二节，马布里单枪匹马投中了5个三分球，拉开的比分迅速被抹平。对队友信心的激励，就是对对手心态的重击，随即对方主教练临场失态，整场比赛开始向北京队倾斜。

马布里“雪中送炭”的三分和抢断，成为了全场转折点。

当第四节广东队又一度领先多达10分时，又是马布里机敏带领全队频频制造对方犯规，依靠全队精准而稳定的罚球，将比分惊险地又追了回来。

之前半决赛对阵山西队，在同样全队进攻哑火时，马布里也是靠一个反击扣篮扭转了全队士气。

“在球队出现进攻问题后，我必须要站出来，带领球队得分。”马布里这样说，而且他也每每做到了。

是的，站出来！领袖，就是能在危急时刻站出来的人——但还不止如此。当马布里的三分球频频命中时，我印象深刻的是电视解说员感慨道：“马布里并没有用他最擅长的方式得分，而是在用球队此刻最需要的方式得分！”是的，全面的技艺，和稳定的心理是力挽狂澜的基础，但马布里还做到了能洞悉全场的形势，并清楚此刻怎么做才能不仅得分，而且还能鼓舞队友，同时打击对手，然后自己就义无反顾去做，并举重若轻地做到。

于是，队友和对手都随之开始截然相反的抓狂。继而，气宇轩昂的马布里开始向主场球迷双臂用力舞动，全场沸腾由此达到顶点。

事实上，总决赛上攻城拔寨的马布里，在常规赛上更多是充当穿针引线替队友助攻做球的角色，同时给年轻队员示范该如何跑位。因为他很清楚，北京队的实力并不是最棒的，如果只靠自己个人表演，球队不会走得很远，球队需要由他来把全队带起来。因此，直到刺刀见红的季后赛，马布里的杀气才充分表现出来。

这种基于大局观的超凡能力，基于团队需要的担当发挥，才是马布里在球场上最有魅力的地方。

“球迷”马布里

作为领袖，单靠场上是不够的。

当我们都以为前NBA大明星来到中国是屈尊，理所应当颐指气使、耍大牌时，马布里却显示出令人惊讶和尊敬的一面。

不仅他在北京的薪酬只是NBA的零头而不计较，而且他训练认真从不迟到。令人跌眼镜的是，这位已腰缠万贯的大牌平时出门居然会去挤地铁！此外，他还会出其不意出现在同城足球俱乐部北京国安队的主场。“我会尽可能多地看国安的球，我要买一张季票。”尽管穿着国安球迷衫的他，在美国从没看过足球。更令人想不到的，他这样一个跳街舞的美国人，会跑去天桥听相声！并乐于懵懵懂懂地分享全场的笑翻天。听不懂怎么办？“我会问啊！”面对巨大的文化差异，马布里总是这样轻松回答。

一个空降兵，特别是具有文化差异的空降兵，是水土不服身先死，是沉沦平庸乏善陈，还是力挽狂澜显神威，真的不完全是看个人业务能力，而更要看主动融入新文化气场的意识和能力。马布里，堪为典范。

于是，场上神勇、场下平易的“美国人”马布里，成为了“中国队”的政委。北京队主教练闵鹿蕾由衷说：“可以没有我，但不能没有马布里。”

“独狼”马布里

但是，这样一个攻城拔寨、谦和律己、广受拥戴的马布里，也不是天生的。他也曾经走过高峰一样的“浪子”阶段，甚至很痛苦。

如今，很难想象这位善于组织全队、善于引领全队的“政委”，在NBA时的绰号会是“独狼”！虽然他曾经多次凭借个人能力入选NBA全明星阵容，但这一绰号就已说明了他那时的局限。因为打街球出身，他一度养成“我凭什么要相信你”的孤傲，而过人的技术更使得他过于自我，而疏于配合。于是在NBA，他从未实现过冠军梦。更害臊的是，他加盟的美国梦六队，居然在奥运会只获得铜牌。最要命的是，他的桀骜不驯使他悍然和主教练与媒体对峙，乃至与整个城市关系紧张！而当他终因一次酒后驾车被捕后，他在NBA已几乎无法立足。

马布里和“高峰们”一样轻狂过，一样冲动过，一样狼狈过。但不同的是，马布里没有沉沦，而是勇敢地选择了来到大洋另一边，成就了一个全新的自我。懂得珍惜、自律、大局，而“不想在季后赛中犯下任何一个错误”的马布里，如今成长为了“马政委”，接受全中国的掌声。

“信徒”马布里

看看马布里在艰难时刻、关键时刻、欢庆时刻，是怎样想的：

遭遇挫折与迷茫时，“过去那些年经历了很多事情，不知道前方在哪儿，但是始终相信上帝。我觉得上帝有一个计划，当我经受很多挫折时，能坚信有一个什么计划在等着我，我可能不知道，但是我只能每天做我自己应该做的事。”——信仰，梦想

耕耘而尚未收获时，“每个人都有自己应该做的事情。你所能做的、应该做的，就是每天去努力，相信你所相信的，会有一个崇高的力量指引着你到你将要去的地方。人其实没法去选择改变很多事情，你只能努力，命运自有安排。”——信念，执着

面临职场重大抉择时，“夺冠有两条路：一条是加盟冠军，一条是击败冠军。之前我知道我加盟广东队一定会距离冠军更近。但是我加入了另外一支球队，击败冠军，因为这样的选择更有意义。”——勇敢，价值

终圆人生总冠军梦时，马布里坐在地上，用毛巾盖着头，双手紧紧合在一起，任由其他人狂欢：“我感谢上帝，我是一个教徒。如果我们能夺冠，是上帝眷恋着我，是它给了我自我救赎的机会。”——反省，感恩

“没有”马布里!

但当时光穿越到夺冠前1分21秒，“政委”马布里居然六次犯规被罚下了！全场几乎窒息——比分依然胶着，北京队却突然失去了灵魂！但是，什么灾难都没有发生，面对最后的决战，年轻的北京队居然老练到难以置信。唯一的解释是：马布里的力量已经感染了每一名场上队员。

中国市场的繁荣，造就了一大批业务出类拔萃的经理人。而如何从一个业务明星，真正成长为一名团队领袖，特别是跨文化团队领袖——学学马布里吧！

具象的造谣，往往最能映照整体的真相——被捏造之事实，恰恰昭示的是大众内心之所执信。

杨光

马布里："遇到挑战时，我总是迫使自己按自己的想法行动"

2014.04

什么才是"以我为主"？

在我们谈论组织如何创新时，除了理性的架构机制，其实始终有另一股鲜活的力量在支撑创新挺过最艰难的时刻，做出最勇敢的决策，最终让成功成为可能。它是什么？

马布里的"拧巴"

竞技体育，往往是将组织起伏、人生成败加以浓缩而感性呈现的最佳形式。这也是我在此屡次谈论体育赛事的原因。2013~2014的CBA联赛，在一个月前已随北京金隅男篮三年两冠而落幕。但是CBA当之无愧的最佳领袖，即我一直赞美的马布里，在这曲终人散的日子里，依然在不断启迪着我。

日前，他说了一句看似奇怪的话："遇到挑战时，我总是迫使自己按自己的想法行动。"什么意思？马布里没有解释。但是，这已足以引起我们所有领导者的思考。

"迫使"是这句话里的一个关键词。

当把"迫使自己"和"按自己的想法"相连时，似乎是拧巴的。迫使别人，在我们脑海里天经地义，怎么会反指向自己？我行我素，更是很多人挥之不去的本能，还需要迫使吗？——需要！分时候。当你和团队处于或上天堂或入地狱那一瞬，甚至梦想已危如累卵时，普通人的反应，要不陷入无措与慌乱，要不换个形式，貌似淡定地推诿于"民主"。只有真正的领袖，才会在窒息时刻，仍能"了然"并"坚信"自己的想法，毅然"选择"克服心中的恐惧，征服逃避的欲望，敢于出手，敢于负责，展现自己的担当。

所谓艺高人胆大，就是基于平时默默地刻苦与积累，和敢于展现在"那一秒”的铿锵担当。这就是那股力量。这股力量就是参谋与司令，射手与政委的区别。而它，往往决定了EMBA课上津津乐道的那些经典，却又不曾出现在教材里。因为它很难被分析，更遑论被山寨。但是它很值得追求。

“以我为主”的内涵

马布里这句话，又让我想起了由我国经济建设前辈袁宝华先生精辟归纳、本刊创始人杨沛霆教授反复引用的十六字箴言：“以我为主，博采众长，融合提炼，自成一家”。“以我为主”，能居于首位，因为它是一切成功的起点。但它等同于刚愎自用吗？混淆于自私自利吗？究竟它有哪些内涵？结合马布里的激情演绎，我有如下体会，愿与朋友们分享。

1.“坚守自己的目标”。所谓“以我为主”，首先要知道“我”在哪里，“我”能做到什么。我的目标，是驱动一切潜能和激情的引擎；我的自信，是战胜一切繁琐和挫折的动源。树立目标并不难，但能否在复杂曲折的路上，始终明晰和坚守自己的目标，既不左顾右盼，又不半途而废，更不缘木求鱼，则是对领导者的一大考验——马布里不论在场上身先士卒，还是中途赴美养伤，都始终明确：我所做的一切，是为了赢得总冠军，缔造新王朝。

2.“能恪守严于律己”。所谓“以我为主”，绝不是“顺我者昌，逆我者亡”的跋扈，更不是“苛求别人，纵容自己”的自欺，反而是对自己更为严苛的自律，以及难免表现不佳时敢于负责的风范。表率垂范，是最扎实的领导力。——马布里在金隅错失主场夺冠良机后，第一时间发微博：“因为我的表现，我应承担输球的责任。虽然比赛要靠全队努力，但我的确没做好我自己的那部分。下一场比赛，我会做得更好。”

3.“把自己豁得出去”。领袖的作用，集中地体现在前景不确定时，你敢不敢“押注”豁得出去？以及你豁出去的，究竟是谁？当你敢于把自己豁出去时，你才能真正被自己的执着所鼓舞，你才能真正成为大家莫衷一是时的依靠，才能真正给团队注入“不怕输”的力量——同样在那场输球后，马布里立即前往医院忍剧痛抽取了膝伤里的积水，季后赛里第四次抽取积水。万分沮丧过后，马布里痛苦的表情，让全队重新相信：下一场，我们必须赢，也一定赢，去客场赢得总冠军！结果马布里做到了，于是全队跟着做到了！

有的朋友一定会问：“你光说得热闹，究竟如何做到？我又凭什么能做到？”在此，我借用松下幸之助的一句话来回答：“你必须这样去想。”

教练员马布里：输了，目标还是冠军

2020.01

有一种失败，很痛，但它催生成功

严冬刺骨，挑战如冰，将是可持续的现实。为此，新年伊始不妨从失败谈起。

马布里，是我卷首语中多次出现过的主角。他在中国，在《中外管理》杂志，一直是人生逆袭传奇的缔造者，是跨文化领导力的鲜活标杆。但这一次，他失败了，而且败得很痛心。

从MVP到弃儿，再到“菜鸟”

从头说起。

马布里在过去的六年里，创造了把北京首钢从丑小鸭变成白天鹅的CBA史奇迹，打造了四年三冠的王朝巅峰，成为CBA史上最成功的MVP外援。然而，随着年龄的增长，他不可能还像初到中国时那样单枪匹马无所不能。年届四旬的老马，虽不复当年之勇，但仍是全队关键时刻的定海神针。因此虽已无法仅靠一己之力带来新的冠军戒指，但老马依然想再战一年，在首钢光荣退役。

然而，新上任的俱乐部管理层却“超现实”地对这位王朝首席功臣，冷酷地说了“不”，就此扫地出门。甚至当以首钢夺冠为背景的《我是马布里》电影上映时，该俱乐部居然以“太忙没时间”为由，拒绝了老马送去的赠票。情何以堪。

老马很受伤。老马不甘心。他热爱篮球。他热爱北京。于是，不服老更不服输的马布里，立即转投了同城却联盟垫底的北京控股。全地球都知道，此时他最想战胜的究竟是谁！并且他也确实做到了，在自己的主场众志成城地险胜了“无情无义”的北京首钢。那一刻，包括我在内的所有在场者，皆血脉贲张。当赛季结束时，作为97NBA黄金一代的最后一位战士，在全场震耳欲聋的“MVP”呐喊声中，老马面对无数对准他的相机镜头，低头不语，热泪纵横……

作为球员已然做到极致的“政委”马布里，就此谢幕了。但他并未离开，转战到了青训事业。2019年，老马重新回到了CBA。只是这一次，他转身变成了主教练。而且他依旧选择了自己退役之后便再次垫底的北控。于是一切焕然一新，而且球队有了一个很提气的新名字：北京紫禁勇士队。

紫禁勇士队的终极目标是什么？老马的回答就像电影里说的一样："Champion（冠军）"。而外界呢，也依旧如电影里所展现的一样，没人当真，权当说笑。因为差距实在太大了。别说北控上赛季是倒数第一，别说北控上赛季连对全华班的八一都是全败，也别说北控本质上属于北漂，毫无根基，在老马之前几乎没有粉丝和主场可言，仅说老马自己属于绝对菜鸟级教练这一点，就让外界捏了一把汗。

"菜鸟"马布里的三板斧

但我，却一直对马布里抱有绝对的信心。前面的看衰理由虽然各个属实，但恰恰都将是老马人生第二次成功的绝佳背景，就像《我是马布里》里呈现的一样。因为，我认为马布里已具备了一个成功统帅所需要的所有能力潜质，特别是精神气质，即所谓"精气神"。他的成功，只是早晚。

在准备期，"菜鸟"马布里专心做了三件事：1、人员大换血——哪怕能换来的只是各队替补甚至弃儿，比如被首钢冷藏达两赛季的老将孙悦；哪怕能抢来的只是毫无职业联赛经验的新秀王少杰。2、大练基本功——时值中国男篮世界杯惨败，老马便直言：中国球员的最大问题就是基本功不过关。于是老马治下的职业球员们，居然每天都在练拍球。3、改造外援角色——尽人皆知，中国联赛主要拼外援。但外援数据醒目而球队成绩低迷的案例多得是。于是老马将新引进的核心外援弗格，生生从刷个人数据的机器，变成了重点串联全队的引擎。要成事，没有人不行，有人没能力不行，有个人能力但没有组织捏合也不行。

于是在新赛季，原先的"副班长"北控果然就像勇士一样，在马布里的率领下，开局一鼓作气打了一个五胜一负！包括斩落联盟强队浙江广厦。外界惊讶地唏嘘："上个赛季北控一共才赢了几场球啊"。就在外界的热切期待中，北控勇士们在主场迎来了德比对手：北京首钢。

以最痛心的方式输掉最想赢的比赛

这是双方第二次交手，上一场是客场——老马刻骨铭心的前主场。那一次，老马甚至习惯性地差点走进主队更衣室。那一场北控输了，虽然老马很想赢，但实事求是，那场只是试探火力。老马斤斤计较的是再少输一分，以便回头算总账。而回到自己的主场……老马的眼睛里都在冒火。

这是一场老马最最想赢得的比赛——他人生既往的辉煌，他人生至今的刺痛，以及他未来再崛起的基点，都叠加在这一场对阵绝情老东家的比赛里。这也是老马必须赢得的比赛——北控之前刚刚遭遇连败，而这场之后更要客对强敌新疆，菜鸟老马面临好局葬送、成绩崩盘的压力。这还是老马应该赢得的比赛——毕竟团队上下在主场士气高涨，而首钢人气外援林书豪又恰好伤停。

果然，打完前三节时，气势如虹的北控已领先首钢多达19分！这对于篮球来说已是很大的优势。只差最后一节12分钟，老马便可完成夙愿，一吐恶气。老马和所有在场球迷，甚至包括首钢死忠，都认为老马的球队有一万个理由拿下这场天王山决战。

但是，老马却居然输了。最后一分钟，北控依然领先。但就在最后一分钟，老马的队员为自己青涩的经验，付出了惨痛的代价，他们接连犯下愚蠢的错误。最后一秒钟，北京首钢远投3分，一分绝杀北控。

当北京首钢的球员——那些当年老马亲手带出来的最可心的伙伴们，为惊天大逆转而满场狂奔时，难以置信、心如刀割的马布里，长久木然呆坐在球员过道里，此时孤独无助的他，什么都说不出来。作为场上球员，作为首钢的一员，马政委总是能够在决胜时刻单枪匹马力挽狂澜，总是能够绝杀对手。而此刻，他却被过去的伙伴们绝杀，而自己只能站在场边瞪眼看着。“当朱彦西拿球准备远投时，我就知道完了。”

作为一个志存高远、永不言败的坚强战士，没有比在最想赢、最需赢，也最该赢的比赛，居然最后一刻被绝杀输球，而自己却无能为力，更加痛苦的……

那一刻，同样目瞪口呆的我，想起了我曾写过的在世界杯压哨时刻罚丢决胜点球的加纳队员吉安。在球员的簇拥安慰下，他高高扬起自己的头颅，死死咬住自己的衣领，不发一言，不流一泪……尽显一个战士的痛苦，与不屈。

几分钟后，吉安勇敢地用刺痛自己的点球，救赎了自己。同样，败军之帅马布里，也很快重新出现在聚光灯前。这时的老马，已掩起自己的伤痛，恢复了平静。在媒体问答中，老马说出了心平气和却至关重要的三句话。

马布里受挫后“反人性”的三句话

1.“这场失利，我负全部责任。”

这是老马劈头说出的第一句话。现场的人都看到了，最后一分钟里老马反复叫暂停布置战术，但硬仗经历还不多的北控勇士们，在近乎窒息的氛围下心脏不够强大，没能打出老马的战术，反而失误不断。但是当好局痛失时，我马上想起赛季之初老马在上任见面会上掷地有声的一句话：“如果球队表现得好，请表扬我的队员；如果队员表现得不好，请批评我！”保护球员，担当责任，CBA全部20位主教练里，只有“菜鸟”马布里真正做到了。当场上球员失误时，我们从没有见过他像其他主教练那样冲队员咆哮痛斥，而是平静地不断鼓励自己的队员。不推脱，不回避，而是保护团队，担起责任，直面严酷，这是非人性的要求，但却也是一位优秀领导人必须具备的格局与素质。

那么，已然四连败甚至即将五连败，甚至被外界认为已“打回原形”的这只无底蕴球队，未来的目标会转而“梦醒务实”吗？

2.“我们的目标还是总冠军。”

当团队因为心脏不够强大而遭遇绝杀，当球队已然承受四连败重压时，主帅马布里却依然淡定平和地说出这句话。没有人会一帆风顺，没有人会不经历失败，甚至是惨痛的失败，但同样反人性的命题是：这时领导者是不是还能定住心神，还能志存高远，还能充满自信？高目标提出来很容易，但在遭遇重大挫折时，是否还能很执着又很理性地保持战略定力，则是测试一个团队主心骨心智实力的重要试金石。执着，是在失败下能心神不散；理性，是能看到失败的背后与长远。“你会赢得很多比赛，你也会输掉很多比赛，关键是输了以后要学会如何回弹。”作为败军之帅，老马仍心如明镜。

而最令人揪心的一个场景假设，是最后一分钟眼看着稚嫩的弟子们痛失好局，一贯扮演比赛关键先生的老马，是不是恨不能自己冲上去替弟子们保住胜果？

3.“我只专心做一名教练。”

“没有，我没有欲望再去上场打球了。我要专心做一名教练，找到做一名教练的感觉。”这是最令我意外的一句话，但也是最令我钦佩的一句话。作为一个起先曾经在场上神一样存在的强者，很难想象他会不迷恋自己的过去？也很难想象他在看到弟子们猪一样的表现时，瞬间会不手痒心急？但是，老马在自身血贯瞳仁的同时，却依然能异常清醒地明白自己的角色与责任。正是这一点，正是这彻彻底底反人性的一点，才更能衬托一位伟大领导者的潜质。特别是众多靠突出的个人能力而最终成为领导者的人，要做到这一点，尤为艰难，又尤为重要。做不到，你之前的光环必将很快透支殆尽；而如果做到了，你之后就很可能会从一个角色的辉煌，走向另一个全新角色的辉煌。

京城德比之夜的马布里，无疑是最受伤、最落寞的那一个。但那一夜的失败与痛苦，恰恰正在成就和预示着他未来的胜利与巅峰。

果然，很快老马就在主场一举掀翻了卫冕冠军、排名联盟第一的广东宏远。那一仗，前三节北控再度领先18分。而教练员马布里，在第四节没有再让德比之痛重演。最终，北控再度令人目瞪口呆地以15分完胜联盟最强敌。

只要你专心修炼作为领导者所需的心智格局，即便遭遇了一时的失败，胜利的反弹与成长的喜悦也会很快到来！

谨以小文借花献佛，送给正在抗寒一线的企业管理者们，并以此自勉。

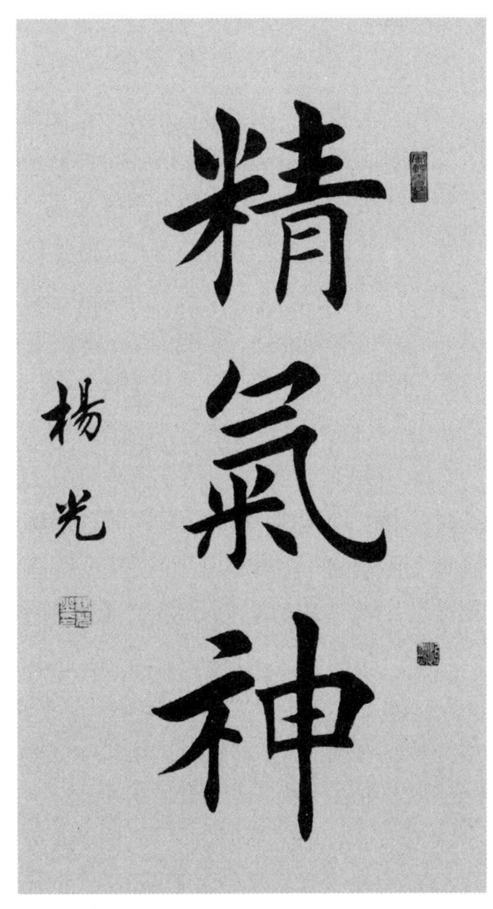

跋

廿年提笔。每月不辍。第一本书。

这三个有些逆转感的句子相联系，确是事实。朋友们会问：这么多年，你这样一个书卷气息浓厚的文人，何以不早出书呢？是不是每月出杂志，早已对铅字油墨审美疲劳了？

貌似有理，恰恰不是，正好相反。

提笔，成文，对我来说，虽不艰难，却是很神圣的——成书尤甚。对于我而言，书，就意味着积累，而且是足够的积累，不只是知识，还需经历，贯穿思考，抑或说需要人生来积累。

好报纸看完即可糊墙，好杂志看完亦可赠友，而好书看完，理应是要收藏，甚至是要传承的——特别是当我仰望书架上家父半个世纪陆续编著的多本经典时。可见，书虽好印，却不应轻出。

敬畏心，始终要秉持的。

我还记得平生第一次正式发表文章的情形，25年前。

那是大学二年级，我对一部台湾拍的历史剧《一代女皇》深有感触。于是在写了十多年大多言不由衷的命题作文后，提笔写了一篇完全代表自己独立思考的影评杂文。当我准备投稿时，虽然周围朋友鲜有不泼冷水的，但我依然下决心走出这一步——因为这代表了自己最想说的话，想通过发表来使我的观点（而非我自己）被认可和被传播。即便失败，除了失望，成本却近乎于0——那为什么不呢？而居然，我如此幸运地第一篇对外投稿，就被《电影评介》杂志录用发表了！虽然文章并不长（远不像我现在这么啰嗦），但那却是我铅字人生的起点。

而“我自己”第一次登录铅字，则是选择从事中学教师一年多后，被一位《中国青年报》的记者采访，讲述了我“用心”从事基础教育的故事与心得。但至今记忆犹新的插曲是，我的工作故事虽然是在匿名状态下发表，却依然被我的同事和领导很快辨认出来了——也许，我的棱角一直都是很有辨识度的。

跨世纪前夕，我在极高效率地“实践完”我的教育理想后，就选择进入了家父创办已近10年的《中外管理》杂志。说实话，上学时写作文，教书时批作文，我一直都和文字有关，但真正和出版持续结缘，是在加盟《中外管理》一并进入本世纪之后。随后10年，每月都要编辑家父通常三易其稿的卷首语，并时不时要采写企业和企业家，又时不时要不知天高地厚地写一些商业评论。进入博客时代后，又开始强迫自己定期写品评随笔。

那时像中远集团魏家福总裁等大家一见我，总客气地称我“大记者”，那时我的写作量也是空前绝后，但依然只限于写文章、编文章。

那时也出书。《中外管理》从本世纪初就不断有增刊结集，之后又开始陆续给袁宝华、成思危等领导，和给海尔、白沙、宁波银行等企业编写了十几本书。但对我触动最大的，是在《中外管理》创刊20年之际，为80岁的家父编纂自传故事集：《微言薄悟》。

那时，我虽然已经为家父编辑了10年的卷首语，对他的风格、追求已非常熟悉，但那都是“文章”。直到他的生命轨迹和价值呈现为一本“书”时，我才真正懂得了眼前这位熟悉得不能再熟悉的沧桑老人——他究竟是个怎样了不起的人！他为他的祖国做出了怎样重要的贡献！与此同时，他一生又经历了怎样不凡的曲折！他一生的命运沉浮，又与他身边的人有着怎样紧密的联系！而在他经历那么多坎坷风雨后，我，作为他的至亲与接班人，又该承担起怎样的责任！

如果说“文章”，可以让我读懂家父“想什么”，但只有作为“书”，让我真正领悟了家父“为什么”。

从“想什么”到“为什么”，是一种质变。质变，来自前者仅是知晓，仅是认同，但只有后者才真正激发了行动，真正点燃了意志。如果说我在2016年夏天邀请19位中国企业家通过众筹资金，开启了中国媒体转型探索的一个先河，算是我有人生意义的一件事，那么这件事的本源，就始自2011年夏秋，我为家父连轴编书的那段日日夜夜——我终于读懂了父亲的人生之书，我也明确了自己的使命之书。

通过家父《微言薄悟》的感召，让我对所有帮助和支持过《中外管理》的领导与朋友，都充满了感恩；对所有觊觎和伤害过《中外管理》的贪佞与小人，也绝不会退缩。所谓书中自有黄金屋，书中自有颜如玉，殊不知：书中更有是非价值观！

对于人生成败，最有效的评点方式，就是用时间去丈量。而书，恰恰记录了时

选择做老板，就是选择把自己变成另外一个人。

杨光

间，又超越了时间。也正因此，出书于我，越发心存敬畏，也越发心无妄念。

接下来的10年，写得没有以前多，却写得比以前重。因为，我要正式接过家父撰写“卷首语”的那支笔。

《中外管理》卷首语30年，从不说废话，从不糊弄人，务求言之有物，开卷有益。前10年，是家父自己倾情笔耕；中间10年，是我辅佐家父促膝笔谈；而这10年，我需要在家父的殷殷注视下，独挑大梁。

当我接过这只充满家父体温的笔时，我深深知道“卷首语”，究竟意味着什么。

它不属于我自己。它代表着家父80年人生积累下的基业，代表着家父20年创业所达到的高峰。《中外管理》卷首语，在他的心血下，已然成为了一个在广大企业界有掌声、有思想、有人格、有情感的品牌，是他与企业家们交心的平台。这是一个令人难望项背的思想与品格双高峰。就在这时，轮到我了。诚如家父常常引用牛顿的那句话：我是站在巨人的肩膀上。而巨人的本质，并不是巨人本身，而是他所倾情的事业。为此，我要比头10年挥洒提笔时，更要实时“面对”我们的企业家读者朋友，更要每月反复自我追问：我该写些什么，才不浪费他们宝贵的时间，才不辜负他们对《中外管理》的期待，才不给家父丢脸。

它又必须属于我自己。很多艺术家都曾对虔诚膜拜的后生说过类似的话：悟我者生，学我者死。越是要对得起读者，越是要对得起“肩膀”，越是要对得起自己，就越必须全力做出“我自己”。所谓领悟通透，就是要把握内在本质，而不拘于外在形式。或者说，要进而用属于自己且不断精进的形式与积累，去实现那些传自前辈而永恒发光的本质与高峰。家父的精髓：用赤诚，用思考，去为我们企业家的成长与幸福服务，我必须用我自己的方式，去传承和发扬。事实上，也只有发挥自己的特色与长处，做出自己而又为了别人时，人生才是有益而有趣的。

于是过去10年，很多朋友们发现，《中外管理》有了与前20年文风迥异但又殊途同归的“卷首语”，有了一眼可辨出自杨光，又用心可识继承家风的“卷首语”。继承的最好方式，就是创新。延续家传的最好方式，就是做出自己。

而做出自己，赢得认可，依然是需要积累的。不妨继续积累，顺其自然。

直到2021年。适逢本命。

20年都从未动念，何以20年后迅疾动手？

纽带机缘，当然是“《中外管理》创业30周年”这一重大节点。这一节点，不只是数字的取整，更意味着阶段的更迭。人生，本就是由一个个阶段的更迭与连缀而成。在经历了2020年疫情带来的全方位骤变后，2021年注定是我，《中外管理》事业，和众多中国企业，一起绝地求变、众志求生的年份。

因此，这一节点不只是属于《中外管理》，还属于一路相伴的广大中国企业。如果说2020年的疫情，让我们主要在应急与应变；那么2021年的后疫情，则让我们必须全力谋局和布局。确实，我们都回不去了。毫无回旋。只有谋新局，闯新局。

这一切，也适合界定我们的国家。毫无疑问，中国正在发生改革开放以来最大、最深刻的一次变化，是一次根本趋势性的变化。因为中国外在环境的重大变化，和中国自身发展的重大变化，再加上全球疫情从天而降的重大变化，多层彼此叠加，一切便不可逆。

既然年近天命，既然身负重任，因此这个时代大节点的来临，自然也就意味着我人生大节点的开启。至于对于国家，对于社会，对于企业，对于自己，将要全新开启的究竟是什么，只有时间的未来，能够回答。再过10年？

既然说不清未来，在三重节点不妨驻足片刻。既然已积累了20个春秋，在本命不妨小结，姑且回顾。如果这本书里的回顾与品读，能用来前瞻些许趋势变幻，能用来平复几分人生痛痒，能用来做好对自己的旁观与自省，能用来支撑自己笑看最后，一切就值了。

在此人生节点，感恩我的父母，感恩我的家人，感恩我的读者，感恩我的同事，感恩我的好友，感恩王忠明会长和陈春花院长为我倾情作序。

最后，感恩我的命运。继续自我旁观。

杨光

2021年2月26日